大学语文

（修订版）

詹福瑞　主编

河北大学出版社

责任编辑:赵彩霞
王红梅
封面设计:王占梅
责任印制:靳云飞

图书在版编目(CIP)数据

大学语文/詹福瑞主编.—保定:河北大学出版社,2000.8(2009.7 重印,2010.9 重印,2012.3 重印,2013.9 重印,2014.8 重印,2015.8 重印,2016.8 重印,2017.8 重印)

ISBN 978-7-81028-649-7

Ⅰ.大… Ⅱ.詹… Ⅲ.汉语-高等学校-教材
Ⅳ.H1

中国版本图书馆 CIP 数据核字(2000)第 34723 号

出版:河北大学出版社(保定市七一东路 2666 号) 经销:全国新华书店
印制:保定市文昌印刷有限公司 规格:1/32(880mm×1230mm)
印张:17 字数:457 千字
版次:2009 年 7 月第 2 版 印次:2017 年 8 月第 9 次

定价:25.00 元

编 写 说 明

在全日制高校设置大学语文课程，已有二十多年的历史了。设置这门课程的目的，诚如教育部高教司《大学语文教学大纲》所言："充分发挥语文学科的人文性和基础性特点，适应当代人文科学与自然科学日益交叉渗透的发展趋势，为我国的社会主义现代化建设培养具有全面素质的高质量人才。"基于以上目的，我们认为，编写大学语文教材，应该考虑到：其一，对大学生性情的涵泳作用，应有助于大学生性情和人格的塑造。其二，对大学生审美趣味的引导作用，应有助于高雅审美趣味的陶冶和审美能力的形成。其三，对大学生的阅读能力与写作能力的提高作用，应有助于掌握汉语言文学的阅读习惯和写作特点。因此，在编写这本教材时，我们突出了以下几个方面：

一、选文定篇坚持思想性与艺术性统一的标准，突出了美文的特点，即选取了我们认为艺术性强、耐于品味的作品。

二、"提示"部分在分析思想内容和写作特点的同时，强调对作品的鉴赏功能，尽可能把学生带入作品的艺术境界。

三、除文前的作者作品介绍外，分别撰写了历代文学概述，形如顺藤摸瓜，使学生得到相对完整的文学史知识。

四、选篇无论多少，与浩如烟海的作品相比都是十分有限的，因此本书列举了一些比较重要的书目，以备学生课外阅读。

本教材是河北大学中文系和河北大学出版社分工合作的结果。田建民、李金善、任文京、朱文富同志协助主编选文定篇，草拟编写体例。在作者分头撰稿之后，由主编进行了统稿。刘玉凯重点审读了中国现当代文学部分和外国文学部分，薛克谬、时永乐审读了注释部分，刘淑学审读了注释中的读音部分。

全国各种大学语文教材已有二十余种之多，在编写本书时对这些教材多有借鉴，在此谨致谢意。教材可能会有错误与不足，敬请专家和教师、学生批评指正！

2000 年 8 月 30 日

目　　录

先秦两汉文学概述

先秦两汉文学是中国文学发展的第一个阶段。这个时期的文学不是一般的断代文学，它是中国文学发展的奠基阶段，中国文学的基本特点就是在这个时期形成的。了解这一时期的文学，对于认识我国文学优良传统的形成，审美意识的起源，以及我国文学民族形式和民族风格的发生发展，都具有极其重要的意义。

我国最早的文学产生于原始社会。但原始社会的文学由于年代久远，没有文字记录，多已亡佚。流传至今的只有少数原始歌谣和原始神话。原始劳动歌谣是最早出现的文学样式，是原始人在生产劳动中集体的口头创作。《淮南子·道应训》："今夫举大木者，前呼邪许，后亦应之，此举重劝力之歌也。"这种劳动号子，加进一些简短的语言，就变成了有节奏、有意义的唱词。原始歌谣的内容多与生产劳动和原始宗教信仰有关，而且有歌有舞。原始神话，也是在劳动过程中发展起来的。在原始社会，生产力低下，原始人还不能科学地解释和把握周围变幻莫测的自然现象，就把这种自然的力量归之于神。然后以幻想的形式征服自然、支配自然，创造出许多神的故事，这就产生了神话。我国的原始神话，散见于《山海经》、楚辞、《吕氏春秋》、《淮南子》、《列子》等古籍中，比较著名的如共工怒触不周山、女娲补天、精卫填海、夸父逐日、鲧禹治水、后羿射日等，瑰伟奇丽，具有极大的艺术魅力。这些歌谣和神话，是我国文学的光辉开端。

文字的发明是人类文明发展的重要标志之一，我国何时出现文字，现在还不能断言，《周易》、《韩非子》、《吕氏春秋》、《说文解字》等书中，都说文字是某个圣人或仓颉（相传是黄帝的史官）创造的,其实远古文字是劳动人民在长期的劳动实践过程中创造出来的,绝非某个人所能独创。根据西安半坡村出土的仰韶文化陶器来看,陶片上已有若干刻划的符号,大约就是中国最原始的文字。文字还不是文学,但文字是散文等文学样式产生的先决条件。大约公元前21世纪时,夏禹的儿子启建立了夏朝。有关夏朝的出土文物很少。古代文献所载的有关夏代的历史多属传说性质,其歌谣和散文可靠的不多。《尚书·汤誓》引了两句夏代歌谣:"时日曷丧,予及汝偕亡!"相传为夏桀时人民大众的呼声。甲骨卜辞的发现,证明至迟在殷商社会中期(约前14世纪),我国已经有了初步定型的文字。同时也有了用文字记载的历史文献。殷墟的甲骨卜辞、商代和周代的铜器铭文,《周易》中的卦、爻辞,《尚书》中的殷、周文诰等,是我国散文的萌芽。商朝的奴隶主迷信鬼神,鬼神权威至高无上。他们专设巫史掌管占卜,在办重要事情之前,都要预测吉凶祸福,并把其结果用文字镌刻于龟甲、兽骨上面,这就是卜辞。这些卜辞虽然多数都很简短,但它多方面地反映了当时的社会生活、风俗习惯、社会制度,某些记人、记事的片段,已经比较清楚,是我国记事文的雏形。商朝的文诰个别保存在《尚书》之中,如《盘庚》,记述商王盘庚率民迁殷时的几次讲话。语言古奥,但是文中表露了讲话者的感情,使用了生动的比喻,具有一定的文学性。《易经》是一部巫书,在功能及性质上与卜辞大略相同,其中的卜筮用的卦辞、爻辞,在神秘的外衣下,包含着某些社会经验的记载和某些哲学思想的萌芽。特别是其中还保存了一些古代歌谣,或用韵语写成的近似歌谣的作品,在文学史上有相当价值。

公元前11世纪中期,周武王灭掉商朝,建立了周朝,定都镐京(今陕西西安附近),历史上称为西周。西周后期,社会动乱,国势衰微。公元前770年,西周被戎族灭掉,幽王的儿子平王,在诸侯的救助下,东迁洛邑(今河南洛阳),历史上称为东周,春秋时期开始。这个时期的文学,主要是诗歌和早期的散文,出现了我国第一部诗歌总集《诗经》。《诗经》共收入西周初年到春秋中叶的诗歌305篇,主要作品是民歌。这些民歌的内容十分丰富,对当时下层劳动者的反抗，对当时的徭役、战争、劳动生产以及男女爱情、婚姻等多方面的社会生活作了广泛的反映。《诗经》以四言句式为主，间或出现一、二、三、五、七、八言句，多用赋比兴的手法和重章叠句的表现形式，用韵灵活。它进步的思想和艺术成就使它成为现实主义文学的光辉开端。这一时期的散文，主要有编年体史书《春秋》、语录体散文《论语》、文诰体散文《尚书·周书》中的一部分以及铸在铜器上的西周铭文等。它们对春秋以后散文的进一步蓬勃发展都起了很大作用。

在公元前5世纪，我国进入了战国时期(前475～前221)。春秋战国之交，最引人注目的现象是士阶层的崛起。士作为一个拥有独立社会政治地位、专门掌管文化知识的专职脑力劳动者，他们摆脱了人身依附关系的羁绊，在思想境界上拓开了一个广阔的天地。从群体品格上看，普遍注重自身的道德修养，具有博大的胸怀和开放的心态，具有强烈的参政意识和"如欲平治天下，当今之世，舍我其谁"的社会责任感与历史使命感。士人聚徒讲学，传播文化知识，打破了学在官府的局面。各国统治集团，为了壮大自己的力量，解决日益繁多的社会问题，都积极地延揽人才，罗致贤能，因此养士、用士之风盛极一时。政治与学术的互相选择，促进了双方的共同发展，齐国的稷下学宫，正是在这样自由的空气中发展起来的。代表着各个阶层和社会集团利益的思想家、政治家和其他学者，为了申说自己的主张，表达自己的社会理想，游说诸侯，著书立说，互相辩难，形成了一个前所未有的百家争鸣的局面。当时比较有影响的有儒家、墨家、道家、法家以及阴阳家、名家、纵横家、农家、杂家、小说家等。战国百家争鸣局面的形成和发展，带来了散文的勃兴，一些著名的思想家、政治家和历史家的言论、讲学记录和论著，成为重要的散文作品。他们的政治主张、思想性格不同，散文作品的表现手法和语言风格也不相同。《孟子》连类比喻、善于雄辩，《庄子》汪洋浩荡、想像丰富，《荀子》、《韩非子》在文章结构和说理方面也各具特色，形成百花齐放、争相斗艳的局面。历史散文，随着社会制度的巨大变革，在总结历史经验教训的迫切需求下，也迅速地发展起来。《春秋》是极其简单的历史事件的编年纲目，《尚书》语言生涩，缺乏文采，是记言的文诰，都不能算是成熟的书面语，但为成熟的书面语的出现准备了充足的条件。《左传》的出现，标志着散文发展的巨大进步。《左传》全书十九万六千多字，虽是历史著作，但叙述具体、丰满，表现出较高的文字驾御能力，篇幅较长，内容丰富，善于描写复杂的战争场面和刻划人物，不少篇章，故事波澜起伏，场面雄伟壮阔，人物栩栩如生，有很强的文学性。另外，《国语》、《战国策》是分国记载当时诸侯各国的大事，尤其是《战国策》，善于记写行人辞令和策士的言谈，语言绚烂多姿，善于夸饰渲染，富有浓烈的文学意味。值得珍视的是，在上述散文著作中，还创造和保存了不少精彩的寓言故事。这些寓言故事，无论从思想内容还是从表现技巧看，都达到了相当高的艺术成就。战国散文，不仅是先秦散文的鼎盛时期，也是中国古代散文发展史上极其重要的阶段。

在诗歌创作方面，战国后期出现了我国第一位伟大的诗人屈原。屈原和他所创造的新兴诗体楚辞的出现，使《诗经》以后沉寂了大约三百年的诗坛，又奇文郁起，大放异彩，在我国古代诗歌史上揭开了新的一页。屈原炽烈的爱国热情和执著地追求理想的精神，加上古代神话和南方楚地民歌的哺育，使他创作了浪漫主义的光辉诗篇。从此，《诗经》和屈原的楚辞，就成为我国文学史上巍然并立的两座高峰，给后代文学以深远的影响。

在文学理论上，一些重要的理论观点在先秦时代已经被提了出来。这些观点散见于诸子等著作之中，如孔子的论诗、论乐和论“文”与“质”等观点，孟子的论“气”与“言辞”的观点，荀子论诗、乐问题，都涉及到文学理论的根本问题。为后代文学理论的发展奠定了基础。

秦始皇嬴政于公元前 221 年统一了中国，建立了我国历史上第一个专制主义的中央集权制的封建大帝国。秦王朝建立之后，秦统治者进行了一系列的制度改革，如废除分封制，实行郡县制；又实行“车同轨，书同文”，用比较简便的小篆和隶书代替秦以前的大篆和其他不统一的古文字；还统一了法令和度量衡等等。秦的统一，在中华文化史上具有划时代的意义，它标志着中华文化共同体的基本形成。秦王朝建立以后，秦始皇父子急功近利、严刑峻法。为了控制思想，消灭一切反秦意识，焚书坑儒，坑杀儒生四百六十余人，中国文化遭受了一次空前的浩劫。秦代文学基本上是一片空白，遗留下来的秦代文献是秦始皇巡狩封禅时刻在泰山、琅玡台的一些文字，内容多为歌功颂德，没有什么文学价值。《吕氏春秋》和李斯的某些散文是比较有名的，但它们的产生都是在秦统一以前，实际上是战国末年的作品。一般为了衔接的方便，系在秦代叙述。《吕氏春秋》是吕不韦召集门客集体编写的。全书由十二纪、八览、六论组成，后代又简称它为《吕览》，二十余万字。从其思想内容看，显得芜杂，被人称为“杂家”。它不少地方借助寓言说理，保存了大量寓言作品，如著名的《刻舟求剑》、《掩耳盗铃》等，有一定文学价值。秦代惟一著名的散文家是李斯（？～前208），与韩非同学于荀况，学成以后入秦，为吕不韦的门客，官至丞相。代表作是《谏逐客书》，此文写于秦王嬴政十年（前237），是劝谏秦王取消驱逐客卿的命令的一篇奏疏。排比铺陈，富于文采，是一篇骈偶化的政论文。前人追认它为“骈体初祖”（李兆洛《骈体文钞》）。

到汉代，政论散文得到了很大发展，作家作品众多，内容广泛。汉初，汉统治者接受秦朝覆亡的教训，采取与民休息的政策，经济得到恢复和发展，社会较为安定。一些作家继承战国诸子的优良传统，能够关心国家社会的一些重要实际问题，提出一些改革的措施。著名作家有贾谊、晁错等。贾谊的名篇《过秦论》，论述秦朝灭亡的原因，以及汉代统治者应该从中汲取的教训，铺排渲染，文辞富丽，说理透彻，感情充沛。晁错的代表作《论贵粟疏》、《贤良对策》痛陈时弊，浅显质实，词旨通达。西汉后期出现了一部前所未有的财经巨著《盐铁论》（桓宽），也有一定的文学价值。东汉桓谭的《新论》、王符的《潜夫论》、崔寔的《政论》、仲长统的《昌言》，批判现实，揭露社会矛盾，有一定的认识作用，在艺术技巧上，有可资借鉴之处。

赋是汉代最流行的文体，在汉代四百年间，文人一般都致力于赋体文学的写作，因而盛极一时，后世把它看成汉代文学的代表，在文学史上有汉赋的专称。汉赋的发展和形成，主要有这样几个阶段，汉初的辞赋家追随楚辞余绪，流行骚体赋，模仿楚辞，虽尚铺陈，但篇幅不长，且富有抒情色彩。代表作家有贾谊、淮南小山和枚乘。汉武帝初年到东汉中叶是汉赋发展的鼎盛时期——散体大赋阶段，汉武帝提倡辞赋，润色鸿业，辞赋盛极一时，代表作家有司马相如、东方朔、王褒和扬雄。散体大赋篇幅较长，以铺陈为主，散文意味浓重，多采用主客问答的形式。东汉中叶以后，散体大赋衰微，抒情言志小赋兴起，思想性较强，不用"兮"字调，通篇押韵。汉赋的这种变化过程与汉代社会政治的变化是有密切联系的。

汉代文学的主要成就是司马迁的《史记》和班固的《汉书》。《史记》是一部纪传体的通史，它以"不虚美，不隐恶"的实录精神，记述上自传说中的黄帝，下至汉武帝初年三千年的历史，有十二本纪、十表、八书、三十世家、七十列传，共一百三十篇。司马迁创作《史记》的目的，是"欲究天人之际，通古今之变，成一家之言"(《报任安书》)，即以朴素的唯物主义的观点，总结古代历史的演变，表达自己独到的历史见解和社会理想。《史记》热情讴歌出身下层社会人物的可贵品质，描述对社会卓有贡献的政治家、军事家、思想家、爱国者，赞扬他们的光辉业绩。大胆揭露和批判暴君、酷吏、变节者的种种罪恶。表现了一个伟大史学家持正不阿的非凡胆识。《史记》不仅是一部伟大的史学著作，而且是一部出色的传记文学作品。它开创了以写人物为中心的传记体例，对我国后世各类文体的发展产生了积极影响。班固的《汉书》是承继《史记》的体例而写成的一部纪传体的断代史。从汉高祖元年(前 206)起，至王莽地皇四年(23)止，全书共一百篇，有十二本纪、八表、十志、七十列传。《汉书》在体例上基本沿袭《史记》而又有所发展。它将《史记》的八书扩展为十志，比《史记》更为丰富和完备，保存了更多的社会、文化史料。文章组织严密，有些地方有意识地加以刻画描写，颇见功力。有些传记如《李陵传》、《外戚列传》、《霍光传》等，写得酣畅生动,成就较高。

乐府作为掌管音乐的机构,秦代就存在了。汉承秦制,也设有乐府机构。专门采集民间歌谣,制谱配乐,供朝廷演奏,后世便将这个官署采集和保存的诗歌称之为乐府。现保存下来的乐府民歌,大约有四十多篇。它广泛而深刻地反映了汉代百姓的苦难生活和思想感情,是继《诗经》、楚辞之后,我国诗歌发展的第三个阶段。今存无名氏《古诗十九首》是东汉文人五言诗的代表作品。它以高度的艺术造诣,开创了我国抒情诗的新风格。两汉文学是在先秦文学的基础上产生和发展起来的,无论是在散文上还是在诗歌上,都取得了某些新的成就,为紧接而来的建安文学高潮准备了条件。

(李金善)

殽之战①

《左　传》

《左传》，亦称《春秋左氏传》或《左氏春秋》，相传为春秋末年鲁国史官左丘明所撰。

《左传》是我国古代一部编年体史书，记述了自鲁隐公元年(前722)至鲁哀公二十七年(前468)二百五十多年间各诸侯国的政治、军事、外交和经济、文化等方面的一些史实，其中对各诸侯国间的矛盾和斗争，记述尤为具体翔实，在一定程度上真实地反映了那个时代的面貌。

《左传》不仅是一部内容丰富的史书，同时也是一部极富文学价值的历史散文著作。它叙事线索清晰明了，生动跌宕，笔法变化多端，叙述语言简练含蕴，词约意丰。在叙事过程中，作者既善于突出事物的本质，用简括的语句描写复杂纷繁的历史事件，尤其擅长描写大规模的战争，对许多重大战役往往重视交待前因后果，进而揭示其胜负的必然性；又善于用极经济的笔墨刻画人物的细微动作及心理活动，使人物性格鲜明、栩栩如生。《左传》中的记言文字，委婉曲折，生动传神。这些特点对后代的史书及叙事散文写作产生了很大影响。

---

① 本篇选自《左传·僖公三十二年、僖公三十三年》。

冬①,晋文公卒,庚辰②,将殡于曲沃③。出绛④,柩有声如牛⑤。卜偃使大夫拜⑥,曰:“君命大事⑦,将有西师过轶我⑧。击之,必大捷焉。”

杞子自郑使告于秦曰⑨:“郑人使我掌其北门之管⑩,若潜师以来⑪,国可得也⑫。”穆公访诸蹇叔⑬。蹇叔曰:“劳师以袭远⑭,非所闻也。师劳力竭,远主备之⑮,无乃不可乎⑯?师之所为,郑

---

① 冬:指鲁僖公三十二年(前628)冬天。晋文公卒于鲁僖公三十二年十二月九日。

② 庚辰:鲁僖公三十二年十二月十日。

③ 殡(bìn):停柩待葬。古代丧俗,人死后先停柩,然后择日下葬。曲沃:晋地名,在今山西闻喜县东,是晋的旧都,也是晋宗庙所在地。周代天子的棺柩要“朝于祖考之庙”,因此,晋文公的棺柩要在那里暂时停放,以便“朝庙”。

④ 绛(jiàng):晋都城,故城在今山西翼城县东南。

⑤ 柩(jiù):装有尸体的棺材。

⑥ 卜偃:晋掌卜筮之官,姓郭,名偃。拜:古代的一种礼节,跪下后双手合抱在胸前,头低到手上。

⑦ 君:指晋文公。命:命令,指示。杜预注:“声自柩出,故曰君命。”大事:《左传·成公十三年》:“国之大事,在祀与戎。”这里指戎(军事)。

⑧ 西师:西方的军队,指秦师。轶(yì):后车超过前车。过轶,是同义连用,超过的意思。晋在秦郑中间,秦侵郑必过晋。卜偃因探听到秦的密谋,所以才说此话以引起警惕。

⑨ 杞子:秦国大夫。

⑩ 管:类似后代的锁钥。秦使杞子、逢孙、扬孙于鲁僖公三十年戍郑,杞子掌管郑都北门的锁钥,认为有袭郑的机会,便派人向秦国密报。

⑪ 潜:隐藏在水面下,这里指隐蔽地行动。潜师,指秘密行军。

⑫ 国:指郑国。

⑬ 访:咨询,征求意见。诸:之于。蹇(jiǎn)叔:秦国的元老。

⑭ 劳师以袭远:使军队很疲劳去袭击远方的郑国。

⑮ 远主:指郑国国君。

⑯ 无乃:表委婉语气的副词,大概,恐怕。

必知之，勤而无所①，必有悖心②。且行千里，其谁不知③？"公辞焉④。召孟明、西乞、白乙⑤，使出师于东门之外⑥。蹇叔哭之，曰："孟子⑦，吾见师之出而不见其入也！"公使谓之曰⑧："尔何知？中寿⑨，尔墓之木拱矣⑩！"

蹇叔之子与师⑪。哭而送之曰："晋人御师必于殽⑫。殽有二陵焉⑬：其南陵，夏后皋之墓也⑭；其北陵，文王之所辟风雨也⑮。必死是间⑯！余收尔骨焉⑰！"

秦师遂东。

---

① 勤：劳苦。无所：指无所得。

② 悖(bèi)心：悖逆之心。

③ 其：语气词，加强反问的语气。

④ 辞：不接受。

⑤ 孟明：复姓百里，名视，字孟明，秦贤臣百里奚之子。西乞：复姓西乞，名术。白乙：复姓白乙，名丙。三人均为秦国大将。

⑥ 东门：秦自德公始，定都于雍，故城在今陕西扶风县。东门即雍之东门。

⑦ 孟子：指孟明。

⑧ 公：指秦穆公。

⑨ 中寿：中寿有几种说法，《吕氏春秋·安死》以六十岁为中寿。蹇叔大约已七八十岁，过了中寿的年龄。

⑩ 木：树。拱：两手合抱。连上句意即：假如你活到六十岁死去的话，你坟墓上的树已长到两手合抱那么粗了。穆公认为蹇叔出语不祥，骂他老而不死。

⑪ 与(yù)：参加。

⑫ 殽(xiáo，又读 yáo)：通"崤"，山名，在今河南洛宁县北，地势险要。

⑬ 陵：山头。殽有两座山头，称为东陵、西陵，相距三十五里。下文"南陵"即西陵，"北陵"即东陵。

⑭ 夏后皋：夏代的君主，名皋，夏桀的祖父。后：国君。

⑮ 文王：周文王。所辟风雨：避风雨的地方。辟，同"避"。

⑯ 是：代词，这，指二陵。间：当中。

⑰ 焉：在那里。

三十三年①,春,秦师过周北门②。左右免胄而下③,超乘者三百乘④。王孙满尚幼⑤,观之,言于王曰:“秦师轻而无礼⑥,必败。轻则寡谋,无礼则脱⑦。入险而脱,又不能谋,能无败乎?”

及滑⑧,郑商人弦高将市于周⑨,遇之。以乘韦先⑩,牛十二,犒师⑪,曰:“寡君闻吾子将步师出于敝邑⑫,敢犒从者。不腆敝邑⑬,为从者之淹⑭,居则具一日之积⑮,行则备一夕之卫⑯。”且使

---

① 三十三年:指鲁僖公三十三年(前627)。

② 周北门:即周都城洛邑(故城在今河南洛阳县西)的北门。

③ 胄(zhòu):士兵戴的头盔。免胄而下,脱帽下车,步行而过,表示对周天子的尊敬。

④ 超乘:一跃而上车。指刚“免胄而下”后又跳上车去,这是对周天子无礼的举动。

⑤ 王孙满:周共王的玄孙。

⑥ 轻:轻狂放肆。

⑦ 脱:粗疏,忽略。犹言粗心大意。

⑧ 滑:姬姓小国,鲁僖公三十三年为秦所灭。后因秦不能守其地,终为晋所得,沦为县邑。其地在今河南滑县。

⑨ 弦高:郑国商人。市:做买卖。

⑩ 乘:四。古时一辆兵车用四匹马来拉,因此“乘”有“四”义。韦:经过加工而柔韧的熟牛皮。先:指先送。古人送礼,先轻后重。此言郑商人弦高先将四张熟牛皮送给秦师。

⑪ 犒(kào):慰劳。此言继而又用十二头牛作为慰劳品。

⑫ 寡君:古代对别国人称自己国君的谦辞。吾子:这里是对秦军主帅的尊称。步师:行军。敝邑:对自己国家的谦称。

⑬ 腆(tiǎn):富厚。不腆敝邑,谦言郑国不富厚。

⑭ 淹:滞留。

⑮ 居:住下来。具:备办。积:指每天食用的粮食、蔬菜、薪、刍(马吃的草料)等军需品。

⑯ 一夕之卫:一夜的保卫工作。其实是告诉秦军,郑国早已有所准备。

遽告于郑①。

郑穆公使视客馆②，则束载、厉兵、秣马矣③。使皇武子辞焉④，曰："吾子淹久于敝邑，唯是脯资饩牵竭矣⑤。为吾子之将行也，郑之有原圃⑥，犹秦之有具囿也⑦；吾子取其麋鹿，以闲敝邑⑧，若何⑨？"杞子奔齐，逢孙、扬孙奔宋。

孟明曰："郑有备矣，不可冀也⑩。攻之不克，围之不继⑪，吾其还也！"灭滑而还。

晋原轸曰⑫："秦违蹇叔，而以贪勤民，天奉我也⑬。奉不可失，敌不可纵。纵敌患生，违天不祥。必伐秦师！"栾枝曰："未报秦

---

① 遽(jù)：驿车。古代为迅速传达紧急公文，每隔若干里设一驿站，每过一站，就换一次马。这句是说弦高派人用接力的快马驾了车给郑国去报信。

② 郑穆公：名兰，文公庶子。鲁僖公三十三年(前627)即位，在位二十二年。客馆：招待外宾的住所，秦国大夫杞子、逢孙、扬孙戍郑，就住在这里。

③ 束载：套车。厉：同"砺"，磨。兵：兵器。秣(mò)：喂养。这些举动说明已作好战斗的准备。

④ 皇武子：郑大夫。辞：道歉，实际上即下逐客令。

⑤ 脯：干肉。资：通"粢"，粮食。饩(xì)牵：指牛、羊、猪之类。饩，指已宰杀的牲畜的肉；牵，指尚未宰杀的牲畜。

⑥ 原圃：郑国的猎苑，在今河南中牟县西北。

⑦ 具囿：秦国的猎苑，在今陕西凤翔县境内。

⑧ 闲：闲暇，休息。以闲敝邑：给我们国家一个休息的机会。

⑨ 若何：怎么样。

⑩ 冀：希求。

⑪ 不继：无后继之师。

⑫ 原轸(zhěn)：即先轸，晋大夫，因封邑于原(在今河南济源县西北)，故又称原轸，鲁僖公二十八年(前632)城濮之战中为中军主帅。

⑬ 奉：助。"天奉我"即"天助我"。

施①,而伐其师,其为死君乎②?”先轸曰:“秦不哀吾丧,而伐吾同姓③,秦则无礼,何施之为④? 吾闻之:一日纵敌,数世之患也。谋及子孙,可谓死君乎⑤?”遂发命,遽兴姜戎⑥。子墨衰绖⑦。梁弘御戎⑧,莱驹为右⑨。

夏,四月,辛巳⑩,败秦师于殽。获百里孟明视、西乞术、白乙丙以归。遂墨以葬文公。晋于是始墨⑪。

文嬴请三帅⑫,曰:“彼实构吾二君⑬,寡君若得而食之,不

---

① 施:恩惠。晋献公庶子重耳在外流亡十九年,后得秦穆公的帮助,才得以回国即君位,“未报秦施”即指此而言。

② 君:指晋文公。此句言以君死,故忘秦施。

③ 同姓:晋、郑、滑皆为姬姓国。“伐吾同姓”指伐郑灭滑而言。

④ 何施之为:还讲什么恩惠呢?

⑤ 谋及子孙,可谓死君乎:意为为子孙后代打算,怎么能说是忘记了先君的遗命呢?

⑥ 遽:急。兴:发动。姜戎:居住在秦晋之间的一个种族,因一向为秦驱逐,故愿为晋效力。

⑦ 子:指晋襄公(名驩,文公之子,鲁僖公三十三年即位,在位七年),因文公尚未下葬,故称“子”。衰(cuī):同“缞”,古时丧服,用粗麻布制成,披于胸前。绖(dié):古代丧服中的麻带,在首为首绖,在腰为腰绖。也专指腰带。丧服本用白色粗恶的布,现因军事的需要,临时改为黑色。

⑧ 梁弘:晋大夫。戎:兵车。这里指襄公所乘的兵车。

⑨ 莱驹:晋大夫。右:车右,又称骖乘。古制,一车乘三人,尊者在左,御者在中,骖乘居右;但君王或战时的主帅居中时,御者在左。车右的任务是执干戈以御敌,并负责战斗中的力役之事。

⑩ 辛巳:十四日。

⑪ 始墨:晋国从此开始以黑色为丧服。

⑫ 文嬴:晋文公夫人,晋襄公嫡母,秦穆公女儿,嬴姓。请三帅:替孟明等三位主将请求,希望释放他们回国。

⑬ 构:挑拨离间。二君:指晋襄公和秦穆公。

厌①,君何辱讨焉！使归就戮于秦,以逞寡君之志②,若何?”公许之。

先轸朝③,问秦囚。公曰:“夫人请之,吾舍之矣④。”先轸怒曰:“武夫力而拘诸原⑤,妇人暂而免诸国⑥。堕军实而长寇仇⑦,亡无日矣。”不顾而唾⑧。

公使阳处父追之⑨。及诸河,则在舟中矣。释左骖⑩,以公命赠孟明。孟明稽首曰⑪:“君之惠,不以累臣衅鼓⑫,使归就戮于秦,寡君之以为戮⑬,死且不朽⑭！若从君惠而免之,三年,将拜君赐⑮!”

---

① 寡君:指秦穆公。厌:满足。

② 逞:满足。

③ 朝:臣见君叫朝。

④ 舍:放掉,释放。

⑤ 拘:擒获。原:野外,指战场。全句意为:士兵们花那么大力气才在战场上捉住了他们。

⑥ 妇人:指文嬴。暂:仓猝之间。免:释放。

⑦ 堕(huī):同“隳”,毁坏。军实:战果,指军队中的辎重等物。长寇仇:助长了敌人的志气。

⑧ 顾:回头。唾:吐唾沫。此极写先轸因生气而失礼之状。

⑨ 阳处父:晋大夫。

⑩ 骖(cān):古代用四匹马驾车,在两旁的马叫骖。左边的马叫左骖。

⑪ 稽(qǐ)首:古代致敬之礼,动作近似于磕头,但要先拜,然后双手合抱按地,头伏于手前的地上并稍停留,全部动作都较缓慢。

⑫ 累臣:被囚禁的臣,孟明自称。衅(xìn):古代的一种血祭,杀牲以血涂抹钟鼓。衅鼓即是以血涂鼓。此连上句大意是说:承蒙晋君开恩,不把我们这些俘虏杀死。

⑬ 戮:用作名词,指杀的对象。全句意为:假若我的国君把我杀死。

⑭ 死且不朽:身虽死,这个大恩是不会朽烂的。意为虽死也不忘大恩。

⑮ 拜:拜谢。赐:恩赐。联系上两句,意为:如果托晋君的福而得到赦免,三年以后必来报仇。

秦伯素服郊次①，乡师而哭曰②："孤违蹇叔③，以辱二三子，孤之罪也。"不替孟明④。"孤之过也。大夫何罪？且吾不以一眚掩大德⑤。"

【提示】

作者通过叙述秦国袭郑、灭滑而还、兵败于殽的经过，生动地揭露了秦国企图称霸中原开始东扩的野心，并揭示了其失败的原因。文章并未对战争场面作正面描写，但始终围绕着战争的题旨，通过各种具体事实，渲染战争气氛。如对蹇叔哭师、王孙满观师、弦高犒师、郑国辞客、原轸决策、晋襄公释俘、秦穆公自责等情节的描写，展示了整个战役的广阔背景，反映了当时政治和外交关系的复杂性，环环相扣，显得全篇结构严谨，脉络清晰，主次有序。同时，在叙述过程中，作者注重运用对话形式展示人物的个性，塑造了个性鲜明的群体人物形象，像秦穆公的贪婪虚伪、刚愎自用、利令智昏；蹇叔的老谋深算、明智远见；弦高的机智爱国；原轸的性情暴烈、深谋远虑，各个形象生动，跃然纸上。在外交频繁、勾心斗角的形势下，充分展示了各国政治家、外交家的外交才能及他们之间在外交上的较量。文中的人事交往辞令委婉含蓄、辞约意丰、柔中带刚，具有很强的说服力和感染力。

---

① 秦伯：即秦穆公。次：止，停留。素服郊次，穿着白衣在郊外等待着。

② 乡：同"向"。乡师，言面对着秦军。

③ 孤：君王自谦之称。

④ 替：废。引申有"中止"、"废除"之意。此句大意是：不曾下令中止孟明所率领的伐郑之师。

⑤ 眚(shěng)：本指目病，引申为"过失"。

【思考与练习】

1.本文所表现的主题是什么？

2.概括秦伯、蹇叔、原轸、弦高的性格特征，并结合课文中的有关描写，作简要分析。

3.举例说明语言描写对刻画人物性格所起的作用。

（王占福）

侍　　坐①

《论　语》

孔子(前551～前479),名丘,字仲尼,春秋时鲁国陬邑(今山东曲阜)人。他出身没落的贵族世家,曾在鲁国短期做官,一生主要是从事学术和教育活动,是我国古代伟大的政治家、思想家和教育家,是儒家学派的创始人。其思想核心是“仁”。

《论语》是一部语录体散文集,由孔子门人及其再传弟子纂录而成。书中辑录了孔子及其弟子的言行,是儒家学派的经典著作。魏人何晏集汉儒以来各家之说,成《论语集解》,是今天所能见到的最早的《论语》注本。

《论语》共二十篇,每篇又分为若干章节,内容涉及政治、教育、伦理、道德修养等各个方面。《论语》中的篇章,言简意赅,平实深刻,形象隽永,为语录体的典范。其中不少总结社会生活经验的言论,后来逐步发展为格言或成语,成为全民族的共同语言。它是我国思想文化史上具有深远影响的一部著作,对后代文学语言的形成和发展产生了巨大的影响。

子路、曾皙、冉有、公西华侍坐②。子曰:“以吾一日长乎尔③,

---

① 本篇选自《论语·先进》。

② 子路、曾皙(xī)、冉有、公西华:四人都是孔子的学生。子路:姓仲,名由,字子路。曾皙:姓曾,名点,字子皙。冉有:姓冉,名求,字子有。公西华:复姓公西,名赤,字子华。侍:卑者陪伴在尊者身旁。侍坐,陪着(孔子)坐着。

③ 一日:极言时间之少,孔子自谦之辞,非实指。长(zhǎng):年长。

毋吾以也①。居则曰②:‘不吾知也③。’如或知尔④,则何以哉⑤?”

子路率尔而对曰⑥:“千乘之国⑦,摄乎大国之间⑧,加之以师旅⑨,因之以饥馑⑩。由也为之,比及三年⑪,可使有勇,且知方也⑫。”

夫子哂之⑬。

“求,尔何如?”

对曰:“方六七十,如五六十⑭,求也为之,比及三年,可使足民⑮。如其礼乐⑯,以俟君子⑰。”

“赤,尔何如?”

---

① 此句历来有不同的解释,今依清人刘宝楠《论语正义》,意思是:没有人用我了。毋:不。以:用。

② 居:闲待着,指平时在家之时。

③ 不吾知:即“不知吾”,不了解我。

④ 或:不定代词,有人。

⑤ 何以:即“以何”,做些什么事情。

⑥ 率尔:轻率急忙的样子。

⑦ 乘(shèng):古时一车四马叫一乘。乘既是计算兵车的单位,也是计算兵力的单位。拥有一千辆兵车的国家,在当时只能属于中等国家。

⑧ 摄(shè):夹。

⑨ 加:加到……上。之:代千乘之国。师旅:古代军队的组织单位,二千五百人为师,五百人为旅,这里指侵略军队。

⑩ 因:继,接着。饥馑(jǐn):《尔雅·释天》:“谷不熟为饥,菜不熟为馑。”这里二字连用泛指荒年。

⑪ 比及:等到。

⑫ 方:道义。

⑬ 哂(shěn):笑。这里带有不以为然的微笑之意。

⑭ 如:或者。下文“如会同”的“如”同。

⑮ 足民:使民富足。

⑯ 如:若,至于。

⑰ 俟(sì):等待。

对曰："非曰能之，愿学焉①。宗庙之事②，如会同③，端章甫④，愿为小相焉⑤。"

"点，尔何如？"

鼓瑟希⑥，铿尔⑦，舍瑟而作⑧，对曰："异乎三子者之撰⑨。"

子曰："何伤乎⑩，亦各言其志也！"

曰："莫春者⑪，春服既成⑫，冠者五六人⑬，童子六七人⑭，浴乎沂⑮，风乎舞雩⑯，咏而归⑰。"

---

① 此句意为：我愿意在这方面学习。

② 宗庙之事：指诸侯祭祀祖先的事。

③ 会：指诸侯会盟。同：指诸侯共朝天子。"会"、"同"并举，泛指诸侯集会之事。

④ 端：玄端，古人用整幅布做的礼服。章甫：一种礼帽。端和章甫这里都用如动词，即穿着礼服，戴着礼帽。

⑤ 相(xiàng)：在祭祀或会盟时，主持赞礼和司仪的人。公西华愿为小相，是自谦之辞。

⑥ 希：同"稀"，稀疏。这里是说瑟的声音已近尾声。

⑦ 铿(kēng)：象声词。铿尔，等于说铿然，此指推瑟发出的声音。一说，指曲终的余音。

⑧ 舍：舍弃，这里指放下。作：起，此指站起来。

⑨ 撰：述。一说"才具(才干)"，指从事政治工作的能力。

⑩ 何伤：相当"有何伤"，即"无伤"，意思是"没有什么关系"。

⑪ 莫(mù)：同"暮"。暮春，指夏历三月。者：语气词。

⑫ 春服：指夹服。

⑬ 冠(guàn)者：即成年人。古时男子20岁举行冠礼，加冠以示成年，故以"冠者"称成年人。

⑭ 童子：未冠的少年。

⑮ 沂(yí)：水名，在今山东曲阜县南。

⑯ 风：用作动词，吹风，乘凉。舞雩(yú)：雩，古代求雨的祭名。因行雩祭时有乐舞，故称舞雩。此处指求雨的坛，在今曲阜县东南。

⑰ 咏：唱歌。

夫子喟然叹曰①:“吾与点也②。”

三子者出,曾皙后。曾皙曰:“夫三子者之言何如?”

子曰:“亦各言其志也已矣③。”

曰:“夫子何哂由也?”

曰:“为国以礼,其言不让,是故哂之。唯求则非邦也与④?安见方六七十如五六十而非邦也者⑤?唯赤则非邦也与?宗庙会同,非诸侯而何⑥?赤也为之小⑦,孰能为之大?”

【提示】

本章记述了子路等四人在孔子面前各自申述人生理想以及孔子对他们的评价,不仅反映了孔子弟子们的不同志向和精神面貌,而且表现了孔子以礼治国的思想和乐天的生活情致,以及他循循善诱、诲人不倦的态度,体现出融洽的师生关系。

文章按照问志、述志、评志的顺序安排结构,显得十分严谨。语言简练、生动,人物形象鲜明,栩栩如生。当我们读这篇优美的短文时,确有身临其境之感。

---

① 喟(kuì)然:长叹的样子。

② 与(yù):赞成,同意。

③ 已矣:罢了。

④ 唯:句首语气词。邦:国家。

⑤ 安见:怎么见得。者:语气词。

⑥ 此句为:不是诸侯的事情是什么呢?意为那也是国家大事。

⑦ 为之小:双宾语结构。之,代诸侯。小,小相。下句“为之大”,句法同此。结合下句意为:公西华只能给诸侯做小相的话,那么谁又能做诸侯的大相呢?

【思考与练习】

1.《侍坐》表现了孔子怎样的政治主张？

2.为什么孔子赞同曾皙的观点？

（王占福）

逍 遥 游[①]

庄 子

庄子(约前369～约前283),名周,战国时宋国蒙人。做过漆园吏,后隐居,一生贫困。庄子继承并发展了老子的思想,和老子同是道家学派的代表人物,世称老庄。他提倡自然、无为的“道”,主张顺应自然,全性保真,追求精神的绝对自由。他对社会黑暗有深刻的揭露和批判。

今存《庄子》一书,共三十三篇,分内、外、杂篇。近代学者多认为内篇为庄子所作,外、杂篇多为弟子后学补缀。庄文多采用寓言形式,构思奇特,想像诡奇,善于运用大胆的夸张、奇谲的譬喻、辛辣的讽刺,语言富赡铿锵、汪洋恣肆,艺术境界恢宏瑰玮。鲁迅称“其文汪洋捭阖,仪态万方,晚周诸子之作,莫能先也”。庄子其人其文对后世有着极其深远的影响。

北冥有鱼[②],其名为鲲[③]。鲲之大,不知其几千里也。化而为鸟,其名为鹏[④]。鹏之背,不知其几千里也;怒而飞[⑤],其翼若垂天

---

① 本篇是《庄子·内篇》中的首篇。从思想上、艺术上讲都是《庄子》中的代表作品,一本题作“消摇游”。以此名篇,取其闲放不拘、怡适自得之义。

② 冥:通“溟”,海。北冥,北方的海。下文“南冥”之“冥”同。

③ 鲲(kūn):本指鱼卵,此处借以为大鱼之名。

④ 鹏:本为古“凤”字,大鸟名。

⑤ 怒:同“努”,奋起貌,这里形容鼓动翅膀。

之云①。是鸟也,海运则将徙于南冥②。南冥者,天池也③。《齐谐》者④,志怪者也⑤。《谐》之言曰:“鹏之徙于南冥也,水击三千里⑥,抟扶摇而上者九万里⑦,去以六月息者也⑧。”野马也⑨,尘埃也,生物之以息相吹也⑩。天之苍苍,其正色邪⑪?其远而无所至极邪⑫?其视下也,亦若是则已矣。且夫水之积也不厚,则其负大舟也无力。覆杯水于坳堂之上⑬,则芥为之舟⑭;置杯焉则胶⑮,水浅而舟大也。风之积也不厚,则其负大翼也无力,故九万里,则风斯在下矣⑯,而后乃今培风⑰;背负青天而莫之夭阏者⑱,

---

① 垂:同“陲”,边。垂天,犹言“天边”。此句言鹏翼之大,像天边的一大块云。

② 海运:海波动荡。旧说海动时必起大风,鹏则从北海乘此风而迁徙于南海。一说运作“行”解,指鹏在海上飞行。

③ 天池:天然形成而非人工所造的大池。

④ 《齐谐》:书名。

⑤ 志:记载。怪:怪异的事。

⑥ 水击:指鹏初起飞时,距水面尚近,翅膀在水面上扇动。

⑦ 抟(tuán):回旋上升。一作“搏”,拍,附。扶摇:风名,一名“飙”,是一种从地面一直上升的迅疾的暴风。此句言鹏借风力,拍翼飞上九万里的高空。

⑧ 以:因,依。息:风。此句言鹏乘着六月风而去。

⑨ 野马:指春日野外林泽中的雾气。春天阳气发动,远望林莽沼泽之间,有气上扬,蒸腾如奔马,所以称野马。

⑩ 生物:指有生机之物。息:气息。

⑪ 正色:真正的颜色。

⑫ 极:尽。无所至极:没有到尽头的地方。

⑬ 覆:倒。坳(ào)堂:堂上低洼之处。

⑭ 芥:小草。

⑮ 胶:粘着不能动。

⑯ 斯:于是。风在下:风在鹏之下。

⑰ 而后乃今:犹言“然后才开始”。培:通“凭”,凭借,依赖。培风,乘风。

⑱ 夭阏(è):遏阻,阻拦。

而后乃今将图南①。蜩与学鸠笑之曰②:“我决起而飞③,抢榆枋④,时则不至而控于地而已矣⑤,奚以之九万里而南为⑥?”适莽苍者⑦,三飡而反⑧,腹犹果然⑨;适百里者,宿舂粮⑩;适千里者,三月聚粮。之二虫又何知⑪!小知不及大知⑫,小年不及大年⑬。奚以知其然也?朝菌不知晦朔⑭,蟪蛄不知春秋⑮,此小年也。楚之南有冥灵者⑯,以五百岁为春,五百岁为秋;上古有大椿者⑰,以八千岁为春,八千岁为秋。而彭祖乃今以久特闻⑱,众人匹之⑲,不亦悲乎?

---

① 图南:计划着向南飞。

② 蜩(tiáo):蝉。学鸠:小鸟名。

③ 决(xuè):迅疾的样子。

④ 抢(qiāng):突过。榆:榆树。枋(fāng):檀树。

⑤ 控:投,这里指落下。

⑥ 奚以:何以,哪里用。之:到……去。为:表疑问的语气词。

⑦ 适:往,到……去。莽苍:郊野之色,意谓遥望不甚分明,这里即指近郊。

⑧ 飡:同“餐”。反:同“返”。

⑨ 果然:饱的样子。

⑩ 宿舂(chōng)粮:指前一宿即须捣米储粮。

⑪ 之:此,这。二虫:指上文的蜩与学鸠。

⑫ 知(zhì):同“智”,智慧。

⑬ 年:指寿命。

⑭ 朝菌:一种生长期很短的菌类,朝生暮死。晦:夏历每月的最后一日。朔:夏历每月的最初一日。

⑮ 蟪蛄(huì gū):一名寒蝉。旧说,寒蝉春生夏死,夏生秋死,所以它不知春秋。春秋:指一年。

⑯ 冥灵:大木名。一说,大龟名。

⑰ 椿:乔木名,高三四丈,质料坚实。

⑱ 彭祖:传说中有名的长寿人物,曾为尧臣,年七百余岁,或说八百岁。久:指长寿。特:独特,突出。闻:指闻名于世。

⑲ 匹:比。

汤之问棘也是已①:“穷发之北有冥海者②,天池也。有鱼焉,其广数千里,未有知其修者③,其名为鲲。有鸟焉,其名为鹏,背若太山④,翼若垂天之云,抟扶摇羊角而上者九万里⑤,绝云气⑥,负青天,然后图南,且适南冥也⑦。斥鴳笑之曰⑧:‘彼且奚适也?我腾跃而上,不过数仞而下⑨,翱翔蓬蒿之间,此亦飞之至也⑩。而彼且奚适也?’”此小大之辩也⑪。

故夫知效一官⑫,行比一乡⑬,德合一君⑭,而徵一国者⑮,其自视也亦若此矣。而宋荣子犹然笑之⑯。且举世而誉之而不加劝⑰,举世而非之而不加沮⑱,定乎内外之分⑲,辩乎荣辱之境⑳,

---

① 汤:商汤。棘:一作革,人名,相传是商汤的大夫。

② 穷发:古代传说中极远的北方地带,所谓草木不生的“不毛之地”。发:指草木。

③ 修:长度。

④ 太山:大山,一说即泰山。

⑤ 羊角:旋风。

⑥ 绝:超越,直上穿过。

⑦ 且:将。

⑧ 斥鴳(yàn):小雀。

⑨ 仞(rèn):八尺为一仞,一说七尺。下:降下。

⑩ 至:最高限度。

⑪ 辩:同“辨”,分别。

⑫ 知(zhì):才智。效:功效,这里作胜任解。官:官职。

⑬ 行(xìng):品行。比:合。行比一乡,品行能适合一乡之人的心意。

⑭ 德合一君:指其人之德业能投合一个国君的心意。

⑮ 而:能,能力。徵:信,这里作取信解。

⑯ 宋荣子:即宋钘,宋国人,战国时期的思想家。犹然:讥笑的样子。

⑰ 举:全。加:更。劝:勉励,这里可解作努力。

⑱ 非:责难,批评。沮:沮丧。

⑲ 定:确定。内:指自我。外:指外物。分:分际,分别。

⑳ 辩:通“辨”,分辨。境:界限。

斯已矣①。彼其于世未数数然也②。虽然,犹有未树也③。夫列子御风而行④,泠然善也⑤,旬有五日而后反⑥。彼于致福者⑦,未数数然也。此虽免乎行,犹有所待者也⑧。若夫乘天地之正⑨,而御六气之辩⑩,以游无穷者⑪,彼且恶乎待哉⑫!故曰,至人无己⑬,神人无功⑭,圣人无名⑮。

尧让天下于许由⑯,曰:"日月出矣而爝火不息⑰,其于光也,不亦难乎!时雨降矣而犹浸灌⑱,其于泽也⑲,不亦劳乎⑳!夫子

---

① 斯已矣:如此而已。

② 数数(shuò shuò):汲汲,着急的样子。一说常常,也可通。

③ 未树:指未能树立至德。

④ 列子:名御寇,郑人。御:驾,乘。

⑤ 泠(líng)然:轻妙的样子。

⑥ 旬:十天。有:通"又"。旬有五日,十五天。

⑦ 致福:求福。

⑧ 待:凭借,依靠。

⑨ 天地:万物的总名。正:指自然之性。乘天地之正,指顺万物之性。

⑩ 六气:阴、阳、风、雨、晦、明。辩:通"变",变化。

⑪ 无穷:指时间的无始无终,空间的无边无际,即绝对自由的境界。

⑫ 且:还。恶(wū):疑问代词,何。

⑬ 无己:指没有偏执我见,能顺任自然,物我不分。

⑭ 无功:无意于求功。

⑮ 无名:无意于求名。

⑯ 许由:古代传说中的高士,字武仲,颍川人。尧让天下给他,他不受而逃,隐于箕山。

⑰ 爝(jué)火:小火把,言光之小者。

⑱ 时雨:按时令季节及时降下的雨。浸灌:指用水浇灌。

⑲ 泽:润泽。

⑳ 劳:费力,这里有徒劳之意。

立而天下治①，而我犹尸之②，吾自视缺然③，请致天下④。”许由曰：“子治天下，天下既已治也。而我犹代子，吾将为名乎？名者，实之宾也⑤。吾将为宾乎？鹪鹩巢于深林⑥，不过一枝；偃鼠饮河⑦，不过满腹。归休乎君⑧，予无所用天下为⑨！庖人虽不治庖⑩，尸祝不越樽俎而代之矣⑪。”

肩吾问于连叔曰⑫：“吾闻言于接舆⑬，大而无当⑭，往而不返⑮。吾惊怖其言，犹河汉而无极也⑯；大有迳庭⑰，不近人情焉。”连叔曰：“其言谓何哉？”曰：“‘藐姑射之山⑱，有神人居焉。肌肤若冰雪，淖约若处子⑲，不食五谷，吸风饮露，乘云气，御飞龙，而

---

① 立：位，在位。

② 尸：本指庙中的神主，后来引申为无其实而徒居名位之意。

③ 缺然：不足貌。一说即歉然，也可通。

④ 请致天下：请允许我把天下交给您。

⑤ 宾：附属物，次要之物。

⑥ 鹪鹩(jiāo liáo)：小鸟名，巧于筑巢。

⑦ 偃鼠：土鼠名，一作鼹鼠，常穿耕地而行，喜饮河水。

⑧ 归休乎君：是“君归休乎”的倒装句，犹言：“您回去吧，算了吧！”

⑨ 为：语尾助词，带有感叹作用。此句说天下对于我是没有什么用处的。

⑩ 庖(páo)人：厨师。

⑪ 祝：太庙中负责祭祀的官，因其执祭版对神主(尸)而祝，故称“尸祝”。樽：盛酒器。俎：盛肉器。樽、俎皆庖人所掌管。

⑫ 肩吾、连叔：旧说皆为有道之士，实是庄子为表达需要而虚构的人物。

⑬ 接舆：楚国的狂士，隐居不仕。

⑭ 大：言辞夸诞。当(dàng)：底，边际。大而无当，夸张荒诞没有根据。

⑮ 往而不返：指说话说开去而无收束，即说话漫无边际。

⑯ 河汉：指天上银河。

⑰ 迳：门外小路。庭：堂前庭院。迳庭，差别很大的意思。

⑱ 藐(miǎo)：遥远的样子。姑射(yè)：神话中的山名。

⑲ 淖约：同“绰约”，柔弱美好的样子。处子：处女。

游乎四海之外。其神凝①,使物不疵疠而年谷熟②。'吾以是狂而不信也③。"连叔曰:"然。瞽者无以与乎文章之观④,聋者无以与乎钟鼓之声。岂唯形骸有聋盲哉?夫知亦有之。是其言也⑤,犹时女也⑥。之人也,之德也,将旁礴万物以为一⑦,世蕲乎乱⑧,孰弊弊焉以天下为事⑨!之人也,物莫之伤,大浸稽天而不溺⑩,大旱金石流土山焦而不热。是其尘垢秕糠,将犹陶铸尧舜者也⑪,孰肯以物为事!宋人资章甫而适诸越⑫,越人断发文身⑬,无所用之。尧治天下之民,平海内之政,往见四子藐姑射之山⑭,汾水之阳⑮,窅然丧其天下焉⑯。"

---

① 神凝:精神专注。

② 疵疠(lì):疾病,灾害。

③ 以是:以此为。是,指接舆的话。狂:借为"诳",虚妄之言。

④ 瞽(gǔ):盲。与(yù):参与。文章:指有文采的东西。

⑤ 是:这,此。指上文关于聋、盲的话。

⑥ 时:同"是"。女:同"汝",你。

⑦ 旁礴:广被万物,形容无所不包,无所不及。

⑧ 蕲(qí):同"祈",求。

⑨ 弊弊:忙忙碌碌、疲惫不堪的样子。

⑩ 大浸:大水。稽:至。溺:淹没。

⑪ 秕糠:谷不熟为秕,谷皮叫糠,这里均指糟粕、渣滓、琐细之物。陶:制瓦器。铸:制金器。这里均作动词用,此句言用神人身上的琐细尘垢陶铸出尧舜来。

⑫ 资:采购,采买。适:往。

⑬ 断发:剪了头发。文身:身涂花纹。

⑭ 四子:指王倪、齧(niè)缺、被衣、许由。

⑮ 阳:水的北面。

⑯ 窅(yǎo)然:犹怅然。丧:忘记。

惠子谓庄子曰①:“魏王贻我大瓠之种②,我树之成③,而实五石④,以盛水浆,其坚不能自举也⑤。剖之以为瓢,则瓠落无所容⑥。非不呺然大也⑦,吾为其无用而掊之⑧。”庄子曰:“夫子固拙于用大矣⑨。宋人有善为不龟手之药者⑩,世世以洴澼絖为事⑪。客闻之,请买其方百金。聚族而谋曰:‘我世世为洴澼絖,不过数金;今一朝而鬻技百金⑫,请与之。’客得之,以说吴王。越有难⑬,吴王使之将,冬与越人水战,大败越人,裂地而封之⑭。能不龟手,一也⑮;或以封⑯,或不免于洴澼絖,则所用之异也。今子有五石之瓠,何不虑以为大樽而浮于江湖⑰,而忧其瓠落无所容?则夫子犹有蓬之心也夫⑱!”

---

① 惠子:即惠施,宋人,先秦时的思想家,庄子的朋友。

② 魏王:即梁惠王。贻(yí):送给。瓠(hù):葫芦。

③ 树:种植。成:成熟。

④ 实:果实,指结成的葫芦。五石(dàn):十斗为一石。此言葫芦很大,有五石的容积。

⑤ 坚:指坚固的程度。不能自举:大意是本身禁不起举。

⑥ 瓠落:即“廓落”,大而平浅。无所容:不知拿它装什么东西才好。

⑦ 呺(xiāo)然:空虚巨大的样子。

⑧ 掊(pǒu):打破。

⑨ 拙于用大:不善于把事物利用在大处。

⑩ 龟(jūn):同“皲”,皮肤受冻而裂。

⑪ 洴(píng):浮。澼(pì):在水里漂洗。絖(kuàng):丝絮。事:事业,职业。

⑫ 鬻(yù):卖。技:指制药的技能。

⑬ 难(nàn):乱事,指军事行动。

⑭ 裂地:分出一块土地。

⑮ 一:一样。

⑯ 或:不定代词,有的人。以封:靠它得到封赏。

⑰ 虑:结缀,缚。一说作挖空解,也可通。大樽:一名腰舟,形如酒器,缚在身上,浮于江湖,可以自渡。这句话意为:为什么不把它系结在身上(或挖空了)作为大樽用。

⑱ 蓬:草名,生得短曲而不畅直。蓬之心,比喻见解迂曲短浅之心。

惠子谓庄子曰:“吾有大树,人谓之樗①。其大本拥肿而不中绳墨②,其小枝卷曲而不中规矩③,立之涂④,匠者不顾。今子之言,大而无用,众所同去也⑤。”庄子曰:“子独不见狸狌乎⑥?卑身而伏⑦,以候敖者⑧;东西跳梁⑨,不辟高下⑩;中于机辟⑪,死于罔罟⑫。今夫斄牛⑬,其大若垂天之云。此能为大矣,而不能执鼠。今子有大树,患其无用,何不树之于无何有之乡⑭,广莫之野⑮,彷徨乎无为其侧⑯,逍遥乎寝卧其下。不夭斤斧⑰,物无害者,无所可用,安所困苦哉!”

【提示】

这是一篇优美的论说文,其主旨是说一个人应当消除物我界限,无所待而游无穷,从而使精神活动臻于优游自在、无挂无碍的绝对自由境界。文章起笔便描绘出一个广大无穷的天地,以物为

---

① 樗(chū):俗名臭椿,其质甚劣,不能用作器材。

② 大本:指主干。拥肿:今写作“臃肿”,指木上多赘瘤。中:合。绳墨:匠人取材时用以求直的工具。

③ 卷曲:今写作“蜷曲”。规矩:匠人用以求圆、求方的工具。

④ 涂:同“途”。

⑤ 去:抛弃。

⑥ 狸:野猫。狌(shēng):俗名黄鼠狼。

⑦ 卑身:低身。

⑧ 敖:同“遨”,作“游”解。敖者,指往来的小动物,狸狌取食的对象。

⑨ 跳梁:同“跳踉”,跳跃,蹿跃。

⑩ 辟:同“避”。

⑪ 机:弩机。辟:陷阱。二者均是捕兽所用。

⑫ 罔(wǎng):同“网”。罟(gǔ):网的通称。

⑬ 斄(lí)牛:即旄牛,产于我国西南部,躯体甚大。

⑭ 无何有:什么都没有。

⑮ 莫:大。

⑯ 彷徨:徘徊。无为:无所事事。

⑰ 夭:夭折。斤:砍木斧。

喻，再由物及人，指出世上的一切人与一切物的活动，都是有所依待的，都不能达到绝对自由的境地。只有“乘天地之正，而御六气之辩”，才能达到“无待”——无己、无功、无名，即不受时空限制，超然物外的绝对自由——逍遥游。接下来借助亦实亦虚的历史人物、寓言故事来分别说明并论证自己的观点，结构严谨，富有说服力。

在艺术上，本篇也充分体现了庄子的创作风格。通过奇特的想像、大胆的夸张，创造出一系列极度变形了的形象，荒诞虚幻却又生动鲜活，令人目不暇接。再辅之以含蕴丰富的寓言、比喻，行云流水般的语言和哲理的阐述，便机趣横生，水到渠成，毫无枯涩的说教之气。作者高超的艺术技巧使这篇哲理散文境界浑融苍茫、涵蕴无穷，充满了浪漫主义色彩，极具艺术感染力。

【思考与练习】

1. 划分段落并概括段落大意。
2. 如何理解“逍遥游”的境界？
3. 找出本文中的寓言并谈谈你对寓言寓意的理解。
4. 体会本文想像、夸张艺术手法的妙处。

（孙　光）

报任安书①

司马迁

司马迁(前145～约前87),字子长,夏阳(今陕西韩城)人,西汉伟大的史学家和文学家。二十岁后曾数次出游,足迹遍及大江南北,长城内外。武帝元封三年(前108)继父职为太史令。天汉三年(前98)因李陵事件,被处腐刑。出狱后,任中书令。征和二年(前91)左右,完成《史记》的创作。

《史记》是我国第一部多民族百科全书式的纪传体通史,又是一部伟大卓越的文学巨著。《史记》的人物传记,不仅有高度的思想性,而且人物形象鲜明生动,叙事传神畅达,文笔疏宕,情节曲折,充满激情,表现了作者卓越的艺术才能,具有很高的文学价值。《史记》开创了我国的传记文学,也是我国不朽的散文名著,对后世产生了巨大影响。鲁迅先生曾誉之为“史家之绝唱,无韵之《离骚》”(《汉文学史纲要》)。

---

① 本篇选自《昭明文选》,题作《报任少卿书》。《汉书·司马迁传》载有全文,文字亦略有不同。这是司马迁答复任安的一封信。任安:字少卿,荥阳(今河南荥阳)人,曾任益州刺史、北军使者护军。武帝征和二年(前91)江充巫蛊之案发生,戾太子刘据发兵与丞相刘屈氂战于长安城中。任安既受太子发兵之节,却又按兵观望。后太子兵败自杀,任安遂以“有两心”、“怀诈”持两端而被武帝下狱处死。此书即作于征和二年十一月,任安被杀之前。

太史公牛马走司马迁再拜言①。少卿足下：曩者辱赐书②，教以顺于接物③，推贤进士为务。意气懃懃恳恳，若望仆不相师④，而用流俗人之言。仆非敢如此也！仆虽罢驽⑤，亦尝侧闻长者之遗风矣；顾自以为身残处秽，动而见尤⑥，欲益反损，是以独郁悒而与谁语。谚曰："谁为为之？孰令听之⑦？"盖钟子期死，伯牙终身不复鼓琴⑧。何则？士为知己者用，女为说己者容。若仆大质已亏缺矣⑨，虽才怀随和⑩，行若由夷⑪，终不可以为荣，适足以见笑而自点耳⑫。书辞宜答，会东从上来⑬，又迫贱事⑭，相见日浅，卒

---

① 太史公：汉代史官太史令的通称，这里是司马迁自称。牛马走：您的仆人，这是自谦之辞。再拜言：再拜陈言，书信表敬之辞。

② 足下：书信中对对方的尊称。曩：从前。辱赐书：承蒙屈尊写信给我。书信中常用表敬套语。

③ 顺：《汉书》作"慎"。

④ 懃(qín)：同"勤"。懃懃恳恳，殷勤恳切。《汉书》作"勤勤恳恳"。望：怨恨。仆：自我谦称。不相师：没能遵照你的意见行事。

⑤ 罢(pí)驽：疲惫的劣马。喻指自己才能低下。罢，通"疲"。

⑥ 顾：但。见尤：被人指责。

⑦ 谁为：为谁。孰令：让谁。

⑧ 钟子期和伯牙都是春秋时楚国人。相传伯牙善弹琴，而钟子期能知音，二人遂为知己。后钟子期死，伯牙以为世无知音，便破琴绝弦，不复弹奏。

⑨ 大质：指身体。亏：残。

⑩ 才怀随和：有珠玉一般可贵才华。随，此指随侯之珠。和，指和氏之玉。

⑪ 行若由夷：品行像许由和伯夷那样高尚。由指许由，夷指伯夷，二人历来被看作不慕富贵、品德高尚的典范人物。

⑫ 点：通"玷"，玷污，污辱。

⑬ 会：适逢。东从上来：即"从上东来"，指征和二年夏，跟随汉武帝由甘泉宫向东回到长安来。

⑭ 迫：急。贱事：谦指自己担负的繁杂事物。

卒无须臾之闲①，得竭志意。今少卿抱不测之罪②，涉旬月，迫季冬③，仆又薄从上雍，恐卒然不可为讳④，是仆终已不得舒愤懑以晓左右⑤，则长逝者魂魄⑥，私恨无穷。请略陈固陋，阙然久不报，幸勿为过⑦。

仆闻之：修身者，智之符也；爱施者，仁之端也；取与者，义之表也；耻辱者，勇之决也；立名者，行之极也⑧。士有此五者，然后可以托于世，而列于君子之林矣。故祸莫憯于欲利，悲莫痛于伤心，行莫丑于辱先，诟莫大于宫刑⑨。刑余之人⑩，无所比数⑪，非一世也，所从来远矣。昔卫灵公与雍渠同载，孔子适陈⑫；商鞅因景监见，赵良寒心⑬；同子参乘，袁丝变色⑭，自古而耻之。夫以中材

---

① 卒卒：犹言“匆匆”。卒，通“猝”。闲：闲暇。

② 抱不测之罪：遭到难以预料之罪，暗指任安犯了死罪。

③ 汉代例行腊月处决犯人，故云。季冬：冬季的最后一个月。

④ 薄：迫近。雍：汉县名，在今陕西凤翔南。汉代皇帝常往祭祀五帝。不可为讳：委婉之辞，指任安被处死。

⑤ 以晓左右：来告明您。晓，告明。左右，对对方的敬称。

⑥ 长逝者：死者，此指任安。

⑦ 固陋：自谦之辞，指自己见识浅陋。阙：通“缺”，间隔很久。

⑧ 符：表征，标志。极：顶点。指最终目标。

⑨ 憯(cǎn)：通“惨”。于：比。诟：耻辱。宫刑：古代割除男子生殖器的一种酷刑，又称“腐刑”。

⑩ 刑余之人：受了酷刑的人。

⑪ 无所比数：无法与别人比较。比数，同类比较。意即受人鄙视。

⑫ 据《史记·孔子世家》载，孔子在卫时，灵公与夫人同车出游，宦者雍渠为参乘，孔子为次乘(坐在后面一辆车上)，招摇过市。孔子为自己追随在女人与宦者之后而感到可耻，便离开了卫国。

⑬ 景监：秦孝公所宠信的宦官。赵良：秦国的贤者，他反对商鞅变法，对他靠景监引见得重表示不满，并劝他赶快引退，免招杀身之祸。

⑭ 同子：指汉文帝时的宦官赵谈。司马迁因避父(司马谈)讳，改称“同”，“子”是尊称。袁丝：即袁盎，汉文帝时为中郎将。当文帝与赵谈同车出游时，袁盎伏在车前加以谏阻，文帝接受意见，令赵谈下车。

之人,事有关于宦竖①,莫不伤气,而况于慷慨之士乎②?如今朝廷虽乏人,奈何令刀锯之余荐天下之豪俊哉③!仆赖先人绪业④,得待罪辇毂下⑤,二十余年矣。所以自惟⑥,上之不能纳忠效信,有奇策才力之誉,自结明主;次之又不能拾遗补阙⑦,招贤进能,显岩穴之士⑧;外之不能备行伍,攻城野战,有斩将搴旗之功⑨;下之不能积日累劳,取尊官厚禄,以为宗族交游光宠。四者无一遂,苟合取容,无所短长之效,可见于此矣⑩。向者仆亦尝厕下大夫之列⑪,陪外廷末议⑫,不以此时引纲维⑬,尽思虑,今已亏形为扫除之隶⑭,在阘茸之中⑮,乃欲仰首伸眉,论列是非,不亦轻朝廷,羞当世之士邪?嗟乎!嗟乎!如仆尚何言哉!尚何言哉!

---

① 宦竖:宦官。竖,对人的蔑称。

② 慷慨之士:有远大抱负、意志刚毅的人。

③ 刀锯之余:指受过刀锯之刑,形体被残毁之人。这里为司马迁自称。

④ 绪业:余业,遗业。这里指司马迁的父亲留给他的学术事业和太史公官职。

⑤ 得待罪辇毂下:才能在京城为官。待罪,做官的谦辞。辇毂下,指京城。辇,皇帝坐的车。毂,车轮中心之圆木。

⑥ 自惟:自思。惟,想。

⑦ 拾遗补阙:为皇帝拾取遗漏,弥补缺失。指向皇帝进谏,纠正其过失。阙,通"缺"。

⑧ 显岩穴之士:使隐居而有才德的人显露才干。

⑨ 搴(qiān)旗:奋勇拔取敌军的旗帜。

⑩ "四者"四句:意谓以上四种情况无一成就,苟且求合以取悦于人,没什么特出建树值得称道,从这些可见我的情况了。

⑪ 厕:夹杂其间。下大夫:太史令之职,秩俸六百石,位为下大夫。

⑫ 外廷:即外朝。汉称大司马、侍中、散骑诸吏为中朝,丞相以下至六百石为外朝。末议:发表意见的自谦之辞。

⑬ 引纲维:根据国家典章法纪有所申述。

⑭ 扫除之隶:从事扫除的差役。喻指自己地位低下。

⑮ 阘茸(tà róng):指卑贱低下。阘,小户。茸,小草。并指微贱。

且事本末未易明也。仆少负不羁之行，长无乡曲之誉①。主上幸以先人之故，使得奏薄伎②，出入周卫之中③。仆以为戴盆何以望天④，故绝宾客之知，亡室家之业⑤，日夜思竭其不肖之才力，务一心营职，以求亲媚于主上。而事乃有大谬不然者！

夫仆与李陵⑥，俱居门下，素非能相善也。趋舍异路⑦，未尝衔杯酒，接殷勤之余欢。然仆观其为人，自守奇士⑧，事亲孝，与士信，临财廉，取与义，分别有让，恭俭下人⑨，常思奋不顾身，以徇国家之急⑩。其素所蓄积也，仆以为有国士之风⑪。夫人臣出万死不顾一生之计，赴公家之难，斯以奇矣。今举事一不当，而全躯保妻子之臣，随而媒糵其短⑫，仆诚私心痛之。且李陵提步卒不满五千，深践戎马之地，足历王庭⑬，垂饵虎口，横挑强胡⑭，仰亿万之

---

① "仆少"两句：意谓我年轻时就有不受羁绊的行为，成年又没有乡里的称誉之名。

② 奏薄伎：进献小技艺。

③ 周卫：周密禁卫的地方，此指宫禁。

④ 戴盆何以望天：戴盆怎能仰望上天呢。此喻自己忠于职守，专心致志，无暇他顾。

⑤ 亡：抛弃，不顾。

⑥ 李陵：汉朝名将李广之孙，汉武帝时的将领。曾为建章监，司马迁为太史令，均任职宫门内，故有下文"俱居门下"之说。

⑦ 趋舍异路：意谓彼此走或不走的道路有所不同。

⑧ 自守奇士：以奇士的节操自守。

⑨ "分别"两句：意谓能分别长幼尊卑，有礼让之风，谦恭待人，甘居人下。

⑩ 徇：牺牲自己的生命。

⑪ 国士：国内所推重的人。

⑫ 媒糵(niè)其短：喻指罗织罪名，夸大其辞陷害李陵。

⑬ 王庭：指匈奴单于的大本营。

⑭ 横挑：勇猛地挑战。

师①,与单于连战十有余日,所杀过半当②,虏救死扶伤不给③。旃裘之君长咸震怖④,乃悉征其左、右贤王⑤,举引弓之人⑥,一国共攻而围之。转斗千里,矢尽道穷,救兵不至,士卒死伤如积⑦。然陵一呼劳军,士无不起,躬自流涕,沬血饮泣,更张空弮,冒白刃,北向争死敌者⑧。陵未没时,使有来报,汉公卿王侯皆奉觞上寿⑨。后数日,陵败书闻,主上为之食不甘味,听朝不怡,大臣忧惧,不知所出。仆窃不自料其卑贱,见主上惨怆怛悼⑩,诚欲效其款款之愚⑪,以为李陵素与士大夫绝甘分少⑫,能得人之死力,虽古之名将,不能过也。身虽陷败,彼观其意⑬,且欲得其当而报于汉⑭。事已无可奈何,其所摧败⑮,功亦足以暴于天下矣⑯。仆怀

---

① 仰:仰攻。汉军北向,又被围谷中,匈奴南向,又居高临下,故李陵军为仰攻之势。

② 所杀过半当:所杀敌人超过自己人数的一半。《汉书·司马迁传》作“所杀过当”,似为是。

③ 不给:来不及供应,这里指顾不上。

④ 旃裘:匈奴人穿野兽毛制做的皮裘,这里代指匈奴。

⑤ 左、右贤王:地位仅次于大单于的匈奴统治者。

⑥ 举引弓之人:尽数征调能拉弓射箭的人。

⑦ 死伤如积:战死的、受伤的堆积如山。

⑧ 沬(huì)血:血流满面。空弮(quān):空弓,箭已射尽。死敌:死于敌手。即同敌人拼命的意思。

⑨ 奉觞上寿:向武帝进酒祝捷。觞,酒器。

⑩ 惨怆怛悼:悲哀伤心。

⑪ 款款:忠实诚恳的样子。

⑫ 绝甘分少:甘美的东西自己不吃,即使有少量的东西也分给别人。

⑬ 彼观其意:即“观彼之意”。

⑭ 得其当:得到适当的机会。

⑮ 其所摧败:李陵所消灭的匈奴军。

⑯ 暴:显露,昭示。

欲陈之，而未有路，适会召问，即以此指①，推言陵之功②，欲以广主上之意，塞睚眦之辞③。未能尽明，明主不晓，以为仆沮贰师④，而为李陵游说，遂下于理⑤。拳拳之忠⑥，终不能自列，因为诬上⑦，卒从吏议。家贫，货赂不足以自赎⑧；交游莫救视，左右亲近不为一言。身非木石，独与法吏为伍，深幽囹圄之中⑨，谁可告诉者！此真少卿所亲见，仆行事岂不然乎？李陵既生降，颓其家声⑩，而仆又佴之蚕室⑪，重为天下观笑。悲夫！悲夫！事未易一二为俗人言也⑫。

仆之先非有剖符丹书之功⑬，文史星历⑭，近乎卜祝之间⑮，

---

① 指：主旨，意思。

② 推言：阐述。

③ 睚眦(yá zì)：怒目而视。睚眦之辞：形容一些人疯狂诬陷李陵的狂态妄言。

④ 沮贰师：中伤贰师将军李广利。贰师，指贰师将军李广利。李广利是汉武帝的宠妃李夫人的哥哥。汉武帝想让李广利此次借出征匈奴时立功封侯，故以他为主力军，派李陵为偏师，分兵协助李广利出征，但李陵曾遇敌奋战，李广利则无功而返。汉武帝对司马迁的话大为不满，以为他是有意中伤贰师将军。

⑤ 理：指掌管刑狱的官。

⑥ 拳拳：忠诚恭谨的样子。

⑦ 诬上：犹言“欺君”，这是封建时代很大的罪名。

⑧ 汉代法律规定，可以出钱赎罪。司马迁职微清贫，无以自赎其罪。

⑨ 幽：囚禁，关押。囹圄：监狱。

⑩ 颓：败坏。家声：家族声誉。

⑪ 佴(èr)：相次，随后。蚕室：养蚕的温室。初受宫刑的人住在蚕室，以防风寒。

⑫ 未易一二：不好一一地。

⑬ 剖符丹书：朝廷颁发给有功之臣的凭证。剖符，分开两半的符信。丹书，即铁券丹书，皇帝给功臣的誓辞，以铁为契，朱砂写成。受剖符丹书者，可作为后世子孙免罪的凭证。

⑭ 文史星历：文献、史籍、天文、历法，这都属太史令所掌之事。

⑮ 近乎：近于，近似。卜：负责占卜的官。祝：祭祀时主持礼仪的人。

固主上所戏弄，倡优所畜①，流俗之所轻也。假令仆伏法受诛，若九牛亡一毛，与蝼蚁何以异？而世又不与能死节者比②，特以为智穷罪极，不能自免，卒就死耳。何也？素所自树立使然也③。人固有一死，或重于泰山，或轻于鸿毛，用之所趋异也④。太上不辱先⑤，其次不辱身，其次不辱理色⑥，其次不辱辞令；其次诎体受辱⑦，其次易服受辱⑧，其次关木索、被箠楚受辱⑨，其次剔毛发、婴金铁受辱⑩，其次毁肌肤、断肢体受辱，最下腐刑极矣！传曰⑪："刑不上大夫⑫。"此言士节不可不勉励也。猛虎在深山，百兽震恐，及在槛阱之中⑬，摇尾而求食，积威约之渐也⑭。故士有画地为牢，势不可入，削木为吏，议不可对⑮，定计于鲜也⑯。今交手足⑰，受木

---

① 倡优所畜：被当成乐师优伶一样畜养着。倡，乐人。优，戏人。

② 不与：不认为是。能死节者：能为坚守节操而死的人。

③ "素所"句：意谓自己的工作职业和立身行事的表现使得如此。

④ 用：因。之：代指死。趋：趋向。

⑤ 太上不辱先：最上等的是不使祖先受到污辱。

⑥ 理色：颜面，面色。

⑦ 诎(qū)体受辱：指身体被捆绑而弯曲，即被囚禁起来。诎，通"屈"。

⑧ 易服：换上罪人穿的衣服。古代罪人穿深红色囚衣。

⑨ 关木索：披枷带锁。关，戴。木，枷。索，绳。被箠楚：遭受杖打。箠，杖。楚，荆条。

⑩ 剔毛发：即"髡刑"，把头发剃光。婴金铁：即"钳刑"，用铁圈束颈。婴，缠绕。

⑪ 传：此指《礼记·曲礼上》。

⑫ 刑不上大夫：刑罚不会用到大夫身上。

⑬ 槛阱：围困野兽的栅栏和陷阱。

⑭ "积威"句：意谓这是对猛虎逐渐用威力加以制约所积累的结果。

⑮ "故士"四句：意谓所以对士人来说，即使有人在地上画一个圈作牢狱，也绝对不能进去；即使刻削木头做成狱吏的样子来判决，也不能去同他对质。

⑯ 定计于鲜也：在没有受刑之前就定下自杀的计划。鲜，通"先"。

⑰ 交手足：指手脚被捆绑。

索，暴肌肤，受榜箠，幽于圜墙之中①。当此之时，见狱吏则头抢地②，视徒隶则心惕息③。何者？积威约之势也。及以至是，言不辱者，所谓强颜耳④，曷足贵乎？且西伯，伯也，拘于羑里⑤；李斯，相也，具于五刑⑥；淮阴，王也，受械于陈⑦；彭越、张敖，南面称孤，系狱抵罪⑧；绛侯诛诸吕，权倾五伯，囚于请室⑨；魏其，大将也，衣赭衣，关三木⑩；季布为朱家钳奴⑪；灌夫受辱于居室⑫。此人皆身至王侯将相，声闻邻国，及罪至罔加⑬，不能引决自裁，在尘埃之

---

① 幽于圜墙之中：指被关在监狱之中。

② 头抢地：叩头触地。

③ 徒隶：狱卒。

④ 强颜耳：厚着脸皮罢了。

⑤ 西伯：即周文王姬昌。伯，方伯。古代一方诸侯之长。姬昌曾为西方诸侯之长，故称。羑里：地名，在今河南汤阴北。周文王曾被殷纣王囚于此地。

⑥ 李斯：秦始皇时任丞相。具于五刑：备受五刑折磨。五刑，即“劓”（yì）（割鼻）、“刖”（yuè）（斩左右趾）、“笞杀”（打死）、“枭首”（斩首）、“菹”（zū）（剁成肉酱）。

⑦ 淮阴：即淮阴侯韩信，汉高祖刘邦的大将，曾被封齐王和楚王。受械：被戴上刑具。陈：地名，在今河南淮阳。韩信为楚王时，被刘邦猜忌，于陈地逮捕。

⑧ 彭越：刘邦的功臣，被封为梁王，后被吕后捕杀。张敖：刘邦的功臣张耳之子，继嗣赵王，以谋反罪入狱。

⑨ 绛侯：刘邦的功臣周勃。诸吕：刘邦之妻吕后的亲属。刘邦死后，诸吕掌权，周勃和陈平等人共诛诸吕，拥立文帝，后被诬告，一度入狱。

⑩ 魏其（jī）：即魏其侯窦婴，汉景帝时大将军，后被丞相田蚡陷害入狱杀害。三木：在头、手、足三处加枷、手铐、脚镣。

⑪ 季布：项羽的将领。为逃避刘邦的缉捕，曾隐姓埋名为朱家奴仆。

⑫ 灌夫：汉景帝和武帝时为将军，被丞相田蚡陷害，囚于居室，后被杀害。

⑬ 罔加：受到法令制裁。罔，法网。

中①。古今一体,安在其不辱也？由此言之,勇怯,势也;强弱,形也②。审矣,何足怪乎？夫人不能早自裁绳墨之外,以稍陵迟,至于鞭箠之间,乃欲引节,斯不亦远乎③！古人所以重施刑于大夫者,殆为此也④。夫人情莫不贪生恶死,念父母,顾妻子。至激于义理者不然,乃有所不得已也⑤。今仆不幸,早失父母,无兄弟之亲,独身孤立,少卿视仆于妻子何如哉？且勇者不必死节,怯夫慕义,何处不勉焉？仆虽怯懦,欲苟活,亦颇识去就之分矣,何至自沉溺缧绁之辱哉⑥！且夫臧获婢妾⑦,犹能引决,况仆之不得已乎？所以隐忍苟活,幽于粪土之中而不辞者,恨私心有所不尽,鄙陋没世,而文采不表于后世也。

古者富贵而名摩灭⑧,不可胜记,唯倜傥非常之人称焉⑨。盖文王拘而演《周易》⑩;仲尼厄而作《春秋》⑪;屈原放逐,乃赋《离

---

① 在尘埃之中:指苟活于尘世。

② “勇怯”四句:意谓有时勇敢,有时胆怯,有时坚强,有时软弱,这是形势造就的。

③ 以:通“已”。稍:渐。陵迟:衰落。引节:死于气节,即守节自杀。

④ 殆:大概。

⑤ “至激”两句:意谓至于有人为义理所激励而不顾父母妻子去赴死,那是由不得已的情况造成的。

⑥ 去就:指舍生就义。分:道理,界限。沉溺:深深陷入,不能自拔。缧绁:捆绑囚犯的绳索,引申为囚禁。

⑦ 臧获:当时对奴婢的贱称。此指奴仆。

⑧ 摩灭:即“磨灭”,指声名埋没不传。

⑨ 倜傥(tì tǎng):洒脱卓异、特出不凡的人。称:指受后人称道。

⑩ 演:推演。相传伏羲画八卦,周文王囚于羑里时,推演八卦为六十四卦,成为《周易》的基础。

⑪ 厄:困厄。孔子周游列国,厄于陈、蔡,无法实现自己的主张,便写出《春秋》。

骚》①;左丘失明,厥有《国语》②;孙子膑脚,兵法修列③;不韦迁蜀,世传《吕览》④;韩非囚秦,《说难》、《孤愤》⑤;《诗》三百篇,大底圣贤发愤之所为作也⑥。此人皆意有所郁结,不得通其道⑦,故述往事,思来者⑧。乃如左丘无目,孙子断足,终不可用,退而论书策,以舒其愤,思垂空文以自见⑨。仆窃不逊⑩,近自托于无能之辞,网罗天下放失旧闻,略考其行事,综其终始,稽其成败兴坏之纪⑪,上计轩辕⑫,下至于兹⑬,为十表,本纪十二,书八章,世家三十,列传七十,凡百三十篇。亦欲以究天人之际⑭,通古今之变⑮,成一家之言⑯。草创未就,会遭此祸。惜其不成,是以就极刑而无愠色。仆诚以著此书,藏之名山,传之其人⑰,通邑大都⑱,则仆偿

---

① 屈原:伟大的爱国主义诗人,楚怀王时任左徒,不久被奸佞诬陷中伤,遭到疏远放逐,写出了我国古代最杰出的抒情长诗《离骚》。

② 左丘:左丘明,相传为盲人,为《国语》作者。

③ 孙子:战国时著名军事家孙膑。因遭到庞涓的陷害而受到膑刑,写出了《孙膑兵法》。

④ 不韦:秦始皇的相国吕不韦。他因罪免职,迁徙蜀地时自杀途中。他任丞相时,曾组织编撰《吕氏春秋》(即《吕览》)。

⑤ 韩非:战国时韩国的公子。韩非曾屡次进谏韩君,不为所用,有感而作《说难》、《孤愤》等文,受到秦王赏识。在秦被李斯陷害致死。

⑥ 《诗》:即《诗经》,是我国第一部诗歌总集。大底:即“大抵”。

⑦ 不得通其道:不能行其道。即不能实现他们的理想。

⑧ 思来者:寄希望于后来的人,使后来的人见到自己的心志。

⑨ 垂:流传。空文:指文章。见:同“现”。

⑩ 不逊:自谦之辞,不自量力。

⑪ 纪:纲纪。这里指规律,道理。

⑫ 轩辕:即黄帝,传说为中原各族的祖先。

⑬ 兹:此,现在。

⑭ 究天人之际:探求天地自然与人类社会的关系。

⑮ 通古今之变:贯通古今历史的发展演变。

⑯ 成一家之言:通过《史记》表达独到的历史见解和是非观。

⑰ 传之其人:传给志同道合的人。

⑱ 通邑:即大都市。

前辱之责①,虽万被戮,岂有悔哉!然此可为智者道,难为俗人言也。

且负下未易居,下流多谤议。仆以口语遇遭此祸,重为乡党所笑,以污辱先人,亦何面目复上父母丘墓乎?虽累百世,垢弥甚耳!是以肠一日而九回,居则忽忽若有所亡,出则不知其所往。每念斯耻,汗未尝不发背沾衣也!身直为闺阁之臣,宁得自引深藏岩穴邪②?故且从俗浮沉,与时俯仰,以通其狂惑。今少卿乃教以推贤进士,无乃与仆私心剌谬乎③?今虽欲自雕琢④,曼辞以自饰⑤,无益,于俗不信⑥,适足取辱耳。要之⑦,死日然后是非乃定。书不能悉意⑧,略陈固陋。谨再拜。

【提示】

汉武帝征和二年(前91)任安因“巫蛊之祸”而被判处腰斩,写信给司马迁,希望他能予以救援。司马迁写下这封著名的回信,以回答任安对自己不能“推贤进士”的责备为线索,倾诉了自己因“李陵之祸”惨遭腐刑的全过程,表明隐忍苟活,发愤著书的目的、决心和毅力,以及高尚的荣辱观和生死观,倾吐了深藏胸中的悲愤和幽怨之情。字字血泪,饱含着对汉武帝及其酷吏政治,乃至当时整个官僚社会的无比愤怒和深恶痛绝。文章雄健有力、情辞恳切,不仅是一部研究司马迁生平思想创作的重要资料,也是一篇感人至深的千古奇文。

《报任安书》是一篇书信体的说理文,但又具有浓烈的抒情色

---

① 责:“债”的本字。

② 直:只不过。闺阁之臣:指宦官。自引:指自己退隐。

③ 剌(là)谬:违背,不合。

④ 自雕琢:自我修饰美化。

⑤ 曼辞:美妙言辞。

⑥ 不信:不能取信于人。

⑦ 要之:总而言之。

⑧ 悉意:尽意。

彩。正如明人孙执舟所说:“史迁一腔抑郁,发之《史记》。作《史记》一腔抑郁,发之此书,识得此书,便识得一部《史记》。盖一生心事,尽泄于此也。纵横排宕,真是绝代大文章。”(《详注昭明文选引》)信中所宣泄出的那种忠而见疑,无辜遭冤又决不屈服,刚正不阿的人格力量;那种在生死搏斗、荣辱抉择中强忍诟辱,发愤著述的高尚的思想境界;那种为了理想实现,死里求生,不达目的死不瞑目的刚毅之志;那种对自己事业的正义性以及完成这种事业的自信心,无不充满一种伟大的崇高感、悲壮美。它所喷发出的感召力,力拔千钧,催人奋发!作者所受的污辱、冤屈、压抑,以及对黑暗社会的恨与怨,都深藏心底,久积胸中,无可告诉;一旦向故交知己倾吐真情,其情感的宣泄,恰如山洪暴发,江河直泻,纵其所如,无不闪烁着人类社会进程中光明与黑暗、真善与假恶激烈搏斗的思想光辉,显示着这场历史悲剧的重大社会意义。其情感因素至真至善,其情感的抒写深蕴着壮烈的悲剧美,惊心动魄,催人泪下,又令人扼腕。而且,文章不仅用尽夸张铺排之笔,以酣畅淋漓取胜;又兼以骈散相间,流淌着回环跌宕的节奏感、旋律美。文章沉郁雄健,辞情滚滚,回荡曲折,悲歌慷慨,真可谓“无韵之《离骚》”了。

【思考与练习】

1. 简述《报任安书》的写作背景,并概括其段落大意与主旨。

2. 简述“李陵事件”的经过,谈谈“李陵之祸”对司马迁的思想、创作的重大影响。

(焦茂林)

蒹　葭[1]

《诗　经》

《诗经》是我国最早的一部诗歌总集，收录西周初年至春秋中叶的作品305篇。作者上及贵族士大夫，下至平民、奴隶。全书按音乐性质的不同，分为风、雅、颂三类。它们广泛地反映了诸如经济制度、生产发展、阶级矛盾、风俗民情等等当时社会生活的各个方面。作为其精华的民间歌谣对于统治者的残暴和丑行、人民所遭受的剥削和痛苦尤有深刻的揭露和批判。在艺术上，《诗经》以四言句式为主，多用重章叠句，并根据不同内容的需要，灵活地运用赋、比、兴的艺术手法。语言朴素精练，韵律和谐优美，写景抒情极富艺术感染力。《诗经》关注社会现实的"风雅"精神和高度的艺术成就对后世文学产生了巨大而深远的影响。

蒹葭苍苍②，白露为霜③。所谓伊人④，在水一方⑤。溯洄从之⑥，道阻且长⑦。溯游从之⑧，宛在水中央⑨。

---

① 本篇选自《诗经·秦风》。是秦地(在今陕西甘肃一带)的歌谣。篇名取自首句的头两个字。蒹(jiān)：荻，像芦苇。葭(jiā)：芦苇。

② 苍苍：茂盛的样子。"萋萋"、"采采"义同。

③ 为：凝结成。

④ 伊人：那人，指诗人所思念追寻的人。伊，指示代词。

⑤ 在水一方：在水的另一边。

⑥ 溯洄(sù huí)：逆流而上。从：就，靠近，追寻。

⑦ 阻：险阻，难走。

⑧ 溯游：顺流而下。

⑨ 宛：宛然，宛如，好像的意思。

蒹葭萋萋，白露未晞①。所谓伊人，在水之湄②。溯洄从之，道阻且跻③。溯游从之，宛在水中坻④。

蒹葭采采，白露未已⑤。所谓伊人，在水之涘⑥。溯洄从之，道阻且右⑦。溯游从之，宛在水中沚⑧。

【提示】

《蒹葭》是《诗经》中抒情诗的典范。全诗三章。每章首二句借眼前景物起兴，点明时间、地点、环境氛围；中间二句虚点"伊人"所在之处，表明思慕、追求之意；后四句抒写追寻者苦苦求索的情态和对于"伊人"若即若离而终不可得的惘然失望。诗歌表现了追寻者的恋情之深、求索之坚，弥漫着思慕、追求而不得的惆怅之情。

值得注意的是，诗人对于自己苦苦追求的对象——"伊人"并没有任何具体的描摹，而只是着意刻画了其若隐若现、缥缈空灵的神韵。这种不坐实的描写造成了诗歌主题的多意性，读者可以将"伊人"理解为"周礼"、"贤人"、"恋人"，也可以理解为理想、功业、前途或任何美好的、不易得到的事物。实际上，如果将"在水一方"看作一种可望难即境界的象征，作者创造的这种追寻者——河水——"伊人"的模式，便涵盖了一切因受阻隔而难以达到心中所求的人生境遇。这种象征无疑大大拓展了诗歌的意境，使其朦胧隐约而空灵多蕴，具有涵泳不尽的韵致。

重章叠句的巧妙运用是本诗在艺术上的又一成功之处。一唱三叹的回环往复不仅恰到好处地切合了诗人缠绵情感的抒发，而

---

① 晞(xī)：干。

② 湄：水草交接之处，即岸边。

③ 跻(jī)：升高。

④ 坻(chí)：水中高地，小洲。

⑤ 已：止，也是干的意思。

⑥ 涘(sì)：水边。

⑦ 右：迂回曲折。

⑧ 沚：水中陆地。

且每章变化的字句又暗示了时间的推移和地点的转换,使诗人发展的情感与周围景物妙合无隙、水乳交融,使诗境更为曲折含蓄,具有委婉动人的艺术魅力。

【思考与练习】

1.谈谈你对诗歌主题的理解。

2.谈谈你对本篇象征艺术的体会。

3.诗中景象的时空转换对于表现诗人情感有什么作用?

(孙　光)

山　鬼[①]

屈　原

屈原(约公元前339～约公元前278),名平,字原,战国后期楚国人,曾任左徒之职。主张对外联齐抗秦,对内举贤授能。在政治斗争中,他先是被怀王疏远,顷襄王即位后又被放逐到沅湘一带。楚国不断遭到强秦的侵略,兵挫地削。屈原痛心于国势危迫,自己的理想无法实现,投汨罗江而死。

屈原是我国古代第一个有巨大成就的诗人。他留存下来的作品,多数研究者认为有《离骚》、《九歌》(11篇)、《九章》(9篇)、《天问》、《招魂》、《卜居》、《渔父》,共25篇。他的作品揭露楚国政治的腐朽和黑暗,表达自己对进步理想的追求,充满了热爱故国的真挚感情和刚强不屈的斗争精神,想像丰富,构思奇特,多用象征手法,极富浪漫主义精神。对后世产生了巨大而深远的影响。

若有人兮山之阿②,被薜荔兮带女罗③。既含睇兮又宜笑④,

---

① 本篇选自《九歌》。《九歌》是屈原根据民间祭歌而创制的祭祀乐曲。为追悼在丹淅之战中阵亡的楚军将士而作,时间应该是在楚怀王十七年(公元前312年)。"九"字概言其多,并非实指。

② 阿(ē):山坳。

③ 被:同"披"。薜荔(bì lì):一种蔓生的香草。女罗:同"女萝"。蔓生植物,又名松萝。带女罗,以女萝为带。

④ 睇(dì):微视。含睇,含情微视。宜笑:笑得美妙自然。

子慕予兮善窈窕①。乘赤豹兮从文狸②,辛夷车兮结桂旗③。被石兰兮带杜衡④,折芳馨兮遗所思⑤。余处幽篁兮终不见天⑥,路险难兮独后来⑦。表独立兮山之上⑧,云容容兮而在下⑨。杳冥冥兮羌昼晦⑩,东风飘兮神灵雨⑪,留灵修兮憺忘归⑫,岁既晏兮孰华予⑬?采三秀兮於山间⑭,石磊磊兮葛蔓蔓⑮。怨公子兮怅忘归⑯,君思我兮不得闲⑰。山中人兮芳杜若⑱,饮石泉兮荫松柏。君思我兮然疑作⑲。雷填填兮雨冥冥⑳,猨啾啾兮又夜鸣㉑。

---

① 窈窕(yǎo tiǎo):体态优美。

② 乘赤豹:用赤色的豹驾车。从文狸:让有花纹的狸做随从。

③ 辛夷:一种香木,初春开花,又名迎春。辛夷车,用辛夷木做的车。结桂旗:拴系用桂花枝做的旗。

④ 石兰、杜衡:均为香草名。

⑤ 芳馨(xīn):各种芳香的花草。遗(wèi):赠给。

⑥ 幽篁(huáng):幽深的竹林。

⑦ 后来:犹言“来迟”。

⑧ 表:特出的,屹然独立的样子。

⑨ 容容:同“溶溶”。水流的样子,这里形容云气的流动。

⑩ 杳(yǎo):深远。冥冥:昏暗的样子。

⑪ 飘:急风回旋。神灵:雨神。雨:下雨。

⑫ 灵修:指所思念的人。憺(dàn):安。憺忘归,安然忘归。

⑬ 岁:年岁。晏:晚,指年老。华:同“花”。

⑭ 三秀:灵芝的别名。於(wū)山:即巫山。

⑮ 磊磊:乱石堆积的样子。葛:蔓生植物。蔓蔓:蔓延纠缠的样子。

⑯ 公子:山鬼所思念的人。

⑰ 君:山鬼所思念的人。

⑱ 山中人:山鬼自指。杜若:香草名。

⑲ 然:信。疑:不信。然疑作,半信半疑。

⑳ 填填:雷声。冥冥:犹言“蒙蒙”,细雨迷蒙的样子。

㉑ 猨:同“猿”。灵长类动物,似猴而大。啾啾(jiū jiū):猿的叫声。又:一本作“狖”。应作“狖”。狖(yòu):黑色的长尾猴。

风飒飒兮木萧萧①,思公子兮徒离忧②。

【提示】

《山鬼》是屈原组诗《九歌》中的一篇,描写山中女神赴约不遇,失恋悲哀的情景,创造了美丽、忠贞、痴情的女神形象。全诗分三个部分,非常细致地刻画了女神赴约过程中细腻的心态。作品先写女神收拾打扮准备与心爱的人约会。接着写女神等待心爱的人来约会的过程,着重表现其焦虑、希望和矛盾。最后细致入微地刻画女神失恋后烦乱痛苦、怨愤交织的复杂心情。展示了女神喜悦——惆怅——怨愤的心理波动,层层深入地表现了女神的美丽、痴情和忠贞。诗人在刻画女神形象时采用人神杂糅的艺术手法,诗中的女神既有神的身份和生活习惯,又有人的容貌体态和七情六欲,人神融为一体。既真实生动,又浪漫可喜。诗人还善于借景抒情,把人物的刻画和环境气氛描写完满和谐地统一起来,达到情景交融的艺术境界。充满光彩和欢乐的气氛,白昼如晦的凄迷景象,雷雨交加、风啸猿哀的险恶环境,无不与女神感情变化的三个心理历程紧密融合。

【思考与练习】

1. 概括段意和全篇主旨。

2. 人神杂糅的艺术表现手法对刻画女神形象有什么积极作用?

3. 体会本篇借景抒情、情景交融的艺术特点。

(李金善)

---

① 飒飒:风声。萧萧:风吹落叶声。

② 徒:徒然。离:通“罹”,遭受。

上　　邪[①]

汉乐府民歌

“乐府”本来是专门掌管音乐的官署，掌管朝廷祭祀、朝会等场合所使用的乐歌、乐曲，兼采民间的乐曲、乐歌。由此把它掌管的乐曲、乐歌都称为乐府。据《汉书·艺文志》记载：“自孝武立乐府而采歌谣，于是有代、赵之讴，秦、楚之风，皆感于哀乐，缘事而发，亦可以观风俗，知薄厚云。”这种采集民歌的制度一直延续到东汉末年。当时的民间歌辞乐章被大量采入乐府机关。《汉书·艺文志》就有一百三十八篇西汉民歌俗曲存目。宋人郭茂倩《乐府诗集》中可考的两汉乐府民歌有五六十首之多。这些民歌广泛地反映了汉代社会生活，具有“感于哀乐，缘事而发”的现实性，对后代产生了深远的影响。汉乐府民歌以叙事诗成就最为突出，它以娴熟的叙事技巧讲述故事，塑造形象。它的出现，标志着我国古代叙事诗的成熟。它的五言、七言、杂言诗，是魏晋以后文人五、七言及杂言诗的先声。

上邪！我欲与君相知[②]，长命无绝衰[③]。山无陵[④]，江水为

---

① 本篇选自郭茂倩《乐府诗集·鼓吹曲辞》。是汉乐府“《铙歌》十八曲”之一。取首二字为篇名。上邪(yé)：呼告语，如今之“天哪”。上，指天。邪，同“耶”，语气词。

② 君：你，指情人。相知：相亲相爱。

③ 长：永远。命：使，让。

④ 陵：指山峰。

竭，冬雷震震①，夏雨雪②，天地合，乃敢与君绝③！

【提示】

这是一首民间情歌。作者采用第一人称的口吻指天发誓，表达了一个女子对情人的热烈追求和对爱情的执著坚定，忠贞不渝。情感炽热奔放，想像奇特，表达直露坦率，既有汉乐府“感于哀乐，缘事而发”的特点，又具民歌刚健清新的艺术风格，不失为乐府民歌的一朵奇葩。

这首短诗分为两层。前三句为一层，指天发誓，要与情人长相爱不变心。后六句为一层，重申对爱情的忠贞不渝，矢志不移。同是对爱情忠诚的誓言，本层却从“乃敢与君绝”相反角度，婉转表达，从而有力映照出上层“与君相知，长命无绝衰”之愿的深沉强烈。更加验证了诗中女子对爱情的真挚忠贞，一往情深。这种以情设景的抒情方式，不惟构想新颖，而且奇特大胆，出人意表。同时借助巍巍壮观的自然伟力极写其誓言的坚定不移，显示了誓言有如天崩地裂，响落天外般的悲壮和崇高，以及她对理想追求的热烈和奔放。又兼此诗以杂言结体，句式错落参差，节奏促迫顿挫，气韵跌宕起伏，充分展示了抒情女主人公内心情感活动的激烈。所有这些，无不构成了这篇爱情短章的悲壮美、韵味美，这就不难理解胡应麟何以击节叹赏“《上邪》言情，短章中神品”了。

---

① 冬雷：冬天打起响雷。震震：形容雷声迅疾宏大。

② 雨(yù)：作动词，落。

③ 乃：才。

【思考与练习】

1.为什么说“山无陵”至“乃敢与君绝”六句诗表现了女主人公对爱情的坚定专一,忠贞不渝?

2.本诗句式有何特点?它对女主人公感情抒发有何积极作用?

3.这首爱情短章在抒情方式上有何特色?

(焦茂林)

行行重行行[①]

《古诗十九首》

《古诗十九首》是汉代无名氏文人的一组作品，最早见于梁代萧统的《文选》。

《古诗十九首》产生于何时，由何人所作，有种种不同说法，现在多数学者认为是东汉中后期中下层文人之作。其内容大多写游子思妇的离愁别绪和士子游宦的迫切愿望或失意的情绪。这些诗作抒情真挚深入，委婉曲致，语言浅近自然，风格平易淡远，往往能表达出十分复杂曲折的思想感情，正所谓“深衷浅貌，短语长情”（陆时雍《古诗镜》），“实五言之冠冕”（刘勰《文心雕龙》），代表了汉代文人五言诗的最高成就。它的出现标志着五言诗已经发展到相当成熟的阶段，对后代产生了很大影响。

行行重行行，与君生别离[②]。相去万余里，各在天一涯[③]。道

---

① 本篇选自《昭明文选》。系《古诗十九首》之第一首，取首句为题。徐陵《玉台新咏》以之为西汉枚乘《杂诗》九首其三，文字也略有出入。“行行重行行”，是说走啊走啊，不停地往前走啊。行，走。此处叠用行字，两个“行行”中间又加一个“重”字，极言丈夫远行不止。

② 君：古代妇女对丈夫的敬称。生别离：活生生地分开。双方都活着而不能相见的别离。所以生别离就如同是“永别离”或“死别离”了。此用楚辞《九歌·少司命》“悲莫悲兮生别离”语意。又暗示了“悲莫悲”的意思在内。

③ 涯：边际，极限。此指极远的地方。天一涯，天之一方。

路阻且长①,会面安可知?胡马依北风,越鸟巢南枝②。相去日已远,衣带日已缓③。浮云蔽白日,游子不顾反④。思君令人老,岁月忽已晚。弃捐勿复道⑤,努力加餐饭。

【提示】

这是一首思妇怨别怀远之作。诗中以女子口吻写夫妇久别不得团聚的相思之苦。

全诗可分三层。开头六句写夫妻之离别,以及别后思妇怀人念远,深感人各一方的"生别离"给自己带来的隐痛。表面看生离还有会面的希望,比死别强得多。但诗人又以"道路阻且长,会面安可知"表明相会无期,实际上把生离当作死别了。死别固然令人悲痛,但夫妻、亲人不能相聚,年复一年魂牵梦绕的思念,那岂不更加折磨人?如此生离,其痛楚岂不更甚于死别了?紧接后面六句属第二层,从对面着笔,写思妇对丈夫思乡情景的设想。她先以胡马越鸟眷恋故土作比,设想丈夫对她的恋念,又用时间之长,身体消瘦,极写他的思念之苦。然而,她在刻苦的相思中,又不由得揣测丈夫何以久在异乡而不回返。此种"以我之怀思,猜彼之见弃,亦其情也",正表现了思妇幽怨之深,对其丈夫又是多么的痴情。第三层最后四句收笔,写思妇深沉的相思之苦和无奈的自我慰藉。

---

① 阻:险阻,难走。长:遥远。此用《诗经·蒹葭》"所谓伊人,在水一方。溯洄从之,道阻且长"语意。暗示了无法前去寻找的意思。

② 胡:古代对西方和北方民族的泛称。此代指北方,胡马即指北方的马。依:依恋。越:古族名。广泛分布于长江中下游以南地区,部落众多,故又称"百越"。这里是代指南方,越鸟即指南方的鸟。巢:名词用如动词,是筑巢,做窝的意思。

③ 已:同"以"。此连上文"胡马依北风"二句,说丈夫应比鸟兽更知情意,更有思乡之情。思妇已是相思无已,如若丈夫念及妻子,也该想到回家了。

④ 顾:返。反:同"返"。

⑤ 弃捐:弃、捐同义,丢开的意思。

长期的离别，无休止的思念，使她大有迟暮之感。然而，又该如何呢？她无可奈何，只能故作达观，自我慰藉。“弃捐勿复道，努力加餐饭”，是她的勉强自慰之词。以此二语作结，语意委婉，余味无穷，比痛苦的呼号更能震撼读者心灵。

诗作抒情笔意回环婉曲，先写离别之远，会面难期，中间插入胡马越鸟、浮云白日之喻写思妇虚拟揣测心情。复沓中有转折，侧面中见正面，抒发了思妇起伏回荡、婉转深厚的思想感情。此外，这首诗不惟比喻精妙，而且善于从《诗经》、楚辞和汉代乐府民歌中汲取营养，表现出浓厚的民歌风格与深蕴的抒情意味，不失为《古诗十九首》中的优秀篇章。它的成功也标志着汉末文人五言诗在抒情艺术技巧上的高度纯熟。

【思考与练习】

1. 此诗怎样抒发思妇起伏回荡、婉转深厚的思想感情？

2. “胡马依北风，越鸟巢南枝”喻义何在？这种比喻对描写夫妻别离相思有何积极作用？

（焦茂林）

魏晋南北朝隋唐文学概述

魏晋南北朝是被史学界称为一个"继起的百家争鸣"时代。思想界突破"独尊儒术"的羁绊,呈现儒、释、道、玄四家分离、调和、斗争等繁复现象。思想活跃,性情复苏,自由发展。文学也日益摆脱经学的影响,开始进入一个文学的自觉时代。

建安时期,由于"世积乱离,风衰俗怨",产生了"雅好慷慨"的建安文学。以曹氏父子(曹操、曹丕、曹植)为中心,以建安七子(孔融、陈琳、王粲、徐幹、刘桢、阮瑀、应瑒)为羽翼,诗歌进入了一个"五言腾踊"的大发展时期。《文心雕龙·明诗》评论其创作特征:"慷慨以任气,磊落以使才,造怀指事,不求纤密之巧,驱辞逐貌,惟取昭晰之能。"这些继《诗经》之后深刻反映现实的诗篇,文学史上称为"建安风骨",影响深远。

建安文学之后,迎来了"正始之音"。以阮籍、嵇康为代表的竹林七贤,不满于司马氏的黑暗残暴统治,表现为愤世嫉俗,放荡不羁。他们的作品与建安文学相比,虽缺少反映人民疾苦和追求建功立业的进取精神,然而,也是社会现实的反映。他们以放荡抗礼法,以纵欲嗟忧生,以佯狂的姿态、扭曲的形式反映现实。其基本精神还是承继"建安风骨"的。

司马炎代魏建立了西晋王朝。西晋统一中国后,虽出现太康年间短暂的繁荣,然而,很快就开始了贵族集团极端腐朽的政治,不久引来"八王之乱",永嘉南奔,士人东迁,东晋偏安一隅,中国又进入了南北朝分裂的时代。

"晋虽不文,人才实盛"(《文心雕龙·时序》)。太康年间,著名诗人有所谓:三张(张载、张协、张亢)、二陆(陆机、陆云)、两潘(潘岳、潘尼)、一左(左思)。然而,他们的作品,现实内容空泛,流于柔靡缛采:“采缛于正始,力柔于建安;或析文以为妙,或流靡以自妍,此其大略也。”(《文心雕龙·明诗》)其中,出身寒微的左思较为出名。他的作品抨击了腐朽的门阀制度,有较充实的社会内容,可视为“建安风骨”的余响。东晋时期,玄言诗盛行。“理过其辞,淡乎寡味”。直到东晋末年,著名诗人陶渊明的出现,才为空虚的东晋诗坛带来光彩。他以平和的心态描写田园风光。清新自然,淡泊恬适,表现了不愿同流合污的高尚品格与躬耕自给的生活情趣。陶渊明的诗歌,除了冲淡静穆的一面外,还有“金刚怒目”的一面,表现了他并未完全忘怀现实的正义浩气。

南朝宋、齐、梁、陈,诗歌更趋新变。讲究韵律和谐,追求华美辞采。已经能相当成熟地运用声律、对偶、用事三个要素,使其达到配合匀称的境界,为唐代近体诗的发展奠定了基础。然而,过分追求形式技巧,滋长了唯美主义文风,齐梁宫体诗是这一文风的标志。南朝值得称道的诗人是二谢一鲍。谢灵运、谢朓,致力山水诗创作,清新流丽,语言精工,对后代影响较大。鲍照的《拟行路难》十八首与杂言乐府,改进了七言诗的形式,扩大了七言诗的影响,对七言诗的发展有重要贡献。相对于南朝富丽繁盛的文学,北朝文坛显得寂寞,不过,由南入北的庾信、王褒两位大名士,给沉寂的北朝文坛增添了光彩。他们的诗作,既有南朝的流丽清新,又兼北朝的质朴刚贞。尤其庾信,被杜甫赞为:“庾信文章老更成,凌云健笔意纵横。”可谓超越南北朝文士的集大成者。

值得提出的是,南北朝乐府民歌继汉乐府之后再绽奇葩。由于南北地域的不同和民族文化心理素质的差异,南北朝乐府民歌也呈现不同风貌。南朝的吴歌、西曲,明丽柔婉,清新可喜;北朝的《木兰辞》、《敕勒歌》、《李波小妹歌》等等,刚健亢爽,豪迈堪颂。它们各自表现了与文人创作不同的艺术风貌,为中国诗歌的发展注入了新的血液。

这一时期的散文,新兴起小赋与骈体。这种新兴的赋体,扬弃汉赋铺张扬厉、堆砌因袭的文风,以抒情为主。篇幅较小,词旨清显，少用典故，是一种善于抒情的文体。骈体文的写作，语言上四六成句，辞采讲究对偶精工，风格上以堆砌故实追求典雅，以致内容空泛，形式呆滞，徒具华美形式而已。齐梁骈体文与齐梁宫体诗一样，是唯美主义文风的标志。

小说创作，魏晋南北朝也是一个重要时期。出现了志怪体、志人体小说。志怪体以《搜神记》为代表，志人体以《世说新语》为代表。其所记神鬼、人事，虽属收奇觅异，粗陈梗概，然语言精工洗练，形象鲜明生动，描摹时有传神之笔，对后代小说的发展有重要影响。

由于文学意识渐趋自觉，文学概念日趋纯净，魏晋南北朝时期，对文学理论的探讨研究也形成空前的高潮。曹丕《典论·论文》，陆机《文赋》，专题论文，牵及了文学理论的广泛领域；钟嵘《诗品》，刘勰《文心雕龙》这两部专著，体系完备，博大精深，是我国文艺理论批评史上划时代的著作。总之，魏晋南北朝留给后代的文化遗产，是极其丰富的。既有繁华似锦的创作成果，又有系统精深的理论储备；既有可资借鉴的成功经验，也有值得反思汲取的失败教训，这些都从正、反两方面启迪了唐代文学艺术的繁荣。

源远流长的中国古代文学发展到唐代，出现了一个全面繁荣的高潮。无论诗歌、散文或小说，都取得了辉煌的成就，为我国古代文化艺术宝库，增添了瑰丽夺目的光彩。

隋唐以前，中国经历了四百年的分裂动乱，南北朝的对峙。到了隋唐时代，终于实现了人民渴望的国家统一。唐朝统治者鉴于前朝覆亡的教训，开国后在政治、经济上都实行了开明措施，使唐代国家迅速地发展强盛起来。政治开明，经济繁荣，社会安定，国力空前增强，这样的社会为文学的发展繁荣提供了许多有利条件。过去由于南北对峙，文化发展没法交流，南北文化殊途而不能同归。南朝清绮浮华，北朝质朴刚贞。各具所长而又各有所短。由于大一统唐帝国的建立，南北文化得以交流，可以取长补短。魏徵《隋书·文学传序》说："各去所短，合其两长，则文质斌斌，尽善尽美矣。"魏徵此论，正代表南北文化融合的自然趋势，盛唐诗歌正是这种南北文化融合的见证。由于国家的强大、统一,民族自信心增强,开放的唐代社会显示了宏放的气魄。它不仅敢于同外国进行经济往来,在文化艺术的交流上也是频繁而丰富的。诸如音乐、舞蹈、绘画、雕塑甚至服装、修饰等等,都汲取了其他民族的影响而有很大发展。艺术之间有密切的"姊妹"关系,可以互相影响、渗透、启迪。多方面的文化交流,无疑为唐诗的发展注入了新的血液。加上唐代以前文学发展的丰富积淀:五、七言诗歌创作日臻完善、成熟;有关诗歌的声律、技巧、各种修辞手法,也有系统、全面、深入的总结,这些都为唐诗的发展提供了充分的艺术准备,一个异峰突起式的诗歌发展高潮到来了。唐代不到三百年间涌现的作家作品,仅《全唐诗》保留的就有二千三百多人,诗歌近五万首。这是一个什么数字呢?也就是说,唐代不到三百年遗留的诗歌遗产,等于从西周至南北朝一千六七百年遗留诗歌的三倍,这是一个多么丰富而庞大的存在啊!

初唐,以王勃为首的四个年轻人登上诗坛,号称"初唐四杰"(王勃、杨炯、卢照邻、骆宾王)。他们的诗作,初步摆脱了齐梁诗风的影响,开拓了诗歌的题材领域,奠定了唐诗健康发展的基础。继之,陈子昂举起了诗歌革新的大旗,上承汉魏风骨,风雅兴寄,力扫齐梁宫体颓风,使诗歌创作由宫廷走向社会,由艳情转向现实,由艺术的象牙之塔回归到生活的本源,促成了百花争艳的盛唐诗苑。

盛唐诗歌堪称诗歌发展史上的黄金时代。以王维、孟浩然、崔颢、储光羲等人为代表的山水田园诗派,描绘田园风光,吟咏自然山水,意境幽美,韵味隽永,情景交融,脍炙人口;以岑参、高适、王昌龄、李颀等人为代表的边塞诗派,描摹边塞风光、军旅生活,或悲壮浑厚,或奇异峭拔。其思发泉涌,奇才奇气,令人赞叹不绝。在众多诗人的争奇斗艳中,更有被称为"双子星座"的两位大诗人并领风骚。一是伟大的浪漫主义诗人李白,一是伟大的现实主义诗人杜甫,他们各自继承了我国诗歌的优秀传统,并给以极大地丰富和发展,成为浪漫主义和现实主义的典范和集大成者。以李白、杜甫为首,带动众多的作家群,将盛唐诗歌推向一个全面繁荣的高潮。

李、杜二人完成了一代的辉煌之后，相继在八年之间去世了，标志着盛唐诗歌的结束。那么，黄金时代过去，诗歌将如何发展？李、杜二人把诗歌推向了高峰，高峰以后，继来的诗人“路要怎样走？步要怎样行？”历史不管人们想到与否，总是将一道试题出到人们面前。对光辉灿烂的盛唐诗歌，逾越吧？很难在百尺竿头再进一步；仿效吧？又不能算是创作，“依傍和模仿决不能产生真艺术”（鲁迅语）。对中唐诗人的考验是十分严峻的！不在艰难竭蹶中开辟生路，就要在没出息的仿效中消亡！

历史的需要，迟早会找到它的实现者。就在杜甫去世的那年（770），韩愈已经三岁了，两年后，白居易也降生了。这两个肩负历史重任的新人，他们找到了李、杜高峰之后继续前进的道路。以白居易为首创通俗体，广开了新路；以韩愈为首创艰险崛奇的硬体诗派，另辟了新境。白居易、元稹、张籍、王建等人倡导新乐府运动，其诗歌创作浅白通俗，自然流畅，琅琅上口。尤其是白诗，号称“老妪能解”，这是一种新的诗风诗体，它既不同于杜诗的沉郁，也迥异于李诗的飘逸。值得提出的是，白居易的通俗体虽明白通俗，然非草草急就之章，而是颇具深入浅出之功。刘熙载说：“香山用常得奇，此境良非易到。”（《艺概》）韩愈、孟郊、贾岛、李贺等人“强弩大戟”般的硬体诗，以议论入诗，用笔狠重，追求险怪崛奇之境，这是一条更加艰难的新路，走不好难免惨败。韩愈弟子樊宗师，一生追随其师创作诗歌，《全唐诗》仅留存其诗一首，几乎“全军覆没”。然而，韩愈毕竟是大家，在非难非议中闯出了新路，并对宋代江西诗派的“瘦硬”诗风有一定影响。白居易与韩愈在盛唐诗歌极盛难继的局面之下，担起继续推动诗歌向前发展的重任。当然，发展不会是直线的，创新也不一定比前代更高、更好，然而，没有发展就没有存在，没有创新就只有死路一条！我们应从这个意义来认识他们在中国诗史中的地位。

晚唐诗坛，有号称“小李、杜”的李商隐、杜牧崛起。杜牧擅七绝，李商隐擅七律，他们都有广为流传的精品遗世。另外，像许浑、罗隐、陆龟蒙、皮日休、聂夷中、杜荀鹤、温庭筠等人，创作也很丰富，然晚唐诗风趋于柔弱纤细，预示一种新的艺术形式——词，将代之而起。

韩愈、柳宗元倡导的古文运动，适应中唐社会尖锐的政治、思想斗争应运而生，表现了朝气蓬勃的战斗力和生命力。他们有理论，有创作，有一批声势浩大的作家队伍，创造了一种富于表现力的骈散结合的新文体。以散行文字叙事，以骈偶排比抒情，这种新的"古文"，便于流畅地表达思想，便于形象地描摹人物，便于生动地叙述故事，便于自由地抒情、议论，从而，提高了"古文"的文学因素，使其成为中唐文苑中一朵大放异彩的奇葩！

传奇小说，至唐而一大变。不仅篇幅大增，故事完整，而且渐脱六朝小说的荒诞怪异色彩。无论题材、思想均有进一步开拓。初唐的神魔故事，中唐的爱情故事，晚唐的侠义故事，情节曲折生动，人物形象鲜明，场景宏大富丽，语言典雅精工。尤其中唐的爱情传奇，思想性与艺术性的结合更臻完美，标志着我国文言短篇小说的成熟。

曲子词是唐代新兴的一种艺术形式。敦煌曲子词的发现，说明它在民间流传广泛。它以生动活泼、朝气蓬勃的生命力引起文人的注意，中唐文人如白居易、刘禹锡、张志和等开始试写文人词，到晚唐已出现文人词专集。以温庭筠为代表的文人词，艺术上更趋成熟，然内容偏于艳情，题材过于狭窄。在温庭筠的影响下，五代出现了花间词派。花间词艺术上虽工巧纤丽，内容上多绮罗香泽，其中，韦庄词有较多的个人抒情意味，透出一丝清新风韵。南唐词人以冯延巳、李璟、李煜为代表。尤其李煜，在亡国后的词作，抒发个人的不幸，国破家亡的哀愁，感情真挚，柔婉悲切，有独特成就。有唐一代，词的出现和发展，不仅给唐代文苑添一朵别致的新花，同时也为宋词的发展繁荣做了极好的艺术准备。

（王振汉）

兰亭集序①

王羲之

王羲之(303～361),字逸少,琅玡临沂(今属山东)人,居会稽山阴(今浙江绍兴),著名书法家。幼时木讷少言,成年以后有辩才。曾在庾亮幕府中任参军,后迁右军将军、会稽内史,世称王右军。工书法,真、行、草、隶俱擅,后世尊为“书圣”。亦工诗文,以《兰亭集序》最为著名。明人张溥辑《王右军集》。

永和九年,岁在癸丑②,暮春之初③,会于会稽山阴之兰亭④,修禊事也⑤。群贤毕至,少长咸集⑥。此地有崇山峻岭,茂林修

---

① 本篇选自《王右军集》。晋穆帝永和九年(353)阴历三月三日,王羲之和当时的名士孙统、孙绰、谢安、支遁等41人宴集于会稽郡山阴县的兰亭。众人赋诗,是为《兰亭集》,王羲之为之作序,即《兰亭集序》。

② 岁在癸丑:古人以干支纪年,永和九年,正当干支的癸丑。

③ 暮春:阴历三月。

④ 会稽(guì jī):地名,其地相当于今浙江省北部和江苏省东南部。山阴:今浙江绍兴市。兰亭:在今绍兴市西南。

⑤ 修禊(xì):古人于农历三月上旬巳日(三国魏时始定于三月三日)在水边祭祀,以袚除不祥,谓之修禊。

⑥ 群贤:指孙统、孙绰、谢安、支遁等。少长:指王氏家族的年长者和年幼者。咸:都。

竹①;又有清流激湍②,映带左右③。引以为流觞曲水④,列坐其次⑤,虽无丝竹管弦之盛⑥,一觞一咏,亦足以畅叙幽情⑦。是日也,天朗气清,惠风和畅⑧。仰观宇宙之大,俯察品类之盛⑨,所以游目骋怀⑩,足以极视听之娱⑪,信可乐也⑫。

夫人之相与⑬,俯仰一世⑭。或取诸怀抱⑮,晤言一室之内⑯;或因寄所托⑰,放浪形骸之外⑱。虽趣舍万殊⑲,静躁不同。当其

---

① 修:高。
② 湍(tuān):急流。
③ 映带:景物互相衬托。
④ 流觞:将酒杯放在上游水面上,顺流漂下,停在谁的面前,谁就取而饮之。
⑤ 次:水边。
⑥ 丝、弦:指弦乐。竹、管:指管乐。
⑦ 幽:深。
⑧ 惠风:和煦的清风。
⑨ 品类:万物的种类。
⑩ 游目骋怀:纵目观览,舒展胸怀。
⑪ 极:尽。
⑫ 信:确实。
⑬ 相与:交接,过往。
⑭ 俯仰:比喻时间短暂。
⑮ 怀抱:襟怀抱负。
⑯ 晤言:当面谈话。
⑰ 因寄所托:有所寄托。
⑱ 放浪:放纵不受拘束。形骸:人的躯体,躯壳。
⑲ 趣舍:取舍。趣,同“取”。万殊:各不相同。

欣于所遇①，暂得于己②，快然自足③，曾不知老之将至④；及其所之既倦⑤，情随事迁⑥，感慨系之矣⑦。向之所欣，俛仰之间，已为陈迹⑧。犹不能不以之兴怀⑨；况修短随化⑩，终期于尽⑪。古人云："死生亦大矣⑫。"岂不痛哉！

每览昔人兴感之由⑬，若合一契⑭，未尝不临文嗟悼⑮，不能喻之于怀⑯。固知一死生为虚诞⑰，齐彭、殇为妄作⑱。后之视今，亦犹今之视昔，悲夫！故列叙时人⑲，录其所述⑳。虽世殊事

---

① 欣：兴奋，高兴。

② 得：相得，相契合。

③ 快然：大喜的样子。

④ 不知老之将至：不知老年将要到来。意谓忘怀生命行将结束的悲哀。《论语·述而》："叶公问孔子于子路，子路不对。子曰：'女奚不曰：其为人也，发愤忘食，乐以忘忧，不知老之将至云尔。'"

⑤ 所之：已经得到的。之，往。

⑥ 情随事迁：感情随着时世而变化。

⑦ 感慨系之：感慨随着产生。系，附着。

⑧ 陈迹：往事。

⑨ 兴怀：引起感触。

⑩ 修短随化：寿命的长短由天决定。

⑪ 期：期限。

⑫ 死生亦大矣：生死也是件大事。《庄子·德充符》："仲尼曰：'死生亦大矣，而不得与之变。'"

⑬ 兴感之由：引发感慨的原因。

⑭ 若合一契：像符契那样相合。契，符契，古人用作凭信之物。多用竹、木做成，剖为两半，各执一半以为凭证。

⑮ 临：看，视。嗟悼：叹息感伤。

⑯ 喻：明白，理解。

⑰ 一死生：一同生死，即将生和死看得没有差别。

⑱ 彭、殇：犹言寿夭。彭，指彭祖。殇，夭折，未成年而死。

⑲ 列叙时人：一个一个记下当时与会的人。

⑳ 述：指所作的诗文。

异，所以兴怀，其致一也①。后之览者，亦将有感于斯文。

【提示】

这是一篇脍炙人口的散文。文章记述永和九年作者与会稽名士同游山阴兰亭修禊事的过程，抒发对人生无限感慨的情怀。文章首先记述盛会的时间、地点、原因、与会者，描绘兰亭周围的风光、环境，山水竹树之盛，清流飞泉之声。良辰美景，饮酒赋诗，极尽视听之娱。文章后半从"欣于所遇"之乐，转而言情随事迁，人生短暂，抒写人生"终期于尽"的无可奈何的感伤。作者否定了生死一体的观点，认为生是生，死是死，二者不能等同。死亡引起的忧痛不能解脱，表明作者对人生的无限深情和执著。文章的突出特点在于情、景、理水乳交融，由盛会之景的描写，自然引出乐、忧之情，又由乐、忧之情引出对待生死态度的议论。描写与叙事环环相扣，层次井然。以"乐"而起，以"忧"结束，是作者真实的人生态度。随意挥洒，气魄不凡，读来真切感人。

【思考与练习】

1. 文章的结构层次有何特点？

2. 从文章来看，表现了作者什么样的生命观念？

3. 熟读这篇课文。

（李金善）

① 致：情致。

登大雷岸与妹书①

鲍　照

鲍照(约414～466),字明远,原籍上党(今属山西),后迁于东海(今山东苍山县南)。出身寒微,早年献诗临川王刘义庆,擢为国侍郎。又为始兴王刘濬的侍郎。孝武帝时,任太学博士、中书舍人,又任秣陵、永嘉县令。大明年间,为荆州刺史临海王刘子顼前军参军,掌书记。泰始二年(466),刘子顼起兵失败,鲍照被乱兵所杀。鲍照诗、赋、骈文俱佳,尤以诗歌成就最高。他的诗主要表现建功立业的理想和寒士遭受压抑的不满与抗争情感,风格豪放俊逸。有《鲍参军集》。

吾自发寒雨②,全行日少③,加秋潦浩汗④,山溪猥至⑤,渡泝无边⑥,险径游历。栈石星饭⑦,结荷水宿⑧,旅客贫辛,波路壮

---

① 本篇选自《鲍参军集》。是鲍照写给其妹鲍令晖的一封信,时间是在元嘉十六年秋天去荆州任临川国侍郎的路上。大雷:地名,在今安徽省望江县。

② 寒雨:秋雨。

③ 全行日少:整天赶路的日子少。

④ 秋潦(lǎo):秋雨。浩汗:水浩大的样子。

⑤ 猥(wěi):多。

⑥ 泝(sù):同“溯”。逆流而上。

⑦ 栈石:栈道。

⑧ 结:联结,引申作“依傍”。

阔①,始以今日食时②,仅及大雷。涂登千里③,日逾十晨④。严霜惨节⑤,悲风断肌。去亲为客,如何如何!

向因涉顿⑥,凭观川陆,遨神清渚⑦,流睇方曛⑧;东顾五洲之隔⑨,西眺九派之分⑩;窥地门之绝景⑪,望天际之孤云。长图大念⑫,隐心者久矣⑬!南则积山万状,负气争高⑭,含霞饮景⑮,参差代雄,凌跨长陇⑯,前后相属⑰,带天有匝⑱,横地无穷。东则砥原远隰⑲,亡端靡际⑳。寒蓬夕卷㉑,古树云平㉒。旋风四起,思鸟群归。静听无闻,极视不见。北则陂池潜演㉓,湖脉通连,苎蒿攸

---

① 波路:水路。
② 食时:午饭之时。
③ 涂:通“途”,道路。登:行进。
④ 十晨:十个早晨,这里指十天。
⑤ 节:指人的骨节。
⑥ 顿:通“屯”,谓止歇。
⑦ 遨神:神游。渚:水中的小洲。
⑧ 流睇:放眼。方曛(xūn):正当黄昏时间。
⑨ 五洲:地名,在今湖北浠水县西南长江中。
⑩ 长江在湖北、江西一带分为很多支流,因以九派称这一带的长江。
⑪ 地门:泛指地势险要之处。
⑫ 长图大念:远大的志向。
⑬ 隐心:藏在内心。
⑭ 负气:争气。
⑮ 饮景:吸引日光。
⑯ 长陇:长大的坂坡。
⑰ 属:连接。
⑱ 匝:绕一周。
⑲ 砥:磨刀石。原:原野。隰(xí):低洼之地。
⑳ 亡:无。靡际:没有边际。
㉑ 寒蓬:冬天的枯草。
㉒ 云平:高耸入云。
㉓ 陂:水泽。演:水长流。

积①,菰芦所繁②。栖波之鸟③,水化之虫④,智吞愚,强捕小,号噪惊聒,纷牣其中⑤。西则回江永指⑥,长波天合,滔滔何穷,漫漫安竭?创古迄今,舳舻相接⑦。思尽波涛,悲满潭壑。烟归八表⑧,终为野尘⑨,而是注集⑩,长写不测⑪,修灵浩荡⑫,知其何故哉?西南望庐山,又特惊异。基压江潮⑬,峰与辰汉相接⑭。上常积云霞,雕锦缛⑮。若华夕曜⑯,岩泽气通⑰,传明散彩,赫似绛天⑱。左右青霭⑲,表里紫霄。从岭而上,气尽金光,半山以下,纯为黛色。信可以神居帝郊⑳,镇控湘汉者也。若潨洞所积㉑,溪壑所

---

① 苎(zhù):麻。攸:所。

② 菰(gū):茭白。

③ 栖波之鸟:水鸟。

④ 水化之虫:鱼。

⑤ 纷:杂多。牣(rèn):充满。

⑥ 回江:曲折的江水。

⑦ 舳舻(zhú lú):船头和船尾的并称。这里指船首尾相连。

⑧ 八表:八方之外。

⑨ 野尘:田野浮土。

⑩ 注集:灌溉汇集。

⑪ 写:通"泻"。

⑫ 修灵:灵修,河神。这里以河神代指水流。

⑬ 基:山脚。

⑭ 辰:星辰。汉:银河。

⑮ 雕:刻镂。缛:文采。

⑯ 若华:若木之华,指霞光。曜:照耀,辉映。

⑰ 指山川之间,雾气相通。

⑱ 赫:火红。

⑲ 霭:云气。

⑳ 神居:神仙的居处。帝郊:天帝的住处。

㉑ 潨(cóng)洞:急流。

射，鼓怒之所豗击①，涌濩之所宕涤②，则上穷荻浦③，下至狶洲④，南薄蘁派⑤，北极雷淀⑥，削长埤短⑦，可数百里。其中腾波触天，高浪灌日，吞吐百川，写泄万壑⑧。轻烟不流，华鼎振涾⑨。弱草朱靡⑩，洪涟陇蹙⑪。散涣长惊⑫，电透箭疾⑬。穹溘崩聚⑭，坻飞岭覆⑮。回沫冠山⑯，奔涛空谷，砧石为之摧碎⑰，碕岸为之虀落⑱。仰视大火⑲，俯听波声，愁魄胁息⑳，心惊慓矣㉑！至于繁化殊育㉒，诡质怪章㉓，则有江鹅、海鸭、鱼鲛、水虎之类㉔，豚首、象

---

① 鼓怒：疾风鼓起怒浪。豗(huī)击：相击。
② 涌濩：涌起回流。宕涤：冲刷。
③ 荻浦：长满芦苇的河岸。
④ 狶(xī)洲：野猪出没的荒洲。
⑤ 蘁派：地名。
⑥ 雷淀：地名。
⑦ 埤(pí)：补。
⑧ 写泄：倾注排泄。
⑨ 华鼎：喷溅的水珠。振涾(tà)：震荡沸溢。涾，水沸溢。
⑩ 朱：草茎。
⑪ 洪涟：洪波。陇：丘。
⑫ 涣：盛大的水。惊：乱驰。
⑬ 透：跳跃。疾：迅速。
⑭ 穹：高起。溘：同“盍”，合，低落之意。崩：迅速散开。聚：合拢。
⑮ 坻(chí)：岸边。岭：山岭。覆：翻。
⑯ 冠：盖满。
⑰ 砧(zhēn)石：河边捣衣石。
⑱ 碕(qí)岸：曲折的河岸。虀(jī)：碎。
⑲ 大火：星名，即心宿，火星。
⑳ 愁魄：犹动魄。胁息：屏住呼吸。
㉑ 慓(piāo)：通“摽”。捶胸。
㉒ 繁化殊育：繁育生长的各种生物。
㉓ 诡质怪章：内里奇异外表怪特。
㉔ 江鹅：水鸥。海鸭：似鸭而有白色斑纹，亦名文鸭。鱼鲛：沙鱼。

鼻、芒须、针尾之族①，石蟹、土蚌、燕箕、雀蛤之俦②，拆甲、曲牙、逆鳞、反舌之属③，掩沙涨④，被草渚⑤，浴雨排风⑥，吹涝弄翮⑦。

夕景欲沉，晓雾将合，孤鹤寒啸，游鸿远吟，樵苏一叹⑧，舟子再泣，诚足悲忧，不可说也。风吹雷飙，夜戒前路⑨，下弦内外⑩，望达所届⑪。

寒暑难适，汝专自慎，夙夜戒护⑫，勿我为念。恐欲知之，聊书所睹。临涂草蹙⑬，辞意不周⑭。

【提示】

《登大雷岸与妹书》是鲍照写给他妹妹鲍令晖的家信。描绘作者从建康赴江州途中的所感与所见，展现了一幅风格雄奇、气势宏伟的长江风光图。首先叙述离家远游备受旅途艰辛的情形，紧接着饱含激情，泼墨描写登上大雷岸所见的景物，群山起伏、旷野无垠、云蒸霞蔚、风起鸟飞，酣畅淋漓地表现出自然景物的雄姿妍态。最后淡淡地点染眼前景色，托孤鸿游鹤给妹妹寄去无限情思。信以骈偶句为主，而间以散文句式，富于情致。从整体结构上看，虽

---

① 豚首：江豚。象鼻：建同鱼。芒须：锋利的虾须。针尾：指鲛类。

② 石蟹：溪蟹的俗称。产溪涧石穴中，体小壳坚。

③ 拆甲：鳖类。鳖一名拆甲翁。曲牙：海兽。逆鳞：蜃蛟。反舌：鸟名，即百舌鸟。

④ 沙涨（zhǎng）：谓沙淤积露出水面。

⑤ 草渚：长满草的小岛。

⑥ 排风：迎风，顶风。

⑦ 吹涝：吹动起波浪。翮（hé）：鸟的羽根。

⑧ 樵苏：樵夫。

⑨ 夜戒前路：夜间不能赶路。

⑩ 下弦内外：二十二、三日前后。夏历每月的二十二、三日，月缺一半。

⑪ 届：至。

⑫ 戒护：小心保重。

⑬ 草蹙：仓促。

⑭ 不周：不齐全。

然还是以表现方位为基本格局的赋体,但写景的手法已经有所改变,不拘泥于山川景物的准确方位,而是凭借想像力,描绘了一幅不受时间与空间限制的长江风光图。值得提出的是,作者描绘长江沿途景物,完全置于自己的感受之中,涂上自己的感情色彩,使这一帧山水长轴,充满浓郁的抒情气息。特别是庐山一段,色彩的变幻与山景的葱郁,在作者的笔下被描绘得生机勃勃,意态流转。在语言的使用上刻意追新而不流于生僻,华美而不失雄浑,确为骈文中的杰作。

【思考与练习】

1.分析本文情景交融的艺术特点。

2.作者在描绘长江沿岸风光时采用了哪些手法?

(李金善)

与陈伯之书[①]

丘　迟

丘迟(464～508),字希范,吴兴乌程(今浙江湖州)人。齐武帝永明初举秀才,授国子博士。后为萧嶷大司马行参军,迁官殿中郎。萧衍入建康,引为骠骑主簿,劝萧衍受梁王等有关表章皆出其手。入梁,授散骑侍郎,迁中书侍郎。天监三年(504)出为永嘉太守。次年,萧宏北伐,丘迟任咨议参军,领记室。七年(508),病卒。丘迟能诗能文,辞采丽逸。明人张溥辑《丘中郎集》。

迟顿首[②],陈将军足下:无恙[③],幸甚[④],幸甚! 将军勇冠三军[⑤],才为世出[⑥],弃燕雀之小志,慕鸿鹄以高翔[⑦]。昔因机变化[⑧],

---

① 本篇选自《昭明文选》。陈伯之在南朝齐末为江州刺史。萧衍起兵攻齐,招降了他,以他为镇南将军江州刺史。502年,他听信部下邓缮等人的挑拨,起兵反梁,失败后投降了北魏,做了北魏的"平南将军"。505年,梁武帝命令他的弟弟萧宏率军北伐,陈伯之驻军寿阳,与梁军对抗,萧宏让他的记室丘迟写信,劝陈伯之归降。陈伯之看了这封信后又归降梁朝。

② 顿首:以头叩地,古人常用在书信的开头和结尾的客气话。

③ 无恙:劳问之辞。恙,忧愁病痛。

④ 幸甚:希冀之甚。

⑤ 勇冠三军:勇敢为三军第一。冠,首。三军,泛指全军。

⑥ 才为世出:才能是当世最杰出的。

⑦ 燕雀:小鸟,比喻庸俗小人。鸿鹄:即天鹅。比喻志向远大的杰出人物。《史记·陈涉世家》载陈涉在为人佣耕时曾经慨叹:"燕雀安知鸿鹄之志哉!"这里是赞扬陈伯之背齐归梁。

⑧ 因机:顺应时机。

遭遇明主①,立功立事②,开国称孤③,朱轮华毂④,拥旄万里⑤,何其壮也！如何一旦为奔亡之虏⑥,闻鸣镝而股战⑦,对穹庐以屈膝⑧,又何劣邪！寻君去就之际⑨,非有他故,直以不能内审诸己⑩,外受流言⑪,沉迷猖獗⑫,以至于此。

圣朝赦罪责功⑬,弃瑕录用⑭,推赤心于天下⑮,安反侧于万

---

① 遭遇:遇到。明主:圣明君主,指梁武帝萧衍。

② 立功立事:指陈伯之降梁以后,辅佐梁武帝平齐,为梁朝的建立开创了道路。

③ 开国:开建邦国,这里指封爵。孤:王侯的自称。

④ 朱轮华毂(gǔ):用丹漆涂饰车轮,指华丽的车子。

⑤ 拥旄万里:拿着朝廷颁发的旄节,号令一方。拥,持。旄,旗杆上有旄牛尾装饰的旗子。古代高级武官持节统治一方叫“拥旄”。万里,形容统治区域广大。

⑥ 奔亡之虏:逃跑投降之人。指陈伯之投降北魏。

⑦ 鸣镝:响箭。镝,箭头。股战:大腿发抖。

⑧ 穹庐:毡帐,即今天的蒙古包。屈膝:跪拜。

⑨ 寻:推求。去就:指去梁而至北魏。

⑩ 直以:只是因为。内审诸己:内心反复思考。

⑪ 流言:无根的话。指挑拨离间的话。

⑫ 沉迷:沉溺迷惑。猖獗:狂妄放肆。

⑬ 圣朝:指梁朝。赦罪责功:赦免人的罪过而要求被赦的人立功赎罪。责,求。

⑭ 弃瑕录用:指录用人才时不计较小的过失。瑕,玉上的斑点,指过失、缺点。

⑮ 赤心:诚心。典出《后汉书·光武帝纪》:刘秀破铜马军,为消除降者疑虑,轻骑驰入降军营中。降军说他“推赤心置人腹中”。

物①,将军之所知,不假仆一二谈也②。朱鲔涉血于友于③,张绣剚刃于爱子④,汉主不以为疑⑤,魏君待之若旧⑥。况将军无昔人之罪⑦,而勋重于当世⑧!夫迷途知反⑨,往哲是与⑩,不远而复,先典攸高⑪。主上屈法申恩⑫,吞舟是漏⑬;将军松柏不翦⑭,亲戚安居。高台未倾⑮,爱妾尚在,悠悠尔心⑯,亦何可言⑰!今功臣

---

① 安反侧于万物:使一切由于顾虑怀疑而有异心的人都能稳定下来。反侧,疑惧不安,反复无常。典出《后汉书·光武帝纪》:光武帝破邯郸王朗,搜到自己军中吏人与王朗私通的书信,当众烧毁,说:"令反侧子自安。"

② 假:借。

③ 朱鲔(wěi):王莽绿林军的将领,曾劝更始帝刘玄杀了汉光武帝刘秀的哥哥刘伯升,后在洛阳被光武帝的军队包围,得到光武帝不咎既往的保证后献城投降。涉血:即喋血,杀人流血。友于:兄弟。

④ 张绣:东汉末年的军阀,先投降曹操,后又举兵攻曹,杀死了曹操的长子昂和侄子安民。两年以后,又投降了曹操,被封为列侯。剚(zì)刃:用刀插进去。

⑤ 汉主:指光武帝刘秀。

⑥ 魏君:指魏武帝曹操。

⑦ 昔人:从前的人,指朱鲔、张绣。

⑧ 勋:功绩。

⑨ 反:同"返"。

⑩ 往哲:先哲。与:赞许。

⑪ 不远而复,先典攸高:走错了路,没走远就回头,是古代典籍所推崇的。复,回头。先典,古代的典籍。这里指《周易》,《周易·复卦》:"不远复,无祇悔,元吉。"

⑫ 屈法:治法宽缓。申恩:申明恩惠。

⑬ 吞舟是漏:比喻法网宽疏,罪恶深重的人也可以赦免。吞舟,能够吞舟的大鱼。这里比喻罪恶深重的人。

⑭ 松柏不翦:指祖坟没有遭到破坏。松柏,指祖坟。古代常在坟旁种植松柏。翦,同"剪"。

⑮ 高台:指住宅。

⑯ 悠悠尔心:请你好好地想一想。悠悠,深思的样子。

⑰ 亦何可言:还有什么可说的呢!

名将，雁行有序①，佩紫怀黄②，赞帷幄之谋③，乘轺建节④，奉疆埸之任⑤，并刑马作誓⑥，传之子孙。将军独靦颜借命⑦，驱驰毡裘之长⑧，宁不哀哉！

夫以慕容超之强⑨，身送东市⑩；姚泓之盛⑪，面缚西都⑫。故知霜露所均，不育异类⑬；姬汉旧邦，无取杂种⑭。北虏僭盗中

---

① 雁行：大雁排列成行。

② 紫：紫绶，系官印的带子。黄：黄金的官印。

③ 赞：协助。帷幄：军中的帐幕。

④ 乘轺（yáo）建节：乘着轻车，插着旌节。轺，用两匹马拉的轻车。节，旌节，令旗。

⑤ 奉疆埸（yì）之任：接受保卫边疆的重任。埸：畔，界。

⑥ 刑马作誓：杀了白马，饮血立誓。这是汉朝加封功臣举行的仪式。

⑦ 靦（tiǎn）颜：强颜。靦，羞愧的样子。借命：假借暂时的生命，指苟且偷生。

⑧ 驱驰毡裘之长：为异族统治者效命。驱驰，效力，效命。毡裘之长，指北方游牧部族的首领。

⑨ 慕容超：南燕的国王。401年，东晋刘裕北伐，灭南燕，俘获慕容超，斩于建康。

⑩ 东市：原来西汉长安处决犯人的地方，后来泛指刑场。

⑪ 姚泓：后秦的国王，建都长安。刘裕派兵攻破长安，姚泓自缚投降。刘裕将他擒送建康，斩首。

⑫ 面缚：把手缚在背后。西都：长安，这里指建康。

⑬ 均：分布。这两句是说，天降雨露，分布各地，只是不养育外族。

⑭ 姬汉旧邦：汉族古国。姬，周朝天子的姓。汉，汉朝。杂种：对北方各少数民族的污蔑性的称呼。

原①,多历年所②,恶积祸盈③,理至燋烂④。况伪孽昏狡⑤,自相夷戮⑥;部落携离⑦,酋豪猜贰⑧。方当系颈蛮邸⑨,悬首藁街⑩。而将军鱼游于沸鼎之中⑪,燕巢于飞幕之上⑫,不亦惑乎⑬!

暮春三月,江南草长⑭,杂花生树,群莺乱飞。见故国之旗鼓⑮,感平生于畴日⑯,抚弦登陴⑰,岂不怆悢⑱!所以廉公之思赵

---

① 北虏:指北魏。虏,对敌人的污蔑称呼。僭(jiàn):假称帝号。盗:窃取。中原:这里泛指北方黄河下游一带。

② 多历年所:经过了很多年。历,经过。所,不定之词,这里表示年数不确指。

③ 盈:满。

④ 理至燋烂:以常理推测,当离灭亡不远。燋,同"焦"。

⑤ 伪孽昏狡:北魏统治集团昏聩狡诈。伪孽,指北魏宣武帝。伪,非法的。孽,身份不正的。

⑥ 自相夷戮:自相残杀。夷戮,屠杀。501年,北魏宣武帝的叔父咸阳王元禧图谋夺取魏主之位,还未发动,即被发觉处死。504年,宣武帝的另一个叔父北海王元祥勾结权臣,骄奢淫逸横行不法,被囚禁处死。

⑦ 携离:分裂。携,离。

⑧ 酋豪:酋长。猜:疑忌。贰:二心。

⑨ 方当:正当。系颈:投降时以绳系颈。蛮邸:古代外族人入朝时居住的宾馆。

⑩ 藁(gǎo)街:汉朝都城长安的街名,蛮邸就设在那里。以上两句是说,北魏的君主很快就会被缚运到京城,斩首示众。

⑪ 鼎:古代烹煮用具,有三只脚。

⑫ 巢:筑巢。飞幕:飘动的帐幕。

⑬ 惑:愚蠢。

⑭ 草长:草生长起来。

⑮ 故国:指梁朝。

⑯ 畴日:畴昔,过去的日子。

⑰ 抚弦:拿着弓。抚,持。陴(pí):城上的女墙。

⑱ 怆悢(chuàng liàng):悲恨,伤心。

将①,吴子之泣西河②,人之情也。将军独无情哉?想早励良规③,自求多福。

当今皇帝盛明,天下安乐,白环西献④,楛矢东来⑤。夜郎、滇池,解辫请职⑥;朝鲜、昌海,蹶角受化⑦。唯北狄野心⑧,掘强沙塞之间⑨,欲延岁月之命耳!中军临川殿下⑩,明德茂亲⑪,总兹戎重⑫。吊民洛汭⑬,伐罪秦中⑭。若遂不改,方思仆言⑮。聊布

---

① 廉公:廉颇,战国时赵国名将,他在赵国屡立战功,后受小人挑拨离间,不得已出亡到魏国,但他时常想回去统帅军队保卫赵国。

② 吴子:吴起。战国初年魏将。西河:现在陕西省黄河西岸郃(hé)阳一带。吴起本来做西河守,后来魏武侯听信谗言,把他召回。吴起临行时望着西河哭泣说:"西河之为秦不久矣!"后来西河被秦国夺去。

③ 想:希望。早励良规:早日作出好的打算。励,勉励。良规,好的打算。

④ 白环西献:西方部族献来白玉环。相传禹舜时代西王母来朝,献白玉环。

⑤ 楛(hù)矢东来:东方部族献来楛矢。相传周武王时,东北方的肃慎族献来楛、石砮(nǔ,可制箭头的石头)。楛,做箭杆用的木材。

⑥ 夜郎、滇池:西南少数民族建立的政权。夜郎,在今贵州省桐梓县境。滇池,在今云南省昆明市一带。解辫:指少数民族放弃自己的风俗习惯,解开头上的发辫,改用汉族的服饰。请职:请求封给官爵。

⑦ 朝鲜、昌海,蹶角受化:朝鲜王卫满于汉惠帝时归属中国。昌海:今新疆罗布泊。蹶角,叩头。受化,接受教化。

⑧ 北狄:北魏。狄,古代汉族对北方少数民族的鄙称。

⑨ 掘强:同"倔强"。这里指顽抗。沙塞:沙漠边塞。

⑩ 中军临川殿下:中军将军、临川王萧宏。殿下,古代对王侯的尊称。

⑪ 明德:好的德行。茂亲:至亲。萧宏是梁武帝的弟弟。

⑫ 总兹戎重:总领这次北伐重任。戎,军事。

⑬ 吊:安慰。洛汭(ruì):洛水入黄河处,在河南省洛阳、巩县一带,这里指中原地区。

⑭ 伐罪:讨伐罪人。秦中:关中,指函谷关以西的地区,在古代是秦地,今陕西省中部。

⑮ 若遂不改,方思仆言:如果仍然执迷不悟,可要好好考虑我的话。

往怀①,君其详之②。丘迟顿首。

【提示】

《与陈伯之书》是一篇书信体散文。在这封信里,作者先义正辞严地批判陈伯之的叛国投敌。其次泛述梁武帝的宽大,“推赤心于天下,安反侧于万物”,然后深入一层,示之以恩,临之以威,举出刘裕北伐的功业和北魏统治集团的矛盾。最后动之以情,注意激发陈伯之思念家国的情绪和民族自尊心。书信虽责以大义,但不拒人千里,而是动之以情、晓之以理。在蕴藉绵密的叙事剖理之中浸透着作者的拳拳之忱,这是特色之一。该文还善于运用对比手法,通过利与害、正与误、美与丑、进与退、敌与我、近与昔、事与理、情与景的鲜明对照,冷静的说理和热情的启发相结合,极其形象地强化了作者的爱憎情感,也使作者所阐发的道理更具有说服力,这是特色之二。该文用当时流行的骈体写成,讲究文句对仗、平仄对应,声韵和谐,文辞华美而不流于雕琢,文、情、理紧密融合,这是特色之三。陈伯之是个不识字的武将,丘迟这封情文兼至的骈文书信,可能还要加上使者的口头讲解,再有武士的锋刃作后盾,终于使陈伯之率领八千士兵归降梁朝。

【思考与练习】

1.分析本篇的结构层次和层次之间的逻辑关系。

2.本文的说服力来自哪里?

3.分析本文的艺术特点。

4.体会本篇骈体的形式特点。

(李金善)

---

① 布:陈述。往怀:往日的情谊。

② 详:仔细考虑。

祭十二郎文①

韩　愈

韩愈(768~824),字退之,河南河阳(今河南孟县)人。祖籍昌黎,故后世称韩昌黎。德宗贞元八年(792)进士,曾先后任宣武节度使观察推官、四门博士。贞元十九年(803)任监察御史。因上书言事,贬阳山(今属广东)令。宪宗元和十二年(817),随裴度平淮西,升刑部侍郎,元和十四年(819)因谏迎佛骨,触怒宪宗,贬潮州刺史。穆宗长庆元年(821)奉召回京,历任国子祭酒、京兆尹及兵部、吏部侍郎,卒年五十七岁。谥为"文",故后世又称韩文公。

韩愈诗文兼擅,尊崇儒学,力排佛老,是唐代古文运动的倡导者和杰出的散文家。主张"文以载道"、"辞必己出"、"文从字顺各识职"。他的古文气势磅礴,汪洋恣肆,内容与形式完美统一,对当时、后代都产生了深远影响。他的诗歌,独辟蹊径,"以文为诗","崎岖险怪"。在盛唐诗已达顶峰之后,韩愈对唐诗的发展作了可贵的探索,并对宋诗有较大影响。有《昌黎先生集》四十卷,《外集》十卷。

年月日②,季父愈闻汝丧之七日③,乃能衔哀致诚,使建中远

---

① 本篇选自《昌黎先生集》。作于唐德宗贞元十九年(803),韩愈时年三十六岁,在京任职。"祭"是一种文体,徐师曾《文体明辨》云:"祭文者,祭奠亲友之辞也。古之祭祀,止于告飨而已。中世以还,兼赞言行,以寓哀伤之意。盖祝文之变也。"十二郎:即韩愈侄子韩老成。唐时口语称年轻男子为郎。

② 年月日:这是祭文的一般格式,拟稿时省去了具体时间。

③ 季父:最小的叔父。韩愈排行最末,故对十二郎自称季父。

具时羞之奠①，告汝十二郎之灵。

呜呼！吾少孤②，及长，不省所怙③，惟兄嫂是依④。中年兄殁南方⑤，吾与汝俱幼，从嫂归葬河阳⑥，既又与汝就食江南⑦，零丁孤苦，未尝一日相离也。吾上有三兄⑧，皆不幸早逝，承先人后者⑨，在孙惟汝，在子惟吾，两世一身⑩，形单影只。嫂尝抚汝指吾而言曰⑪："韩氏两世，惟此而已。"汝时尤小，当不复记忆，吾时虽能记忆，亦未知其言之悲也。

吾年十九，始来京城⑫。其后四年，而归视汝。又四年，吾往

---

① 建中：人名，与下文的"耿兰"，都是韩家的仆人。时羞之奠：指应时的新鲜祭品。羞，同"馐"。十二郎死于宣州，韩愈时在长安，所以谓"远具时羞之奠"。

② 孤：幼而无父曰孤。韩愈三岁丧父，由长兄韩会夫妇抚养成人。

③ 怙(hù)：依靠。《诗经·小雅·蓼莪》："无父何怙？"所怙，指父亲。不省所怙，不知有父亲的疼爱。

④ 十二郎本韩介的次子，出嗣韩会为子。韩愈与十二郎从小共同生活在一起。

⑤ 指韩会42岁死于韶州(今广东曲江县)任所。

⑥ 河阳：在今河南孟县西，韩愈祖坟在此。

⑦ 韩氏有别业在宣州。时值韩愈十二岁。

⑧ 三兄：指韩会、韩介及夭折而未及命名的哥哥。

⑨ 先人：指韩愈父亲韩云卿。

⑩ 两世一身：两辈人都剩下一个了。

⑪ 嫂：指郑夫人。郑夫人与十二郎为母子，长幼有别，故曰"抚汝"；韩愈与郑夫人为叔嫂关系，同辈人，故曰"指吾"。

⑫ 为贞元二年(786)，韩愈由宣州游长安应进士举。中间曾回宣州一次。

河阳省坟墓①，遇汝从嫂丧来葬②。又二年，吾佐董丞相幕于汴州③，汝来省吾。止一岁，请归取其孥。明年丞相薨④，吾去汴州⑤，汝不果来。是年，吾又佐戎徐州⑥，使取汝者始行，吾又罢去⑦，汝又不果来。吾念汝从于东⑧，东亦客也，不可以久。图久远者，莫如西归，将成家而致汝⑨。呜呼！孰谓汝遽去吾而殁乎？吾与汝俱少年，以为虽暂相别，终当久相与处，故舍汝而旅食京师，以求斗斛之禄⑩；诚知其如此，虽万乘之公相⑪，吾不以一日辍汝而就也！

去年，孟东野往⑫，吾书与汝曰："吾年未四十⑬，而视茫茫，而发苍苍⑭，而齿牙动摇。念诸父与诸兄⑮，皆康强而早逝，如吾之

---

① 省(xǐng)坟墓：祭祖坟。

② 韩愈嫂郑夫人死于贞元九年(793)，《昌黎先生集》卷二十三有《祭郑夫人文》。

③ 董丞相：指董晋，于贞元十二年(796)以检校尚书仆射同中书门下平章事出任宣武军节度使。幕府治所在汴州(今河南开封)。韩愈在董晋幕府任观察推官。

④ 古代天子死叫崩，诸侯死叫薨，唐代二品官以上官员死叫薨。

⑤ 去：离去。

⑥ 董晋死后，韩愈从汴州到徐州，依附宁武军节度使张建封，任节度推官。徐州，今江苏省徐州市。

⑦ 贞元十六年(800)五月，张建封卒，韩愈离徐州赴洛阳。

⑧ 东：指徐州。下文"西"，指家乡。

⑨ 致汝：使汝至。即将你接来。

⑩ 斗斛(hú)之禄：微薄的俸禄。

⑪ 万乘之公相：天子的国公宰相。唐代宰相，一般都封国公。万乘公相，这里泛指高官厚禄。

⑫ 去年：指贞元十八年(802)。孟东野：即孟郊，韩愈好友。时逢孟郊往任溧阳尉。溧阳(今江苏溧阳县)离宣州不远，故托其捎书。

⑬ 吾年未四十：贞元十八年，韩愈三十五岁。

⑭ 发苍苍：头发斑白。

⑮ 诸父：指叔伯辈。诸兄：各位兄长。

衰者，其能久存乎？吾不可去，汝不肯来，恐旦暮死，而汝抱无涯之戚也。”孰谓少者殁而长者存，强者夭而病者全乎！呜呼！其信然耶？其梦耶？其传之非其真耶？信也，吾兄之盛德而夭其嗣乎？汝之纯明，而不克蒙其泽乎？少者强者而夭殁，长者衰者而存全乎？未可以为信也。梦也，传之非其真也？东野之书，耿兰之报，何为而在吾侧也？呜呼！其信然矣！吾兄之盛德而夭其嗣矣；汝之纯明宜业其家者①，不克蒙其泽矣！所谓天者诚难测，而神者诚难明矣！所谓理者不可推，而寿者不可知矣！虽然，吾自今年来，苍苍者或化而为白矣，动摇者或脱而落矣。毛血日益衰，志气日益微，几何不从汝而死也！死而有知，其几何离？其无知，悲不几时，而不悲者无穷期矣。汝之子始一岁②，吾之子始五岁③，少而强者不可保，如此孩提者，又可冀其成立耶？呜呼哀哉！呜呼哀哉！

汝去年书云：“比得软脚病④，往往而剧”。吾曰：“是疾也，江南之人常常有之。”未始以为忧也。呜呼，其竟以此而殒其生乎？抑别有疾而至斯极乎？汝之书，六月十七日也，东野云：汝殁以六月二日，耿兰之报无月日。盖东野之使者不知问家人以月日，如耿兰之报，不知当言月日。东野与吾书，乃问使者，使者妄称以应之耳。其然乎？其不然乎？

今吾使建中祭汝，吊汝之孤与汝之乳母，彼有食可守以待终丧⑤，则待终丧而取以来；如不能守以终丧，则遂取以来。其余奴婢，并令守汝丧。吾力能改葬，终葬汝于先人之兆，然后惟其所愿。

呜呼！汝病吾不知时，汝殁吾不知日，生不能相养以共居，殁不能抚汝以尽哀，敛不得凭其棺⑥，窆不得临其穴⑦。吾行负神

---

① 宜业其家：应该继承先人的家业。业，动词，承继家业。

② 韩老成有二子，长韩湘，次韩滂。这里指韩滂。

③ 韩愈长子韩昶(chǎng)。

④ 软脚病：脚气病。

⑤ 终丧：守满丧期。古制，丧期三载。

⑥ 敛：同“殓”(liàn)，给死者穿寿衣、下棺为“入殓”。

⑦ 窆(biǎn)：落葬，下棺入穴。

明，而使汝夭，不孝不慈，而不得与汝相养以生，相守以死。一在天之涯，一在地之角，生而影不与吾形相依，死而魂不与吾梦相接，吾实为之，其又何尤①！彼苍者天，曷其有极！自今已往，吾其无意于人世矣！当求数顷之田于伊、颍之上②，以待余年。教吾子与汝子，幸其成；长吾女与汝女，待其嫁，如此而已！呜呼！言有穷而情不可终，汝其知也耶？其不知也耶！呜呼哀哉！尚飨。

【提示】

这是一篇号称“千古绝调”的祭文。祭文为十二郎而作。韩愈的父亲韩云卿，有子三人，韩会、韩介、韩愈。十二郎本是韩介的次子，因韩会无子，出嗣韩会为子。韩愈幼年丧父，也由韩会夫妇抚养长成。所以，韩愈与十二郎从小生活在一起，历经患难，既有叔侄之亲而又情同手足。

文章抒写二人幼年情事和生离死别的悲哀，于萦回中见深挚，于呜咽处见沉痛，曲尽衷情，语语从肺腑中流出：开始叙叔侄少年相依，中年离合，引起痛悼十二郎的第一个高潮；接着文气舒缓下来，由波峰到波谷，叙十二郎的病、死及身后事的料理，为第二个高潮蓄势；最后掀起第二个高潮：“呜呼！汝病吾不知时，汝殁吾不知日……”呼天抢地，痛心疾首，尽倾沉痛已极的悲哀。如江河倾泻，滔滔不绝，简直无法逗断，一恸而尽！

这篇祭文破骈为散，不拘常格，无论内容和形式都有独创性。一般祭文，在形式上多仿《诗经》雅、颂的四言韵语，或者写成骈文，在内容上多是歌功颂德的俗套。本文形式自由，感情深切真挚，运用散行文字叙事，运用骈偶排比句式抒情，各得其宜，情事如画。

韩愈主张“辞必已出”，“惟陈言之务去”，“文从字顺各识职”。从本篇中也可以看到他创造新语汇和新的语言形式的巨大表现力。本篇句子的长短，语气的转折，意念的繁复跌宕，随意使之，达

① 尤：怨恨。

② 伊、颍：伊水、颍水，都在河南境内。

到内容与形式的完美统一。像开篇叙述与十二郎的少年相依，成年的离、合、散、聚，涉及时间、地点、人物、情事，头绪纷繁，显得零散琐碎。然而，后面用饱含真情的肺腑之言一结，总其成收住："呜呼！孰谓汝遽去吾而殁乎？吾与汝俱少年，以为虽暂相别，终当久相与处，故舍汝而旅食京师，以求斗斛之禄；诚知其如此，虽万乘之公相，吾不以一日辍汝而就也！"这几句收得坚实、有力、牢靠，真有"障百川而东之，回狂澜于既倒"之势。像把千万条涓涓细流总汇一起，任意使之。一纵一擒，得心应手。又如两段高潮的抒情文字，思发泉涌，排山倒海，"如骏马下千丈坡"，势不可遏止。韩愈堪称语言之巨匠！

【思考与练习】

1.细心把握文章脉络的起伏波澜，本篇两次感情高潮是如何形成的？

2.骈散结合的语言形式，在表情达意上有何妙用？

3.思考本篇哪是反跌之笔？哪是设伏之笔？它们在文章中起什么作用？

（王振汉）

始得西山宴游记①

柳宗元

柳宗元(773~819),字子厚,河东(今山西永济)人。德宗贞元九年(793)进士。贞元十九年(803)由蓝田尉拜监察御史。贞元二十一年(805)顺宗即位,擢为礼部员外郎,协助王叔文等力革弊政,与王叔文、王伾、刘禹锡被称为“二王柳刘”集团,是永贞革新的中坚。数月后藩镇与宦官头子逼顺宗禅让,宪宗李纯执政,革新活动失败,柳宗元被贬永州司马。十年后被诏入京,又贬柳州刺史。死于柳州,终年四十七岁。

柳宗元和韩愈同是古文运动的倡导者。是唐代杰出的散文家和诗人,也是我国哲学史上一位著名的唯物主义思想家。文章清峻精洁,内容丰富深刻。传记、论说、寓言小品都取得很高成就,特别是山水游记,情景交融,精致优美,对后代影响极大。诗歌幽峭简净,独具一格,除少数抨击现实篇章外,多抒发悲愤抑郁和去国离乡的情怀。有《柳河东集》四十五卷,《外集》二卷。

---

① 本篇选自《柳河东集》。是柳宗元“永贞革新”失败后被贬永州司马时作。时间为唐宪宗元和四年(809)。《永州八记》是柳宗元山水游记的代表作品,此篇是永州八记的第一篇。西山:在今湖南零陵县西,湘江外约二里处。

自余为僇人①，居是州，恒惴栗②。其隟也③，则施施而行④，漫漫而游⑤，日与其徒上高山，入深林，穷回谿⑥，幽泉怪石，无远不到；到则披草而坐⑦，倾壶而醉；醉则更相枕以卧，卧而梦。意有所极，梦亦同趣⑧。觉而起，起而归。以为凡是州之山水有异态者，皆我有也，而未始知西山之怪特⑨。

今年九月二十八日，因坐法华西亭⑩，望西山，始指异之⑪。遂命仆人，过湘江⑫，缘染溪⑬，斫榛莽⑭，焚茅茷⑮，穷山之高而止。攀援而登，箕踞而遨⑯，则凡数州之土壤，皆在衽席之下⑰。

---

① 僇(lù)人：受刑戮之人。僇，同“戮”。柳宗元以带罪之身被贬永州，所以自称“僇人”。

② 恒惴栗：常感忧惧不安。惴栗，忧惧的样子。

③ 隟：同“隙”，闲暇。

④ 施施(yí yí)而行：缓步徐行。

⑤ 漫漫而游：漫无目的、不经意地游览。

⑥ 穷：尽。谿：同“溪”。

⑦ 披：分开。

⑧ 极：至。趣：同“趋”，往，赴。

⑨ 未始：不曾，未尝。怪特：奇异，独特，卓立。

⑩ 法华：寺名，在零陵县城东山上。作者于元和四年在法华寺西建亭，故称西亭。柳宗元有《永州法华寺新作西亭记》。

⑪ 指：指点。异之：以之为奇异。

⑫ 湘江：源出广西，流经湖南零陵。《元和郡县图志》：永州零陵县，“湘水经州西十余里。”

⑬ 缘：沿着。染溪：又名冉溪，在零陵西南。后，柳宗元在文章中称其“愚溪”。

⑭ 斫(zhuó)：砍伐。榛(zhēn)莽：芜杂丛生的草木。

⑮ 茷(fá，又读 fèi)：草叶茂盛貌，此指茂密的茅草。

⑯ 箕踞：席地而坐，两腿分开，形似簸箕。这是一种不拘礼节、随意的坐姿。遨：游目远望。

⑰ 衽席：即座席。衽(rèn)，床席。

其高下之势,岈然①,洼然②,若垤③,若穴。尺寸千里,攒蹙累积④,莫得遁隐⑤。萦青缭白⑥,外与天际⑦,四望如一。然后知是山之特立⑧,不与培塿为类⑨。悠悠乎与颢气俱⑩,而莫得其涯;洋洋乎与造物者游⑪,而不知其所穷。引觞满酌⑫,颓然就醉⑬,不知日之入。苍然暮色,自远而至,至无所见,而犹不欲归。心凝形释⑭,与万化冥合⑮。然后知吾向之未始游,游于是乎始⑯。故为之文以志⑰。是岁,元和四年也。

【提示】

柳宗元的山水游记,能独得山水之性情。一是体物细致,能抓住不同山水"这一个"的自身特点。都是写山,《小丘记》写山,着重写小丘的小巧秀丽,此篇写西山,着重写其高峻特立。二是能通过描绘自然山水风貌,融汇自己的思想感情,达到主客观的统一。柳

---

① 岈(xiā)然:山峰高耸的样子。

② 洼然:山谷凹陷的样子。

③ 垤(dié):蚁封,即蚂蚁洞口的小土堆。

④ 攒(cuán):聚集。蹙(cù):收缩。

⑤ 莫得遁隐:不能躲藏隐蔽。

⑥ 萦青缭白:青指山,白指水。青山白水互相缠绕。

⑦ 际:合。

⑧ 特立:特异,卓立。

⑨ 培塿(pǒu lǒu):小土丘。

⑩ 悠悠:心旷神怡的样子。颢气:即浩气,指天地间正大之气。

⑪ 洋洋:心情舒缓的样子。造物者:指大自然。心情舒缓从容与大自然相遨游。

⑫ 引觞满酌:拿起酒杯倒满酒。

⑬ 颓然:松弛倾倒的样子。

⑭ 心凝:心神凝聚静止。形释:形体松弛消散,似不复存在。

⑮ 万化:万物。冥合:暗合。

⑯ 游于是乎始:从游西山开始,才算真正的游览。

⑰ 志:记。

宗元发现西山为什么那样惊喜，流连忘返，日落“而犹不欲归”呢？文中有交待，“知是山之特立，不与培塿为类”。西山的特立与柳宗元卓立独行的品格相一致。作者在永贞革新失败后，不同流合污，卓然特立的高尚品格，在游览西山中得以寄托。赞美西山，也就是肯定自己。审美客体与审美主体相融合，使这篇山水游记意蕴深厚，具有独特的思想价值、审美价值。

本文描写游西山的过程，层次分明，井然有序：第一步写发现西山的时间、地点；第二步写命仆人开辟路径；第三步写登山宴游、观感。这三个层次作者并未平摊笔墨，而是有详有略，重点突出第三个层次。不但实写西山的美景，而且抒发独特的感受，情景交融，虚实相生，含不尽之意见于言外。

描写西山的高峻，采用了侧面衬托法。“凡数州之土壤，皆在衽席之下”。居高临下的视线，暗示了西山的高峻，这是以低衬高；“岈然，洼然，若垤，若穴”，俯视山丘如蚁封，涧壑如洞穴，有“登泰山而小天下”之感，这是以小衬高；“萦青缭白，外与天际，四望如一”，只有登高才能望远，这又是以远衬高。

文章标题加“始得”二字，显然有特定意图，别具匠心。标为《始得西山宴游记》，文中第一段未得西山前的漫游就不仅不多余，而且成为文章有机的一部分，使上下两段文势的转折，自然形成对比，有烘云托月之妙。加上“始得”二字，方有“未得”以前的所游所感；有“未得”以前的所游所感，也才有“始得”以后的别一番境界，前后对比鲜明，对比之中更加突出了西山的美景和诗人由衷赞赏的情怀。因此，文中多次点题，或明切，或暗切，可以说“始得”二字统摄全篇，舒通文气，为篇中的义脉。

【思考与练习】

1.柳宗元为什么把游览西山视为自己真正游览的开始？西山之游与未得西山前的漫游有何不同？

2.作者如何描写西山的高峻？

3.文中哪些地方寓托了作者的人格美？

4.标题为什么要加“始得”二字？

（王振汉）

归 园 田 居[①]

陶渊明

陶渊明(365~427),又名潜,字元亮,自号五柳先生,卒后好友私谥靖节,浔阳柴桑(今江西九江)人。东晋名将陶侃曾孙,祖父和父亲都做过地方官。到陶渊明时,家道中衰,生活贫困。陶渊明从晋孝武帝太元十八年(393)起,十三年中时断时续出任过江州祭酒、镇军参军、建威参军、彭泽令等职。晋安帝义熙元年(405),辞彭泽令,弃官归隐。此后,一直过着躬耕隐居生活。

陶渊明是我国文学史上的伟大诗人之一。现存诗文一百三十多篇,其中描写农村田园生活的"田园诗"成就最高。这些诗作描绘了诗人归隐后的农村生活,反映了诗人高远的理想、志趣和守志不阿的耿介品格。抒写了对腐朽官场的憎恶鄙弃和对农村生活的无限热爱。在艺术上,用语明白简洁,风格平易淡远,淳美自然,韵味隽永,意境优美,具有极高的美学价值,对后世影响很大。有《陶渊明集》。

少无适俗韵[②],性本爱丘山。误落尘网中,一去三十年[③]。羁

---

① 本篇选自《陶渊明集》。《归园田居》共五首,成组诗。作于义熙二年(406),即辞去彭泽令归隐后第二年。本篇原列这组诗的第一首,抒写归隐田园后欣喜与舒畅的心情。

② 适:适应。韵:气韵,风度。

③ 去:离别。指离开田园生活。三十年:吴仁杰认为当作"十三年",当是。陶渊明自太元十八年(393)初仕为江州祭酒,义熙元年(405)辞彭泽令归田,恰好十三年。

鸟恋旧林①,池鱼思故渊②。开荒南野际③,守拙归园田④。方宅十余亩⑤,草屋八九间。榆柳荫后檐,桃李罗堂前⑥。暧暧远人村⑦,依依墟里烟⑧。狗吠深巷中⑨,鸡鸣桑树巅。户庭无尘杂,虚室有余闲⑩。久在樊笼里⑪,复得返自然。

【提示】

《归园田居》五首,是陶渊明辞去彭泽令后第二年所作,从此诗人再未涉足官场,长期过着隐居生活。本篇抒写了诗人归田后的喜悦之情,描绘了和平恬静的农村景象,表现了诗人终于摆脱官场羁绊后的闲情逸趣,从侧面批判了社会现实的污浊和黑暗,也反映出对自由欢乐生活理想的热烈追求。全诗可分两层。开头至"守拙归园田"为第一层,写诗人因鄙弃官场、守拙任性、嗜爱自然而归田的心理历程。首二句开卷明志,直抒鄙视世俗的孤傲本性。接着把官场比作"尘网",把自己寄身其间喻作"羁鸟"、"池鱼"。对"误落尘网"的追悔,表达了对十三年仕宦生活的厌弃心情。同时,也引发了对家乡田园的热烈思恋。从"方宅十余亩"至末尾是第二层,写田园生活的闲静美好和作者的愉悦之情。诗人以极高的兴致形象描绘了田园风光的朴素优美,以及归隐生活的静穆安闲。

---

① 羁鸟:被束缚的笼中之鸟。

② 池鱼:放养于池中之鱼。

③ 南野:南山之野。一作"南亩"。际:间。

④ 拙:愚拙。守拙,固守愚拙。此当自谦之辞。意思是自己不会取巧逢迎。守正不阿,不善作官。

⑤ 方:傍,靠近。

⑥ 罗:罗列。堂前:正房的前面。

⑦ 暧暧:昏暗,不清晰。远人村:远处的村落。

⑧ 依依:袅袅轻柔的样子。墟里:村落。烟:炊烟。

⑨ 狗吠:狗叫。

⑩ 虚室:空虚闲静的居室。

⑪ 樊笼:关鸟兽的笼子。此处是指官场。

诗人笔下的田园草舍、榆柳桃李、远村轻烟、狗吠鸡鸣,显得格外清新可爱,无不寄寓了作者的无限喜悦之情。不难看出作者是把田园生活作为官场的对立物和精神寄托的灵境来写的。因此,诗人对田园风光和乡居生活的倾心热爱与赞美,正表明对宦海生涯的憎恶,也曲折反映了对上层社会尔虞我诈、凶残屠杀的鄙夷和不满,又是对黑暗现实的批判与否定。

这首田园诗艺术技巧是很高明的。首先诗人以对官场生涯的恨和对田园生活的爱作为全诗的抒情线索,自始至终,贯串全篇。无论是对"误落尘网"的追悔,还是写归耕田园的喜悦,既对比强烈,又都以这条抒情线索紧密串联,从而把诗人的爱憎情感表现得异常集中、无比强烈,具有浓重的抒情意味。其次,诗人情感的抒发,又以农村景物具体描绘含蓄表达,情景交融,使诗人的憎爱情感更加具体真切,可见可感。读者不仅能从诗中看到淳朴的田园草舍、远村轻烟、榆柳桃李,听到狗吠和鸡鸣,尽情领略优美朴素的田园风光,而且可以透过这幅浓淡相宜的村居图感悟到诗人"少无适俗韵,性本爱丘山"的纯真天性,以及对自由欢乐生活理想的强烈追求,谛听到诗人"久在樊笼里,复得返自然"那种心灵解放的热情呼唤。

【思考与练习】

1. 分析这首诗的抒情层次,概括全诗主旨。

2. 分析这首诗的抒情线索。诗人为何一味描写农村田园生活的优美和闲适?应该怎样正确评价其景物描写的感情基调?

(焦茂林)

登池上楼[1]

谢灵运

谢灵运(385～433),原籍陈郡阳夏(今河南太康附近),出生于会稽始宁(今浙江上虞)。东晋名将谢玄之孙,袭封康乐公,故世称谢康乐。曾任永嘉太守、临川内史等职。为人豪奢放纵,喜欢游历山水,后因谋反被杀。

谢灵运是晋、宋之际著名的山水诗人。他的诗追求形似之美,善于以富艳精工的语言生动细致地描绘自然景物,多有形象鲜明、意境优美的佳句,但有时也失之于雕琢堆砌。谢灵运的山水诗扭转了玄言诗一统诗坛的风气,大大拓展了诗歌的题材和表现技巧,对后世的山水田园诗派有很大影响。明人张溥辑有《谢康乐集》。

潜虬媚幽姿②,飞鸿响远音③。薄霄愧云浮④,栖川怍渊沉⑤。

---

① 本篇选自《谢康乐集》。池上楼:在永嘉郡(今浙江省温州市)。这首诗是作者被政敌排挤出朝廷,出任永嘉太守时久病初愈后登池上楼所写。

② 潜虬:深潜水中的虬。虬,传说中一种有角的小龙。媚:喜爱,有自我欣赏的意思。幽姿:潜隐的姿态。

③ 响远音:叫出传得很远的声音。

④ 薄:迫近。云浮:指在云霄中鸣飞的鸿。

⑤ 栖川:栖息在水中。怍(zuò):惭愧。渊沉:指在深渊中潜藏的虬。

进德智所拙①,退耕力不任②。徇禄反穷海③,卧痾对空林④。衾枕昧节候⑤,褰开暂窥临⑥。倾耳聆波澜⑦,举目眺岖嵚⑧。初景革绪风⑨,新阳改故阴⑩。池塘生春草,园柳变鸣禽⑪。祁祁伤豳歌⑫,萋萋感楚吟⑬。索居易永久⑭,离群难处心⑮。持操岂独

---

① 进德:增进品德,这里指做一番事业。《周易·乾卦》:"君子进德修业,欲及时也。"

② 退耕:退位隐居耕田。力不任:体力担当不了。

③ 徇(xùn):从。徇禄:指做官。反:归,到。一本作"及"。穷海:边远的海滨,指永嘉郡。

④ 痾(ē):病。空林:僻静的树林。

⑤ 衾(qīn):被子。衾枕,指卧病于衾枕。昧:不明,分不清。节候:季候,季节的变换。

⑥ 褰(qiān):揭开,掀起。褰开,指揭起窗帷打开窗户。窥临:临窗眺望。

⑦ 聆(líng):听。

⑧ 岖嵚(qīn):山高峻的样子,这里指高山。

⑨ 初景:指初春的日光。景,日光。革:革除,清除。绪风:余风,指冬天残余下来的寒风。

⑩ 阳:古代以春夏为阳,这里专指春。阴:古代以秋冬为阴,这里专指冬。新阳,刚刚到来的春天。故阴,已经过去的冬天。

⑪ 变鸣禽:鸣禽随季节而换了种类。

⑫ 祁祁(qí):众多的样子。豳(bīn)歌:豳人的诗歌。豳,古国名,在今陕西省旬邑县西。这里是指《诗经·豳风·七月》,其中有"春日迟迟,采繁祁祁,女心伤悲,殆及公子同归"的诗句。

⑬ 萋萋:草木茂盛的样子。楚吟:指《楚辞·招隐士》,其中有"王孙游兮不归,春草生兮萋萋"的诗句。以上两句是因为看到春天的景色而引起对古人歌咏春天情景的感伤情绪的共鸣。

⑭ 索居:独居。易永久:容易感到日子长久。

⑮ 难处心:难以排遣孤寂的心情。

古①,无闷征在今②。

【提示】

本篇是谢灵运诗歌清新自然风格的代表作品。诗歌开端借物起兴,感怀喻志。化用《周易》"潜龙勿用"和"鸿渐于陆"之语,以潜虬和飞鸿作喻,象征进德和退隐两个方面,表明自己进退两难的处境。中间描绘病后登楼观赏到的春景。视觉听觉结合,远景近景相衬,景物感觉浑融,用语清新,曲写入微。尤其是"池塘生春草,园柳变鸣禽"诗句,诗人以相当敏锐的观察准确捕捉到了时令更易之际大自然景色极其细微的变化,并表达出了自己对这种变化清新的心理感受,自然天成,历来备受称赏。最后抒发伤春思归的感慨,流露了隐遁之思。

整首诗托兴深切,情景妙融,虽通体骈偶却不乏清丽生动,体现出作者运用语言的深厚功力,是谢诗中难得的精品。

【思考与练习】

1. 划分诗歌层次。

2. 如何理解作者在诗歌结尾处表达的高旷的隐逸之思?

3. 比较陶渊明和谢灵运诗歌的异同。

(孙　光)

---

① 持操:保持高尚的节操。

② 无闷:没有烦闷。《周易·乾卦》中有"遁世无闷"的话,是说隐士不求成名,一心避世而没有任何忧闷。征:证实,证明。

别范安成[1]

沈　约

沈约(441～513),字休文,吴兴武康(今浙江德清)人。出身贵族家庭,少时孤贫,笃志好学,博览群书。历仕宋、齐、梁三代,官至尚书令,封建昌县侯,卒谥隐。沈约是南朝史学家、著名诗人,著有《宋书》。在文学上强调诗歌的声律,撰有《四声谱》,提倡“四声八病”说,把平、上、去、入四声用于诗歌的格律,提出八种音律上的毛病必须避免。他与谢朓、王融等开创了“永明体”,注意声律和对仗,对诗歌从古体走向格律严整的近体有重要的影响。沈约的诗长于清怨,篇幅一般比较短小,讲求声韵,注意形式。明人张溥辑有《沈隐侯集》。

生平少年日,分手易前期[2]。及尔同衰暮[3],非复别离时[4]。勿言一樽酒[5],明日难重持。梦中不识路[6],何以慰相思?

---

① 本篇选自《沈隐侯集》。范安成:名岫(xiù),字茂宾,曾为建威将军安成内史。他和沈约都因为有文才而被齐文惠太子引用。

② 易:看得轻易,作动词用。前期:来日重见之期。

③ 衰暮:衰老之年。

④ 别离时:指年轻时易相会的别离。

⑤ 樽(zūn):古代的盛酒器具。

⑥ 梦中句:战国时张敏和高惠是好朋友,分别后张敏屡次在梦中去寻访高惠,但都半途迷路而回。

【提示】

这是一首写朋友惜别的诗,着重表达的是老年朋友的离情别意,却是以年轻时的别离心境开篇的。在春秋既富的少年心中,来日的相逢是很容易的事,别离也就不是十分伤感。而如今,年岁既晏,来日无多,此时相别,是否还有重逢之期?因了再见的渺茫,分别也就格外难舍。在不同年龄别离时不同心境的对比中充分体现了暮年惜别的复杂心绪。

不应分别、不忍分别却又不得不分别,在无奈、感伤中,只得将满怀情意寄托在饯行的杯酒之中,就这样一樽薄酒,今后恐怕也是难以共饮的了。此时此情,让人如何能不痛楚!诗写至此,似乎已将惜别之情推到了顶峰。结尾两句却又是一转,既然离别已然无法挽回,那么只有企望梦中相逢,以慰相思了。可偏偏又梦中不识路,最后的一丝希望也破灭了,这一腔深挚的相思该向何处消解呢?诗歌步步翻转、层层递进,把委婉深长的感情表达得淋漓尽致,极易引人共鸣。

【思考与练习】

1. 作者是如何运用层层递进的手法表达委婉深挚的感情的?

2. 你所知道的写离宴、梦魂诗词名句中,有哪些是从本诗末二句生发而出的?

3. 诗歌结尾的用典对表情达意有什么作用?

(孙　光)

代悲白头翁①

刘希夷

刘希夷(651～?),字庭芝,汝州(今河南临汝)人。高宗上元二年(675)进士。美姿容,好谈笑,善弹琵琶,放任不羁,生活落魄。曾入蜀中,沿江东下漫游。《唐才子传》等书记载,因其不肯将名句"年年岁岁花相似,岁岁年年人不同"让给其舅宋之问,被宋杀害,死时尚不到三十岁。诗歌内容多写闺情,歌唱热烈而真挚的爱情,富于浪漫色彩。形式上以七言歌行见长,声韵圆润和谐,语言婉丽自然。原有集,已失传。《全唐诗》卷八十二录其存诗一卷。

洛阳城东桃李花,飞来飞去落谁家?洛阳女儿惜颜色,坐见落花长叹息。今年花落颜色改,明年花开复谁在?已见松柏摧为薪②,更闻桑田变成海③。古人无复洛城东,今人还对落花风。年年岁岁花相似,岁岁年年人不同。寄言全盛红颜子④,应怜半死白头翁。此翁白头真可怜,伊昔红颜美少年⑤。公子王孙芳树下,清歌妙舞落花前。光禄池台开锦绣⑥,将军楼阁画神仙。一朝卧病

---

① 本篇选自《全唐诗》。诗题一作《白头吟》。《白头吟》是汉乐府旧题。希夷此诗为拟古乐府,借古题表现新的思想内容。

② 摧:折断。薪:柴。

③ 桑田变成海:葛洪《神仙传·王远》:"麻姑自说云:'接侍以来,已见东海三为桑田。'"此处借用此典而加以变化,比喻世事的巨变。

④ 全盛:指青春盛年。

⑤ 伊昔:从前。红颜:泛指青春的容颜。

⑥ 光禄:光禄卿,官职名,掌管皇室酒膳之事。此处泛指文职权贵。

无相识[1],三春行乐在谁边?宛转蛾眉能几时[2]?须臾鹤发乱如丝。但看古来歌舞地,惟有黄昏鸟雀悲。

【提示】

这首诗表现思想感情主旨的句子,即“年年岁岁花相似,岁岁年年人不同”。对青春易逝、人生短促、富贵无常、宇宙永恒的现实,发出浓重的伤叹。

全篇以“洛阳城东”的人物和暮春环境作为抒情的材料,场面集中,具有乐府诗的叙事特征。人物则选取同时存在的青春少女和白发老翁,具有极强的对比度。前半部分写青春少女眼望落花而生发红颜易老、人生苦短的喟叹:“今年花落颜色改,明年花开复谁在?”由景入情,文理自然。后半部分写白发老翁在缤纷的落花中对青春岁月的回忆:“公子王孙芳树下,清歌妙舞落花前。”一个因落花而思及未来,一个因落花而回忆过去,落花同时撷动着两种人的思绪,使人油然地感受到,青春少女的未来就是白发老翁的今日,而白发老翁的当年就是青春少女的此时,由红颜到白发似乎发生在转瞬之间。人物形象的强烈对比,有力地表达了主旨。

“年年岁岁花相似,岁岁年年人不同。”语言浅近,有如白话,却极富于宇宙人生的感悟。作者以精练、形象而充满诗意的语言道出了人类的普遍感受,因而影响巨大。张若虚的名篇《春江花月夜》、《红楼梦》中林黛玉的《葬花词》,都明显地受到了它的精神启迪。

---

① 无相识:意谓无人过问。极言世态炎凉。

② 宛转蛾眉:形容眉毛弯曲细长。代指美丽的容貌。

【思考与练习】

1.这首诗的主题是什么？诗中是如何表达这个主题的？

2.“年年岁岁花相似，岁岁年年人不同”二句，何以被人广泛传诵？

3.阅读张若虚《春江花月夜》和《红楼梦》中的《葬花词》，比较这三篇作品的思想精神。

（韩成武）

春江花月夜[①]

张若虚

张若虚(约660～约720),初唐诗人。扬州(今属江苏)人。曾任兖州兵曹,与贺知章、张旭、包融并称“吴中四士”。《全唐诗》仅存其诗二首。一首《代答闺梦还》,风格柔靡,近齐梁体,水平一般。这首《春江花月夜》是历代传诵的名篇,人以文传,张若虚就是靠这首诗留传闻名的。

春江潮水连海平[②],海上明月共潮生。滟滟随波千万里[③],何处春江无月明[④]?江流宛转绕芳甸[⑤],月照花林皆似霰[⑥]。空里流霜不觉飞[⑦],汀上白沙看不见[⑧]。江天一色无纤尘[⑨],皎皎空中孤月轮[⑩]。江畔何人初见月?江月何年初照人?人生代代无穷

---

① 本篇选自《全唐诗》。《春江花月夜》是乐府旧题,属《清商曲·吴声歌》,相传创自南朝陈后主(叔宝)。本篇描写春江花月之夜清丽的美景,抒发民间社会人生的离愁悲苦,突破宫体诗狭窄的天地,开拓了题材领域,由宫廷转向市井社会,是一种发展和突破。

② 海:指长江下游宽阔的江面。

③ 滟滟:指月光照耀下,水面波光粼粼的景象。

④ 明:动词,作“照”解。

⑤ 甸:原野。芳甸,遍生芳草的原野。

⑥ 霰(xiàn):霰雪,雪粒。

⑦ 流霜:指月光。

⑧ 汀:沙汀。

⑨ 江天一色无纤尘:江天一色,天空连一丝尘埃也没有。

⑩ 孤月轮:一轮明月。

已,江月年年只相似。不知江月待何人?但见长江送流水。白云一片去悠悠,青枫浦上不胜愁①。谁家今夜扁舟子?何处相思明月楼?可怜楼上月徘徊,应照离人妆镜台。玉户帘中卷不去,捣衣砧上拂还来②。此时相望不相闻,愿逐月华流照君③。鸿雁长飞光不度④。鱼龙潜跃水成纹⑤。昨夜闲潭梦落花,可怜春半不还家。江水流春去欲尽,江潭落月复西斜。斜月沉沉藏海雾,碣石潇湘无限路⑥。不知乘月几人归,落月摇情满江树。

【提示】

这首诗的思想内容比较单纯,归纳起来有两点:一是抒发了社会人生的常情:离愁别恨。二是这种感情很真挚,情真意深。这两点今天看起来都很一般,然而,用历史的眼光,放在初唐诗坛上来看,却是可贵的。"沈宋驰骋翰墨场,风流初不废齐梁"。初唐诗坛仍被齐梁绮靡诗风所笼罩。此诗的"真情"对宫体诗的"矫情"是一种突破,符合"真善美"的审美特征。从唐诗发展的角度来看,此诗的思想价值也应得到肯定。

这首诗在艺术上有许多可资借鉴之处。诗的艺术结构十分严

---

① 青枫:寓伤春。《楚辞·招魂》:"湛湛江水兮上有枫,目极千里兮伤春心。"浦:寓伤别。《别赋》:"送君南浦,伤如之何?"

② 捣衣砧:古时以练制衣,要先在石砧上捣后,才便于缝制。

③ 月华:月光。《子夜四时歌·秋歌》:"仰头看明月,寄情千里光。"

④ 鸿雁长飞光不度:光,指明月照耀下的典型环境。句意说:在明月照耀下鸿雁尽管可以长飞去传递书信,然而,书信也传递不过去(因为不知丈夫漂流在何方)。不度,是指书信不度,而不是"光不度"。

⑤ 鱼龙:复词偏义,偏于鱼。古代传说,鱼也可以传递书信。汉乐府《饮马长城窟行》:"客从南方来,遗我双鲤鱼。呼儿烹鲤鱼,中有尺素书。"古人将信封做成鱼状,即来自鱼能传书的传说。

⑥ 碣石:即碣石山,在今河北昌黎县北。这里用以代指北方。潇湘:二水名,流经湖南,在湖南零陵县合流称潇湘。这里用以指南方。"碣石潇湘"即"天南地北"。

谨完美。全诗以月生起,以月落结。开篇八句点题:将春、江、花、月、夜逐字吐出;最后八句收题:将春、江、花、月、夜逐字抹倒收回。中间由景生情,转情换意。蝉联而下,若断若续,缠绵悱恻,章法灵活而不紊乱。

在谨严完美的结构中,诗人采取了多种表现手法。

其一,烘托和铺垫。第一段由春江引出明月,渐次引出花林、芳甸。江伴月,月伴花,把“春江花月夜”自然组合成一个优美完整的画面,谱写了一首春的颂歌,这首春的颂歌又反衬着青春的哀愁。接着,诗人面对春江明月,抒发了宇宙永恒,时空久远的感悟,从中寄寓着对人生短暂的深沉慨叹!这种慨叹,以其意味深长的哲理对诗的情调进一步铺陈了感伤的气氛。然后,推出游子、思妇“相望不相闻”的情思哀愁。这是诗的精华、高潮部分。然而,它的形成与诗人层层铺垫、步步烘托有关。汇细流而成江海。读者的欣赏正好沿波讨源,渐入佳境,随步步烘托而达高潮。

其二,选择景物极具典型性。春江花月夜,一字一画,本身就很优美,很典型。在此典型环境中推出两个典型人物:扁舟游子与楼头思妇。楼与月相宜,舟与江相谐,这两个典型人物与“春江花月夜”最为关情,组织在一起,最和谐,最贴切,最神妙,最富诗情画意。叙离别选“青枫浦”以抒情,述哀愁选“妆镜台”以达意,都是很典型的。按说,月照高楼,楼上景物无所不照,为什么写独照“离人妆镜台”呢?景物的选择,包蕴了丰富的内容。古人云:“女为悦己者容。”女子是为心爱之人而打扮的。此妆镜台在夫妇原来和美团聚时,是天天开镜梳妆打扮的,丈夫离去后,又一直闲置不用,而今月光又照在妆镜台上,何日夫妇团聚,使美人重开妆奁,重新梳妆呢?物象关情,妆镜台凝聚了过去相聚的欢乐;离别后的悲苦和对将来重逢的企盼,包蕴了一段浓浓的感情历程。

其三,诗句平仄相间,韵律婉转,对仗工整,加上顶针句式的灵活使用,使语言清新流畅,顿挫悠扬,琅琅上口,连绵不绝。此点不需具体分析,口诵漫吟即可得之。

【思考与练习】

1. 如何看待此诗的思想价值？

2. 分析此诗的抒情层次，其感情高潮是如何形成的？

3. 这首诗采用了哪些艺术手法？艺术结构如何？

（王振汉）

观 猎[①]

王 维

王维(701～761),字摩诘,原籍太原祁(今山西太原)人。后寄籍蒲州(今山西永济)。开元九年(721)进士,历任右拾遗、监察御史、给事中,后累官至尚书右丞,世称王右丞。

王维是田园诗派代表作家。前期写了一些表现建功立业的豪壮诗篇。后期走半官半隐、亦官亦隐的道路,写下了大量的恬淡、空寂、幽静、闲适的山水田园诗。王维艺术造诣极高,集诗歌、绘画、音乐于一身。他的诗被苏轼称为"诗中有画",不仅对唐代社会,而且对后代影响很大。这是一位在艺术上不断给后代诗以启迪的著名诗人。然而,由于王维后期"万事不关心"的人生态度,使他的作品极少反映重大的现实问题,多数山水田园诗中,流露了避世的情绪。有《王右丞集》。

风劲角弓鸣,将军猎渭城[②]。
草枯鹰眼疾[③],雪尽马蹄轻。
忽过新丰市,还归细柳营[④]。

---

① 本篇选自《王右丞集笺注》。这是一首描写将军打猎的诗。

② 渭城:即咸阳。在长安西北,渭水北岸。

③ 疾:作锐利解。

④ 新丰市:汉置新丰县,故址在今陕西临潼县东北,到唐代已经是颇具文化风俗特色的繁华之地。其一新丰产美酒,其二是豪侠之士的游聚之所。细柳营:在长安西南,是汉代名将周亚夫的屯兵之所。周亚夫以治军严整著称。

回看射雕处①，千里暮云平②。

【提示】

这首诗是王维的前期作品。通过将军一场淋漓酣畅的狩猎活动，表现诗人对英雄事业的羡慕、向往，抒发了诗人的豪情壮志。

“物象关情”。阅读此诗，不仅要看到狩猎之事，还要看到人物、精神、情致。诗中一切的景与物，都与感情相关联，是为表现思想感情而设置的。像开篇的“劲风”，一般会造成射猎的障碍，然而，在英勇神武的将军面前，劲风却成了有力的反衬；接下写鸷鹰、骏马，也是写人，写出了人的思想、豪情。“鹰眼疾”，“马蹄轻”，对马上将军的英姿、风度、气概都做了有力的烘托。诗中的地名也颇具艺术匠心。“忽过新丰市，还归细柳营”，是否只是说明猎骑迅速飞奔，有席卷山林之势？仅仅如此理解，只能说讲了“忽过”“还归”四字，那么，新丰市、细柳营就没有意义么？按说，狩猎行程从长安东北到长安西南，经历的不只是这两个地方，一般的村店也是经过的。诗人为什么单单写“新丰市”、“细柳营”？显然是通过暗含的典故和风俗习惯上的联想，给将军的形象作有力的补充。突出强调将军的人马到了“新丰市”，就暗含了将军潇洒豪爽的风度，将军又回归到“细柳营”，其军纪军威，能征惯战与历史名将周亚夫是一样的。篇末的“射雕”，也意在突出将军精于骑射的本领。一场狩猎，只写“射雕”，也是诗人典型化的提炼。最后以景作结。千里暮云、地阔天长，正是纵横驰骋，大展雄姿的用武之场。海阔凭鱼跃，天高任鸟飞。将军的豪情与王维对英雄业绩的向往，都包蕴其中了。

漫酌字句觅真意，一枝一叶尽关情。

---

① 雕：是一种猛禽，飞得既高且远，不易射中。古代称善射者为“射雕手”。

② 平：指广阔的猎场被暮云笼罩的苍茫景象。

【思考与练习】

1. 把握本篇的思想主旨。
2. 诗的开篇、结尾对描写将军有什么作用?
3. 分析此诗中间两联所包蕴的丰富情韵。

（王振汉）

望洞庭湖赠张丞相[①]

孟浩然

孟浩然(689～740),字浩然,襄州襄阳(今湖北襄樊)人。隐于鹿门山,闭门读书,灌蔬艺竹,以诗自适。开元十六年(728),赴京应进士举,不第还乡,后曾漫游吴越,达三年之久,遍览江东山水。开元二十五年(737),张九龄任荆州长史时,引作幕僚,开元二十七年(739),离幕回乡,隐居到死。

孟浩然是盛唐山水田园诗派的代表作家,与王维齐名,诗风清淡,长于写景。写田园风光,清新而幽美;写田家生活,简朴而亲切。擅长白描,注重浑成。有些山水诗则写得壮阔雄浑,表现出多样的创作风格。有《孟浩然集》。

八月湖水平[②],涵虚混太清[③]。
气蒸云梦泽[④],波撼岳阳城。

---

① 本篇选自《全唐诗》。诗题一作"临洞庭"。此诗写作时间未有定说。今按,诗题中的"张丞相",指张九龄。史载,张九龄于开元二十一年(733)至开元二十四年(736)为相,开元二十五年(737)四月为荆州长史,到任后曾援引孟浩然入幕。察此诗意在求张援引,故可推知当作于开元二十五年秋。洞庭湖:在湖南省北部,长江南岸,为我国第二大淡水湖。其东北岸有岳阳城,城西门楼即岳阳楼,为天下名胜,登此楼可眺洞庭壮景。

② 平:谓湖水与岸齐平。形容水势很大。

③ 涵虚:水映天空。是写湖水清澄。混太清:与远天混为一体。形容湖水浩渺无涯。

④ 云梦泽:云泽、梦泽,古代大泽,地处两湖交界地区,今该地区遍布湖沼,据说为其遗迹。

欲济无舟楫①,端居耻圣明②。
坐观垂钓者,徒有羡鱼情③。

【提示】

这首五律的主旨在于请求张九龄援引,却写得委婉含蓄。通篇以观湖寄托情志,围绕洞庭湖上的景物与人事下笔,写出求仕之意。

前四句写洞庭壮景,以景写情。八月的洞庭湖,秋水上涨,水天一色,空阔无垠。蒸腾的水气,笼罩着云梦二泽;汹涌的波涛,摇撼着岳阳古城。四句诗酣畅淋漓,气势恢宏,使洞庭湖充满生命的伟力。这幅景象展示了作者博大的视野,开阔的胸襟,表现了对开元盛世的礼赞和对生活的热爱。开元时期,经济繁荣,政治比较开明,众多的知识分子都想步入仕途,建功立业,孟浩然也不例外,他四十岁时曾去长安求仕,足以说明他被盛世所感召。所以,开篇四句乃是借洞庭壮景以寄托豪情,入仕之志呼之欲出,为下文呼求援引制造了气氛,铺平了道路。

后四句借写湖上的人事,委婉道出求引之心。“舟楫”、“垂钓”,皆为眼前事物,妙在信手拈来,为我托志。“欲济”者,欲入仕途也;“无舟楫”,叹无人援引也;“垂钓者”,已入仕途之人也;“羡鱼情”,从政之愿也。一腔心事皆由对湖上人事的观感中道出,不露干谒痕迹,可谓镇静从容,不卑不亢。

这首诗前半写景,景中寓情,后半言事,借事托志,前后笔墨均为表现主旨而设。这是作者艺术匠心之所在。

---

① 济:渡水。楫:船桨。

② 端居:安居,隐居不仕。耻圣明:有愧于太平盛世。

③ 羡鱼情:语出《淮南子·说林训》:“临河而羡鱼,不若归家织网。”比喻空存想望。

【思考与练习】

1.这首诗的主旨是什么？作者是如何表达这个主旨的？

2.此诗前四句写景有何意义？

（韩成武）

将　进　酒[①]

李　白

李白(701～762),字太白,号青莲居士,自称祖籍陇西成纪(今甘肃秦安)人。先世于隋末徙居西域,李白诞生于中亚碎叶城(今托克马克城)。五岁随父移居绵州彰明县(今四川江油)青莲乡。青少年时期在蜀中读书,漫游。开元十二年(724),“仗剑去国,辞亲远游”,开始以安陆为中心的漫游时期。天宝元载(742)经友人荐举,奉诏入京,供奉翰林。三载(744)被玄宗“赐金还山”,诗人又开始以东鲁、梁园为中心的漫游生活。一说李白开元十八年(730)西入长安求仕,开元二十年(732)失意东归。天宝十四载(755)安史之乱爆发,李白应征入永王幕府。至德三载(757)李璘兵败,李白以“附逆”罪被投浔阳狱中,长流夜郎,中途遇赦东还,往来于岳阳、浔阳、宣城间。宝应元年(762)卒于当涂县令李阳冰家。

李白是盛唐时期伟大诗人。他的作品,内容丰富,题材广泛。抒写建功立业的雄心壮志,揭露、抨击黑暗政治,讴歌赞美祖国壮丽山河,想像的丰富瑰丽,夸张的奇特大胆,热烈奔放的感情,使他的诗具有极强的感染力和震撼力。艺术风格豪放飘逸,自然清新。在体裁上他能灵活驾御多种艺术形式,尤其是七言歌行的巨匠,五、七言绝句的圣手,能从民间创作中汲取营养,对后代产生深远

---

① 本篇选自《分类补注李太白诗》。《将进酒》是乐府旧题,属《鼓吹曲·铙歌》,内容多写饮酒放歌的感怀。此诗写作时间,学术界有两说:一说写于玄宗天宝四载(745),一说写于天宝十一载(752)。总之,都是在李白被“赐金还山”之后,入永王幕府之前。怀才不遇,壮志难酬,其思想正处于苦闷、低谷时期。

的影响。有《李太白集》。

君不见黄河之水天上来①,奔流到海不复回。君不见高堂明镜悲白发,朝如青丝暮成雪。人生得意须尽欢,莫使金樽空对月。天生我材必有用,千金散尽还复来。烹羊宰牛且为乐,会须一饮三百杯②。岑夫子,丹邱生③,将进酒,杯莫停。与君歌一曲,请君为我倾耳听:钟鼓馔玉不足贵④,但愿长醉不愿醒。古来圣贤皆寂寞,惟有饮者留其名。陈王昔时宴平乐⑤,斗酒十千恣欢谑⑥。主人何为言少钱,径须沽酒对君酌⑦。五花马,千金裘⑧,呼儿将出换美酒⑨,与尔同销万古愁!

【提示】

李白《将进酒》是古今传诵的名篇。然而,思想内容很复杂,既有浓厚的消极颓废情绪,又有可贵的积极进取的追求精神。这就给分析作品,认识它的真正的思想价值带来一定的困难。

本篇的"主脑"是什么?有人认为是"人生得意须尽欢,莫使金樽空对月"。当然,从表面看,通篇写的是饮酒。开始是"人生得意须尽欢,莫使金樽空对月";中间是劝酒,"将进酒,杯莫停……但愿

---

① 君不见:"君"系泛指,为警醒的提示句。

② 会须:应该。

③ 岑夫子:即岑勋,南阳人。丹邱生:即元丹邱。二人都是李白的好友。

④ 钟鼓馔玉:指权豪势要之家的富贵生活。馔玉,形容菜肴的精美珍贵如玉。

⑤ 陈王:即陈思王曹植。平乐:平乐观。故址在今河南洛阳。

⑥ 斗酒十千恣欢谑:曹植《名都篇》:"归来宴平乐,美酒斗十千。"斗十千,一斗酒值十千钱。形容美酒珍贵。恣欢谑,尽情地欢乐,戏谑。

⑦ 径须沽酒:只管去买酒,应该毫不犹豫地去买酒。

⑧ 五花马:一种名贵的骏马。千金裘:价值千金的皮袄。

⑨ 将出:拿出。

长醉不愿醒”；最后，甚至把“五花马，千金裘”都搭上，要换取一醉方休。然而诗人为什么追求这样的痛饮、豪饮、一醉方休呢？在这种极不正常的痛饮背后，隐含着什么内容呢？这首诗前面是“悲”，后面是“愁”，哪来的“人生得意须尽欢”呢？对这些问题的思考，有助于我们正确把握此篇的主旨，有助于认识它的真正思想价值。

李白一生，其思想的主导一面，始终处于积极进取、追求之中。从李白一生主导思想方面来看，本篇的主脑应是“天生我材必有用”。这句话的潜台词很丰富。它包含了现实与理想两方面的内容。从现实来说：李白是有才无所用，遭谗毁，受排挤，没用武之地；然而，从思想上说，李白并未完全消沉，今日不被用，将来总有一天必被所用。正是由于强烈的自信心与黑暗现实的矛盾，才生发出开篇的岁月易逝、人生易老的感慨，这种感慨，由怀才不遇进一步郁结成浓重的悲愁。所以，此诗开篇点出“悲”最后结以“愁”，这是诗篇内在的感情线索，思绪缘起是由于“天生我材必有用”，而要求痛饮、狂饮，饮个一塌糊涂，一醉方休，只是这种思想感情的表现形式而已。

李白诗歌，飘逸，奔放，雄奇，壮丽，极富浪漫主义特征。本篇抒发悲愁之情，激越豪放，如江河倾泻，一气流注。诗人不感兴趣于生活细微末节的描写，不叙述生活的全过程，而着重抒发对生活的整体感受。将社会现实、自身遭遇，作一整体玩味、咀嚼，或是苦辣酸甜，或是悲愁欢乐，从而赋于诗篇强烈的主观感情色彩，具有极强的艺术感染力。这是浪漫主义反映现实的特征。至于这种强烈的主观感情背后，包含什么样的社会现实内容，只能结合诗的现实背景，诗人的生活遭际去潜心体会了。

【思考与练习】

1. 李白为什么有如此极不正常的狂饮？本篇的主脑是什么？

2. 李白《行路难》三首，对《将进酒》的主旨可作补充和注脚。下面选录其一，细心体会：

行路难

金樽清酒斗十千，玉盘珍羞直万钱。停杯投箸不能食，拔剑四顾心茫然。欲渡黄河冰塞川，将登太行雪满山。闲来垂钓碧溪上，忽复乘舟梦日边。行路难，行路难，多歧路，今安在？长风破浪会有时，直挂云帆济沧海！

3.李白浪漫主义抒情诗的特征如何？

（王振汉）

宣州谢朓楼饯别校书叔云①

李　白

弃我去者昨日之日不可留，乱我心者今日之日多烦忧。长风万里送秋雁，对此可以酣高楼②。蓬莱文章建安骨③，中间小谢又清发④。俱怀逸兴壮思飞⑤，欲上青天览明月⑥。抽刀断水水更流，举杯消愁愁更愁。人生在世不称意⑦，明朝散发弄扁舟⑧。

---

① 本篇选自《李太白全集》。此诗是李白于天宝十二载(753)深秋，在宣城饯别族叔李云时所作。诗题《文苑英华》作《陪侍御叔华登楼歌》。宣州：今安徽省宣城。谢朓楼：南北朝时南齐诗人谢朓为宣城太守时所建，又称谢公楼或北楼。校书：秘书省校书郎的简称。云：人名，即李云。

② 酣(hān)：尽情畅饮。

③ 蓬莱：海外仙山，传说中收藏仙府秘籍之所。汉代官家著述和藏书机构称东观，因其收藏丰富，学者把它比为传说中的蓬莱山。建安骨：指"建安风骨"。汉末曹操父子与建安七子在诗歌创作上开拓了一个相当繁荣的局面，其诗歌具有悲凉慷慨和刚健清新的特点，后人称为"建安风骨"。这里指称李云的文章特色。

④ 小谢：指谢朓。世称谢灵运为大谢，谢朓为小谢。清发：清新秀发，形容谢朓的诗风。

⑤ 俱：都。逸兴(yì xìng)：超逸豪放的意兴。

⑥ 览：同"揽"。

⑦ 不称意：不如意。

⑧ 散发：披散头发，有狂放遁世之意。弄扁舟：暗用范蠡的故事。春秋时范蠡帮助越王勾践灭吴后，害怕被勾践杀害，便驾上小舟泛游五湖而去。李白借用此典，抒发因政治黑暗而产生的放浪江湖的愤慨之情。

【提示】

本篇为饯别抒怀之作，是李白被排挤出长安之后，漫游到宣州时所作。诗人借饯别李云之机，即席抒发了多年来功业无成、有志莫酬的感慨。诗的开端破空而来，波澜突起，连用两个十一字长句，表现了在日复一日迅速流逝的岁月面前，既不甘心无所作为而又一筹莫展，既焦灼又痛苦的心情，诗人的郁结抑塞之气喷涌而出。第三、四句忽做转折，接以即席所见之景，万里长空的爽朗壮阔，衬出豪迈阔大的胸襟，而且关合题目。接下来四句称美李云的文章特色，写出对自己才能的自负和对理想的追求，此为全篇悲愤情感生成之根基。诗中以“欲上青天览明月”来比喻自己的高远志向和昂扬情绪。“抽刀断水”、“举杯消愁”句以下，为又一大转折，诗人从幻想回到现实以后，更加重了内心的忧愁苦闷，以致感情郁结，难以排遣。最后以“散发弄扁舟”的狂放出世之语绾结全篇，一抒压抑愤懑之情，表现了对压制人才的黑暗现实的蔑视与抗争。

这首诗风格豪放，形式活泼。诗中情感曲折变化，却又气势奔放，抒写抑郁忧愁并不低沉哀婉，仍然豪迈慷慨，为李白七古的代表作之一。

【思考与练习】

1. 体会本诗以出人意表的笔法凿空起势所取得的艺术效果。

2. 本诗语意的几次转折对表达作者感情变化起到了什么作用?

3. 简析“抽刀断水水更流，举杯消愁愁更愁”句的艺术手法。

（孙　徽）

登　高①

杜　甫

杜甫(712～770),字子美,原籍襄阳(今湖北襄樊),生于巩县(今河南巩县)。年轻时曾南游吴越,北游齐赵,达十年之久。天宝五载(746)赴长安求仕,困居十年,被授予右卫率府兵曹参军。逢安史之乱,被叛军禁长安,后逃奔凤翔,拜左拾遗。因疏救房琯,被贬为华州司功参军。乾元二年(759)秋,弃官入秦州,又南下同谷,辗转入成都。曾被成都尹、东西川节度使严武表荐为幕府参谋、检校工部员外郎。永泰元年(765)夏,离蜀沿江东下,因病在云安、夔州滞留。大历三年(768)正月出峡,漂泊于荆、湘一带。大历五年(770)冬,病死在湘江舟中。

杜甫诗歌对国家的命运、民生的苦难,予以全面、深切、执著地关注,被后人称为"诗史"。又因作品所表现的伟大的人格力量和伦理风范,杜甫被后人尊为"诗圣"。以"沉郁顿挫"的主体风格独步诗坛,创造了"即事名篇"的乐府诗命题方法和"连章体"诗的新形式,把律诗的声律和对仗艺术推到极至。有《杜少陵集》。

风急天高猿啸哀②,渚清沙白鸟飞回③。

---

① 本篇选自仇兆鳌《杜诗详注》。为大历二年(767)秋,杜甫客居夔州时所作。古时习俗,重阳节有登高、饮菊花酒之举,观此诗题目及正文中"浊酒"之字面,可知是这年重阳节所写。是一首登临感怀之作。

② 啸:指猿猴发出的尖利而悠长的叫声。三峡多猿,鸣声哀切,古谣谚道:"巴东三峡巫峡长,猿鸣三声泪沾裳。"

③ 渚(zhǔ):江水中的小块陆地。回:回旋,盘旋。

无边落木萧萧下①,不尽长江滚滚来。
万里悲秋常作客②,百年多病独登台③。
艰难苦恨繁霜鬓④,潦倒新停浊酒杯⑤。

【提示】

这首七律的主旨是悲秋,具有深邃的意境。作者借助眼前萧森的秋景,唱出一支国家局势之秋和个人生命之秋的悲歌,容量极大,感慨极深。

前四句描写江峡秋景,极为萧瑟而且动荡不宁:秋风劲厉,猿鸣哀切,沙渚清寂,群鸟旋翔,落叶萧萧而下,江涛滚滚而来。这幅秋景画图实为作者心象的展示,是作者的国家时局感受和个人生活感受的外物显现,是主观与客观的密切融合。自安史之乱发生以来,国家形势每况愈下。吐蕃、回纥以及党项、羌等少数民族纷纷举兵侵扰,地方军阀也相互攻杀,唐王朝已是万方多难。杜甫在战乱中漂泊流荡已十年有余,年老体衰,诸病缠身,也确实进入了生命秋天。

后四句是对悲秋情怀的解析。其一,故乡远隔,长期不得回归,是因为战乱不止,国无宁日。其二,一生多病,困居他乡,寂寞孤独。其三,当此国事、家事、个人事举步维艰之际,正需以年富力强作为支撑;而自己已进暮年,前景无多,故而深以为恨。其四,心

---

① 落木:落叶。萧萧:风吹树叶发出的声音。

② 万里:指与家乡远隔。悲秋:因秋气萧森而生悲情。宋玉《九辩》:“悲哉!秋之为气也,萧瑟兮草木摇落而变衰。”

③ 百年:犹言一生。多病:杜甫患肺病、头风、坐痹、糖尿病,可谓诸病缠身。独:独自。台:指江边高地。同日所作《九日五首》(其一)云:“抱病起登江上台”。

④ 苦恨:深恨。偏正短语。与下句的“新停”结构相同。繁霜鬓:形容白发之多。“繁霜鬓”是“苦恨”的宾语。

⑤ 潦倒:颓丧,失意。新停浊酒杯:此时杜甫因糖尿病加剧而戒酒。浊酒,未经过滤的酒。

情如此颓丧,正需以酒宽慰,却又因病戒饮,致使苦闷郁结,不得发散。层层剖析主观世界,可谓披肝沥胆。

这首诗感情沉郁,用笔顿挫,充分显示了杜诗的风格特征。作者采用因情造境的手法,情悲而境怆,情深而境广。情景交融,浑成一体,极具艺术感染力。四联皆用对仗,且流畅自然,表现出高度的驾御语言的能力。

【思考与练习】

1.理解此诗前四句所写秋景的感情蕴涵。

2.尾联两句使用对仗了吗?试作分析。

(韩成武)

琵 琶 行[①]

白居易

白居易(772~846),字乐天,号香山居士。祖籍太原,后迁居下邽(今陕西渭南)。少年避乱越中。德宗贞元十六年(800)进士及第,授秘书省校书郎,后任左拾遗、东宫赞善大夫。宪宗元和十年(815),因上书请求急捕刺杀宰相武元衡凶手,贬江州司马。此后,历任忠州、杭州、苏州刺史,晚年以太子宾客分司东都,会昌六年(846)八月卒于洛阳,葬龙门山。

白居易在诗歌史上的重大贡献是:倡导了"新乐府运动",主张"文章合为时而著,歌诗合为事而作",其"新乐府"、"秦中吟"等讽谕诗,内容丰富深刻,语言通俗流畅,形象鲜明生动。后期创作在写景、抒情上时有好诗。他的两首长篇叙事诗《长恨歌》、《琵琶行》极负盛名,古今传诵。有《白氏长庆集》。

浔阳江头夜送客[②],枫叶荻花秋瑟瑟[③]。主人下马客在船[④],举酒欲饮无管弦。醉不成欢惨将别,别时茫茫江浸月。忽闻水上

---

① 本篇选自《白氏长庆集》。这是白居易于元和十年(815)贬江州司马时写的一篇叙事诗。《琵琶行》一作《琵琶引》,引、行都是歌曲名。诗前原有序,意谓谪居九江,送客遇琵琶女,自叙身世沦落之苦,白居易感而作歌以赠之。

② 浔阳江:长江流经浔阳境内一段的别名。浔阳,今江西九江市。

③ 瑟瑟:风吹枫叶芦花声。

④ 主人下马客在船:互文见义句法。"下马"与"在船",是主、客兼有动作,需互相补充,才足以呈现文义。意谓:主人下马,客人也下了马;客人上船,主人也陪奉送到船上。

琵琶声,主人忘归客不发。寻声暗问弹者谁?琵琶声停欲语迟。移船相近邀相见,添酒回灯重开宴①。千呼万唤始出来,犹抱琵琶半遮面。转轴拨弦三两声②,未成曲调先有情。弦弦掩抑声声思③,似诉平生不得意。低眉信手续续弹,说尽心中无限事。轻拢慢撚抹复挑④,初为霓裳后绿腰⑤。大弦嘈嘈如急雨,小弦切切如私语⑥。嘈嘈切切错杂弹,大珠小珠落玉盘。间关莺语花底滑,幽咽泉流水下滩。冰泉冷涩弦凝绝,凝绝不通声暂歇。别有幽愁暗恨生,此时无声胜有声。银瓶乍破水浆迸,铁骑突出刀枪鸣。曲终收拨当心画⑦,四弦一声如裂帛。东舟西舫悄无言,惟见江心秋月白。沉吟放拨插弦中⑧,整顿衣裳起敛容⑨。自言本是京城女,家在虾蟆陵下住⑩。十三学得琵琶成,名属教坊第一部⑪。曲罢曾

---

① 回灯:重新张灯。

② 转轴拨弦:是弹琵琶前调弦校音的动作。

③ 掩抑:形容琵琶声调的幽咽低沉。

④ 轻拢慢撚抹复挑:拢、撚、抹、挑,都是弹奏琵琶的指法动作。扣弦曰拢,揉弦曰撚,顺手下拨曰抹,回手上拨曰挑。

⑤ 霓裳:《霓裳羽衣曲》。绿腰:也名“六幺”,也是当时长安流行曲调。

⑥ 大弦指粗弦,小弦指细弦。

⑦ 拨:弹弦的工具。

⑧ 沉吟:想说什么又有些迟疑的样子。

⑨ 敛容:矜持而庄重的神色。

⑩ 虾蟆陵:在长安城(今西安)东南,相传是汉董仲舒的陵墓,号“下马陵”,音近讹传,后人呼为虾蟆陵,到了唐代,此地为歌舞艺人聚居之地。

⑪ 教坊:唐朝官办教训歌舞艺人的机关。

教善才伏①，妆成每被秋娘妒②。五陵年少争缠头③，一曲红绡不知数。钿头云篦击节碎④，血色罗裙翻酒污。今年欢笑复明年，秋月春风等闲度⑤。弟走从军阿姨死，暮去朝来颜色故。门前冷落鞍马稀，老大嫁作商人妇。商人重利轻别离，前月浮梁买茶去⑥。去来江口守空船⑦，绕船月明江水寒。夜深忽梦少年事，梦啼妆泪红阑干⑧。我闻琵琶已叹息，又闻此语重唧唧⑨。同是天涯沦落人，相逢何必曾相识？我从去年辞帝京，谪居卧病浔阳城。浔阳地僻无音乐，终岁不闻丝竹声。住近湓江地低湿⑩，黄芦苦竹绕宅生。其间旦暮闻何物？杜鹃啼血猿哀鸣⑪。春江花朝秋月夜，往往取酒还独倾。岂无山歌与村笛？呕哑嘲哳难为听⑫。今夜闻君琵琶语，如听仙乐耳暂明。莫辞更坐弹一曲，为君翻作琵琶行⑬。感我此言良久立，却坐促弦弦转急⑭。凄凄不似向前声，满座重闻

---

① 善才：唐人对琵琶师的称呼。《序》中云此琵琶女“尝学琵琶于穆、曹二善才”。

② 秋娘：当时长安中著名的伎女。唐时以歌舞为业的女子，多以秋娘为名。

③ 五陵：在长安城外，汉代五个皇帝的陵墓。唐时权贵子弟多聚集、游览于此。五陵年少：指纨袴弟子。争缠头：争着馈送礼物。唐时风俗，歌舞伎演奏完毕，赠以绫绢，叫缠头，或称缠头彩。

④ 钿头云篦击节碎：用镶着钿花的发篦打拍子，以至把它都击碎了。

⑤ 等闲度：随随便便地度过时光。

⑥ 浮梁：今江西景德镇。

⑦ 去来：自从离去以后。来，句中虚词。

⑧ 梦啼妆泪红阑干：梦中哭啼，眼泪将化妆的脂粉冲得纵横成痕，故曰“红阑干”。

⑨ 重唧唧：更加叹息。唧唧，叹息声。

⑩ 湓江：即湓水，在九江西，于湓浦口流入大江。

⑪ 杜鹃啼血：杜鹃鸟鸣声悲苦。

⑫ 呕哑嘲哳(ōu yā zhāo zhā)：指噪杂繁乱之音。

⑬ 翻作：依曲调写成歌词。

⑭ 却坐：退回原处，重新坐下。促弦：将弦拧紧。

皆掩泣。座中泣下谁最多？江州司马青衫湿①。

【提示】

《琵琶行》是一篇脍炙人口的长篇叙事诗。诗中描写了琵琶女出色的技艺和悲惨的一生，抒发了对歌伎艺人的同情，也寄寓了诗人贬谪后感伤苦闷的情怀。

《琵琶行》的艺术成就主要表现在三个方面，首先是人物形象塑造，诗人通过匠心剪裁，运用典型的细节描写，塑造了一个少年学艺，青年成名，中年沦落，老年凄苦的琵琶女形象。这一形象具有很大的典型性，代表了封建社会歌舞卖笑艺人的一生。其次是精彩动人的音乐描写。白居易综合运用了各种手法再现音乐境界，诸如，从动作中去写，从拟声中去写，从虚实映衬中去写，从弹者与听者的交互感应中去写。并运用丰富、形象、生动的比喻，各种手法互相补充，完整地再现了音乐形象。其三是含情浓郁的景色渲染。单看诗中对江月的描写。江月第一次出现是在诗的开头，船上饯别的时候，月将升未升，斜浸江面，点明时间是在初夜，同时从茫茫月影，朦胧一片的景色中烘托了“惨将别”的“惨”，把环境与人物内心的寂寞、凄凉的情调交织在一起了。第二次出现江月，是在琵琶女演奏一曲之后，月升中天，倒映江心，暗含夜幕转深。月光皎洁向来依然，为什么听众此时才“惟见江心秋月白”？又写出了听众的全神贯注及从欣赏中乍惊猛醒的情状。第三次出现江月是描写琵琶女的，“去来江口守空船，绕船月明江水寒”，冷月与寒凉的江水陪伴她独守空船，苦挨寂寞岁月，这是情景交融。第四次出现江月是写诗人自己的，“春江花朝秋月夜，往往取酒还独倾”。秋月春江，良辰美景，然而，诗人更感孤独，惟有闷酒独饮，这是以乐景写哀，情景映衬。所以，清人沈德潜说此篇“以江月为文澜”是有道理的。以上对江月在各种不同环境下的描写，各得其

① 青衫：据唐代官服制，八、九品官穿青色官服。白居易的职务虽是江州司马，而官阶则是将仕郎，从九品，所以穿青色官服。

妙。把过去和现在，回忆与现实，主体与客体，融合为一，景色鲜明，含情浓郁，可见大诗人、大手笔惊人的艺术腕力。

【思考与练习】

1. 本篇可分几个部分？概括诗篇的思想主旨。

2. 诗中如何塑造琵琶女的形象？

3. 本篇对音乐的描写脍炙人口，白居易运用了什么表现手法？试作具体分析。

4. 诗中关于“江月”的描写有何妙处？

（王振汉）

无　题①

李商隐

李商隐(813～858),字义山,号玉谿生,怀州河内(今河南沁阳)人。十六岁便以文章得名,为天平军节度使令狐楚所赏识,聘入幕府。开成二年(837)登进士第。令狐楚死后,入泾原节度使王茂元幕府,娶王女为妻。李商隐受"牛李党争"影响,过着清苦的幕僚生活,直至去世。

李商隐常以诗歌批判时政,抒发愤懑不平之气。多篇咏史诗托古讽今,发表政见,慨叹怀才不遇。所作爱情诗最为后人传诵,影响巨大。诗歌艺术上成就亦高。擅长近体,尤精七律,继承杜甫七律的诸多艺术特色。风格深沉绵邈,绮丽精工。喜好用典,某些作品意旨晦涩,是其缺陷。有《李义山诗集》、《樊南文集》、《樊南文集补编》。

相见时难别亦难②,东风无力百花残③。
春蚕到死丝方尽④,蜡炬成灰泪始干⑤。
晓镜但愁云鬓改⑥,夜吟应觉月光寒⑦。

---

① 本篇选自《全唐诗》。李商隐写了不少标为《无题》的诗,大多内容复杂,意旨深曲,难以确认。这首可作为爱情诗来读。

② 时难:谓机会难得。

③ 东风:春风。古人以四方配四季,东方配春季。

④ 丝:与"思"谐音。谐音双关的修辞手法。

⑤ 蜡炬:蜡烛。泪:蜡烛燃烧时流下的油脂。

⑥ 晓镜:早晨对镜梳妆。但:只。云鬓:形容女子浓盛如云的发鬓。

⑦ 夜吟:夜晚不寐,独自吟诗。应:对恋人的揣度之词。

蓬山此去无多路①，青鸟殷勤为探看②。

【提示】

这是一首赠别诗，作者与恋人偶然相逢，于临别之际，向对方倾吐诚挚而深婉的心声。

首句使用衬垫手法，以相见之难得写离别之难舍，两个“难”字正面点出一篇之情感。次句写春风无精打采，百花零落凋谢，是以暮春残败之景对伤别之情进行渲染。首联二句，使用点染法，有效地抒发了情感。颔联写离别之后对恋人的苦思和不渝之爱，至深至切，缠绵悱恻。作者运用比兴手法，把自己比为吐丝至死的春蚕、垂泪成灰的蜡烛，取象得体而传神，盖因二物的情状皆具内向特点，与中国人的情爱审美趋向一致，故能感发人意，获得共鸣，成为千古绝唱。颈联由己推人，揣度恋人此后对自己的苦思和独处深闺的寂寞，笔触细腻，曲尽人情，表达了对恋人的由衷体贴。晓妆对镜，月下吟诗，生活细节富于感情内蕴，刻画出一个既姿容靓丽而又富于才情的女性形象，可看作情感生发之原因，又因笔不涉艳，令人感到爱情的庄重。尾联是慰藉之辞，说二人相距不远，一定会经常派人打听对方的情况。安慰对方，也是安慰自己，是泪眼中闪出的一束希望之光，也是一缕无奈的心灵颤音。作者用“蓬山”喻指恋人的住所，暗将对方视为美妙圣洁的仙子；又用“青鸟”喻指传信的使者，为其爱情渲染了神圣的气氛。神话的运用，有力地表达了情感。

古来的文人爱情诗，每每表现出男性中心观念。李商隐的这首诗却能揭开虚伪的面纱，以平等的地位表现男性对爱情的追求，毫不隐晦地袒露心迹，这无疑是爱情诗史上的一个飞跃。

---

① 蓬山：蓬莱山，传说中海上三仙山之一。此处借指恋人的住所。此：代指二人相会之处。去：距离。无多路：没有多远。

② 青鸟：传说中为西王母传信的神鸟。此处借指信使。殷勤：频频。探看(kān)：探望，问候。

【思考与练习】

1."春蚕到死丝方尽,蜡炬成灰泪始干"一联,被后人誉为爱情诗章的千古绝唱。请思考其中的原因。

2.这首诗在抒情上使用了哪些艺术手法?

(韩成武)

登 楼 赋[①]

王 粲

王粲(177~217),字仲宣,山阳高平(今山东邹县)人。少有文名,汉献帝初平元年(190)至长安,得蔡邕器重。后至荆州依刘表。建安十三年(208),入曹操幕,为丞相掾,赐爵关内侯。十六年(211)迁军谋祭酒,二十一年(216)以侍中随曹操征吴,次年病卒于途中。与孔融、陈琳、徐幹、阮瑀、应瑒、刘桢并称建安七子。诗歌上承李陵,善发愀怆之辞,前期多写乱离之状和怀才不遇之感,后期多颂扬之作。感情深挚,慷慨悲壮,有“七子之冠冕”之称。辞赋也有类似的特点。有《王粲集》。

登兹楼以四望兮[②],聊暇日以销忧[③]。览斯宇之所处兮[④],实显敞而寡仇[⑤]。挟清漳之通浦兮[⑥],倚曲沮之长洲[⑦]。背坟衍之

---

① 本篇选自《王粲集》。作于王粲荆州依刘表之时,所登之楼,当指夹在沮水、漳水之间的麦城。一说指当阳,一说指江陵城楼。

② 兹楼:此楼。

③ 聊:姑且。暇:通“假”,借。销:同“消”。

④ 览:看。斯宇:这座屋宇,指城楼。所处:所居地势。

⑤ 显敞:显豁宽阔。寡仇:少有匹敌。

⑥ 挟:带。漳:漳水。漳水源出湖北南漳县西南的蓬莱洞山,东南流经当阳,与沮水会合。浦:大河有水口通向别处之地,这里指漳、沮二水的会合处。

⑦ 倚:靠。沮:沮水。沮水源出湖北保康县西南,东南流经南漳等县,与漳水合。洲:水中陆地。

广陆兮①，临皋隰之沃流②。北弥陶牧③，西接昭邱④。华实蔽野⑤，黍稷盈畴⑥。虽信美而非吾土兮⑦，曾何足以少留⑧！

遭纷浊而迁逝兮⑨，漫逾纪以迄今⑩。情眷眷而怀归兮⑪，孰忧思之可任⑫？凭轩槛以遥望兮⑬，向北风而开襟⑭。平原远而极目兮⑮，蔽荆山之高岑⑯。路逶迤而修迥兮⑰，川既漾而济深⑱。悲旧乡之壅隔兮⑲，涕横坠而弗禁⑳。昔尼父之在陈兮㉑，有"归

---

① 背：背对。坟：高地。衍：平地。坟衍，高起而又平坦。广陆：宽广的陆地。

② 临：面对。皋：水边高地。隰(xí)：水边湿地。沃流：可以用来灌溉的水流。

③ 弥：终于，尽于。指遥望所极之处。陶：陶朱公，即春秋时越国人范蠡。牧：郊外。

④ 昭邱：楚昭王的坟墓。传说在当阳县东南。

⑤ 华：花。实：果实。蔽野：遮盖原野。

⑥ 黍：一种谷物，去皮后叫黄米。稷：不黏的黍子。盈：满。畴：田地。

⑦ 信：确实。

⑧ 曾：乃。

⑨ 纷浊：纷乱浑浊，比喻乱世。迁逝：迁徙流亡。指作者到荆州避乱。

⑩ 漫：漫长。纪：十二年为一纪。迄：至。

⑪ 眷眷：怀恋之意。怀归：思归。

⑫ 任：承担。

⑬ 凭：靠。轩：小室。槛：栏杆。

⑭ 向：面对。开襟：解开衣襟。

⑮ 极目：纵目远望。

⑯ 蔽：遮蔽。荆山：在今湖北南漳县西北八十里。岑：山小而高叫岑。

⑰ 逶迤(wēi yí)：回曲悠长的样子。修：长。迥：远。

⑱ 漾：水长。济：渡过。

⑲ 旧乡：指王粲的家乡山阳。壅隔：阻塞不通。

⑳ 横坠：零乱地落下。弗禁：止不住。

㉑ 尼父：孔丘。孔子死后，鲁哀公作诔，称孔子为尼父。

欤”之叹音①。钟仪幽而楚奏兮②,庄舄显而越吟③。人情同于怀土兮④,岂穷达而异心⑤!

惟日月之逾迈兮⑥,俟河清其未极⑦。冀王道之一平兮⑧,假高衢而骋力⑨。惧匏瓜之徒悬兮⑩,畏井渫之莫食⑪。步栖迟以徙倚兮⑫,白日忽其将匿⑬。风萧瑟而并兴兮⑭,天惨惨而无色⑮。兽狂顾以求群兮⑯,鸟相鸣而举翼⑰。原野阒其无人兮⑱,征夫行

---

① 归欤:孔子周游列国,在陈绝粮,思念故乡,发出“归欤,归欤”的感叹。见《论语·卫灵公》。

② 钟仪:春秋时楚国人。幽:拘禁。据《左传·成公九年》记载,楚伐郑,他被郑俘虏,献给晋国。晋侯问明他是乐师,给他一张琴。他弹奏楚音。

③ 庄舄(xì):越国人。庄舄在楚国做了高官,楚王为探明他是否怀念故国,在他生病时派人去探听,听到他在吟唱越歌。

④ 怀土:思念乡土。

⑤ 穷:困顿。达:富贵得志。

⑥ 日月:光阴。逾:逝。迈:远行。逾迈,飞逝。

⑦ 俟:等待。河清:黄河水清。比喻太平盛世。极:到。

⑧ 冀:希望。王道:仁义之道。一平:指一平天下。

⑨ 高衢:大路。比喻盛世。骋力:尽力驰骋。比喻尽展才华。

⑩ 匏(páo)瓜:葫芦。《论语·阳货》载孔子言:“吾岂匏瓜也哉,焉能系而不食?”比喻作者要像孔子一样,是积极争取发挥能力的。

⑪ 渫(xiè):淘井。《易经·井卦》:“井渫不食,为我心恻。”井淘干净了,井水仍然无人喝,是让人伤心的事。比喻自己有才华而无处施展。

⑫ 栖迟:游息,逗留。徙倚:徘徊。

⑬ 忽:匆忙。匿:隐藏。指日落。

⑭ 并兴:四起。

⑮ 惨惨:同“黪黪”,昏暗的样子。

⑯ 狂顾:急忙回头看。

⑰ 举翼:振动翅膀。

⑱ 阒(qù):寂静。

而未息。心凄怆以感发兮①,意忉怛而憯恻②。循阶除而下降兮③,气交愤于胸臆④。夜参半而不寐兮⑤,怅盘桓以反侧⑥。

【提示】

《登楼赋》是一篇抒情小赋。是王粲流寓荆州后期,登麦城城楼有感而作。王粲有政治抱负,为国家的动乱忧心,渴望"河清"之日的到来。归依刘表,流寓荆州,是希望在政治上有所作为。但客居十年,不受重用,虽有才能,无从施展,怅然登楼。全篇先写登楼所见,铺写荆州地区的富饶美丽,隐含了对刘表昏庸的惋惜;同时又从相反的方面牵动了客子故乡之思。紧接着抒写思归怀乡之苦,暗写荆州非久留之地。最后以所见之景为余波,托出自己抱负无法实现的创痛。以"销忧"初衷开始,而以更加强烈的"气交愤"结束。层层递进,前后照应。这篇小赋一反汉代大赋雕琢堆砌的写法,写景之中饱含忧思之情,情随景迁,情与景之间有巧妙的契合。篇幅不大,内容充实,语言自然流畅,是建安时代抒情小赋的代表作品。

【思考与练习】

1. 怎样理解赋中思乡怀土的内容,它的思想实质是什么?
2. 试析本文情景交融的艺术特色。
3. 这篇赋在结构安排上是如何层层递进的?

(李金善)

---

① 凄怆:凄凉悲伤。
② 忉怛(dāo dá):忧伤不安。憯恻(cǎn cè):悲痛的样子。
③ 阶除:台阶。
④ 胸臆:即胸中。
⑤ 参:到。夜参半,直到半夜。
⑥ 盘桓:徘徊。反侧:翻来覆去。

别　　赋[①]

江　淹

江淹(444～505),字文通,济阳考城(今河南兰考)人。少孤贫好学,刘宋时,辗转于诸王幕府,郁郁不得志,曾任建安吴兴令、尚书驾部郎兼骠骑参军等职。入齐,先后任中书侍郎、庐陵内史、尚书左丞、宣城太守、秘书监诸职。入梁,由散骑常侍、左卫将军,迁金紫光禄大夫,封醴陵侯。作品集为十卷,都是三十五岁以前所作。他的诗歌,善于模拟古人,自制之作以清丽幽怨见长。辞赋现存三十五篇,大都以抒写哀情为主。最有名的作品是《别赋》、《恨赋》。有《江文通集》。

黯然销魂者[②],惟别而已矣!况秦、吴兮绝国[③],复燕、宋兮千里[④];或春苔兮始生,乍秋风兮蹔起[⑤]。是以行子肠断[⑥],百感凄恻[⑦]。风萧萧而异响,云漫漫而奇色[⑧]。舟凝滞于水滨[⑨],车逶迟

---

① 本篇选自《江文通集》。写作年代很难确考,或以为是任建安吴兴令时所作。

② 黯然:心神沮丧容色惨郁之状。销魂:犹言失魂落魄。形容人极度悲伤愁苦的样子。

③ 绝国:绝域,远方。秦国和吴国一在西北,一在东南,相隔遥远。

④ 复燕、宋兮千里:燕在宋的东北,宋在燕的西南,也相隔千里。

⑤ 乍:忽然。蹔(zàn):同“暂”,刚刚。

⑥ 行子:离家远行的人。

⑦ 凄恻:悲伤。

⑧ 漫漫:无边无际的样子。

⑨ 凝滞:留止不前。

于山侧①。棹容与而讵前②,马寒鸣而不息③。掩金觞而谁御④?横玉柱而沾轼⑤。居人愁卧,怳若有亡⑥。日下壁而沉彩⑦,月上轩而飞光⑧。见红兰之受露⑨,望青楸之离霜⑩。巡曾楹而空揜⑪,抚锦幕而虚凉⑫。知离梦之踯躅⑬,意别魂之飞扬⑭。

故别虽一绪⑮,事乃万族⑯。至若龙马银鞍⑰,朱轩绣轴⑱,帐

---

① 逶(wēi)迟:行进缓慢。

② 棹(zhào):船桨,这里指船。容与:迟缓不前的样子。讵(jù)前:哪能向前。

③ 寒鸣:凄惨的叫声。息:停止。

④ 掩:覆。觞:酒杯。御:进用。

⑤ 玉柱:琴瑟上用玉做的短柱,这里指琴瑟一类的乐器。沾:(眼泪)浸湿。轼:车前横木。

⑥ 怳(huǎng)若有亡:恍然若有所失。怳,恍惚。亡,失。

⑦ 沉彩:没有了光彩。这句是说墙上的太阳移过去了,光辉消失了。

⑧ 轩:槛板。略等于后代的栏杆。这句是说月亮升起来了,光华飞到栏杆上。

⑨ 红兰:秋兰。至秋色红。

⑩ 青楸(qiū):落叶乔木名。离:通"罹",遭受。

⑪ 巡:边走边看。曾:高。楹:堂前柱子,此指房屋。揜(yǎn):同"掩",掩涕。这句是说在高大的房屋中巡行,空自含悲拭泪。

⑫ 锦幕:用锦做的帷帐。这句是说手抚着锦绣的帷幕,枉自悲凉。

⑬ 离梦:行人离别的梦。踯躅(zhí zhú):徘徊不进的样子。这句是说知道行人离别后,梦里也停足不忍向前。

⑭ 意:料想。飞扬:飘扬。这句是说:猜想起来,离别后的神魂也是茫无所归的。

⑮ 一绪:一件事。

⑯ 族:种类。以上两句是说虽然同样是离别,却有种种不同的情况。

⑰ 龙马:骏马。银鞍:镶银的鞍子。

⑱ 朱轩:古代贵族所坐的轿车。漆上朱色,表示华贵。绣轴:车轴上加上彩饰。

饮东都①,送客金谷②。琴羽张兮箫鼓陈③,燕赵歌兮伤美人④。珠与玉兮艳暮秋,罗与绮兮娇上春⑤。惊驷马之仰秣⑥,耸渊鱼之赤鳞⑦。造分手而衔涕⑧,感寂漠而伤神⑨。

乃有剑客惭恩⑩,少年报士⑪,韩国赵厕⑫,吴宫燕市⑬;割慈

---

① 帐饮:搭起帐篷设宴饯别。东都:长安城门名。《汉书·疏广传》载:疏广为太子太傅,他侄子疏受为少傅,很受器重。后二人同时辞官归乡,公卿、大夫、故人、邑子等在东都门外为他俩送行,送客的车子有几百辆。

② 金谷:指金谷涧。在洛阳西北。西晋石崇的金谷园就在这里。石崇在外出做官的时候,许多友人聚集金谷园把酒送行,是稀有的盛会。

③ 羽:五声之一,这里指羽调式,其声最细。张、陈:演奏。

④ 《古诗十九首》有"燕赵多佳人,美者颜如玉"。后来称美人常言燕赵。伤美人:使美人伤感。这句话是说美人和乐唱歌,也为离别而伤感起来。

⑤ 珠、玉、罗、绮:指歌女们的华丽服饰。上春:初春。这两句是形容送别时歌女娇艳,音乐富丽。

⑥ 惊:使动用法。驷:古代称四匹马拉的车为驷。秣(mò):马吃的草料。仰秣:仰头咀嚼饲料。

⑦ 耸:吃惊。这句是说连深渊里的鱼也吃惊起来,跳出水面来欣赏。《韩诗外传》卷六:"昔者瓠巴鼓瑟而潜鱼出听,伯牙鼓琴而六马仰秣。"

⑧ 造:到。衔涕:含泪。

⑨ 漠:同"寞"。感:一本作"咸"。从"至若"到"伤神"写富贵者的离别。

⑩ 剑客:侠客。惭恩:对所受的恩惠感到惭愧。

⑪ 报答国士一样的待遇。《史记·刺客列传》载豫让语:"智伯,国士遇我,我故国士报之。"

⑫ 韩国赵厕:意思是说窥伺在韩都赵厕。韩国,指聂政刺死侠累事。战国时,聂政替主人严仲子报仇,刺死韩国宰相侠累。赵厕,指豫让谋刺赵襄子一事。豫让主人智氏为赵襄子所灭,豫让化装埋伏在厕所里,预备刺死赵襄子。

⑬ 吴宫燕市:行侠于吴宫燕市。吴宫,春秋时,吴公子光谋夺吴国王位,乃使专诸在鱼腹中暗藏匕首,在宴席上乘献食之机杀死吴王僚。专诸亦为吴王僚手下所杀。燕市,荆轲在燕国的街市上与好友高渐离饮酒高歌,后来替燕太子丹刺杀秦王。

忍爱，离邦去里①。沥泣共诀②，抆血相视③。驱征马而不顾④，见行尘之时起⑤。方衔感于一剑⑥，非买价于泉里⑦。金石震而色变⑧，骨肉悲而心死⑨。

或乃边郡未和⑩，负羽从军⑪；辽水无极⑫，雁山参云⑬。闺中风暖，陌上草薰⑭。日出天而耀景⑮，露下地而腾文⑯。镜朱尘之照烂⑰，袭青气之烟煴⑱。攀桃李兮不忍别，送爱子兮沾罗裙⑲。

---

① 邦、里：家乡。

② 沥：滴滴下流。诀：永别。

③ 抆(wěn)：揩拭。血：指眼泪。

④ 征马：上路的马。

⑤ 行尘：车马扬起的灰尘。

⑥ 衔感：衔恩感德。一剑：指凭一剑行刺报仇。

⑦ 买价：求得声价。泉里：黄泉之中，指死。意思是说并不是以死来换取名声。

⑧ 金石：钟磬等乐器。这一句是指秦武阳事。荆轲和秦武阳到了秦国，秦王接见他们时，使卫士在殿下持戟护卫，钟磬齐鸣，群臣高呼万岁。武阳大恐，面如死灰。

⑨ 骨肉：指聂政的姐姐。聂政刺杀韩相侠累后，为不连累姐姐，剖腹自杀时破面挖眼。聂政的姐姐到韩国街市上抱尸痛哭，悲哀而死。心死：指悲哀到了极点。

⑩ 边郡：边疆的郡县。未和：指有了战事。

⑪ 羽：指箭。

⑫ 辽水：辽河，在今辽宁省境内。无极：没有尽头。

⑬ 雁山：雁门山，在今山西境内。参云：高耸入云。

⑭ 陌：田间小路。薰：香。

⑮ 耀景：闪耀着光辉。景：日光。

⑯ 文：文彩。这句是说露珠附在草木上，在阳光下闪耀着光彩。

⑰ 镜：照耀。朱尘：红尘，飞扬的尘埃。照烂：光彩灿烂。这句是说日光照耀着光彩灿烂的红尘。

⑱ 青气：春天草木的色泽。烟煴(yīn yūn)：同“氤氲”，气息浓厚。

⑲ 沾罗裙：指泪湿罗裙。

至如一赴绝国，讵相见期①？视乔木兮故里②，决北梁兮永辞③。左右兮魂动④，亲宾兮泪滋⑤。可班荆兮赠恨⑥，惟尊酒兮叙悲⑦。值秋雁兮飞日，当白露兮下时。怨复怨兮远山曲⑧，去复去兮长河湄⑨。

又若君居淄右⑩，妾家河阳⑪，同琼佩之晨照⑫，共金炉之夕香⑬。君结绶兮千里⑭，惜瑶草之徒芳⑮。惭幽闺之琴瑟⑯，晦高台之流黄⑰。春宫閟此青苔色，秋帐含兹明月光⑱。夏簟清兮昼

---

① 讵相见期：岂有相见的日期？

② 乔木：高大的树木。王充《论衡》："睹乔木，知旧乡。"

③ 决：通"诀"。北梁：北桥。习惯上用来指送别之地，与下文"南浦"同意。永辞：永别。王褒《九怀·陶壅》："绝北梁兮永辞"。

④ 左右：指近侍仆从。

⑤ 滋：浸湿。指感动落泪。

⑥ 班：铺设。荆：荆树条。《左传·襄公二十六年》载：伍举与声子，两人都是楚国人，在郑国相遇，班荆而坐，谈心话别。赠恨：把一腔心事向对方倾诉。

⑦ 尊：通"樽"，酒杯。只有借一樽酒来倾泻内心的悲哀。

⑧ 曲：山的曲折处。

⑨ 湄：水和草交接的地方。以上写身赴绝国的离别。

⑩ 淄：水名，在山东省。淄右，淄水的西边。

⑪ 河阳：黄河的北边。

⑫ 琼佩：用美玉作成的佩饰。这句是说早晨佩带玉饰，同照一面镜子。

⑬ 金炉：指用来燃烧香料的铜炉。这句是说晚上同薰一个香炉。

⑭ 绶：官印上所系的带子。古代做官必带印绶。结绶就是出仕。

⑮ 瑶草：也作"蓋草"，香草。这里指少妇。

⑯ 幽闺：深闺。这句是说对深闺的琴瑟感到惭愧，指放着琴瑟无心弹。

⑰ 晦：昏暗不明。流黄：黄色的绢。这句是说思妇无心织流黄，仿佛觉得流黄的颜色也不鲜明了。

⑱ 閟(bì)：关闭。这两句是说非常孤独寂寞，春天只有青苔，秋天只有明月与己为伴。

不暮①,冬釭凝兮夜何长②!织锦曲兮泣已尽,回文诗兮景独伤③。

倘有华阴上士,服食还山④。术既妙而犹学,道已寂而未传⑤。守丹灶而不顾⑥,炼金鼎而方坚⑦。驾鹤上汉⑧,骖鸾腾天⑨,蹔游万里,少别千年⑩。惟世间兮重别⑪,谢主人兮依然⑫。

---

① 簟(diàn):竹席。

② 釭(gāng):灯。以上两句是说因为思念在外的人,所以感到夏日冬夜的时间格外长。

③ 织锦曲:即回文诗。武则天《璇玑图序》:前秦苻坚时,窦滔镇守襄阳,把宠姬赵阳台带到任上,与妻子苏惠断绝了联系。苏惠织锦为回文,五色交错,纵横八寸,题诗二百多首。计八百余言。纵横反复,都成文章。名为《璇玑图》,寄给窦滔。

④ 倘有:或有。华阴:今陕西华阴县。上士:指求仙炼丹的方术之士。服食:指服用丹药,以求成仙。还山:指成仙。

⑤ 寂:寂静。道已寂,指修道已经达到很高的境界。未传:还没有得到真传。

⑥ 丹灶:炼丹的炉灶。顾:指顾念人世。

⑦ 炼金鼎:在金鼎中炼丹。坚:指意志坚定。

⑧ 驾鹤:指王子晋的故事。《列仙传》载:王子晋随浮丘公修道三十多年,成仙,能乘白鹤而游。汉:天河,指天。

⑨ 骖鸾:等于说乘鸾。李善注引张僧鉴《豫章记》:"洪井有炼冈,旧说云洪崖先生乘鸾所憩处也。"

⑩ 蹔:短。这两句是说在仙人看来,万里不过是短暂的游程。一千年也只能算是小别。

⑪ 重别:重视离别。

⑫ 谢:辞。依然:依恋的样子。

下有芍药之诗①,佳人之歌②。桑中卫女,上宫陈娥③。春草碧色,春水绿波。送君南浦④,伤如之何!至乃秋露如珠,秋月如珪⑤。明月白露,光阴往来。与子之别,思心徘徊。

是以别方不定,别理千名⑥。有别必怨,有怨必盈⑦。使人意夺神骇,心折骨惊。虽渊、云之墨妙⑧,严、乐之笔精⑨;金闺之诸彦⑩,兰台之群英⑪;赋有凌云之称⑫,辩有雕龙之声⑬,谁能摹暂离之状,写永诀之情者乎⑭!

---

① 下有:此外还有。芍药之诗:《诗经·郑风·溱洧》:"维士与女,伊其相谑,赠之以芍药。"

② 佳人之歌:汉李延年歌:"北方有佳人,绝世而独立。一顾倾人城,再顾倾人国。宁不知倾城与倾国,佳人难再得。"以上两句是用《溱洧》和李延年歌比喻恋人之爱。

③ 桑中、上宫:《诗经·鄘风·桑中》:"期我乎桑中,要我乎上宫,送我乎淇之上矣。"桑中、上宫是男女约会的地点。卫女、陈娥:泛指美女。这是用《诗经》的典故来叙述幽会。

④ 南浦:《楚辞·九歌·河伯》:"送美人兮南浦"。后来常用以指送别的地方。

⑤ 珪:同"圭"。上圆下方的玉。

⑥ 方:类。理:道理。

⑦ 盈:满。指充满于心间。

⑧ 渊:指西汉辞赋家王褒,字子渊。云:指扬雄,字子云。

⑨ 严:指西汉严安。乐:指西汉徐乐。二人都曾给汉武帝上书谈时务,很得武帝的赞赏。

⑩ 金闺:指金马门。汉武帝使文学之士待诏金马门,备顾问。彦:古代对士的美称。

⑪ 兰台:汉代宫中藏书的地方,由御史中丞掌管。后设兰台令史,点校书籍,治理文书。

⑫ 凌云:直上云霄。《史记·司马相如列传》载:司马相如把他写的《大人赋》献给汉武帝,武帝读后非常高兴,"飘飘有凌云之气,似游天地之间意"。

⑬ 雕龙:比喻善于修辞。《史记·孟子荀卿列传》说战国驺奭善于修饰文辞,如雕镂龙文,人称雕龙奭。

⑭ 这句是说:谁又能摹写短别和永诀的情状呢!

【提示】

《别赋》用"黯然销魂者，惟别而已矣"开头，总括全篇。以下铺写社会各类人物——达官贵人、远行者、恩爱夫妻、求仙者和热恋中的男女在离情别绪下的种种不同表现，构成"别虽一绪，事乃万族"的生动画面。作者善于运用多变的景物描写来抒发人物的感情，使所写的景物带有浓厚的感情色彩。如渲染离别场景的豪华和热闹，以反衬达官贵人离别后的寂寞伤神；刻意描绘故乡的春景，反衬从军者眷恋家乡的深沉痛苦。而将宦者的去国，放在萧瑟的秋景之中，烘托宦者悲凉凄楚的心情；"春草碧色，春水绿波"将青年男女谈情说爱的欢娱蕴涵其间，"秋露如珠，秋月如珪"表达对"良辰美景"的深愁长恨；幽闺琴瑟、高台流黄、春苔秋月、夏簟冬釭等景物，极尽少妇绵绵不断的相思之苦。状物与抒情完美地糅合在一起。从这篇赋来看，江淹的赋流丽而不轻俗，用典不密，对偶不繁，效法古体，间或出现辞赋体的"兮"字。从整体上看，苍劲古奥而又不乏平易清丽之句。已经脱离了以前辞赋的板重形式，开始向徐陵、庾信的宫体赋过渡。赋以"谁能摹暂离之状，写永诀之情者乎"的反问作结，与开头遥相呼应，耐人回味。

【思考与练习】

1. 体会本文铺陈写物与抒写别情相结合的艺术特点。

2. 本文写了哪几类人的离别？在写各类离别时采用了怎样不同的表现方法。

（李金善）

小 园 赋[①]

庾 信

庾信(513～581),字子山,祖籍南阳新野(今属河南)人。永嘉之乱,迁居江陵。初仕于梁,为湘东王国常侍。简文帝萧纲为太子,信与父肩吾为中庶子,掌管记,并与徐摛、徐陵父子,同为抄撰学士。累迁尚书度支郎中、通直正员郎。承圣三年(554)以信为右卫将军加散骑常侍出使西魏,值魏军南侵,江陵失陷,遂留长安,仕西魏,任右金紫光禄大夫、弘农郡守、骠骑大将军等职。入周,征为司宪中大夫。隋文帝开皇元年(581)卒。庾信的创作以流居北方为界,分为前后两期。前期的作品多带有宫体文学的印痕,风格绮艳;后期作品抒写家国之思,表达内心的感慨与沉痛,作品的风格由前期的绮艳靡丽转为沉郁苍凉。有《庾子山集》。

若夫一枝之上,巢父得安巢之所[②];一壶之中,壶公有容身之

① 本篇选自《庾子山集》。是庾信留居北方以后所作,从作品来看,很可能是在周闵帝元年(557)春天,西魏禅位于周,魏、周交替,庾信赋闲退居,穷愁潦倒,作赋自宽。

② 若夫:句首语气词。巢父:即许由,上古隐士。三国蜀谯周《古史考》:“许由,夏常居巢,故一号巢父。”

地①。况乎管宁藜床②，虽穿而可坐；嵇康锻灶③，既暖而堪眠。岂必连闼洞房，南阳樊重之第④；赤墀青琐，西汉王根之宅⑤。余有数亩敝庐，寂寞人外，聊以拟伏腊⑥，聊以避风霜。虽复晏婴近市，不求朝夕之利⑦；潘岳面城，且适闲居之乐⑧。况乃黄鹤戒露，

---

① 壶：壶卢，即葫芦。壶公，传说中的神仙。《后汉书·方术传》载：费长房见市上有一老翁卖药治病，摊头悬一壶，市罢辄跳入壶中。这一句说有一壶即可安身。

② 管宁：三国时高士。据晋皇甫谧《高士传》载：管宁时常跪坐在一木榻上，历时五十五年，榻与膝盖接触的地方都磨成了洞。藜床：藜树枝制成的坐榻。

③ 嵇康：三国魏文学家，字叔夜，谯国铚（今安徽宿县西南）人。据《晋书·嵇康传》载：嵇康爱好打铁，在宅中大树下引水环绕，夏天在树下打铁。

④ 连闼（tà）：门户相连接。樊重：东汉光武帝刘秀的舅父，南阳湖阳（今河南唐河县西南）人。据《后汉书·樊宏传》载：樊重善于经商，有田产，“所起庐舍皆有重高堂阁”。

⑤ 赤墀（chí）：涂饰丹漆的台阶。青琐：门窗上饰以青漆的连环形花纹。王根：汉成帝的舅父，封曲阳侯。据《汉书·元后传》载：王根在宅第中起土山高台，高廊阁道，赤墀青琐，类似汉宫中的白虎殿。

⑥ 伏腊：夏天的伏日，冬天的腊日。在秦汉时为祭祀节日。

⑦ 晏婴：春秋时齐国大夫。据《左传·昭公三年》载：齐景公要为晏婴更换靠近市场的住房，晏婴说：“小人近市，朝夕得所求，小人之利也。”这里反用其意。

⑧ 潘岳：晋代人。他在《闲居赋》中说“退而闲居于洛之涘。身齐逸民，名缀下士。陪京泝伊，面郊后市”。

非有意于轮轩①;爰居避风,本无情于钟鼓②。陆机则兄弟同居③,韩康则舅甥不别④。蜗角蚊睫⑤,又足相容者也。

尔乃窟室徘徊,聊同凿坯⑥。桐间露落,柳下风来⑦。琴号珠柱,书名《玉杯》⑧。有棠梨而无馆,足酸枣而非台⑨。犹得欹侧八九丈⑩,纵横数十步,榆柳三两行,梨桃百余树。拨蒙密兮见窗⑪,

---

① 黄鹤戒露:黄鹤生性机警,至八月白露降,流滴草叶上发出声响,鹤便高鸣相警,迁徙避害。轮轩:达官贵人所乘的车。《左传·闵公二年》:"卫懿公好鹤,鹤有乘轩者。"

② 爰居:一种海鸟。《国语·鲁语》载:爰居为躲避海上大风,飞到鲁国东门外停留了三天,国人祭之。钟鼓:这里指祭祀。江淹《杂体三十首》:"《咸池》飨爰居,钟鼓或愁辛。"

③ 陆机:晋代文学家。《世说新语·赏誉》说:陆机本吴人,晋灭吴,与弟陆云同抵洛阳,住参佐官舍中,瓦屋三间,云住东头,机住西头。

④ 韩康:即韩伯,字康伯,长社(今河南长葛)人。据《晋书·殷浩传》载:其舅殷浩对他十分赏爱。后殷浩被黜,迁于新安县(今河南渑池县东),韩伯随之。

⑤ 蜗角:喻极小。《庄子·则阳》:"有国于蜗之左角者,曰触氏,有国于蜗之右角者,曰蛮氏。"蚊睫:喻极细。《晏子春秋》:"东海有虫,巢于蚊睫,再乳再飞,而蚊不为惊。"

⑥ 窟室:地下室。《左传·襄公三十年》载:郑国伯有喜好喝酒,造地下室,夜里饮酒奏乐。凿坯:《淮南子·齐俗训》载:春秋时期,鲁君闻颜阖贤,欲用为相,使人前去迎接,颜阖凿穿后墙逃走。

⑦ "桐间"二句:写时景。清露晨流,新桐初引,绿柳摇曳,惠风和畅。均为春景。

⑧ 珠柱:以珠玉为琴柱。《玉杯》:汉董仲舒撰《玉杯》、《蕃露》等篇。

⑨ "有棠"二句:写园内有棠梨、酸枣。《三辅黄图》载汉甘泉宫中有棠梨馆。晋孙楚《韩王故台赋序》说:汉陈留郡酸枣县(今河南延津县西南)酸枣寺门前有韩王听政台。

⑩ 欹(qī)侧:倾斜。

⑪ 蒙密:茂密。

行欹斜兮得路。蝉有翳兮不惊①,雉无罗兮何惧②! 草树混淆,枝格相交③。山为篑覆④,地有堂坳⑤。藏狸并窟,乳鹊重巢⑥。连珠细茵⑦,长柄寒匏⑧。可以疗饥,可以栖迟⑨。敧岖兮狭室⑩,穿漏兮茅茨⑪。檐直倚而妨帽,户平行而碍眉⑫。坐帐无鹤⑬,支床有龟⑭。鸟多闲暇,花随四时。心则历陵枯木⑮,发则睢阳乱丝⑯。

---

① 翳(yì):遮盖。

② 罗:网。

③ 格:长枝。

④ 篑覆:指极小的山。《论语·子罕》:“譬如平地,虽覆一篑,进,吾往也。”

⑤ 堂坳:指极小的水塘。《庄子·逍遥游》:“覆杯水于坳堂之上,则芥为之舟,置杯焉则胶,水浅而舟大也。”

⑥ 这两句写园中有狸有鹊,园小,动物不得不聚居。

⑦ 连珠:连成串的珠子。细茵:指成片的嫩草。

⑧ 匏(páo):葫芦。

⑨ 栖迟:游玩休息。

⑩ 敧(qī)岖:崎岖,高低不平。

⑪ 穿漏:破败有漏孔。茅茨:茅屋。

⑫ 这两句是写房屋低矮。

⑬ 坐帐:写床帐陈旧,暗喻南归不得。据葛洪《神仙传》:三国时吴人介象有仙术,吴王征至武昌,为立宅,供帐皆绮绣。后告病,吴王送美梨一筐,食之即死,为立庙,常有白鹤集于座位之上。这一句是比喻不能随意返乡。

⑭ 支床有龟:《史记·龟策列传》:“江、淮间居人,为儿时以龟支床,至死后家人移床,而龟犹生。”这句比喻久滞不安。

⑮ 历陵:今江西德安县东,汉属豫章郡。应劭《汉官仪》:豫章有大樟树,久枯。

⑯ 睢阳:今河南商丘市南。春秋时宋国建都于此。《墨子·所染》:墨子见染丝者而叹曰:“染于苍则苍,染于黄则黄,所入者变,其色亦变。”墨子是宋国人,这里是由染丝想到发如素丝。

非夏日而可畏①,异秋天而可悲②。

一寸二寸之鱼,三竿两竿之竹③。云气荫于丛蓍④,金精养于秋菊⑤。枣酸梨酢⑥,桃椷李薁⑦。落叶半床,狂花满屋⑧。名为野人之家,是谓愚公之谷。试偃息于茂林⑨,迺久羡于抽簪⑩。虽有门而长闭,实无水而恒沉⑪。三春负锄相识⑫,五月披裘见寻⑬。问葛洪之药性⑭,访京房之卜林⑮。草无忘忧之意⑯,花无长乐之

---

① 非夏日而可畏:《左传·文公七年》:文公问赵盾、赵衰哪一个贤明,贾季说赵衰是冬天的太阳,赵盾是夏天的太阳。杜预注:"冬日可爱,夏日可畏。"

② 宋玉《九辩》:"悲哉,秋之为气也,草木摇落而变衰。"

③ "一寸"两句:写有鱼有竹,一二言其小,三四言其少。

④ 蓍(shī):多年丛生的草,可入药。《史记·龟策列传》:蓍草丛生百茎,下有神龟守护,上有祥云覆荫。

⑤ 金精:九月上寅日采摘的甘菊名金精,可入药。

⑥ 枣酸梨酢:即酸枣酢梨,为押韵而倒文。酢,醋。

⑦ 桃椷(sī)李薁(yù):即椷桃薁李。椷,山桃。薁,山李。

⑧ 落叶半床,狂花满屋:伤花木早凋。《荀子》:"狂生者不胥时而落。"

⑨ 偃(yǎn)息:休息。

⑩ 抽簪:古人绾发用簪固定,然后戴冠。抽簪即披发,比喻不再做官。

⑪ 沉:陆沉,指隐居乡里。《庄子·则阳》:"其口虽言,其心未尝言,方且与世违,而心不屑与之俱,是陆沉者也。"郭象注:"人中隐者譬如无水而沉也。"

⑫ 负锄:指荷蓧丈人。《论语·微子》:子路随孔子出行,碰到一个老人,用拐杖挑着锄头,经过一番对话后,孔子断定这是一位隐者。

⑬ 披裘:披裘公。《高士传》:延陵子游于齐国,见路旁有别人遗落的金子,就让一个穿着皮袄打柴的人去捡。穿皮袄的人说:我夏天还要穿着皮袄背柴,难道是捡金子的人吗?问姓名,不告而去。

⑭ 葛洪:东晋医学家,字稚川,句容(今属江苏)人。著有《金匮药方》、《肘后备急方》等。《晋书》卷七十二有传。

⑮ 京房:西汉《易》学家。字君明,顿丘(今河南浚县北)人。著有《周易集林》、《周氏占事》。《汉书》卷七十五有传。

⑯ 忘忧:即萱草。嵇康《养生论》:"萱草忘忧。"

心①。鸟何事而逐酒②，鱼何情而听琴③？

加以寒暑异令④，乖违德性⑤，崔骃以不乐损年⑥，吴质以长愁养病⑦。镇宅神以薶石⑧，厌山精而照镜⑨。屡动庄舄之吟⑩，几行魏颗之命⑪，薄晚闲闺⑫，老幼相携，蓬头王霸之子⑬，椎髻梁

① 长乐：即紫花。傅咸《紫华赋序》："紫华一名长乐花。"

② 逐酒：《庄子·至乐》："昔者海鸟止于鲁郊，鲁侯御而觞之于庙。奏九韶以为乐，具太牢以为膳。鸟乃眩视忧悲，不敢食一脔，不敢饮一杯，三日而死。"

③ 听琴：《荀子·劝学》："昔者瓠巴鼓瑟而沉鱼出听。"

④ 寒暑异令：指南北方的气候不同。

⑤ 德性：本性。

⑥ 崔骃：字亭伯，涿郡安平（今属河北）人。曾任车骑将军窦宪的僚属，多次劝谏，得罪了窦宪，被远放为长岑长，不愿赴任，郁郁而死。《后汉书》卷五十二有传。

⑦ 吴质：字季重，济阴（今河北馆陶县西北）人，建安二十二年（217）魏大疫，魏太子曹丕写信给吴质问候平安，吴质复信说："质已年四十二矣，白发生鬓，所虑日深，实不复若平日之时也。"

⑧ 薶（mái）石：埋石。《淮南万毕术》："埋石四隅，家无鬼。"据宗懔《荆楚岁时记》载：梁时风俗，十二月暮日，掘宅四角，各埋一大石以镇宅。

⑨ 厌（yā）：镇压。照镜：《抱朴子·登涉》："万物之老者，其精悉能假托人形，以眩惑人目而常试人，唯不能于镜中易其真形耳。是以古之入山道士，皆以明镜九寸以上悬于背后，则老魅不敢近人。"

⑩ 庄舄（xì）：越国人，在楚为官，病中怀念故国，吟唱越歌。

⑪ 魏颗：《左传·宣公十五年》：魏颗父魏武子宠爱一妾，武子病，命魏颗必嫁此妾。病重时，又命魏颗以此妾殉葬。魏武子死后，魏颗把妾嫁出去，认为这是听从父亲清醒时的命令，不听从他昏乱时的命令。

⑫ 薄：迫近。

⑬ 王霸：《后汉书·列女传》：王霸屡征不仕，其友令狐子伯为楚相，偕子来访，车马随从，雍容华贵。王霸见自己的儿子蓬头垢面、不知礼则，不觉面有惭色。其妻则劝慰他当以志气为重。

鸿之妻①。樵麦两瓮②,寒菜一畦。风骚骚而树急,天惨惨而云低。聚空仓而雀噪③,惊懒妇而蝉嘶④。

昔草滥于吹嘘⑤,藉《文言》之庆余⑥。门有通德⑦,家承赐书⑧。或陪玄武之观⑨,时参凤凰之虚⑩。观受釐于宣室⑪,赋《长

---

① 梁鸿:《后汉书·逸民传》:梁鸿初娶孟氏,见她过于装饰,七天不理她。后来孟氏改为简易的椎形发髻,著布衣,不停地干活,梁鸿高兴地说:这才是我的妻子。

② 樵(jiāo)麦:陈麦。

③ 空仓而雀噪:晋苏伯玉妻《盘中诗》:"空仓雀,常苦饥。"

④ 惊懒妇:陆玑《毛诗草木鸟兽虫鱼疏》引汉代民歌云:"趋(促)织鸣,懒妇惊。"是说蟋蟀一叫秋天就到了,懒妇要赶快为家人准备冬衣,这里以秋蝉代替蟋蟀(促织)。

⑤ 吹嘘:指吹竽。用《韩非子·内储说上》滥竽充数故事,指昔年出仕于梁朝。

⑥ 《文言》:《周易·乾卦·文言》:"积善之家,必有余庆。"余庆,余福。

⑦ 门有通德:父祖有盛德。《后汉书·郑玄传》:郑玄,高密(今山东高密县西南)人,北海相孔融在高密县为郑玄特立一乡,名郑公乡,门号通德门。庾信祖父庾易为南齐征士,这里以郑玄为喻。

⑧ 家承赐书:《汉书·叙传》:班斿(yóu)博学,曾与刘向同至秘书阁校书,其子班嗣和从子班彪也跟着他学习。班斿家有皇室赏赐的书籍。庾信的伯父庾於陵博学有才思,父亲庾肩吾文名尤盛。这里用以比班嗣、班彪兄弟。

⑨ 玄武:玄武阙,汉宫殿名。

⑩ 凤凰:凤凰殿,汉宫殿名。虚:同"墟",地方。

⑪ 受釐(xī):祭祀时皇帝接受臣下进献祭肉。宣室:汉未央宫前的正室。《史记·贾生列传》:贾谊出为长沙王太傅,一年后,汉文帝召见,当时刚刚进行完受釐仪式,文帝有感于鬼神之事,就在宣室问贾谊。

杨》于直庐①。遂乃山崩川竭②，冰碎瓦烈，大盗潜移③，长离永灭④。摧直轡于三危⑤，碎平途于九折⑥。荆轲有寒水之悲⑦，苏武有秋风之别⑧。关山则风月凄怆，陇水则肝肠断绝⑨。龟言此地之寒⑩，鹤讶今年之雪⑪。百龄兮倏忽，光华兮已晚⑫。不雪雁

---

① 长杨：汉宫殿名。扬雄有《长杨赋》。直庐：侍臣值夜时的宿处。以上四句是说在梁朝时，父庾肩吾为梁太子中庶子，掌书记，自己为抄撰学士，父子出入东宫禁闼，所受的隆重恩礼是其他人无法比拟的。

② 山崩川竭：比喻国家覆亡。《国语·周语上》："山崩川竭，亡之征也。"

③ 大盗潜移：《后汉书·光武帝传赞》："炎正中微，大盗移国。"大盗指王莽。这里指侯景之乱。侯景先为北魏将，后降梁，封河南王。太清二年叛梁，兵围建康，梁武帝饿死台城。侯景立梁简文帝萧纲，既而立豫章王萧栋，旋又废萧栋自立。后为梁将陈霸先、王僧辩击败，被部将所杀。移国：易国，篡位。

④ 长离：又称长丽，即朱雀，是一种灵鸟。代指南方。长离永灭：指金陵失守。

⑤ 直轡：喻指高耸的山峰。三危：三危山，在今甘肃岷县西南。三峰高耸险峻。

⑥ 平途：笔直的大道。九折：九折坂，在今四川邛崃山，山路曲折。以上两句是说从江陵出发到西魏，终遭不测。

⑦ 荆轲有寒水之悲：荆轲入秦刺秦王，燕太子丹易水送别，荆轲慷慨作歌："风萧萧兮易水寒，壮士一去兮不复还！"

⑧ 苏武有秋风之别：苏武出使匈奴被扣留，历时十九年归汉，李陵在匈奴有《答苏武书》："远托异国，昔人所悲。望风怀想，能不依依。"

⑨ "关山"二句：是说顾望关山陇水而生思乡之念。古诗《陇头歌》："陇头流水，鸣声呜咽。遥望秦川，肝肠断绝。"

⑩ "龟言"句：《水经注》引车频《秦书》：前秦苻坚时，高陆民穿井得大龟，苻坚为池养之，十六年后龟死。太卜佐高梦龟言："我将归江南，不遇，死于秦。"这里用此事，一则隐指梁亡；一则表示欲归江南，不愿客死于秦地。

⑪ "鹤讶"句：南朝宋刘敬叔《异苑》卷三载：晋太康二年(281)冬大雪，南州人见二鹤语于桥下说："今兹寒，不减尧崩年也。"这里隐指梁元帝之死。

⑫ "百龄"二句：是说自己行将暮年。光华：年华。

门之踦①,先念鸿陆之远②。非淮海兮可变③,非金丹兮能转④。不暴骨于龙门⑤,终低头于马坂⑥。谅天造兮昧昧⑦,嗟生民兮浑浑⑧!

【提示】

庾信入北以后所作的辞赋,大都以悲往事、怀故国为主题。《小园赋》是这时期的一篇名作。前半部分写景状物,处处从小园落笔,所谓小园,即"寂寞人外"、避风遮雨的住处。小园不大,居室简陋,"落叶半床,狂花满屋"、"三春负锄相识,五月披衣见寻"。家人团聚,饶有乡居生活的乐趣,流露出对隐逸生活的企慕。但总归是他国羁臣,因此在正笔叙写闲适之情的同时,却又反笔插入"心则历陵枯木,发则睢阳乱丝"等话,点出当时心境的恶劣,后半部分由此拓展,抒发家国之恨、乡关之思的感慨。凄怆无奈,哀痛至深。《小园赋》篇幅不长,以清新的笔调叙写景物,情致深切。杜甫称

---

① 雁门之踦(jī):《汉书·段会宗传》:段会宗为雁门太守,因事免职,后复为西域都护,友人谷永看到他年老复出,写信劝告他说:"愿吾子因循旧贯,毋求奇功,亦足以复雁门之踦。"踦:命运不好。

② 鸿陆:《周易·渐卦》:"鸿渐于陆,夫征不还。"意思是鸿雁本水鸟,深入陆地,意味着将一去不还。

③ 淮海:《国语·晋语九》:赵简子叹曰:"雀入于海为蛤,雉入于淮为蜃,鼋鼍鱼鳖,莫不能化,惟人不能,哀夫!"

④ 金丹:古代方士以金石炼成的药物,有金丹九转之说。《抱朴子·金丹》:"九转之丹者,封涂之于土釜中,糠火先文后武,其一转至九转,迟速各有日数。"以上两句是哀叹自己的命运无法改变。

⑤ 龙门:在今陕西韩城与山西河津之间。《艺文类聚》引《辛氏三秦记》:"河津,一名龙门,大鱼积龙门数千不得上,上者为龙,不上者鱼,故云暴鳃龙门。"

⑥ 马坂:太行山的马车路。《战国策·楚策》载:骏马老了,还让它驾盐车上太行山,拉到半路上不去了,伯乐为之伤心落泪。

⑦ 天造:天所造成,指天意。昧昧:昏暗的样子。

⑧ 浑浑:纷乱的样子。

“庾信文章老更成”、“暮年诗赋动江关”，即指他作品内涵丰富、风格凝重而言的。

【思考与练习】

1. 这篇小赋表现了作者什么样的心情？

2. 分析本篇写景状物的艺术手法。

（李金善）

秋日登洪府滕王阁饯别序[①]

王　勃

王勃(649～676),字子安,绛州龙门(今山西河津)人。少年早熟,聪慧过人。六岁能文,十四岁授朝散郎,征为沛王侍读兼修撰。一生坎坷,两次因事废官,上元二年(675)举幽素科,往交趾省亲,自交趾返时,渡海溺水,惊悸而死。初唐诗坛上,王勃与杨炯、卢照邻、骆宾王齐名,称"初唐四杰"。王勃居首。四杰的诗作,初步摆脱了齐梁柔靡诗风的影响,开拓了诗歌的题材领域,兴象婉然,气骨苍然。有《王子安集》。

豫章故郡,洪都新府[②]。星分翼轸,地接衡庐[③]。襟三江而带

---

① 本篇选自《王子安集注》。滕王是唐高祖李渊第二十二子,名元婴,曾封滕王,官洪州(今江西南昌市)都督。滕王阁是他在洪州所建,故称洪府滕王阁。高宗时,王勃往南方交趾省父,路过洪州,值此盛会,即席作成此文。

② 豫章故郡,洪都新府:南昌,汉时称豫章郡,故云。唐时改称洪州,所以说"洪都新府"。二句写此地的历史沿革。

③ 翼轸:二十八星宿中二星宿名。古人认为天上某一星域相当于地上某一区域。洪州上应翼、轸二星之分野。衡庐 :即衡山、庐山。洪州在地理上连接衡山与庐山。

五湖①,控蛮荆而引瓯越②。物华天宝,龙光射牛斗之墟③;人杰地灵,徐孺下陈蕃之榻④。雄州雾列,俊采星驰⑤。台隍枕夷夏之交⑥,宾主尽东南之美⑦。都督阎公之雅望,棨戟遥临⑧;宇文新州之懿范,襜帷暂驻⑨。十旬休假⑩,胜友如云。千里逢迎,高朋满座。腾蛟起凤,孟学士之词宗⑪;紫电青霜,王将军之武库⑫。

---

① 襟、带:意动用法。以三江为襟,以五湖为带。古时长江流经彭蠡分三道入海。五湖:即太湖、鄱阳湖、青草湖、丹阳湖、洞庭湖。

② 蛮荆:古楚地。即今湖北,湖南地区。瓯越:即古东瓯,今浙江地区。洪州处于控制楚地,接引东瓯的重要位置。

③ 物华天宝,龙光射牛斗之墟:写洪州物产精美。物的光华,焕发为天上的宝气,直冲牛斗之间。《晋书·张华传》载:华尝见牛斗间有紫气照射。召雷焕问之。焕曰:"此宝剑之精,上彻于天。"华令雷焕寻觅,于豫章郡狱墙下发掘宝剑一双。一名龙泉,一名太阿。龙光,指剑气之光。

④ 徐孺:即徐孺子,名稚,后汉豫章人。家贫,有德行。陈蕃为豫章太守,平时不接待宾客,只特设一榻接待徐孺子。徐来访就将榻放下来,去则悬之。

⑤ 雄州雾列,俊采星驰:雄伟的洪州,繁盛辽阔,像云雾一般弥漫布列;英俊的人才,密密麻麻,如奔星飞驰。

⑥ 台隍:指城池。枕:压、据之义。夷指荆楚,夏指中原。

⑦ 宾主尽东南之美:赴宴的宾客和主人,都是东南的俊才。

⑧ 阎公:名不详。旧说为阎伯屿,无确证。雅望:美好的声望。棨戟:披有衣套的戟,指阎都督的仪仗。意谓阎公到了。

⑨ 宇文新州:复姓宇文的新州刺史(今广东新兴县),此人已不可详考。懿范:美好的风范。襜(chān)帷:车上的帷幕。意谓:一位复姓宇文的新州刺史也路过这里。

⑩ 十旬休假:唐制每旬(十天)休假一日。

⑪ 腾蛟起凤:赞美文才盛富。据《西京杂记》载:董仲舒梦蛟龙入怀,作《春秋繁露》。扬雄著《太玄经》,梦见吐出凤凰,飞集《太玄》之上。孟学士也是在座之宾客,名字不详。词宗:词坛之宗主。

⑫ 紫电:宝剑名。青霜:形容剑锋凛若霜雪。王将军:也是在座宾客。武库:喻胸中韬略。

家君作宰,路出名区①。童子何知,躬逢胜饯②。

时维九月,序属三秋③。潦水尽而寒潭清④,烟光凝而暮山紫。俨骖騑于上路⑤,访风景于崇阿⑥。临帝子之长洲,得天人之旧馆⑦。层台耸翠,上出重霄⑧。飞阁翔丹,下临无地⑨。鹤汀凫渚,穷岛屿之萦回⑩,桂殿兰宫,即冈峦之体势⑪。披绣闼,俯雕甍⑫。山原旷其盈视⑬,川泽纡其骇瞩⑭。闾阎扑地,钟鸣鼎食之家⑮;舸舰迷津,青雀黄龙之舳⑯。云销雨霁,彩彻区明⑰。落霞

---

① 家君作宰,路出名区:家父作县令,我省亲路过此胜地。

② 童子:王勃自谦之辞。躬:亲身。意谓:我这个后生晚辈,有幸亲身参加这个盛大的宴会。

③ 时维九月,序属三秋:时间是九月,时序属晚秋。秋天七、八、九三月,分为孟秋,仲秋,季秋。九月为季秋。

④ 潦(lǎo):雨后的积水。

⑤ 俨:通“严”,整治。骖騑(cān fēi):驾车的马。

⑥ 崇阿:高的山陵。

⑦ 帝子、天人:都指滕王。长洲:指洪州。旧馆:指滕王阁。

⑧ 层台耸翠,上出重霄:层叠的楼台高耸,苍翠之色上达重霄。

⑨ 飞阁翔丹,下临无地:凌空的飞阁闪耀着红光饰彩,从阁上往下望,像无底一样深远。

⑩ 鹤汀凫渚,穷岛屿之萦回:沙汀、水渚、岛屿,极尽纡曲回环之势。

⑪ 桂殿兰宫,即冈峦之体势:华丽的宫殿,依冈峦的体势自然构筑。

⑫ 披绣闼,俯雕甍:打开精致的阁门,俯视下面雕镂饰彩的房屋。闼(tà),门。甍(méng),屋脊。

⑬ 盈视:满眼。盈,使动用法。

⑭ 骇瞩:使动用法,使瞩惊骇。

⑮ 闾阎:本指里巷之门,此代指居舍房屋。钟鸣鼎食:古代贵族鸣钟奏乐,列鼎而食。

⑯ 舸舰迷津,青雀黄龙之舳:大船布满渡口,都是青雀舫和黄龙舟。舸、舰:都是大船。舳:本指舵,代指船。

⑰ 霁(jì):凡雨雪止、云雾散皆曰霁。

与孤鹜齐飞，秋水共长天一色①。渔舟唱晚，响穷彭蠡之滨②；雁阵惊寒，声断衡阳之浦③。

遥襟甫畅，逸兴遄飞④。爽籁发而清风生⑤，纤歌凝而白云遏⑥。睢园绿竹，气凌彭泽之樽⑦；邺水朱华，光照临川之笔⑧。四美具，二难并⑨。穷睇眄于中天⑩，极娱游于暇日。天高地迥，觉宇宙之无穷；兴尽悲来，识盈虚之有数⑪。望长安于日下，目吴会于云间⑫。地势极而南溟深，天柱高而北辰远⑬。关山难越，谁

---

① 鹜：野鸭。此乃王勃名句，一篇之警策。写滕王阁外之景，明丽渺远且具飞动之势。

② 彭蠡：即今鄱阳湖。

③ 惊寒：形容大雁被寒气驱赶南飞，鸣声凄切。衡阳有回雁峰，传说北雁南飞，到此而止，故云“声断衡阳之浦”。

④ 遥襟甫畅，逸兴遄飞：远大的胸怀开始舒展，飘逸的兴致很快勃兴了。襟，胸怀。甫，开始。遄(chuán)飞，迅速地起飞。

⑤ 爽：参差不齐。籁：指笛箫之类乐器。爽籁，泛指各种萧管之类的乐器。

⑥ 纤歌凝而白云遏：美妙的歌声萦绕半空，响遏行云。凝，形容歌声缭绕不散。《列子·汤问》：“薛谭学讴于秦青，未穷青之技，自谓尽之，遂辞归。秦青弗止，饯于郊衢。抚节悲歌，声振林木，响遏行云。”

⑦ 睢园：即汉梁孝王的竹园。园中绿竹成荫，梁孝王常与文人学士宴饮于此。彭泽：指东晋诗人陶潜，善饮，曾为彭泽令。

⑧ 邺：魏都。邺水朱华：指曹植文采。曹植《公宴诗》：“秋兰被长坂，朱华冒绿池。”临川：指谢灵运，曾为临川令。

⑨ 四美：良辰、美景、赏心、乐事。二难并：指贤主，嘉宾难得相聚。谢灵运《拟魏太子邺中集序》：“天下良辰、美景、赏心、乐事，四事难并。”

⑩ 睇眄(dì miàn)：极目而视。中天：辽阔的天空。

⑪ 识盈虚之有数：认识到宇宙间的事物，或满或亏，或盛或衰，有一定的气数、规律。

⑫ 吴会：吴郡与会稽郡，今江苏、浙江一带。此句只是陪衬，无意。

⑬ 天柱、北辰：暗指朝廷，仍是“心存魏阙”之意。“地势极而南溟深”，也是陪衬，无意。

悲失路之人;沟水相逢①,尽是他乡之客。怀帝阍而不见②,奉宣室以何年③?嗟呼!时运不齐,命途多舛④。冯唐易老⑤,李广难封⑥。屈贾谊于长沙,非无圣主⑦;窜梁鸿于海曲,岂乏明时⑧?所赖君子见机,达人知命⑨。老当益壮,宁移白首之心⑩;穷且益坚,不坠青云之志⑪。酌贪泉而觉爽⑫,处涸辙而相欢⑬。北海虽赊,扶摇可接⑭。东隅已逝,桑榆非晚⑮。孟尝高洁,空余报国之

---

① 沟水相逢:一作"萍水相逢"。

② 帝阍:本指天帝的守门者,此指朝廷。

③ 宣室:汉代未央宫前殿。汉文帝曾在这里召见贾谊。

④ 舛(chuǎn):违背,不顺。

⑤ 冯唐:文帝时为中郎署长,景帝时不被重用,到武帝求贤,有人荐举,他已九十多岁,不能为官了。

⑥ 李广:汉武帝时名将,一生与匈奴大小七十余战,屡立战功,但始终未封侯。

⑦ 贾谊:汉文帝时青年改革家,被朝中老臣排挤,贬为长沙王太傅。屈:使动用法。

⑧ 梁鸿:后汉章帝时高士,曾作《五噫歌》讽世。章帝追究,逃于齐鲁间。海曲:指齐鲁海滨。

⑨ 君子见机,达人知命:君子能观察事物发展的契机、预兆。通达的人安于(不幸)的命运。

⑩ 宁移白首之心:怎能在白首之时改变初衷之志!

⑪ 青云之志:高尚的志向。

⑫ 酌贪泉而觉爽:《晋书·吴隐之传》:"隐之为广州刺史,未至州十里,地名石门,有水曰贪泉,饮之者怀无厌之欲。隐之酌而饮之,因赋诗曰:'古人云此水,一饮怀千金。试使夷齐饮,终当不易心。'及至州,清操愈厉。"

⑬ 涸(hé)辙:干枯的车辙。用《庄子·外物篇》涸辙鲋鱼的典故。

⑭ 赊:远。扶摇:巨大的旋风。用《庄子·逍遥游》的典故。意谓北海虽远,乘大风仍可到达。

⑮ 东隅:旭日出处,比喻早年。桑榆:夕阳落处,比喻晚年。

情①;阮籍猖狂,岂效穷途之哭②!

勃,三尺微命③,一介书生。无路请缨,等终军之弱冠④;有怀投笔,爱宗悫之长风⑤。舍簪笏于百龄,奉晨昏于万里⑥。非谢家之宝树,接孟氏之芳邻⑦。他日趋庭,叨陪鲤对⑧;今兹捧袂,喜托

---

① 孟尝:字伯周,东汉人。曾任合浦太守。以廉洁著称。后因病隐居,不为世用。

② 阮籍:字嗣宗,晋人。放任不羁,不拘礼法,因不满司马氏统治,常纵酒狂饮。《晋书·阮籍传》:"时率意独驾,不由路径,车迹所穷,辄恸哭而返。"

③ 三尺:指三尺绅,古代礼服,士佩三尺绅带。命:命官。王勃曾任虢州参军。故以一命之士自许。

④ 此句语序是"等终军之弱冠而无路请缨"。终军:汉武帝时人,二十多岁奉使说南越王内属。终军请受长缨,谓必系南越王献于阙下。古代以二十岁为弱冠。

⑤ 宗悫(què):字元干,南朝宋南阳人,少有大志,曾述志:"愿乘长风,破万里浪。"投笔:用班超投笔从戎之典。

⑥ 簪:冠簪。笏:手板。都是官场服用之物,此指仕宦之途。百龄:指一生。奉晨昏:指侍奉父母,早晚问安。

⑦ 谢家宝树:指谢安之侄谢玄。孟氏芳邻:用孟母三迁故事。

⑧ 他日趋庭,叨陪鲤对:用孔鲤趋庭应对的故事。意谓自己将要去父亲那里接受庭训教诲。《论语·季氏》:"(孔子)尝独立,鲤趋而过庭。曰:'学诗乎?'对曰:'未也。''不学诗,无以言。'鲤退而学诗。他日,(孔子)又独立,鲤趋而过庭。曰:'学礼乎?'对曰'未也。''不学礼,无以立。'鲤退而学礼。"叨:自谦之辞。陪:比附。叨陪:惭愧的比附。王勃不敢直以孔鲤自比,故谦虚地说"叨陪"。

龙门①。杨意不逢②,抚凌云而自惜;钟期既遇,奏流水以何惭③!呜呼!胜地不常,盛筵难再。兰亭已矣,梓泽丘墟④。临别赠言,幸承恩于伟饯⑤;登高作赋,是所望于群公⑥。敢竭鄙怀,恭疏短引⑦。一言均赋,四韵俱成⑧。请洒潘江,各倾陆海云尔⑨。

【提示】

这是一篇有名的骈体文。内容充实,意境开阔,形象鲜明,语

---

① 袂:衣袖。捧袂:高举双袖,作揖状,恭敬之意。托龙门:即登龙门,比喻士人忽然得到荣显。东汉李膺,声望极高,当时士人能和他交接称"登龙门"。

② 杨意:即杨得意的简称,汉武帝时任掌管猎犬的官。曾向汉武帝推荐司马相如。

③ 钟期:即钟子期,善知音。《列子·汤问》:"伯牙善鼓琴,钟子期善听。伯牙鼓琴,志在高山,钟子期曰:'善哉,峨峨乎若泰山。'志在流水,曰:'善哉,洋洋乎若江河。'伯牙所念,钟子期必得之。"意谓既然遇见钟子期那样的知音之人,弹奏一曲流水又有何妨?以"奏流水"比喻写作此文。

④ 兰亭:在今浙江绍兴西南,晋朝王羲之曾和群贤宴集于此。见王羲之《兰亭集序》。梓泽:即晋代贵族石崇的金谷园,又叫梓泽园。在今河南洛阳西北。

⑤ 临别赠言,幸承恩于伟饯:意谓有幸在这盛大的宴会上承受主人恩惠,期望众宾客临别赠言互勉。

⑥ 登高作赋,是所望于群公:登此高阁而各题诗赋,这是我希望诸公的事。

⑦ 疏:录,写。短引:短章小引,谦指这篇序。意谓我冒昧,大胆地抒发鄙陋的情怀,写下这篇小文。

⑧ 一言:指主人发言的倡议。此句意谓:主人发出一句倡议,请大家都作一首八句四韵诗。另一说:一言,指各分一字为韵。那么,主语变成了王勃,他希望与会诸公,各分一言(字)为韵,都写一篇四韵八句的诗篇。《滕王阁序》之后,王勃还有一首诗,正是四韵八句。诗曰:"滕王高阁临江渚,佩玉鸣銮罢歌舞。画栋朝飞南浦云,珠帘暮卷西江雨。行云潭影日悠悠,物换星移几度秋。阁中帝子今何在?槛外长江空自流。"

⑨ 潘:指潘岳。陆:指陆机。钟嵘《诗品》说:"陆才如海,潘才如江。"

言清丽而流畅。全文可分四个层次：开篇从洪州的地势、人才说到盛会；接着描写滕王阁内外的景色；再由宴会娱游，写到人生遇合，感慨怀才不遇；最后交待自己省亲得与宴会，应命作序，回应上文作结。层次鲜明，次序井然，结构完整。

骈体文在语言上的特点是四六成句，前后对偶。所以，骈体文又叫"四六文"。文中四字句、六字句很多，而且对偶工整。全篇只有"嗟呼""所赖""呜呼""勃""云尔"九个字不对，其它各句都是工整的偶句。像"兰亭已矣，梓泽丘墟"。兰亭对梓泽，自不待言，"已矣"与"丘墟"似不相对，其实是双声对。"丘墟"二字今读不是双声，古音都属守温字母的"溪"母，是双声。"已矣"今天仍是双声。文章中不仅字词对偶，还有许多典故对偶。如"冯唐易老，李广难封"，"孟尝高洁，空余报国之情；阮籍猖狂，岂效穷途之哭"等等。典故的对偶为"事对"，刘勰说："言对为易，事对为难。"(《文心雕龙·丽辞》)因为事对是"征人之学"，要引证，提炼古代的人事、典故，用来表达自己的思想，所以，定有广博的知识和深厚的积累，才能得心应手。此篇运用了许多典故，但都用得恰当，没有艰僻晦涩的毛病，能流畅地表达思想主旨，且包蕴更深、更丰富。本篇不仅有"言对"，"事对"，而且还有"句中对"，即一句之中，前后自相为对。如"襟三江而带五湖，控蛮荆而引瓯越"，"腾蛟起凤"，"紫电青霜"等等。"襟三江"与"带五湖"自相为对，"腾蛟"与"起凤"相对。这就避免了总是上下句相对的呆滞，于匀称的整齐美中，又增加了一种参差美，读起来音调和谐，气韵流畅。

骈体文由于在语言形式上刻意求工，往往带来创作上一些通病。此篇虽属佳作，也不能幸免。如大量运用典故，略有堆砌之嫌；由于追求形式上的对偶，造成语言上的累赘也时有所见。如"望长安于日下，目吴会于云间。地势极而南溟深，天柱高而北辰远"。四句所表达的中心意思是，西望长安，北恋"魏阙"(朝廷)，然而，铺写了东、南、西、北，把"目吴会于云间"，"地势极而南溟深"夹在中间，既没有什么有机联系，读起来也费解，只是形式上的对称美而已，应属刘勰所谓"对句之骈枝也"。委心逐辞，异端丛至，骈拇枝指，实侈于形。

【思考与练习】

1. 概括文章的思想内容，划分文章四个层次。

2. 骈体文的特点是什么？本文对偶形式有几种？

3. 简评本文对偶之优劣。

（王振汉）

宋元明清文学概述

北宋初年,晚唐五代浮艳、柔靡的文风仍然盛行,并发展成为笼罩文坛的“西昆体”。柳开、王禹偁等倡导继承唐代诗文的优良传统,揭开北宋诗文革新的序幕,但因创作成就不高未能奏效。北宋中期,文坛领袖欧阳修、诗人梅尧臣、苏舜钦以更大的规模推行诗文革新运动,力倡平易通达、内容充实的文风,持续三十余年。他们既有理论建树,又有创作成就,终于使宋代文学走上健康发展的道路,取得了巨大成就。

宋代散文继承了唐代韩愈、柳宗元的传统,取得很高成就,以至“唐宋八大家”中,宋人占了六席。他们极大地拓展了散文的表现领域,丰富了散文的表现形式,使散文创作更紧密联系社会现实,并向着更加明白晓畅的方向发展。欧阳修是宋代散文的奠基人,他的散文明达简洁,舒展圆润,情韵丰赡。苏轼是宋代成就最高的散文家,他的散文内容充实健朗,行文灵动流畅,文风平易自然,对后世影响极大。其余散文家也各有特点:王安石的散文识见高远,笔力遒劲;苏洵的散文老辣犀利,宏伟雄迈;苏辙的散文感情充盈,纡徐婉转;曾巩的散文法度谨严,技巧圆熟。

宋诗成就不如唐诗,但独具特色。它在唐诗发展到顶峰之后,另辟蹊径,从诗的题材、技巧、语言等方面进行创新。从而使宋诗以新颖的构思、精深的哲理,在唐诗之外独树一帜,以至影响到后世文坛有“宗唐”与“宗宋”之争。概而言之,唐诗主情致、韵味,宋诗主理趣、气骨;唐诗感情激越,气魄宏大,宋诗客观冷静,精微细腻。但宋诗的以文字为诗、以才学为诗、以议论为诗,也有消极因素。北宋影响最大的诗人是苏轼、黄庭坚。苏诗洒脱明快,常具哲理趣味；黄诗争新出奇，崇尚瘦硬，开创江西诗派。南宋杰出的诗人是陆游、杨万里、范成大，他们都出于江西诗派。陆游是爱国诗人，诗作近万首，其诗“浅中有深，平中有奇”（刘熙载《艺概》）；杨诗新颖活泼，通俗诙谐；范诗清新自然，平易亲切。

词至宋达到了极盛时期，成为有宋一代的文学代表。宋初的词上承晚唐五代婉约绮丽的词风，无大变化。晏殊、欧阳修、范仲淹等创作的一些即事抒情、流连山水的小令已具有与前人不同的气象。同期的柳永以词表现都市生活，抒写羁旅愁思、男女恋情，极富平民色彩。直至苏轼词的出现，才突破了“词为艳科”的樊篱，开拓了词的题材与表现方法，凡抒情、状物、写景、记事、说理、怀古，无事无意不可入词。其词畅所欲言，直抒胸臆，意境雄奇阔大，风格奔放豪迈，语言流丽畅达，开创豪放一派，把词引向广阔的新领域。在此基础上产生了以辛弃疾为代表的南宋爱国词派，把词推向又一个高峰。这一派的重要词人还有张元幹、张孝祥、陈亮等人。与豪放派相对举的是以秦观、李清照为代表的婉约派。他们上承晚唐花间派的词风，发扬柳永铺叙描写的特色，又吸取了苏轼词个性鲜明的长处。在题材上坚守“诗庄词媚”的主张，多以艳情入词，情思曲折而真切；在风格上则以蕴藉雅正、音律谐婉见长；在语言上追求清新绮丽。此派对词坛影响很大，以至南宋末年出现了以周邦彦、姜夔、张炎为代表的格律词派，极力追求音律的严整、辞藻的雕饰，以至内容日趋狭窄，形式日趋僵化，终使宋词走向衰落。

元代是我国历史上第一个由少数民族入主中原而建立的多民族封建王朝。社会的变迁，给文学的演进带来了极大的变化，以至元代文学迥异于传统文学。居于正宗地位的传统诗文退居次要地位，出现了足以与唐诗宋词相媲美的元曲。元曲包括杂剧和散曲两种文学样式。因为杂剧的主要构成部分是散曲，所以二者合称为元曲是很恰当的。元曲可分为“本色派”与“文采派”。“本色派”的抒情真率简洁，曲辞浅白浑朴，是元曲的主流；“文采派”的抒情婉转细腻，曲辞绮丽典雅。

由于城市经济的繁荣，市民阶层的扩大，南北音乐的融合，以及大批无路仕进的文人参与创作而形成了成熟的戏剧形式——元杂剧。元杂剧的发展以大德年间为界，可分为前后两期。前期是杂剧的鼎盛时期，著名作家和作品大都集中在这一时期。被誉为"元曲四大家"之首的关汉卿一生创作杂剧六十余部。他的代表作《窦娥冤》、《望江亭》、《单刀会》的思想性、艺术性都达到了元杂剧的最高水平。在反映生活、塑造人物、加强戏剧的舞台性方面，都足以为后世楷模。王实甫的《西厢记》歌颂了青年人对自身幸福的追求，辞曲精美，被后人称为"诗剧"。其余如白朴的《墙头马上》、马致远的《汉宫秋》都有鲜明的特色，不少剧作至今仍具有生命力。后期杂剧创作的中心移至杭州，元杂剧到了衰微时期，作家作品明显减少。较著名的作品是郑光祖的《倩女离魂》。

散曲是元代新兴的一种诗体，与诗、词一起构成了我国诗歌的三大类别。它兴起的原因主要有两个：一是诗自身发展的规律在起作用，从诗歌发展的角度看，无论是诗还是词，都经历了来源于民间，发展并僵化于文人之手这样一个过程。宋末词家一味追求词句的工丽与音律的和谐，使词远离大众，远离现实生活。人民迫切需要一种新的诗歌形式取而代之。二是流行于中原地区"尖歌倩意"的民间小调吸收了"壮伟狠戾"的金元少数民族乐曲，逐渐发展成为新的歌曲形式——散曲。散曲分小令与套数两种，小令是单支的曲子，形式短小，自由活泼；套数是用同一宫调中多支曲子联缀而成。与诗、词相比，散曲的音节和用韵都比较自由，还可以为适应曲调而增加衬字与衬句。它一反诗、词的典雅庄重、婉转含蓄，而追求通俗畅达、率真自然的审美趣味。无论题材的选择还是语言的运用，都具有浓郁的民间色彩。散曲的出现给诗坛注入了一股清新的气息，是传统诗体的一次解放。元代前期的杂剧作家也兼擅散曲创作，关汉卿的散曲感情浓烈，语言泼辣，是"本色派"的代表；马致远的散曲清新凝练，意境隽永，是"文采派"的代表，并被誉为"元词之冠"、"万中无一"（周德清《中原音韵》）。元代后期散曲日渐诗词化，语言趋于典雅精工而避免俚言俗语，与前期散曲的风格情趣大不相同，代表人物有张可久、乔吉、徐再思等。散曲也重蹈词的覆辙，走向衰微。

中国文学“一代有一代之所胜”（王国维《宋元戏曲史》）。在唐诗、宋词、元曲轮番兴盛之后，小说又蔚为大观，成为有明一代的文学代表。成书于元末明初的《三国志通俗演义》是我国第一部长篇章回体小说。作者罗贯中以正史记载、民间传说、讲史话本及杂剧为素材，进行了天才的创作，形象地展现了东汉末年和三国时期近百年的战争史。表达了人民大众渴望安定统一、期盼仁君贤相和开明政治的愿望。书中塑造的人物形象个性鲜明，栩栩如生，至今仍为广大人民所熟知，甚至影响到人们的文化人格和思维方式。同期产生的另一部长篇巨著是《水浒传》。作者施耐庵虽也依据历史，但更多地采用民间传说并加以大量虚构创作而成。它描绘了北宋末年以宋江为首的梁山好汉进行的一场如火如荼的农民起义，反映了“官逼民反”的社会现实。并以起义军最后失败的现实，告诉读者“招安”是行不通的。作者在塑造人物形象上既注重人物独特个性的描绘，又注重展示人物性格的发展变化。明中叶以后，由于市民阶层的扩大和资本主义萌芽的出现，产生了以反抗礼教为核心的思想解放思潮。这些因素又直接促进了小说的发展，以至明中期出现了小说创作与刊印的高潮。吴承恩的《西游记》以唐僧取经的故事为主干，塑造了一个渴望自由、大胆叛逆、不畏强暴、机智诙谐的孙悟空形象。这个文学形象，几百年来深受人民群众的喜爱，达到了尽人皆知的程度。兰陵笑笑生的《金瓶梅》描写西门庆发迹和败落的故事，具有极大的认识价值。这是文学史上第一部取材于现实生活的文人独创的长篇小说。明代的短篇小说是文人模仿宋元话本的创作，称拟话本。著名的作品是冯梦龙的“三言”和凌濛初的“二拍”。这些小说对明代中后期市民阶层的生活和思想反映得比较广泛，有的作品具有了初期的民主观念。

明代的戏剧以从南戏发展而来的传奇为主要形式，是继元杂剧之后，戏剧发展的又一个高峰。最杰出的传奇是汤显祖的《牡丹亭》。该剧描写了青年男女为争取幸福爱情而进行的斗争，具有强烈的要求个性解放的时代意义和积极浪漫主义精神。

明代诗文的成就虽不如小说戏剧,但也有自己的特点,可称为一部拟古与反拟古的斗争史。由元入明的作家宋濂、刘基、高启的诗文尚能反映社会现实,抒写真切的感受,但他们的文学主张已露出复古的端倪。永乐至弘治的一百年间,社会安定,文坛出现了平庸芜弱、粉饰太平的"台阁体",成为一时之风气。弘治年间,以李梦阳、何景明为首的"前七子"提出"文必秦汉,诗必盛唐",以艰深辞句和雄浑格调相互标榜,对于扫荡空泛无物的"台阁体"起了很大作用。但片面强调从形式上模拟古人,陷入复古主义的泥潭。万历年间,以李攀龙、王世贞为首的"后七子"继续宣扬复古主张,致使文坛拟古剽窃之风,延续近百年。嘉靖初年以王慎中、唐顺之、归有光为代表的"唐宋派"提倡学习"唐宋八大家"的神理韵味和平易舒畅、文从字顺的语言风格,并以此对抗拟古风气。归有光的散文以平淡自然的笔调记叙家常之事,不事雕琢而风味自存,是"唐宋派"成就最高的作家。明代后期产生了反抗传统、追求个性解放的新思潮。以袁宏道为代表的"公安派"深受其影响,高举起反击复古派的大旗,主张文学应随时代而变化,强调文学创作要"独抒性灵,不拘格套"(袁宏道《叙小修诗》),具有天真自然之趣,文学语言要"宁今宁俗"、"不肯拾人一字"(袁宏道《与冯琢庵师》)。他们猛烈涤荡拟古派的陋习,并最终使之偃旗息鼓。"公安派"的文学成就主要是游记、随笔等小品,格调明快洒脱,文笔清新自然,但缺乏深厚的社会内容。

清代是我国历史上最后一个封建王朝,也是整个古代文学的大总结时期。诗、词、散文、戏剧、小说等各种文学体裁都呈现出繁荣景象,名家辈出,流派众多,发展演变的过程也比前代复杂。

清初的诗歌创作很活跃,顾炎武、黄宗羲、王夫之、屈大均等都是著名的遗民诗人,其诗作大多表现反清复明,坚持民族气节的决心,风格沉郁悲壮,雄劲有力。钱谦益、吴伟业等人因一度仕清,诗中多流露矛盾、悔恨与无奈的心情,其诗技巧圆熟,在清代影响较大。王士禛是康熙年间的诗坛领袖,他以司空图和严羽的诗论为本,创立“神韵说”,力倡诗歌应具平远冲淡、清新蕴藉的韵味。因其诗论自成体系,诗作成就很大而成为清代最有影响的诗人。清中期的诗歌创作又走上了形式主义和复古主义的道路,沈德潜的“格调说”、翁方纲的“肌理说”从不同角度倡导尊古拟古、格律声调和以学问为诗,是儒家正统派诗论。袁枚上承明代袁宏道的理论加以发挥,创“性灵说”,力主诗歌须直抒性情,是清代诗坛的一个亮点。

词在宋代发展到高峰之后,元明时期逐渐衰微,至清重又出现“词之中兴”的局面。词的研究和词集的整理也取得可观的成就。陈维崧作词效法苏辛,以现实题材入词,词作之多,居古今词人之冠。其词多抒发抑塞磊落的胸怀,风格以粗豪奔放为主,开创阳羡派。朱彝尊推崇姜夔、张炎,其词多言情咏物,风格淳雅清丽,开创浙西派。纳兰性德的词以小令见长,多写离愁别绪和个人闲愁,风格婉丽,有南唐李煜余韵。张惠言论词主张比兴寄托,取法风骚,词作凝练深沉,开创常州派。

清初的散文家多以唐宋派为宗,写出不少反映现实的作品,黄宗羲、魏禧、侯方域、汪琬都各有特色。产生于清中叶的桐城派是清代影响最大的散文流派,古文理论也形成了完整的体系。其创始人方苞论文最重“义法”,即文章的内容与形式并重,讲究语言的纯净,风格的雅洁;其承前启后者刘大櫆着重探讨文章的“神气”、“音节”与“字句”的关系;其集大成者姚鼐提出“义理、考据、辞章”三者兼顾,并以阴阳刚柔辨析文章风格,他的散文雅洁朴素,成就最高。姚鼐以后,桐城派的队伍越来越壮大,管同、梅曾亮、方东树以及后来的曾国藩、严复、林纾都是桐城派弟子,有“天下文章出桐城”之称,其流波余韵直至新文化运动。

清代戏剧繁荣,李玉的《清忠谱》深刻批判了明末的黑暗政治,热情歌颂了市民运动。洪昇的《长生殿》和孔尚任的《桃花扇》融会了元明以来爱情剧与历史剧的丰富经验,可谓清代剧坛双璧。前者以李隆基、杨玉环的爱情悲剧为题材,增加了政治和社会生活方面的内容,曲词优美,音律精淳;后者借侯方域、李香君的离合之情，抒写国家兴亡之感，构思巧妙，结构谨严。李渔的《闲情偶寄》在理论上全面总结了古代戏剧的创作与演出。

清代文学的主要成就当推小说创作。清初产生了蒲松龄的文言短篇小说集《聊斋志异》，借花妖狐魅的故事深刻反映了社会现实。作者想像丰富，技法纯熟，奇情幻彩，意境翻新，具有极高的艺术水平。在《聊斋》的影响下，相继出现了纪昀的《阅微草堂笔记》、袁枚的《新齐谐》、沈起风的《谐铎》等。吴敬梓的《儒林外史》是我国文学史上第一部长篇讽刺小说，作者巧妙运用嬉笑怒骂等讽刺手法，对科举制度进行了淋漓酣畅的嘲笑和鞭挞。曹雪芹的《红楼梦》以其博大精深的思想内容与精湛绝伦的表现艺术居于古代小说的最高峰。它全面而又深刻地批判了封建社会的各个方面，揭示了这个社会的腐朽黑暗和行将灭亡的命运。小说塑造了众多性格鲜明，独特新颖的人物形象。它的结构错综复杂而又宏伟严谨。它的语言纯净练达，是成熟的艺术语言。时至今日，对《红楼梦》的研究还远无止境。

（洛保生）

项脊轩志①

归有光

归有光(1506~1571),字熙甫,号震川,昆山(今江苏昆山)人。嘉靖十九年(1540)举人。后屡试不第,徙居嘉定安亭江上,读书讲学。嘉靖四十四年(1565)中进士,官长兴知县,后为南京太仆寺丞,卒于官。归有光是明代著名散文家,反对前后七子"文必秦汉,诗必盛唐"的拟古文风,主张继承唐宋散文优良传统。与王慎中、唐顺之、茅坤被称为"唐宋派"。所作散文能以清淡朴素之笔,抒写自然真挚之情,以神味见长。尤善从家庭琐事与亲朋聚散的描述中寄托深情。著有《三吴水利录》、《震川文集》。

项脊轩,旧南阁子也②。室仅方丈③,可容一人居。百年老屋,尘泥渗漉④,雨泽下注⑤;每移案⑥,顾视无可置者⑦。又北向不能

① 本篇选自《震川文集》。项脊轩是作者少时旧书斋。因其远祖宋人归道隆居昆山项脊泾,故以地名轩,有纪念先人之意。轩:有窗槛的小屋。志:是"记"的意思。

② 阁:住宅内正屋之外的小屋。

③ 方丈:一丈见方。

④ 渗漉(shèn lù):渗漏。

⑤ 雨泽下注:雨水下流。

⑥ 案:指书桌。

⑦ 顾视:四处看。置:安放。

得日①，日过午已昏。余稍为修葺②，使不上漏。前辟四窗，垣墙周庭③，以当南日④。日影反照，室始洞然⑤。又杂植兰桂竹木于庭，旧时栏楯⑥，亦遂增胜⑦。积书满架，偃仰啸歌⑧，冥然兀坐⑨，万籁有声⑩，而庭阶寂寂，小鸟时来啄食，人至不去。三五之夜⑪，明月半墙，桂影斑驳⑫，风移影动，珊珊可爱⑬。然予居于此，多可喜，亦多可悲。

先是庭中通南北为一⑭，迨诸父异爨⑮，内外多置小门墙，往往

---

① 北向：向北。得日：得到日光的照射。

② 修葺(qì)：修补。

③ 垣墙：短墙。周庭：环绕庭院。周，用作动词，环绕之意。

④ 当：对着。

⑤ 洞然：明亮的样子。

⑥ 栏楯(shǔn)：即栏杆。栏杆上的竖木条为栏，横木条为楯。

⑦ 增胜：增添光彩。

⑧ 偃仰啸歌：时卧时起，大声吟唱。形容读书至高兴时的样子。偃，卧倒。啸，口中发出长而清越的声音。

⑨ 冥然兀坐：静静地端坐。

⑩ 万籁(lài)有声：所有的声音都能听到。形容内心极为安定，环境极为安静，以致自然界极细微的声响也能听到。籁，指孔穴发出的声音，也泛指声音。

⑪ 三五之夜：阴历每月十五日的夜晚。

⑫ 斑驳：色彩错杂的样子。

⑬ 珊珊：此指树影因摇曳而显得娴雅的样子。

⑭ 先是：在此之前。庭中通南北为一：院子南北相通，是一个大院子。

⑮ 迨：到。诸父：伯叔们。异爨(cuàn)：各起炉灶，即分家各过。爨，烧柴做饭。

而是①。东犬西吠②,客逾庖而宴③,鸡栖于厅。庭中始为篱,已为墙④,凡再变矣⑤。家有老妪,尝居于此。妪,先大母婢也⑥。乳二世⑦,先妣抚之甚厚⑧。室西连于中闺⑨,先妣尝一至。妪每谓予曰:“某所⑩,而母立于兹。”妪又曰:“汝姊在吾怀,呱呱而泣⑪;娘以指扣门扉,曰:‘儿寒乎?欲食乎?’吾从板外相为应答。”语未毕,余泣,妪亦泣。

余自束发⑫,读书轩中。一日,大母过余曰⑬:“吾儿,久不见若影⑭,何竟日默默在此,大类女郎也⑮?”比去⑯,以手阖门⑰,自

---

① 往往而是:到处都是这样。

② 东犬西吠:东家的狗对着西家叫。

③ 客逾庖而宴:客人得穿过厨房去吃饭。指短墙阻断了家中通道。庖,厨房。孟子曾说过“君子远庖厨”,所以在作者看来,家中拥挤到使客人“逾庖而宴”,是很失礼、很惭愧的。

④ 已:然后。

⑤ 凡再变:一共变了两次。

⑥ 先大母:死去的祖母。

⑦ 乳二世:作过两代人的乳母。乳,用作动词,以乳喂养。二世,指归有光父辈和自己这一辈。

⑧ 先妣(bǐ):去世的母亲。抚:对待。

⑨ 中闺:妇女住的内室。

⑩ 某所:某个地方。而:同“尔”。

⑪ 呱呱(gū gū):小孩的哭声。

⑫ 束发:把头发绾成髻,表示成童。

⑬ 过余:到我这里。

⑭ 若影:你的身影。

⑮ 大类:很像。

⑯ 比去:等到离开的时候。

⑰ 阖:关闭。

语曰:“吾家读书久不效①,儿之成,则可待乎?”顷之②,持一象笏至③,曰:“此吾祖太常公宣德间执此以朝④,他日汝当用之。”瞻顾遗迹⑤,如在昨日,令人长号不自禁⑥。

轩东故尝为厨;人往,从轩前过。余扃牖而居⑦,久之能以足音辨人。

轩凡四遭火,得不焚,殆有神护者⑧。

项脊生曰⑨:蜀清守丹穴⑩,利甲天下⑪,其后秦皇帝筑女怀清台⑫。刘玄德与曹操争天下,诸葛孔明起陇中⑬。方二人之昧昧于一隅也⑭,世何足以知之?余区区处败屋中⑮,方扬眉瞬目⑯,谓有

---

① 读书久不效:读书长久而没有效果。指很长时间没有人因读书而得到功名。

② 顷之:过了一会。

③ 象笏(hù):象牙制成的朝笏。笏,官员上朝见皇帝时拿的手板。

④ 太常公:作者祖母夏氏的祖父,姓夏名昶(chǎng),字仲昭,永乐进士,官至太常寺卿,以画竹驰名当时。

⑤ 瞻顾:观看。这里有回忆的意思。

⑥ 长号不自禁:忍不住大哭。

⑦ 扃(jiōng)牖(yǒu)而居:关着门窗住在里边。扃,门窗箱柜上的插销。这里用作动词,关闭的意思。

⑧ 殆:大概。

⑨ 项脊生:作者自称。

⑩ 蜀清:四川一个寡妇名清。丹穴:产朱砂的矿。

⑪ 利甲天下:所获利益居天下第一。

⑫ 女怀清台:在今四川省长寿县。《史记·货殖列传》:“巴蜀寡妇清,其先得丹穴,而擅其利数世,家亦不訾。清,寡妇也,能守其业,用财自卫,不见侵犯。秦皇帝以为贞妇而客之,为筑女怀清台。”

⑬ 陇中:田亩之中,指从事农业。

⑭ 昧昧:昏暗不明,此指不为人所知。

⑮ 区区:渺小,自谦之辞。败:残破。

⑯ 扬眉瞬目:形容得意的神态。瞬目,眨眼。

奇景,人知之者,其谓与坎井之蛙何异①?

余既为此志,后五年,吾妻来归②。时至轩中③,从余问古事,或凭几学书④。吾妻归宁⑤,述诸小妹语曰⑥:“闻姊家有阁子,且何谓阁子也?”

其后六年,吾妻死,室坏不修。其后二年,余久卧病无聊,乃使人复葺南阁子,其制稍异于前⑦。然自后余多在外,不常居。

庭有枇杷树,吾妻死之年所手植也⑧,今已亭亭如盖矣⑨。

【提示】

《项脊轩志》没有重大的题材,没有波澜起伏的情节,也没有雄壮或华美的语言,却是感人至深的名篇佳作。所以如此,是因为作者以家常琐细之事,抒常人常有之情,感情真切而又细腻,朴素而又深沉。如对母亲的哀思,作者以一位老妇人絮絮叨叨地追述母亲生前站过的地方,对儿女的询问来表现母亲对儿女的疼爱;对祖母的怀念,则以自己回忆祖母来时的只言片语及离开后又持笏板返回,表现祖母对自己的关怀与期望;以与妻子共处的情趣和轩外妻子亲手种植的树已“亭亭如盖”寄托对亡妻的思念。作者没有摆出抒情的态势,只是把这些浓浓的亲情渗透在平淡的叙述之中。真可谓语不及情而情自无限,委婉缠绵,韵味无穷。

此文篇幅不长,人物事件不少,却繁而不乱,井然有序,其关键

---

① 其谓:也许有人认为。其,也许,表示测度的副词。坎井之蛙:浅井之蛙,比喻见识浅陋的人。坎,低洼的地方。

② 来归:嫁到我家来。归,旧时称女子出嫁为“归”。

③ 时:时时,常常。

④ 学书:学习写字。

⑤ 归宁:回娘家省亲。

⑥ 述诸小妹语:转述她的小妹妹们的话。

⑦ 制:形式,格局。

⑧ 手植:亲手栽种。

⑨ 亭亭如盖:树干高高挺立,树叶繁茂如同伞一样。盖,伞。

在于作者以“项脊轩”为绾结全篇的线索，“将人事变迁，家道坎壈，皆归入此轩，作睹物怀人写法”（林纾《春觉斋论文》）。一个小小的书斋，把文中那些看来毫无关连的情节、细节、人物和回忆缀合起来，既随意点染又浑然一体，表现出作者纯熟的谋篇布局技巧。

【思考与练习】

1.“项脊轩”在文中起了什么作用？

2.举例说明此文的抒情特点。

3.谈谈这篇文章的语言特色。

（洛保生）

虎 丘 记[①]

袁宏道

袁宏道(1568～1610),字中郎,号石公。湖广公安(今湖北公安)人。万历二十年(1592)进士。历任吴县令、顺天教授、国子监助教、礼部主事、吏部稽勋郎中。曾长时间隐居乡间和外出游历,写有大量的山水游记。与兄宗道、弟中道并有文名,世称"三袁",又称"公安派"。袁宏道反对前后七子的复古拟古文风,认为时有变化,文有古今,文学应随时代的变化而变化。极力主张"独抒性灵,不拘格套",充分表现作者的个性。其创作以小品文成就最为突出,自由抒写,清新活泼,率真自然,情调闲适,在三袁中成就最高。有《袁中郎全集》。

虎丘去城可七八里[②]。其山无高岩邃壑[③],独以近城故,箫鼓楼船[④],无日无之。凡月之夜,花之晨,雪之夕,游人往来,纷错如织[⑤],而中秋为尤胜。

---

① 本篇选自《钟伯敬增定袁中郎全集》。袁宏道于万历二十三年(1595)任吴县(今苏州)知县,万历二十五年(1597)辞官,游历江南胜迹,写下数十篇山水游记,本文便是其中之一。

② 虎丘:山名,又名海涌山,在今江苏省苏州市西北阊(chāng)门外。据传春秋时期,吴王阖(hé)闾葬于此,有白虎踞坟上,故名。是江南名胜之一。可:大约。

③ 邃(suì)壑:幽深的山谷。

④ 箫鼓:吹箫敲鼓,此处用作动词。

⑤ 纷错如织:形容游人来来往往纷繁交错。

每至是日，倾城阖户①，连臂而至。衣冠士女，下迨蔀屋②，莫不靓妆丽服③，重茵累席④，置酒交衢间⑤。从千人石上至山门⑥，栉比如鳞⑦，檀板丘积⑧，樽罍云泻⑨，远而望之，如雁落平沙，霞铺江上，雷辊电霍⑩，无得而状。

布席之初，唱者千百，声若聚蚊，不可辨视。分曹部署⑪，竞以歌喉相斗；雅俗既陈，妍媸自别⑫。未几而摇手顿足者⑬，得数十人而已。已而明月浮空，石光如练，一切瓦釜⑭，寂然停声，属而和者⑮，才三四辈。一箫，一寸管⑯，一人缓板而歌，竹肉相发⑰，清

---

① 倾城：全城人。阖户：全家人。

② 下迨(dài)蔀(bù，又读 pǒu)屋：下至贫穷百姓。迨，及，至。蔀屋，草席覆盖之屋，后泛指贫民居处。此处指贫民百姓。

③ 靓(jìng)妆：漂亮的妆饰。

④ 重茵累席：多层席子和垫褥。

⑤ 交衢(qú)：四通八达的大路。

⑥ 千人石：虎丘山半腰有一巨石，石面平坦，据传梁时高僧生公在此说法，有千人恭听，故称千人石。山门：佛寺的大门。

⑦ 栉(zhì)比如鳞：像梳子齿和鱼鳞那样密密地排列。栉，梳子。

⑧ 檀板：用檀木制成的打节拍的歌板。

⑨ 樽罍(léi)：古代盛酒的器具，樽的形状像杯，罍的形状像壶。

⑩ 雷辊(gǔn)电霍：形容车轮的转动声如雷鸣，疾如闪电。辊，能滚动的圆柱形机件的统称，此处指车轮。霍，鸟疾飞的声音，引申为迅速的样子。

⑪ 分曹部署：分组安排。曹，古代集体游戏的分组。

⑫ 妍媸(chī)：美丑。

⑬ 摇手顿足：形容唱歌的人以手足随节拍而动。

⑭ 瓦釜：瓦器与铁锅。这里喻指水平不高的歌声。

⑮ 属(zhǔ)而和(hè)：连续应对。

⑯ 寸管：短笛。

⑰ 竹肉相发：器乐与歌声相互配合。竹，管类乐器，这里指乐器发出的音调。肉，歌喉，这里指歌声。

声亮彻，听者魂销①。比至夜深②，月影横斜，荇藻凌乱③，则箫板亦不复用；一夫登场，四座屏息，音若细发，响彻云际，每度一字，几尽一刻④，飞鸟为之徘徊，壮士听而下泪矣。

剑泉深不可测⑤，飞岩如削。千顷云得天池诸山作案⑥，峦壑竞秀，最可觞客⑦。但过午则日光射人，不堪久坐耳。文昌阁亦佳，晚树尤可观。面北为平远堂旧址，空旷无际，仅虞山一点在望⑧。堂废已久，余与江进之谋所以复之⑨，欲祠韦苏州⑩、白乐天诸公于其中⑪；而病寻作⑫，余既乞归，恐进之之兴亦阑矣⑬。山川兴废，信有时哉！

吏吴两载⑭，登虎丘者六。最后与江进之、方子公同登，迟月

---

① 魂销：即销魂，也作消魂，灵魂离开肉体。常用来形容极度的悲伤或欢乐。

② 比：及，等到。

③ 荇(xìng)藻：水中植物名。这里用来比喻月下的树影，如水草在水中晃动。苏轼《记承天寺夜游》："庭下如积水空明，水中藻荇交横，盖竹柏影也。"

④ 刻：古代计时单位。古代以铜漏计时，一昼夜分为一百刻。

⑤ 剑泉：潭名，又名剑池，在千人石下。

⑥ 千顷云：山名，在虎丘山上。天池：山名，又名华山，在苏州阊门外三十里。案：几桌类器具。

⑦ 觞(shāng)：古代的酒杯，多指盛有酒的杯子，又指以酒献客或自饮。这里引申为供人欣赏。

⑧ 虞山：在江苏省常熟县西北。

⑨ 江进之：名盈科，桃源(今湖北桃源)人，万历进士，曾任长洲县知县，著有《雪涛阁集》。

⑩ 祠：祠堂，古时祭祀祖先或贤能有功德者的庙堂。这里用作动词，建祠以祭祀。韦苏州：即唐代诗人韦应物，曾任苏州刺史，关心民间疾苦。

⑪ 白乐天：唐代诗人白居易字乐天，曾任苏州刺史，颇有政绩。

⑫ 寻：接着，相继。

⑬ 阑：尽。

⑭ 吏吴：在吴县(苏州)做官。吏在这里用作动词。

生公石上[1]。歌者闻令来，皆避匿去。余因谓进之曰："甚矣，乌纱之横[2]，皂隶之俗哉[3]！他日去官，有不听曲此石上者，如月[4]！"今余幸得解官称吴客矣。虎丘之月，不知尚识余言否耶[5]？

【提示】

传统的山水游记多是以自然景物作为描述与审美的对象，并由此引发出作者情感的抒发。袁宏道这篇游记的新颖之处在于名为《虎丘记》，却对虎丘的自然风光着墨不多，即使加上对虎丘周围景物的描述，也不过寥寥数语，点到为止。如文章第一句"虎丘去城可七八里。其山无高岩邃壑"写虎丘而言虎丘"无高岩邃壑"，便与众不同。接着避开虎丘的山水风光，以浓墨重彩细写游人及斗歌盛况。斗歌至高潮时又宕开一笔，描写虎丘周围景色："剑泉深不可测，飞岩如削。……仅虞山一点在望"，如神来之笔。最后以追忆往日游虎丘的情景作结。作者笔意灵动，挥洒自如，由游人、游况、怀古、慨叹及追忆，构成了这篇奇特的山水游记。

作者以游人之多、游况之盛，描述了当时的民俗民情，也从侧面衬托了虎丘月夜的美景；以文昌阁、平远堂引发思古之情，兴废之感；又以"歌者闻令来，皆避匿去"的追忆表达自己对腐朽官场的深恶痛绝。写景、叙事、怀古、抒情，随意点染，信笔而出，却又衔接转换得自然流畅，相得益彰。袁宏道主张"独抒性灵，不拘格套"(《叙小修诗》)，这篇游记正体现了这一文学主张。

---

① 迟月：等待月亮升起。迟，等候。生公石：即生公讲坛，在千人石北面。

② 乌纱：即乌纱帽。自唐代起定为官帽。这里代指官吏。横：蛮横，凶恶。

③ 皂隶：旧时衙门中的差役。俗：粗俗。

④ 如月：对月发誓。

⑤ 识(zhì)：记忆。

【思考与练习】

1. 文中的写景、叙事、怀古、抒情是如何转换的?

2. 文章表现了作者怎样的情怀?

3. 袁宏道的文学主张主要有哪些?

（洛保生）

浣花溪记[①]

钟惺

钟惺(1574～1624),字伯敬,号退谷,湖广竟陵(今湖北天门)人。万历三十八年(1610)进士,官至福建提学佥事。与谭元春共为"竟陵派"代表作家,重"真情",重"性灵",倡导"孤怀"、"孤旨",力图以"幽深孤峭"的风格来矫正当时的浮浅文风。其作品注重语言的锤炼和结构的安排,笔锋冷峻而峭刻,往往蕴含深微的寓意,耐人寻味。对散文风格和技巧的追求也有一定贡献。但过分追求形式的新奇,意境的幽深,使作品流于冷僻苦涩。有《隐秀轩集》。

出成都南门,左为万里桥②,西折纤秀长曲③,所见如连环、如玦④、如带、如规、如钩,色如鉴⑤、如琅玕⑥、如绿沈瓜⑦,窈然深

---

① 本篇选自《钟伯敬合集》。浣花溪:在成都南门外,一名濯锦江,也叫百花潭。这里风景秀丽清幽,是闻名遐迩的杜甫草堂和武侯祠等古迹的所在地。

② 万里桥:在成都南门外,原名长星桥,据说三国时蜀国费祎出使吴国,诸葛亮在桥边为费饯行时说:"万里之行始于此。"于是改名万里桥。杜甫《狂夫》诗云:"万里桥西一草堂,百花潭水即沧浪。"

③ 西折:向西转折。

④ 玦(jué):环状有缺口的玉佩。

⑤ 鉴:镜。

⑥ 琅玕(láng gān):像珠子的美石,有五色。古代文人以青绿色琅玕形容竹子。这里以竹子的颜色比喻溪水。

⑦ 绿沈瓜:一种颜色深绿的瓜。

碧①、潆回城下者②,皆浣花溪委也③。然必至草堂,而后浣花有专名,则以少陵浣花居在焉耳④。

行三四里为青羊宫⑤,溪时远时近,竹柏苍然,隔岸阴森者尽溪,平望如荠⑥,水木清华⑦,神肤洞达⑧。自宫以西,流汇而桥者三,相距各不半里。舁夫云通灌县⑨,或所云“江从灌口来”是也⑩。

人家住溪左,则溪蔽不时见,稍断则复见溪,如是者数处,缚柴编竹,颇有次第⑪。桥尽,一亭树道左,署曰“缘江路”⑫。过此则武侯祠⑬,祠前跨溪为板桥一,覆以水槛,乃睹“浣花溪”题榜⑭。过桥,一小洲横斜插水间如梭,溪周之⑮,非桥不通,置亭其上,题

---

① 窈然:悠远幽静。

② 潆(yíng)回:水流回旋。

③ 委:水流聚集的地方。

④ 少陵:杜甫曾在少陵(今陕西西安南)居住,自称“少陵野老”,后人因此称杜甫为杜少陵。

⑤ 青羊宫:道观名。在今四川成都市西南,相传老子乘青羊至此地,故名。

⑥ 平望如荠(jì):形容树木在远望中小得如荠菜一样。荠,荠菜。

⑦ 水木清华:溪流与树木的景色清丽秀美。

⑧ 神肤洞达:精神与体肤都感到舒畅爽快。

⑨ 舁(yú)夫:抬轿的人。

⑩ 江:指锦江,发源于郫县,流经成都市南,入岷江。灌县,位于四川省,古为灌口镇。

⑪ 次第:次序。

⑫ 署:题名,题字。

⑬ 武侯祠:西晋末年十六国李雄为纪念蜀汉丞相武乡侯诸葛亮而建。

⑭ 题榜:写在匾额上。题,题名,写上。榜,匾额。

⑮ 周:环绕。

曰“百花潭水”。由此亭还度桥，过梵安寺①，始为杜工部祠②。像颇清古，不必求肖，想当尔尔③。石刻像一，附以本传，何仁仲别驾署华阳时所为也④。碑皆不堪读。

钟子曰⑤：杜老二居，浣花清远，东屯险奥⑥，各不相袭。严公不死⑦，浣溪可老，患难之于朋友大矣哉！然天遣此翁增夔门一段奇耳⑧。穷愁奔走，犹能择胜，胸中暇整⑨，可以应世⑩，如孔子微服主司城贞子时也⑪。

时万历辛亥十月十七日，出城欲雨，顷之霁⑫。使客游者⑬，多由监司郡邑招饮⑭，冠盖稠浊⑮，磬折喧溢⑯，迫暮趣归⑰。是日

---

① 梵安寺：在四川成都南，与杜甫草堂相通，故俗称“草堂寺”。

② 杜工部祠：宋代吕大防为纪念杜甫而建。杜工部，杜甫曾在剑南节度使严武幕中任参谋，为检校工部员外郎，故世称杜工部。

③ 尔尔：如此，这样。

④ 别驾：官名。汉置别驾从事史，为刺史的佐吏。魏晋以后沿袭汉制，各州都设置别驾，职权很重。宋代各州设置通判，近似别驾之职，后世因此沿称通判为别驾。署：署理。旧时指代理、临时担任官职为署。

⑤ 钟子：作者自称。

⑥ 东屯：地名，在今四川奉节白帝城附近。

⑦ 严公：指严武，剑南节度使。

⑧ 夔(kuí)门：即夔门峡，位于四川东部瞿塘峡西口。

⑨ 暇整：安闲稳定。

⑩ 应世：顺应世事变迁。

⑪ 孔子微服主司城贞子：春秋时孔子周游列国的一段经历。据《孟子·万章上》记载：“孔子不悦于鲁卫，遭宋司马将要而杀之，微服而过宋，是时孔子当厄，主司城贞子。”司城贞子，陈国大夫。

⑫ 霁(jì)：雨后或雪后转晴。

⑬ 使客：朝廷派遣的使臣。

⑭ 监司：监察州郡的官员。郡邑：地方官员。

⑮ 冠盖：官帽及伞盖，这里指官员与所乘车马。稠浊：嘈杂繁乱。

⑯ 磬(qìng)折：形容人弯腰敬礼，形状似磬。磬，古代乐器，以玉或石制成，形状像曲尺。

⑰ 迫暮：傍晚。趣(cù)：催促。

清晨，偶然独往，楚人钟惺记。

【提示】

《浣花溪记》是一篇典型的记游散文，读此文，仿佛在跟随作者浏览浣花溪清幽秀美的自然风光，瞻仰内蕴丰厚的人文胜迹，并聆听他倾诉自己仰慕先贤、不随流俗的高雅情怀。

此文起始便大处落笔，指出浣花溪的地理方位。然后用移步换形手法，依次描述沿途景物，直至游程终点——杜甫草堂。每转换一景，必有交代，如"出成都南门"、"行三四里"、"桥尽"、"乃睹"、"过梵安寺"等，既是叙述行程，又使景物切换得连贯自然，清晰有序。作者对浣花溪的描绘，有整体印象，有细微刻画；有远眺，有近睹；有客观反映，有主观感受。多方位多角度地把浣花溪的清美呈现在读者面前，营造了浣花溪清幽的意境。而这一切描绘，都是为了衬托杜甫草堂。游程完结，作者便感慨议论一番，对杜甫颠沛流离的人生，寄予深切同情，赞美杜甫"穷愁奔走，犹能择胜"的胸襟气度，点出了此行的目的，也点出全文主旨。作者是"竟陵派"的创始人物，在文学创作上赞同"性灵"而追求"幽深孤峭"的文风，这篇文章正体现了这一文学主张。此文语言简省，绝无长言赘语，绘景状物，点到即止，多在二、三、四字处停顿，节奏分明，行文洒脱。这种语言风格与文中表现出的作者超脱凡俗的人格正相契合。

【思考与练习】

1. 文章的线索是什么？有何作用？

2. 文中哪些地方表现了作者对杜甫的同情与景仰？

3. 作者怎样描绘浣花溪的景色？

（洛保生）

湖心亭看雪①

张　岱

张岱(1597～1686),字宗子,又字石公,号陶庵,又号蝶庵。绍兴山阴(今浙江绍兴)人。出身仕宦家庭,不求仕进,落拓不羁,读书品艺,游山玩水,一生未入仕途。他有很深的文学修养,对戏剧和音乐也有爱好。清兵入关后,"披发入山",避居浙江剡溪山中,从事著述,对于往昔繁华,多有追忆。其中描写自然风景的文字,饶有诗意。张岱是晚明小品文的集大成者,作品取材广泛,笔力高致。有《石匮书》、《陶庵梦忆》、《琅嬛文集》和《西湖梦寻》等。《陶庵梦忆》是他的代表作。

崇祯五年十二月②,余往西湖。大雪三日,湖中人鸟声俱绝。

是日,更定矣③,余拏一小舟④,拥毳衣炉火⑤,独往湖心亭看雪。雾凇沆砀⑥,天与云与山与水,上下一白。湖上影子,惟长堤一痕,湖心亭一点,与余舟一芥⑦,舟中人两三粒而已。

到亭上,有两人铺毡对坐,一童子烧酒,炉正沸。见余大喜,

---

① 本篇选自《陶庵梦忆》。

② 崇祯:明思宗年号。崇祯五年,公元1632年。

③ 更:古人将一夜分为五更,一更大约两小时。定:人声静谧。更定,指起更以后夜深人静之时。

④ 拏(ná):同"拿",此指牵引。

⑤ 毳(cuì):鸟兽的细毛。毳衣,皮衣。

⑥ 雾凇(sōng):寒冷天,雾滴碰到在零度以下的树枝等物时,再次凝成白色松散的冰晶,也叫"树挂"。沆砀(hàng dàng):白气弥漫的样子。

⑦ 芥(jiè):芥子,转义为"小"。

曰："湖中焉得更有此人？"拉余同饮。余强饮三大白而别①。问其姓氏，是金陵人，客此。

及下船，舟子喃喃曰："莫说相公痴，更有痴似相公者。"

【提示】

这是一篇脍炙人口的小品文。文章开头记述行踪，标出明朝纪年，以示不忘故国，并自然地从时间、地点两个方面引出大雪和湖上的看雪。作者写雪，妙在不从视觉写雪，而是通过听觉来写，"湖中人鸟声俱绝"用高度写意的手法传达出冰天雪地、万籁无声的寒意，为下文冒寒看雪做了有力的映衬。独自一人深夜冒寒看雪，自然不全是出于赏雪的雅兴，而强烈地透视着作者冰雪独抱的操守和孤高自赏的情调。写湖中雪景，视线由远而近，山水、景致、人物一气呵成，如同一幅气象雄浑的湖山雪夜图。"一小舟"、"一痕"、"一点"、"一芥"、"两三粒"数量词的选择，有力地烘托出作者广袤天地间沧海一粟的深沉感慨和幽愤无可诉说的悲怆。最后宕开一笔，写湖上奇遇，幸逢知已，虽素不善饮，然亦勉力为之。似乎应该转悲为喜。但是，湖上所遇知音，原是他乡游子，雪泥鸿爪，转眼各复东西，后会难期的感慨将作者的幽愤推向极点。文章不到二百字，淡淡写来，情深意挚，确是古代散文之精品。

【思考与练习】

1.本文表现了作者什么样的思想感情？

2.本文突出运用了哪些艺术手法？

（王素美）

① 白：酒杯。

祭　妹　文[①]

袁　枚

袁枚(1716～1797),字子才,号简斋,别号随园老人、小仓山居士,钱塘(今浙江杭州)人。乾隆四年(1739)进士,改庶吉士,入翰林院,后外放于溧水、江宁等地任知县。乾隆十三年(1748)辞官,寓居江宁小仓山随园,以诗文自娱,极山水之乐,广交天下名士,享文坛领袖盛名四十余年。袁枚诗歌标举"性灵",务从才力所至,文章横逸不拘,有自己的特色。有《小仓山房诗文集》、《随园诗话》、《子不语》等。

乾隆丁亥冬[②],葬三妹素文于上元之羊山[③],而奠以文曰[④]:

呜呼!汝生于浙而葬于斯,离吾乡七百里矣。当时虽觭梦幻想[⑤],宁知此为归骨所耶?

---

① 本篇选自《小仓山房诗文集》。妹:袁枚的三妹素文(1719～1759),名机,别号青林居士。父母在她出生前与高家指腹为婚,成年后,高家子顽劣不成器,高家主动提出解除婚约。但素文不肯。嫁后备受虐待,素文忍无可忍,与高家子断绝关系,回娘家居住。四十岁时病逝。

② 乾隆:清高宗年号。丁亥:乾隆三十二年(1767)。

③ 上元:清代所设县名,属江宁县,今属南京市。羊山:山名,位于南京市东。

④ 奠:祭祀。

⑤ 当时:指素文出生之时。觭(qí)梦:怪异的梦。

汝以一念之贞①，遇人仳离②，致孤危托落③，虽命之所存，天实为之，然而累汝至此者，未尝非予之过也。予幼从先生授经，汝差肩而坐④，爱听古人节义事；一旦长成，遽躬蹈之⑤。呜呼！使汝不识诗书，或未必艰贞若是⑥。

余捉蟋蟀，汝奋臂出其间，岁寒虫僵，同临其穴⑦。今予殓汝葬汝⑧，而当日之情形，憬然在目⑨。予九岁憩书斋⑩，汝梳双髻，披单缣来⑪，温《缁衣》一章⑫，适先生奓户入⑬，闻两童子音琅琅然⑭，不觉莞尔⑮，连呼则则⑯，此七月望日事也⑰。汝在九原⑱，

---

① 一念之贞：指高家提出解除婚约而素文坚持嫁至高家之事。

② 遇人：是“遇人不淑”的省略，指所遇非其人。仳(pǐ)离：离别。这里指素文与高家断绝关系，回至娘家。

③ 孤危：孤独忧伤。托落：失意。

④ 差(cī)肩：比肩，肩挨着肩。

⑤ 遽(jù)：迅速。躬：亲自。蹈：实行。

⑥ 艰贞：谓遭遇艰危而能守正不移。

⑦ 临：哭悼死者。

⑧ 殓(liàn)：把死者装入棺材。

⑨ 憬然：清楚的样子。

⑩ 憩(qì)：休息。此处是在书斋读书的委婉说法。

⑪ 单缣(jiān)：细绢织成的单衫。

⑫ 《缁衣》：《诗经·郑风》中的一篇。

⑬ 奓(zhà)：开。

⑭ 琅琅：形容声音清脆响亮。

⑮ 莞尔：会心微笑的样子。

⑯ 则则：同“啧啧”。赞叹之声。

⑰ 望日：夏历每月十五为望日。

⑱ 九原：春秋时晋国卿大夫的墓地。此处泛指墓地。

当分明记之。予弱冠粤行①,汝掎裳悲恸②。逾三年,予被宫锦还家③,汝从东厢扶案出④,一家瞠视而笑⑤,不记语从何起,大概说长安登科⑥,函使报信迟早云尔。凡此琐琐,虽为陈迹,然我一日未死,则一日不能忘。旧事填膺⑦,思之凄梗⑧,如影历历⑨,逼取便逝⑩。悔当时不将婴婗情状⑪,罗缕纪存⑫,然而汝已不在人间,则虽年光倒流,儿时可再⑬,而亦无可与为证印者矣。

汝之义绝高氏而归也⑭,堂上阿奶⑮,仗汝扶持;家中文墨,眣汝办治⑯。尝谓女流中最少明经义、谙雅故者⑰;汝嫂非不婉嫕⑱,而于此微缺然。故自汝归后,虽为汝悲,实为予喜。予又长汝四岁,或人间长者先亡,可将身后托汝,而不谓汝之先予以去也。

---

① 弱冠:古代男子二十岁行冠礼,表示已经成年。粤行:袁枚二十岁时,曾经到广西看望他的叔父袁鸿。

② 掎(jǐ):牵住,拉。

③ 被:同"披",穿着。唐代进士及第,披宫袍。后称中进士为"披宫锦"。袁枚于乾隆四年(1739)中进士,授翰林院庶吉士,冬请假南归完婚。

④ 扶案:端着木案。案,木盘。

⑤ 瞠视:睁大眼睛看。

⑥ 长安:国都的代称,此指北京。登科:考中进士。

⑦ 膺:胸怀。

⑧ 凄梗:悲哀痛苦。

⑨ 历历:清楚的样子。

⑩ 逼取便逝:走近跟前就消失了。

⑪ 婴婗(yī ní):婴儿。此指少年时期。

⑫ 罗缕:详细排列。纪存:记录保存。

⑬ 再:第二次。

⑭ 义绝:指素文离婚。

⑮ 阿奶:指母亲章氏。

⑯ 眣(shùn):以目示意。

⑰ 明经义:明白经书的意义。谙雅故:熟悉古训的道理。

⑱ 婉嫕(yì):柔顺。

前年予病，汝终宵刺探①，减一分则喜，增一分则忧。后虽小差②，犹尚殗殜③，无所娱遣，汝来床前，为说稗官野史可喜可愕之事，聊资一欢。呜呼！今而后，吾将再病，教从何处呼汝耶？

汝之疾也，予信医言无害，远吊扬州，汝又虑戚吾心④，阻人走报。及至绵惙已极⑤，阿奶问："望兄归否？"强应曰："诺！"已先一日梦汝来诀⑥，心知不祥，飞舟渡江。果予以未时还家⑦，而汝以辰时已绝⑧；四肢犹温，一目未瞑⑨，盖犹忍死待予也。呜呼痛哉！早知诀汝，则予岂肯远游？即游，亦尚有几许心中言，要汝知闻，共汝筹画也⑩。而今已矣！除吾死外，当无见期，吾又不知何日死，可以见汝，而死后之有知无知，与得见不得见，又卒难明也⑪。然则抱此无涯之憾，天乎人乎！而竟已乎⑫！

汝之诗，吾已付梓⑬；汝之女，吾已代嫁；汝之生平，吾已作传⑭；惟汝之窀穸⑮，尚未谋耳。先茔在杭⑯，江广河深，势难归葬，故请母命而宁汝于斯，便祭扫也。其旁葬汝女阿印⑰，其下两

---

① 刺探：探视。
② 小差(chài)：疾病稍愈。
③ 殗殜(yè dié)：病不太重，半卧半起的样子。
④ 虑戚吾心：怕我心忧。
⑤ 绵惙(chuò)：指病情沉重，气息仅存。
⑥ 诀：告别。
⑦ 未时：下午 1 点到 3 点。
⑧ 辰时：上午 7 点到 9 点。
⑨ 瞑：闭上眼睛。
⑩ 筹画：商量。
⑪ 卒：终于。
⑫ 而竟已乎：就这样完了吗？
⑬ 付梓：刻版。袁枚将素文的诗附刻于《小仓山房诗文集》中。
⑭ 作传：袁枚曾作《女弟素文传》，见于《小仓山房诗文集》。
⑮ 窀穸(zhūn xī)：墓穴。
⑯ 先茔：先祖坟墓。
⑰ 阿印：素文另外一女，素文有两女，其一女已由袁枚代嫁。

冢,一为阿爷侍者朱氏①,一为阿兄侍者陶氏②。羊山旷渺③,南望原隰④,西望栖霞⑤,风雨晨昏,羁魂有伴⑥,当不孤寂。所怜者,吾自戊寅年读汝哭侄诗后⑦,至今无男,两女牙牙⑧,生汝死后,才周晬耳⑨。予虽亲在未敢言老,而齿危发秃,暗里自知。知在人间,尚复几日?阿品远官河南⑩,亦无子女,九族无可继者⑪,汝死我葬,我死谁埋!汝倘有灵,可能告我?

呜呼!身前既不可想,身后又不可知,哭汝既不闻汝言,奠汝又不见汝食。纸灰飞扬,朔风野大,阿兄归矣,犹屡屡回头望汝也。呜呼哀哉!呜呼哀哉!

【提示】

这是一篇情深意笃的祭文。文章从葬妹写起,一开始就笼罩着浓郁的悲怆之气。悲其中年早逝、客死他乡,幼年向往之地,反成葬身之所,可以说是悲不自胜。接下去叙写死因而归咎于自己:“少守三从太认真,读书误尽一生春。”(《哭素文三妹》)因为随自己读书而导致“一念之贞”。引咎自责,更见对死者感情之深。文章的重点是追忆素文与自己兄妹相依之情,依时间顺序,先写幼年琐

---

① 阿爷:父亲。

② 阿兄:作者自称。

③ 旷渺:空阔辽远。

④ 原隰(xí):原野水泽。

⑤ 栖霞:山名。在南京市东。

⑥ 羁魂:留居他乡的亡魂。

⑦ 戊寅:乾隆二十三年(1758),袁枚丧子,素文写哭侄诗《阿兄得子不举》以哀悼。第二年,素文去世。袁枚写此文时,尚无子。

⑧ 牙牙:小儿学语声。

⑨ 周晬(zuì):周岁。

⑩ 阿品:袁枚的堂弟,名树,当时在河南正阳县任县令。

⑪ 九族:以自己为本位,上推至四世之高祖,下推至四世之玄孙为九族。

事，后写离婚后回家生活之状，嬉戏、读书、分别、相见、病中，概括了素文一生生活的主要内容。叙写具体逼真，笔端饱含感情。最后描写素文去世的情景，从两人的心理入手，写素文处处为兄长着想的深情，兄长未能送别妹妹的悔恨，将悲哀之情推向极致。文章情感浓郁，字字出自肺腑，句句摧断肝肠。尤为特别的是，文中的抒情不是空洞的感慨，而是通过富有情致的生活细节来实现的。再加上作者注意运用景物的描写来渲染悲凉的气氛，使本文成为一篇感人至深的散文名作。

【思考与练习】

1. 本文叙写亡妹之悲，是从哪些方面表现的？

2. 本文追忆幼年往事和离婚后归家生活的情况，写了哪些细节？这些细节对书写作者的感情有什么作用？

3. 分析作者对妹妹“一念之贞”的做法的态度，谈谈你的看法。

（王素美）

虞　美　人①

李　煜

李煜(937～978),字重光,初名从嘉,号钟隐,徐州(今属江苏)人。建隆二年(961)即南唐国主位。在位十五年,后为宋所亡,被封为右千牛卫上将军、违命侯,幽囚于宋京师汴京。宋太宗太平兴国三年(978)七月,被宋太宗用牵机药毒死,世称为李后主。他多才多艺,喜好书画,精通音律,善于诗文,尤工于词。他的词前期多写宫廷生活,后期转为亡国之音。他的词在艺术上有较高的造诣,词境疏朗开阔,词的语言自然洗练,在提高词的表现力,扩大词的境界等方面,对词的发展颇有影响。后人将其词与李璟词合刻为《南唐二主词》。

春花秋月何时了?往事知多少!小楼昨夜又东风,故国不堪回首月明中。　　雕阑玉砌依然在②,只是朱颜改③。问君能有几多愁?恰似一江春水向东流。

【提示】

宋太祖开宝八年(975),南唐的最后一个皇帝李后主被俘至汴京,转瞬间天上人间,过起了长达三年的囚徒生活。亡国之恨,故国之思,使李煜词风为之一变,这首词就是代表作。

“春花秋月何时了?往事知多少!”首句即倾诉了词人深深的

---

① 本篇选自《南唐二主词》。虞美人:词牌名。

② 雕阑玉砌:雕绘的栏杆和玉石的台阶,此指南唐的宫殿建筑。

③ 朱颜改:指容颜憔悴。

无奈。春花，春天里最令人感动之物；秋月，秋季中最使人心仪之景，诚所谓良辰与美景啊！然而，词人面对春花秋月，所勾起的只是美好往事的回忆，而这美好往事的回忆，又只能徒增面对现实中春花、秋月的无限伤感，所以词人徒叹其来、其多，而不恨其往、其少了。其实，词人何尝不知春花秋月之好，只可惜故园沦陷，已经物是人非。不知人愁、不管人愁的春风与明月，如期而来，吹过了小楼，照彻了小楼，而同在春风和月色之中的故国，已不堪回首了，这是何等的沉痛！

转片"雕阑玉砌依然在，只是朱颜改"，仍旧深化他的痛苦与伤心。不堪回首，又不能不回首，那是他南面为君的所在，也是他与小周后及宫人享尽人生的所在呀。不堪回首，却又无法排遣个人的魂牵梦绕，所以才说：故国那雕阑玉砌想必依然旧时模样吧？然而旧时的主人，却过着以泪洗面的生活，容貌憔悴，苟且残生了。这一句是词人对故国的具体描写，也是对感伤情怀的进一步深化。"依然在"，一本作"应犹在"，两句各有其妙。"依然在"，强调物是而人非；"应犹在"，则突出了作者对故国一草一木的关切。良辰美景令人伤怀，往事之眷恋令人伤怀，故国之思更令肠断，再加上憔悴朱颜的囚徒生活，词而至此，已是蓄愁万端了，所以逼出词的尾句，也是千古写愁名句："问君能有几多愁？恰似一江春水向东流"，愁如春水，滔滔不尽了。

这首词是李煜对愁情的生命感受，以真情感人，以荣枯迥异的现实对比深化愁情，不以纤巧取胜，词境开阔，语言浅易天然而又富感染色彩，千百年来深受文人喜爱。

【思考与练习】

1. 此词表达了作者怎样的思想感情？

2. "问君能有几多愁？恰似一江春水向东流"是千古写愁名句，说说此种比喻手法。

3. 背诵全词。

（单小青）

雨　霖　铃①

柳　永

柳永(约987～约1053),字耆卿,初名三变,字景庄。崇安(今福建武夷山)人。仁宗景祐元年(1034)进士,曾任睦州团练推官、余杭县令、晓峰盐场监、泗州判官,官至屯田员外郎,世称柳屯田。因排行第七,故又称柳七。柳永终身潦倒不得志。为人风流浪漫,出入坊曲,常为歌妓填词,是北宋著名的婉约词作家。其词多写羁旅行役、市井生活、妓女情怀,词风变雅趋俗。他大力创作慢词长调,丰富和完备词的形式体制;在表现手法上,运用铺叙和白描以及通俗的语言,对词的发展,做出了很大贡献。著有《乐章集》。

寒蝉凄切②。对长亭晚③,骤雨初歇。都门帐饮无绪④,留恋处,兰舟催发⑤。执手相看泪眼,竟无语凝噎⑥。念去去、千里烟波,暮霭沉沉楚天阔⑦。　　多情自古伤离别。更那堪、冷落清秋节。今宵酒醒何处?杨柳岸、晓风残月。此去经年⑧,应是良辰好

---

① 本篇选自《乐章集》。雨霖铃:词牌名。

② 寒蝉:蝉的一种,似蝉而小,又名寒蜩(tiáo)、寒螀(jiāng),入秋始鸣。

③ 长亭:馆驿,古代送别的地方。

④ 帐饮:设帐饯别。

⑤ 处:时,时刻。兰舟:木兰木做成的船,此指船的华贵。

⑥ 凝噎:哽咽,喉中气塞声阻,说不出话来。

⑦ 暮霭:黄昏时的云气。楚天:泛指南方的天空。江南皆楚故地,故云。

⑧ 经年:年复一年。

景虚设。便纵有、千种风情①,更与何人说!

【提示】

这首词是柳永的代表作,也是宋词中的名篇,当是作者在汴京郊外与情人话别的作品。

词的上阕集中笔力刻画临别情境。“寒蝉凄切,对长亭晚,骤雨初歇”,不仅点出了离别的季节、时间、地点、气候,同时也写出了离别之际的心境变化。寒秋之蝉,其声也悲,然此凄切之声,是从天晚长亭将别之人听来,则不再是自然的蝉声,亦有了将别之人的心境的描写。更何况阵雨已经停歇,再没有了停留的理由,这就更加剧了离别的迫近与心情的凄切。在此情况下,都城门外的饯别已没有一丝情绪,不过是别人依依不舍的形式罢了。然而即此留恋的形式亦不能持续了,那急于赶路的船儿已经催行了。这样就把离别之前的种种留恋惜别之情渲染到了峰巅。于是下面直写离别时的伤痛情境。两手相握,两眼相视,情人间早已泣不成声了。两句真切而细腻地表现出了离别的极痛情境。本阕的后二句,以“念”字领起,有承前启后作用。“去去”犹古诗之“行行重行行”。“千里烟波”与“暮霭沉沉楚天阔”,都是写行人孤舟前往之孤寂之境。但是,这两句又可以看作是别人此际凄凉迷茫心绪的写照。承上而言,去去千里,行入孤独之境。人海茫茫,相见无时,此正是“无语凝噎”的原因。

词的下阕作推开一层写法。江淹《别赋》:“黯然销魂者,惟别而已矣。”词的首句即化用此句,说因离别而感伤这一人类的一般常理。第二句马上切紧当时情景,更何况此别又是在叶落而知归根的秋天呢?这就使离愁更加不堪。下面,词人即设想:都门饯别,虽无意绪,但也许是借酒浇愁,也许是借酒留恋吧,词人早已不胜酒力了。试想,别后愁眠,忽然醒来,或已拂晓,而陪伴自己的也只有晓风残月了吧!推开一层写别后的凄苦,也正是写此刻离情

---

① 风情:情意。

之不堪处。然而词人并不就此收场,他又深一层推想,这一去可能就是一年。有多少良辰美景,便形同虚设了,即使有千种风情,又向谁人倾诉呢?这样就把别后的孤独铺写得淋漓尽致了。

这首词运用了点染手法,“多情”句点出离别冷落,“今宵”二句就上二句意点染之,把一段离情写得真切、细腻、缠绵,颇具感人的艺术效果。

【思考与练习】

1.这首词是如何做到借景抒情、情景交融的?

2.举例说明本词层层铺叙、点染的艺术手法。

3.词的上阕与下阕在情感上有何内在联系?

4.背诵这首词。

(单小青)

浣 溪 沙[1]

晏 殊

晏殊(991～1055),字同叔,抚州临川(今属江西)人。十四岁以神童召试,赐同进士出身。宋仁宗时官至同中书门下平章事兼枢密使。卒谥元献。晏殊为西昆派后期诗人,但其文学创作成就却表现在歌词上。他的词风承袭五代,内容多写离情别绪或闲雅情致,情中有思。他工于造语,语言清雅秀洁。有《珠玉集》。

一曲新词酒一杯,去年天气旧亭台,夕阳西下几时回? 无可奈何花落去,似曾相识燕归来。小园香径独徘徊[2]。

【提示】

这是一首悼时伤春之词。

“一曲新词酒一杯”,是写今日,还是写昔时? 词家多有歧解,然而似不可说死了的。谁知今日的一杯酒、一曲新词不会引起旧时的新词杯酒之会的回忆呢? 下二句就分明是写去年的情景了,但忆昔仍就眼前景写去。天气仍似去年的天气,亭台仍是旧日的亭台,时间也是夕阳西下的时候。但这些都是词的表面意。天气依旧,情景依然,但人呢? 仍是旧时模样吗? 更何况今日的夕阳岂是去年的夕阳! 这里就有了永恒与人生无常的尖锐对照,就有了年华失落的强烈的生命意识,因此也可知那“一曲新词”,当是无限伤感的曲子;那一杯酒当是浇愁的酒了。这三句看似等闲,却有浓

① 本篇选自《全宋词》。浣溪沙:词牌名。沙,一作“纱”。

② 香径:落花满地的小路。

情和理思。

下片仍就眼前景描写，并不直接抒情，但感伤与失落之情，愈发浓烈。花自落去，燕自归来，一切都似曾相识，一切都在变化之中，人是无可奈何的。春留不住，时光留不住，青春年华更留不住。词人徘徊于残香独存的落花小径，排遣苦闷而不可得，只能望落花而更增其忧伤了。

这首词化浓情与深思于浅淡的情事与景物描写之中，不作态、不刻画，然而却颇具感发力，自然高妙，尽显词人本色。

【思考与练习】

1.这首词化浓情与深思于浅淡的情事与景物描写之中，请举例说明。

2.背诵这首词。

（单小青）

水调歌头①

丙辰中秋②,欢饮达旦,大醉,
作此篇兼怀子由③。

苏　轼

苏轼(1037～1101),字子瞻,号东坡居士,眉州眉山(今属四川)人。宋仁宗嘉祐二年(1057)进士。神宗熙宁间通判杭州,历知密州、徐州、湖州。御史劾以作诗讪谤朝廷,贬谪黄州团练副使。哲宗元祐间,累迁翰林学士,出知杭州、颍州。绍圣初,又以为文讥斥先朝的罪名,远谪惠州、儋州。卒谥文忠。苏轼在诗文、词、书画等方面都有杰出的成就。他的散文气势纵横,豪放自然,与欧阳修并称"欧苏",为北宋名家;他的诗,题材丰富,风格清雅,与黄庭坚并称"苏黄",开有宋一代诗歌的新风气;他的词,以诗为词,扩大了词境,与辛弃疾并称"苏辛",为豪放词派的创始人。他的作品对后世文学影响极深。有《苏东坡集》、《东坡乐府》。

明月几时有?把酒问青天④。不知天上宫阙,今夕是何年。

---

① 本篇选自《全宋词》。水调歌头:词牌名。

② 丙辰:宋神宗熙宁九年(1076),苏轼时知密州。

③ 子由:苏辙,字子由,苏轼胞弟。

④ "明月"二句:李白《把酒问月》诗:"青天有月来几时?我欲停杯一问之。"此用其语。

我欲乘风归去，又恐琼楼玉宇①，高处不胜寒②。起舞弄清影，何似在人间③！　　转朱阁，低绮户，照无眠④。不应有恨，何事长向别时圆？人有悲欢离合，月有阴晴圆缺，此事古难全。但愿人长久，千里共婵娟⑤。

【提示】

神宗熙宁九年(1076)，苏轼任密州(今山东高密)太守，与弟苏辙已分别七年，这首词所表达的就是中秋佳节之际兄弟离合之情。

词的上片写对月饮酒，想像月宫清寒与孤寂，表达了词人对人间的热爱。起句化用李白《把酒问月》语，颇为峭拔。问月，实为喜爱月夜清辉，故想像天上节令，而欲乘风飞上月宫。但又恐月中孤寂，不似月下起舞，尚有影子相伴。这些描写，都是由中秋明月生发的想像之词，字里行间表达了词人对人间月色的钟爱。并无更深的寄寓。

词的下片写他对弟弟苏辙的思念。“转朱阁，低绮户，照无眠”，是说夜已渐深，月光也由高转低，由朱阁下移，穿过雕花的窗户，照到不眠之人。这三句写月，同时也是在写人，写词人对月怀人。那“转”那“低”的月光中，都移动着怀人不眠者的目光。因此有“不应有恨”二句之诘问：月不应有何忌恨的，可它为何偏偏在人

---

① 琼楼玉宇：指月宫。《酉阳杂俎》前集卷二：“翟天师名乾祐，峡中人。……曾于江岸与弟子数十玩月。或曰：‘此中竟何有？’翟笑曰：‘可随吾指观。’弟子中两人见月规半天，琼楼金阙满焉。”

② “高处”句：《淮南子·天文训》：“积阴之寒气为水，水气之精者为月。”又《龙城录》载唐玄宗游月宫，见一大宫府，榜曰“广寒清虚之府”。后人因称月宫为广寒宫。

③ “起舞”二句：李白《月下独酌》：“我歌月徘徊，我舞影零乱。”为此句所本。

④ “转朱阁”三句：指夜已深，月渐西下。

⑤ “千里”句：谢庄《月赋》：“美人迈兮音尘阙，隔千里兮共明月。”此用其意。婵娟：颜色美好貌，此指月色。

离别之时变圆呢？问月、怨月，其实都在慨叹兄弟的长久分离。但词人毕竟是一个旷达的人，问月、怨月后，他又能生发议论以自我宽慰与解脱，也是宽慰子由，解脱子由，并宽慰所有世人：人有悲欢离合，月也有阴晴圆缺，不可能当月圆之时逢着人也团圆，所以只希望亲人们能健康长在，即使分隔千里，也可共赏明月。

这首词虽是对月怀人之词，但思想旷达，情感高迈，构思奇妙，颇受人喜爱，“但愿人长久，千里共婵娟”，成为千古名句。

【思考与练习】

1. “人有悲欢离合，月有阴晴圆缺”，反映了作者何种心情？
2. 为什么说这首词构思奇妙，情感高迈？
3. 背诵这首词。

（单小青）

鹊　桥　仙[①]

秦　观

秦观(1049～1100),字太虚,后改字少游,号淮海居士,扬州高邮(今属江苏)人。宋神宗元丰八年(1085)进士。哲宗时历任太学博士、秘书省正字、国史院编修官。坐党籍历贬郴州、雷州等地。徽宗即位,被命放还,猝死途中。他是苏门四学士之一。长于诗文,词为北宋大家,内容多写柔情,亦有感伤身世之作。风格婉约清丽,平易含蓄,情韵兼胜,被誉为“词家正音”。有《淮海词》。

纤云弄巧[②],飞星传恨,银汉迢迢暗度[③]。金风玉露一相逢[④],便胜却人间无数。　　柔情似水,佳期如梦,忍顾鹊桥归路[⑤]！两情若是久长时,又岂在朝朝暮暮！

【提示】

自汉代以来多有作品写牛女故事,但大多同情他们长期分离

---

① 本篇选自《全宋词》。《词谱》卷十二《鹊桥仙》:“此调有两体:五十六字者始自欧阳修。因词中有‘鹊迎桥路接天津’句,取为调名。……八十八字者始自柳永。”此词一题作“七夕”。

② “纤云”句:此纤云喻织女织造云锦手艺的精巧,同时也暗示这是织女渡河之夕。农历七月初七称七夕,为乞巧节。

③ 银汉:天河。

④ 金风玉露:秋风白露。古人以五行与四季相配,秋天于五行属金,故称秋风为金风。李商隐《辛未七夕》诗:“由来碧落银河畔,可要金风玉露时。”此化用其意。

⑤ 忍顾:不忍顾。忍,不忍。

的悲剧。秦观此词则独出机杼,借牛女故事,歌颂了不在朝夕之欢的忠贞爱情。

上片首二句“纤云弄巧,飞星传恨”,是对句。这个对句,实写七夕之景,虚拟牛女故事。七夕之夜,纤云飘动,流星闪烁,此是实写七夕夜景。但此二句中又分明引进了牛女。前句暗写织女,是说天空纤巧的云影当是织女高超的技艺所织就的云锦。后句的“飞星”,一般讲成泛指,实际可理解为牵牛星。此时,它放出明亮的光辉,似乎在传递着一年相思之恨。由此,才顺理成章有了下一句“银汉迢迢暗度”。二人就是在这样一个美好而又不无凄清的夜晚度过一年的相思之苦,在世人遥望不及的天空,渡过迢迢河汉,已经相逢相会了。以下二句词人情不自禁地表明他对牛女高尚纯洁爱情的看法了:牛郎和织女虽然一年只有一度相聚,但是只要他们相爱,爱得纯洁、忠贞,爱得执著,只此一次秋夕相聚,就远非人间俗子的庸常夫妻生活所能相比的了。

词由此自然过渡到下片对牛郎织女短暂相逢的描写。此时此刻的情爱似水一样轻柔,水一样深沉,水一样波光荡漾。然而明年的期会,则像梦一样遥远,转瞬又是迢迢遥遥的分离,怎么忍心去看往回走的鹊桥呢?既不忍心去看,就更不忍心去走了!一个“忍”字,写尽了难割难舍之情。这样描写虽然也好,但仍是惯常的套路,不足奇的。词人却偏偏在结尾突转笔锋,又生发议论,推出新意:“两情若是久长时,又岂在朝朝暮暮!”与上阕结尾遥相呼应,歌颂了爱情的地久天长。

此词固然以立意取胜,但在艺术上亦有特色,词中不仅写景、写事交融,而且生发议论自然,真正融理、景、情、事于一炉,情辞均耐人寻味。

【思考与练习】

1. 这首词歌颂的主题是什么？

2. 词中不仅写景、写事交融，而且生发议论自然，请举例说明。

3. 背诵这首词。

（单小青）

青 玉 案①

贺 铸

贺铸(1052~1125),字方回,黄州卫城(今河南辉县)人。早岁做过低级侍从武官,后转文职。宋哲宗元祐期间曾任泗州通判。晚年退居苏州,自号庆湖遗老。他的词,兼有婉约与豪放的风格,语言深婉密丽,为北宋后期一重要词家。著有《庆湖遗老诗集》和《东山词》(一名《东山寓声乐府》)。

凌波不过横塘路②,但目送、芳尘去。锦瑟华年谁与度③?月桥花院,琐窗朱户④,只有春知处。　　碧云冉冉蘅皋暮⑤,彩笔新题断肠句⑥。试问闲愁都几许⑦?一川烟草⑧,满城风絮,梅子黄时雨⑨。

---

① 本篇选自《东山词》。青玉案:词牌名,又名横塘路。

② 凌波:曹植《洛神赋》:"凌波微步,罗袜生尘。"形容美人步履轻盈。横塘:地名,在苏州城外,贺铸筑有小屋。

③ 锦瑟华年:指青春年华。语出李商隐《锦瑟》诗:"锦瑟无端五十弦,一弦一柱思华年。"

④ 琐窗:雕成连琐花纹的窗子。

⑤ 冉冉:流动貌。蘅皋:长有香草杜蘅的水边高地。

⑥ 彩笔:《南史·江淹传》:"淹少以文章显,晚节才思微退。……尝宿于冶亭。梦一丈夫自称郭璞,谓淹曰:'吾有笔在卿处多年,可以见还。'淹乃探怀中得五色笔一以授之。尔后为诗,绝无美句。时人谓之才尽。"

⑦ 都几许:共有多少。

⑧ 一川:满地。

⑨ 梅子黄时雨:即梅雨,当春夏之交,梅子成熟季节,江南多阴雨连绵。

【提示】

此词写相思而无法相聚的闲愁。或以为词中寄寓了作者沉沦下僚、不为时用的感情。

上片写所思之人不得相见。“凌波”，写美人之轻妙娇好。“不过横塘”，是相思而不得其来。“但目送”，词人亦是不得相随，只能目送芳尘渐渐远去。于是词人悬想，如此妙龄佳人，她的青春将与谁共度呢？月桥花院，琐窗朱户，或深居独处，只与春共度时光吧？这里或许就寄寓了年华虚度，不为人知，使美人迟暮的感慨。

过片写闲愁。“碧云”句写眼前景，接上“目送”意。佳人不能相见，芳尘去后，词人兀自孤立于长满杜蘅的岸边，不觉已暮云冉冉，惆怅无端的词人只能题词以抒写新愁，而此时的愁绪有几多呢？词人连用了三个眼前景来加以比喻：“一川烟草，满城风絮，梅子黄时雨。”那愁是无端无绪，混混茫茫，绵绵不绝的。

此词写相思，却可引发读者知音不遇、美人迟暮的寄寓联想，写闲愁化虚为实，融情于景，且独辟蹊径，被古人推为“神思”。

【思考与练习】

1.这首词是如何描写作者的相思之情的？词中所运用的比喻手法表现在哪里？

2.背诵这首词。

（单小青）

声　声　慢[1]

李清照

李清照(1084～约1155)，号易安居士，济南章丘(今属山东)人。建中靖国元年(1101)与赵明诚结婚。婚后，生活颇优裕适意。建炎元年(1127)北宋灭亡，逃难江南。建炎三年(1129)赵明诚病死。她在杭州、越州、温州、台州以及金华一带过着动荡流离、惊恐凄苦的生活，此后在孤寂中度过晚年。她工诗能文，其词在宋代卓然成家，是中国古代著名女词人。早期的词作，多写闺思闺情，韵调优美。南渡后，多写身世之感、伤时之痛。李清照词工于造语，创意出奇，还善于用白描手法抒写情感，语言清新自然，词风婉约，长调小令，均有较高的艺术成就。有《漱玉词》，今人辑有《李清照集》(中华书局编校本)。

寻寻觅觅[2]，冷冷清清，凄凄惨惨戚戚[3]。乍暖还寒时候[4]，最难将息[5]。三杯两盏淡酒，怎敌他、晚来风急！雁过也，正伤心，

---

① 本篇选自《漱玉词》。声声慢：词牌名，有平韵、仄韵二体，这首词是仄韵体。

② 寻寻觅觅：心中有所失，想要寻求到点儿什么的样子，有所寻求的神态跃然纸上。

③ 戚戚：忧愁的样子。

④ 乍：突然，骤然。乍暖还寒，指天气变化不定，时冷时热。

⑤ 将息：休息，保养。

却是旧时相识。　　满地黄花堆积①，憔悴损，如今有谁堪摘②！守著窗儿，独自怎生得黑③！梧桐更兼细雨，到黄昏、点点滴滴。这次第④，怎一个愁字了得⑤！

【提示】

这首词当作于国破家亡、丈夫去世之后，写孤苦无依生活情境，抒凄楚伤心之情，颇有影响，是词人的代表作之一。

词之开篇就连用了十四个叠字。"寻寻觅觅"，逼真地表现出了词人孤寂彷徨，如有所失的情态。要寻找什么呢？恐怕连词人自己也不知道。在生活中，她几乎失去了一切美好的东西，她还能寻到什么呢？但也正是如此，才可看出词人的无助、无依与无奈。"冷冷清清"，则正是词人早知要得到的回报——环境的凄苦、冷清。而这环境的凄冷，则更加深了她心情的凄苦。"凄凄惨惨戚戚"，极为细腻地描画出了词人苦惨与悲切的心情及容貌。下面则是对环境与心境的具体描写。乍暖还寒的时节，正是人所不堪的季节，几杯薄酒，岂能抵挡向晚秋风！这几句写自然环境，应"冷冷清清"四字。同时也是写心境的凄苦难堪，应"凄凄惨惨戚戚"六字。以下则写风中之雁。北雁南飞，使人感秋，更何况是旧时相识，都是由北南迁者？此时的词人就由一般感秋，寄寓了对故国与先夫的悼亡之痛了。

过片承上而来。写雁过，是仰望；此处写黄花，则是俯视，仍是寻寻觅觅的样子。堆积，形容花开之多，曾有盛时。然而此时已经十分憔悴了。花憔悴正衬托着人憔悴，同病相怜，所以使人无兴

---

① 黄花：指菊花。

② 损：副词，犹煞，极。李清照《玉楼春》："道人憔悴春窗，闷损阑干愁不倚。"有谁堪摘：有何堪摘，言菊花憔悴得很，还有什么值得摘取的呢？谁，何，什么。一说，没有谁堪与共摘花的兴致。

③ 怎生：怎样。

④ 次第：景况，情形。

⑤ 了得：指包括尽。了（liǎo），完毕，了结。

致，也不思再去采摘它了。雁牵旧绪，菊引新愁，使词人不知怎生熬到天黑。词到此，已把愁刻画得不能再写了。但词人又生波澜。即使到得天黑，天又下起雨来，秋雨打着梧桐，一点一滴都似敲在词人的伤心之处。真是愁绪绵绵，如何熬得到明呢？最后终于逼出“怎一个愁字了得”的结句，直抒痛苦万端的情感。

此词以日常生活细节来传达愁苦孤寂的内心世界，在语言上，不避口语、俗语，“怎生、“次第”、“了得”的运用，朴素而不失清新，又大量使用叠字写境传情，既典丽，又自然。

【思考与练习】

1. 这首词的主旨是什么？

2. 词的开篇就连用十四个叠字，这对表达作者的心绪有何作用？

3. 本词风格有何特点？

4. 背诵这首词。

（单小青）

菩　萨　蛮[①]

书江西造口壁[②]

辛弃疾

辛弃疾(1140～1207),字幼安,号稼轩,山东历城(今山东济南)人。绍兴三十一年(1161),率众二千人参加耿京抗金起义军,为掌书记,失败后,南归。初任江阴军签判、建康府通判、司农寺主簿等职。乾道八年(1172),出知滁州。历官江东安抚司参议官、仓部郎官、江西提点刑狱、京西转运判官、江陵知府兼湖北安抚使、大理寺少卿、湖北转运副使、潭州知州兼湖南安抚使、隆兴知府兼江西安抚使、两浙西路提刑等职。淳熙八年(1181)被弹劾罢职,闲居江西上饶带湖十年,自号稼轩居士。绍熙三年(1192)和四年(1193)一度出任福建提点刑狱和安抚使,旋被落职,庆元二年(1191)后迁居铅山,开禧三年(1207)秋病逝。辛弃疾是南宋著名爱国词人,词风雄豪壮大,但亦有妩媚、明快、沉郁之作。词集有《稼轩长短句》。

郁孤台下清江水③,中间多少行人泪。西北望长安④,可怜无

---

① 本篇选自《稼轩长短句》。菩萨蛮:唐玄宗时教坊名,后用为词调。

② 造口:亦称皂口,在今江西省万安县西南六十里处,有皂口溪从此处流入赣江。

③ 郁孤台:一名贺兰山,又名望阙。在今江西赣县城西南,因郁然孤起于平地之上,故名。清江:江西袁江与赣江合流处,旧称清江。这里当指赣江。

④ 长安:今陕西省西安市,曾为汉唐故都,这里借指北宋都城汴京(今河南开封),当时金人占领。

数山①。　　青山遮不住，毕竟东流去。江晚正愁余②，山深闻鹧鸪③。

【提示】

这首词写于淳熙三年(1176)春作者任江西提点刑狱驻赣州时，抒发忧国伤时之情，风格沉郁，是辛词代表作之一。

词的上片，从眼前清江之景，联想到当年金兵南下时人民的血泪历史，抒发了对中原故国的思念。由清江水跳到行人泪，正是写人民遭受亡国苦难之深。向西北而眺望长安，写词人怀念故国之情。青山遮住了视野，望而不可见，惆怅之情油然而生。而此二句之意却不在写眼前山水，乃是由长安之不可见，暗寓故都仍沦陷于金兵之手，几十年不得光复，无限感慨尽在言外。

下片即景抒情，抒写抗敌的坚定意志。“青山遮不住，毕竟东流去”，是千古名句。表面看，仍是就眼前景描写：青山虽然遮得住人的视线，却怎能挡得住赣江东流？但暗喻人民抗金复国的潮流不可阻挡，表现了词人抗战的坚定意志。词的最后二句写江晚山深之时的无限悲凉情怀。

这首词具有很高的艺术性，颇具特色。词中运用比兴手法，即景寓情，情景交融，以四十四字小令，创造了寓意深沉的意境，感染力很强。

---

① 可怜：可惜。

② 愁余：使我发愁。

③ 鹧鸪：又名“怀南”，叫声凄切。古人传说它的叫声像“行不得也哥哥”。这里是一语双关，暗示北伐事业障碍重重。

【思考与练习】

1. 词所表达的主题是什么?
2. 说说词中运用的比兴手法。
3. 背诵全词。

（单小青）

天　净　沙[①]
秋　　思[②]

马致远

马致远(约 1250～约 1321),字千里,号东篱,大都(今北京)人。青年时期怀才不遇,主要活动于"元贞书会"中,创作戏曲,时称"曲状元"。中年时一度出任江浙行省务官。晚年则退居田园,过隐逸的生活。他创作杂剧 15 种,今存 7 种,成就颇高。散曲今存小令 115 首,套曲 17 篇,意境优美,词语典雅清丽,整体风格于优雅恬静之中蕴含豪放超逸之气,为元曲大家。

枯藤老树昏鸦[③],小桥流水人家,古道西风瘦马。夕阳西下,断肠人在天涯[④]。

【提示】

本篇是马致远写羁旅题材的一篇名作。

作者用意象叠加的方法将十一个意象组织起来,作为断肠人活动的氛围,以主体感情相贯通,构成一个完整的意境。这些意象,以情感为基础,可分为两类。一类意象是以凄凉的情感为基调,与"哀景"结合起来,即"枯藤老树昏鸦",反映羁旅者的心情;另一类则以温暖明快的感情色彩为基调,与"乐景"相结合,即"小桥流水人家",从反面刺激羁旅者,引发他对故国家园的思念。作者

---

① 本篇选自《全元散曲》。天净沙:曲牌名,越调。

② 秋思:本篇曾被疑为无名氏作。现在一般认为是马致远所作。

③ 昏鸦:黄昏时鸣噪的乌鸦。

④ 断肠人:指饱受奔波之苦的旅途中人。

让“羁旅者”“左顾右盼”之后，回到自身进行观照，那就是“古道西风瘦马”，羁旅者是一副颓唐的样子，他的前方是“夕阳西下”的景象，影射元代知识分子在元代统治阶级压迫下穷途末路，没有前途。最后一句“断肠人在天涯”，将羁旅者的悲哀、惆怅、落寞表现得淋漓尽致。

【思考与练习】

1.本文表现了作者什么样的思想感情?

2.本篇用了什么样的艺术表现手法?

（王素美）

秋声赋①

欧阳修

欧阳修(1007～1072),字永叔,号醉翁,晚年又号六一居士,庐陵(今江西吉安)人。宋仁宗天圣八年(1030)进士。出任西京(今洛阳)留守推官,后入京任职。仁宗庆历年间,因参加范仲淹领导的庆历新政,贬知滁州、扬州、颍州等地,至和元年(1054),召回京师。后累官至翰林学士、枢密副使、参知政事。熙宁四年(1071)致仕。定居颍州,次年病逝,谥文忠。欧阳修博学多才,是北宋文学革新运动的领袖。文以韩愈为宗,反对浮靡时文,所作多有为而发,文笔纡徐委曲,条达疏畅,语言平易自然,负一代盛名。诗如其文,一洗"西昆体"绮靡、晦涩之习,语言清新流畅,风格流丽宛转。词则富于情韵。有《欧阳文忠公集》、《六一词》。

欧阳子方夜读书②,闻有声自西南来者,悚然而听之③,曰:"异哉!"初淅沥以萧飒④,忽奔腾而砰湃,如波涛夜惊,风雨骤至。其触于物也,鏦鏦铮铮⑤,金铁皆鸣;又如赴敌之兵,衔枚疾走⑥,不闻号令,但闻人马之行声。余谓童子⑦:"此何声也?汝出视

---

① 本篇选自《欧阳文忠公集》。

② 欧阳子:作者自称。

③ 悚(sǒng)然:惊惧貌。

④ 淅沥以萧飒:雨声夹杂着风声。

⑤ 鏦鏦铮铮:金属撞击声。

⑥ 衔枚:古代行军常令军士口中衔枚(状似筷子),以防喧哗。

⑦ 童子:年幼的侍从。

之。”童子曰：“星月皎洁，明河在天①，四无人声，声在树间。”

余曰：“噫嘻悲哉②！此秋声也，胡为而来哉？盖夫秋之为状也：其色惨淡，烟霏云敛③；其容清明，天高日晶；其气栗冽④，砭人肌骨⑤；其意萧条，山川寂寥。故其为声也，凄凄切切，呼号愤发。丰草绿缛而争茂⑥，佳木葱茏而可悦；草拂之而色变，木遭之而叶脱；其所以摧败零落者，乃其一气之余烈⑦。

“夫秋，刑官也⑧，于时为阴⑨；又兵象也⑩，于行用金⑪；是谓天地之义气⑫，常以肃杀而为心。天之于物，春生秋实。故其在乐

---

① 明河：银河。

② 噫嘻：叹息声。

③ 烟霏云敛：烟云密聚（阴晦的天气）。霏，飞。

④ 栗冽：凛冽，寒冷貌。

⑤ 砭（biān）：古代用以治病的石针，此处是针刺的意思。

⑥ 缛（rù）：繁荣。

⑦ 一气：指秋气。余烈：余威。

⑧ 夫秋，刑官也：周朝以天地四时之名命官，司寇为秋官，掌管刑法、狱讼。审决死囚也在秋天。

⑨ 于时为阴：以阴阳配合四时，春夏属阳，秋冬属阴。《汉书·律历志上》：“春为阳中，万物以生；秋为阴中，万物以成。”

⑩ 又兵象也：古代征伐，多在秋天，故云。《汉书·刑法志》：“秋治兵以狝。”颜师古注：“狝，应杀气也。”

⑪ 于行用金：以金、木、水、火、土分配四时，旧说秋天在五行中属金。《礼记·月令》：“某日立秋，盛德在金。”《汉书·五行志上》：“金，西方，万物既成，杀气之始也。”

⑫ 义气：秋气。《礼记·乡饮酒义》：“天地严凝之气，始于西南，而盛于西北，此天地之尊严气也，此天地之义气也。”

也，商声主西方之音①；夷则为七月之律②。商，伤也，物既老而悲伤；夷，戮也，物过盛而当杀。

"嗟乎！草木无情，有时飘零。人为动物，惟物之灵③，百忧感其心，万事劳其形，有动于中④，必摇其精⑤。而况思其力之所不及，忧其智之所不能，宜其渥然丹者为槁木⑥，黟然黑者为星星⑦。奈何以非金石之质⑧，欲与草木而争荣？念谁为之戕贼⑨，亦何恨乎秋声！"

童子莫对，垂头而睡。但闻四壁虫声唧唧，如助余之叹息。

【提示】

这篇赋写于宋仁宗嘉祐四年(1059)，欧阳修在京城奉命编修《新唐书》时。赋中铺陈描写衰飒的秋声，抒发其叹老伤晚的悲感。

此赋可分四段。

第一段从听觉写秋声，通过雨声、波涛声、金属撞击声、行军的

---

① 商声主西方之音：以宫、商、角、徵、羽五声分配四时，商声属秋；以之配四方，秋声属西，即西方是秋天的方位。

② 夷则为七月之律：以黄钟、大吕、太簇、夹钟、姑洗、中吕、蕤宾、林钟、夷则、南吕、无射、应钟十二律配十二月，七月为夷则。又《史记·律书》："七月也，律中夷则。夷则，言阴气之贼万物也。"张守节《史记正义》引《白虎通》："夷，伤也；则，法也。言万物始伤被刑法也。"

③ 惟物之灵：《尚书·周书·泰誓上》："惟人万物之灵。"谓人在万物中特别具有灵性。

④ 中：指心。

⑤ 精：精神。

⑥ 渥然丹者：《诗经·秦风·终南》："颜始渥丹。"渥丹，浓郁润泽的米红色，此指容颜红润。槁木：枯槁的树木。《庄子·齐物论》："形固可使如槁木，而心固可使如死灰乎？"

⑦ 黟(yī)然：黑貌。星星：斑白貌。谢灵运《游南亭》诗："戚戚感物叹，星星白发垂。"

⑧ 非金石之质：非坚固不坏的素质。《古诗十九首》："人生非金石"。

⑨ 戕贼：伤害。

脚步声，多方设喻，表现了秋声其来，由小到大的情形。第二段，状写秋景来表现秋声形成的原因和威力，突出秋的凄清、荒凉和肃杀。第三段，从时令、五行、音乐的角度，对秋之所以肃杀作出解释。第四段，由自然界的秋声联想到人之易老。人是有灵之物，不同于草木，人事忧劳，更会使人日渐身形衰老。

这篇赋继承了赋铺张扬厉以状物的传统手法，同时又大胆打破赋的传统手法，创造了一种以散文为主、杂以骈偶的文赋，对宋赋影响很大。

【思考与练习】

1. 概括文章的主题思想。

2. 本文所采用的基本描写手法是什么？

3. 此赋是如何写秋声状秋景的？

（单小青）

前赤壁赋[①]

苏轼

壬戌之秋[②],七月既望[③],苏子与客泛舟[④],游于赤壁之下。清风徐来,水波不兴。举酒属客,诵明月之诗[⑤],歌窈窕之章[⑥]。少焉,月出于东山之上,徘徊于斗牛之间[⑦]。白露横江,水光接天。纵一苇之所如[⑧],凌万顷之茫然[⑨]。浩浩乎如冯虚御风[⑩],而不知其所止;飘飘乎如遗世独立[⑪],羽化而登仙[⑫]。

于是饮酒乐甚,扣舷而歌之。歌曰:"桂棹兮兰桨[⑬],击空明兮

---

① 赤壁:实为黄州赤鼻矶,并非三国时赤壁之战的旧址。

② 壬戌:宋神宗元丰五年(1082)。

③ 既望:阴历每月十六日。望,十五日。

④ 苏子:作者自称。

⑤ 明月之诗:指曹操《短歌行》,诗中有"明明如月,何时可辍"和"月明星稀,乌鹊南飞"之句。或以为指《诗经·陈风·月出》。

⑥ 窈窕之章:指《诗经·陈风·月出》,诗中有"月出皎兮,佼人僚兮,舒窈纠(jiǎo)兮"诗句。"窈纠"同"窈窕"。

⑦ 斗牛:星辰名,即斗宿和牛宿。

⑧ 纵:听凭。一苇:苇叶般的小船。《诗经·卫风·河广》:"谁谓河广?一苇杭之。"所如:所往。

⑨ 凌:凌驾,越过。

⑩ 冯虚御风:在天空中乘风而行。冯,同"凭",乘,依托。御风,乘风。

⑪ 遗世:超脱尘世。

⑫ 羽化而登仙:即飞升成仙。道教认为成仙者身生羽翼,变化飞行。

⑬ 桂棹(zhào):桂树做的棹。棹,划船的用具。兰桨:也是划船用具的美称。

泝流光①;渺渺兮予怀②,望美人兮天一方③。”客有吹洞箫者④,倚歌而和之。其声呜呜然,如怨如慕,如泣如诉;余音袅袅,不绝如缕,舞幽壑之潜蛟⑤,泣孤舟之嫠妇⑥。

苏子愀然⑦,正襟危坐⑧,而问客曰:“何为其然也?”

客曰:“‘月明星稀,乌鹊南飞’,此非曹孟德之诗乎⑨?西望夏口⑩,东望武昌⑪,山川相缪⑫,郁乎苍苍⑬,此非孟德之困于周郎

---

① 空明:月光映照下的明澈江水。泝:同“溯”,逆流而上。流光:指江面上随波浮动的月光。

② 渺渺:悠远貌。

③ 美人:心中思慕的人。

④ 客有吹洞箫者:指绵竹道士杨世昌。赵翼《陔余丛考》卷二十四:“东坡《赤壁赋》:‘客有吹洞箫者’,不著姓字。吴匏庵有诗云:‘西飞一鹤去何祥?有客吹箫杨世昌。当日赋成谁与注?数行石刻旧曾藏。’据此则客乃杨世昌也。按东坡《次孔毅父韵》:‘不如西州杨道士,万里随身只两膝。’又云:‘杨生自言识音律,洞箫入手清且哀。’则世昌之善吹箫可知。匏庵藏帖信不妄也。按世昌,绵竹道士,字子京。见王注苏诗。”一说指李委。苏轼《与范子丰书》:“李委秀才来相别,因以小舟载酒饮赤壁下。李善吹笛,酒酣作数弄……坐念孟德、公瑾,如昨日耳。”

⑤ 舞幽壑之潜蛟:使深渊中潜藏的蛟龙闻之而起舞。

⑥ 嫠(lí)妇:寡妇。

⑦ 愀(qiǎo)然:忧愁貌。

⑧ 正襟危坐:严肃地坐着。

⑨ 孟德:曹操的字。

⑩ 夏口:今湖北武昌。

⑪ 武昌:今湖北鄂城。

⑫ 缪(liáo):同“缭”,缭绕意。

⑬ 郁乎苍苍:形容草木茂盛,葱郁苍翠。

者乎①？方其破荆州②，下江陵③，顺流而东也，舳舻千里④，旌旗蔽空，酾酒临江⑤，横槊赋诗⑥，固一世之雄也，而今安在哉！况吾与子渔樵于江渚之上⑦，侣鱼虾而友麋鹿⑧，驾一叶之扁舟⑨，举匏樽以相属⑩。寄蜉蝣于天地⑪，渺沧海之一粟⑫。哀吾生之须臾，羡长江之无穷。挟飞仙以遨游，抱明月而长终⑬。知不可乎骤得，托遗响于悲风⑭。”

苏子曰：“客亦知夫水与月乎？逝者如斯⑮，而未尝往也；盈虚者如彼⑯，而卒莫消长也。盖将自其变者而观之，则天地曾不能以一瞬⑰；自其不变者而观之，则物与我皆无尽也。而又何羡乎？且夫天地之间，物各有主，苟非吾之所有，虽一毫而莫取。惟江上之

---

① “此非”句：指赤壁之战。汉献帝建安十三年(208)，曹操在赤壁之战中被吴将周瑜击败。周郎：指周瑜。

② 方其破荆州：汉建安十三年七月，曹操大军攻打荆州。刺史刘表病死。八月，表次子刘琮以荆州投降曹操。荆州，今湖北襄樊。

③ 江陵：今属湖北。曹操攻占荆州后，又在当阳长坂坡打败刘备，进占江陵。

④ 舳舻(zhú lú)：此指前后首尾相接的船。舳，船尾持舵处。舻，船头刺棹处。

⑤ 酾(shī，又读 shāi)酒：斟酒。

⑥ 横槊(shuò)：横拿着长矛。槊，长矛。

⑦ 渔樵：捕鱼打柴，在这里作动词用。

⑧ 侣鱼虾而友麋鹿：与鱼虾作伴，与麋鹿为友。麋(mí)，鹿的一种。

⑨ 扁(piān)舟：小船。

⑩ 匏(páo)樽：葫芦做的酒杯。匏，葫芦的一种。

⑪ 寄蜉蝣于天地：像蜉蝣寄生于天地之间，喻人生短暂。蜉蝣，一种朝生暮死的小虫。

⑫ 渺沧海之一粟：比喻人极其渺小。

⑬ 长终：永远存在，长存始终。

⑭ 遗响：余音，指箫声。悲风：秋风。

⑮ 逝者如斯：《论语·子罕》：“逝者如斯夫，不舍昼夜。”斯，指江水。

⑯ 盈虚：指圆缺。彼：指月。

⑰ 一瞬：一眨眼的工夫，极言其变化之速，时间之短。

清风,与山间之明月,耳得之而为声,目遇之而成色;取之无禁,用之不竭。是造物者之无尽藏也①,而吾与子之所共食②。”

客喜而笑,洗盏更酌。肴核既尽③,杯盘狼籍④。相与枕藉乎舟中⑤,不知东方之既白。

【提示】

这篇赋是苏轼元丰五年(1082)贬官黄州时所作。全文抒发了“凭吊江山,恨人生之如寄;流连风月,喜造物之无私”(张伯行《唐宋八大家文钞》卷八)的矛盾心情。文中既流露出作者遭贬不得志的痛苦,又表达了他不以得失为怀的旷达思想。

全文可分三段:

第一段写月夜泛舟所见的大江美好景色及飘然欲仙的畅适心境。作者写景主要写月夜江景的浩渺浑茫,为遗世而独立思想张本。第二段由箫声转到主客有关人生意义的对话。客人无常之悲与主人物我皆无尽的思想,事实上都是苏轼思想情感的写照,反映出作者心灵的苦闷和积极寻求精神解脱的旷达胸怀。第三段以狂饮酣睡达旦作结,既可理解为这是主客解脱后忘记苦闷的结果,又可理解为这是苦闷仍未尽弃的结果。

主客对话,是赋的传统表现手法。但苏轼此赋,设主客对话于江天浩渺的景色描写之中,谈话源自江天月景,江天月景又映衬着对话内容。文章骈散结合,用韵时有疏密,颇见苏轼行文得心应手之妙。

---

① 造物者:泛指天地、大自然。无尽藏:佛家语,意谓无尽的宝藏。

② 食:享用,一作“适”。

③ 肴(yáo)核:菜肴果品。肴,菜肴。核,果品。

④ 狼籍:杂乱貌。

⑤ 枕藉(jiè):相互枕靠着睡。

【思考与练习】

1. 本文是如何描写江水、明月、清风的？这段景物描写在文章的抒情、议论方面有什么作用？

2. 这篇赋是如何描写箫声的？引起了作者什么样的情感变化？

3. 背诵课文一、二段。

（单小青）

中国现代文学概述

中国现代文学又称为新文学，它是在五四新文化运动和五四文学革命中发生并伴随着中国新民主主义革命而成长起来的文学。1917年胡适在《新青年》上首先发表《文学改良刍议》，提出文学改良的"八事"；陈独秀"高扬文学革命军大旗"，发表《文学革命论》，提出文学革命的"三大主义"，这是五四文学革命中最为响亮而彻底的口号。受他们影响，钱玄同、刘半农、鲁迅、周作人等都成为这一场运动的发起者。他们对中国新文学的建设从整体上提出了初步的设想。

这场新文学的革命运动，向上追寻与晚清的改良主义思想家倡导的"诗界革命"、"文界革命"有承继关系，到了1915年，陈独秀创办《新青年》更为这一场新文学的革命做了舆论基础。五四运动的爆发，中国人民反帝反封建运动直接影响了五四文学革命的主旨：启蒙主义的反封建主义和反专制主义；提倡科学和民主；反对文言文，提倡白话文；全面清理封建主义文学的负面影响；重新估价一切传统文化、传统思想的价值；让中国文学与世界文学打通并且接轨。这是一场关系到中国文化的振兴与衰败的关键之战。这一场运动，以北京大学为营垒，以《新青年》为核心，形成了具有初步共产主义思想的知识分子和革命小资产阶级知识分子、资产阶级知识分子组成的新文化统一战线。五四以后，围绕着文学先驱者和他们创办的文学杂志，文学社团流派大量涌现，这显示出新文学已经在有组织地同旧文学的斗争中取得了绝对优势，它们已经走出沉寂，逐渐被社会认可了。其中最主要的有：现实主义的文学研究会、从日本崛起的浪漫主义的创造社、北京大学的新潮社；鲁迅积极支持的热衷于社会批评、文明批评的语丝社、莽原社；以留美学生为主的新月社；在新文学开创期“最坚韧，最诚实，挣扎得最久的团体”（鲁迅《〈中国新文学大系〉小说二集序》）的浅草—沉钟社；专写爱情诗的湖畔诗社；注重译介外国文学作品的未名社；热心于戏剧运动和创作实践的南国社等。当时也有反对新文化的南京的学衡派、北京的甲寅派。

适应其时的新文学作品也相继出现。五四时期最早出现的作品是新诗。胡适最初在《新青年》上发表白话诗，后出版第一本白话诗集《尝试集》，为现实主义诗歌创作奠定了基础；郭沫若的《女神》真正代表了五四狂飙突进时代精神，开辟了中国现代诗歌的浪漫主义传统。这一时期诗人的队伍是很大的，如刘半农出版有《扬鞭集》、《瓦釜集》，刘大白有《旧梦》、《邮吻》，俞平伯有《冬夜》、《西还》和《忆》。和《冬夜》同时于 1923 年 2 月出版的诗集是康白情的《草儿》。文学研究会的作家多执著于小说，但是他们之中的冰心出版的小诗集《繁星》和《春水》仿学泰戈尔，别有风味；朱自清 1921 年开始写散文，但他早在 1919 年已经开始写新诗；其他如写过《小河》的周作人、写过《三弦》的沈尹默。陈独秀、李大钊、鲁迅等文学开拓者也为新诗的开路助阵击鼓。稍晚出现的新月诗派，对新诗的发展有了自己的新审视。他们不满意初期新诗的散文化趋向，也并不主张回到旧文学的窠臼，而是借鉴外国诗歌创作经验，自创格局，提倡新格律体诗。他们主张新诗的唯美主义，形式上也讲究“三美”，即绘画的美、音乐的美、建筑的美，而且说新诗要量体裁衣。其中努力实践的诗人是徐志摩、闻一多，前者出版了《志摩的诗》、《翡冷翠的一夜》、《猛虎集》等，后者有《红烛》、《死水》。

鲁迅于 1918 年发表了他的第一篇白话小说《狂人日记》，是中国新文学现实主义的开山之作。五四以后小说创作上最引人注目的是鲁迅的小说集《呐喊》、《彷徨》。这两部小说选材精严、思想深切，集中表现出中国五四小说的精神风貌。它们以彻底的反封建思想和反封建专制主义的启蒙意义取得了众所瞩目的实绩。在手法上,不仅继承了传统小说的创作经验,而且广泛地吸收西方小说的艺术营养,在榛莽中奋力开辟出新路。这一时期倾向于现实主义的作家,属于文学研究会之群的有叶绍钧、冰心、王统照、许地山、庐隐等;属于新潮社的作家有杨振声、罗家伦、汪敬熙等,其中还有一批小说家王鲁彦、许钦文、冯文炳、许杰、台静农继承鲁迅开创的乡土文学的传统,以写农村题材的资格参与新文学的建设。与上述小说家不同的是创造社的作家群提倡文学要为艺术而艺术,张表现自我之旗,倡抒发真情之旨,以强调个性主义,从而写出了一些浪漫主义自叙传体小说。郁达夫的《沉沦》无异于给新文学的园地里带来了一阵个性主义的风暴。这样大胆而夸张地坦露自己的感情,将传统文化禁锢下的老式文人吓得目瞪口呆,这是因为小说的真率使假道学无处藏身。散文创作最早显示了成熟的消息。鲁迅的散文诗《野草》和回忆散文集《朝花夕拾》开风气之先;冰心的《寄小读者》,思想之纯、文字之美是公认的;朱自清的《背影》,以及后来的许多名篇,深蕴民族传统,又容纳西方笔法,以成灵活多姿之态,早已脍炙人口;郁达夫的零余者自述和游记别有诗的风致。

1927 年大革命失败以后,中国新文学发展不仅没有停止,还出现了众所瞩目的强劲现象,那就是中国无产阶级革命文学运动的兴起。最初由创造社、太阳社于 1928 年倡导无产阶级革命文学,他们主观上要发起新的文学运动,态度是积极的,也是在相当艰难的境遇中勇敢而果断的选择。但是由于发起运动者对中国现状不甚了解,所以提出的路线是有偏颇和局限性的。经过鲁迅、茅盾等人与他们的论争,在大目标上基本取得了一致。这就导致了 1930 年 3 月 2 日中国左翼作家联盟在上海的成立。“左联”在中国共产党领导下,组织严密,斗争得力,先后有 270 多人加盟。他们在广州、武汉、南京、东京等地都设有分盟。“左联”一直坚持到 1936 年,因为要创建文艺界的抗日民族统一战线组织而解散。他们出版了《拓荒者》、《萌芽月刊》、《巴尔底山》、《北斗》、《文学月报》等杂志;“左联”坚持马克思主义文艺思想,在粉碎国民党的反革命文化围剿中成长壮大,自觉而有效地密切了文学同革命的关系;他们团结文学青年进行文学实践活动;在文学创作、文学批评和译介外国文学著作方面都有明显成绩。“左联”尽管有这样那样的缺点,但是它在现代文学史上的杰出贡献是不能被抹杀的。鲁迅曾说:“在中国,无产阶级的革命的文艺运动,其实就是惟一的文艺运动。”(《中国无产阶级革命文学和前驱的血》)

在30年代的文学创作中左翼文学取得了绝对的优势。这些作品注重反映重大题材,而且有锐利的战斗锋芒。鲁迅的杂文以锐利的斗争锋芒成为反“围剿”的匕首和投枪,也在更广泛的意义上发挥了社会批评和时代批评、人文批评的战斗作用,在文学创作实践中使这一特别的文体确立了它在文坛中的地位;鲁迅的《故事新编》是神话、传说和史实的演义,作品熔铸古今,在思想与艺术上作了大胆而有意义的探索。茅盾的长篇小说《子夜》和另外一些短篇小说是作家大规模地描写中国社会的成功之作,他们的成功为中国现代小说开辟了有别于鲁迅的现代文学新传统。左翼话剧创作以田汉、洪深、夏衍等为左翼“剧联”的领导,田汉从南国时期创作起步,创作不辍,有《获虎之夜》、《名优之死》、《回春之曲》等。早年追求浪漫主义,后转向现实题材和革命题材。洪深以清醒的革命意识写作,有“戏剧农村三部曲”《五奎桥》、《香稻米》、《青龙潭》。夏衍最初创作以历史题材为主,有《赛金花》、《秋瑾》,1937年他写了《上海屋檐下》。后最有影响的作品是40年代写下的《心防》和《法西斯细菌》。30年代“左联”中涌现出一大批文学新人,他们多是受到五四第一代作家创作的影响,同时得到他们的鼓励和帮助而走向文学的。丁玲以《莎菲女士的日记》表现出她的个性主义创作倾向,后来写下的《水》、《韦护》等是她的新探索。蒋光慈写过一些红色鼓动诗,出版《新梦》和《哀中国》,也有《少年飘泊者》、《咆哮了的土地》等小说名世。殷夫曾把早期诗作集成《孩儿塔》,他很快改变写法,也写红色鼓动诗。张天翼初期小说贪求轻飘飘的讽刺,后来的作品有了深度,如《包氏父子》等。叶紫从血泊中走来,带着复仇和为农民革命写真的抱负从事创作,其《丰收》得到鲁迅的称赞并被编入奴隶丛书；该丛书的另外两本是萧红的《生死场》和萧军的《八月的乡村》，二萧与东北作家群中的骆宾基、端木蕻良、舒群、白朗等来自东北沦陷区，他们在入关之前有了一些创作经历，加入“左联”以后，创作上又有了长足的进步。他们的作品反映失去了家园的人民抗击侵略者的不屈斗争，从而也反思民族精神、民族文化等更为广阔的问题。四川作家群中的沙汀、艾芜得到鲁迅通信的鼓励和教诲之后，创作上取得了进步。艾芜的《南行记》写流浪者群落，写非常的社会带给底层人性的荒芜，他着眼于社会问题表现这一题材。沙汀写边远地区乡村的黑暗，有《土饼》、《苦难》等集，他的长篇小说“三记”《淘金记》、《困兽记》、《还乡记》是批判现实的鸿篇巨制。写 30 年代动荡不安生活的还有吴组缃的《一千八百担》等小说。1932 年 9 月，“左联”领导下的中国诗歌会由穆木天、杨骚、任钧、蒲风等人发起。后来各地有分会，出版有杂志《新诗歌》，主张“捉住现实”和“大众歌调”。蒲风的诗集《茫茫夜》、《钢铁的歌唱》集中体现了这方面的成果。臧克家虽然不是中国诗歌会的成员，但是他的创作也以写农村题材为多，在诗风上与中国诗歌会有相近的追求。

无产阶级革命文学运动以外，还有一些进步的民主主义作家，虽然没有“左联”那样严密的组织，但是有的与“左联”之间的关系比较密切，也得到了“左联”的大力帮助。巴金的《家》把封建旧家庭的沦落作为中国封建主义统治的缩影来加以表现，写出了中国的人性解放之歌。老舍的《骆驼祥子》是城市下层人民的悲剧。曹禺专注于戏剧创作，《雷雨》和《日出》几乎是一鸣惊人，为中国话剧运动开辟了第三个中兴时代。林语堂热心小品文，倡闲适幽默，办了《论语》、《人世间》和《宇宙风》等小品杂志。周作人虽然作了响应，但是周作人冲淡而近禅，林语堂愤世却游戏。周作人的大量小品文，同鲁迅杂文的逼近生活迥异，但是也有他的自矜和不平。至于后来在抗战时期他附逆日敌，丧失气节，则不容原谅，其文格也渐卑。围绕着《大公报·文艺副刊》，以沈从文为核心，形成京派作家群。沈从文的《边城》等小说是 30 年代乡土小说的代表。他的小说追求人性重造的理想，形式上做过多方探索，他的散文也同样具有质朴而灵秀的神韵。还有一些作家与“左联”关系比较疏远，但何其芳的散文和诗、卞之琳的诗、萧乾的小说都有相当多的读者。这些作家后来有了新的发展。

抗日战争的开始使中国现代文学发生了新变化。作家迫于环境的压力，不能坐在亭子间里从容不迫地进行创作了，共同的认识是文学要民间化、作家要群众化。遵循中国共产党的抗日民族统一战线的主张和国共合作共同抗日的总目标，在周恩来的亲自组织领导下，1938 年 3 月 27 日中华全国文艺界抗敌协会(“文协”)在武汉成立，这是中国最广泛的文学统一战线组织。广纳会员、广设分会，提出“文章下乡，文章入伍”，创办《抗战文艺》杂志，在整个抗战期间起到了团结尽可能多的力量参加到抗日队伍中的重要作用。与此同时郭沫若主持的军委会政治部第三厅也发挥了重要作用。

抗日战争开始时期的创作多是小型而又通俗的作品和纪实性作品。如报告文学、朗诵诗、独幕剧、街头剧的创作十分活跃。被称为“好一计鞭子”的三个街头剧《放下你的鞭子》、《三江好》、《最后一计》是最具有代表性的剧作。报告文学有黄钢的《开麦拉之前的汪精卫》、沙汀的《随军散记》、周立波的《战地日记》等。1937 年 11 月上海沦陷，在日寇包围中的部分作家坚持抗日文艺工作，出现了“孤岛文学”现象。他们不但出版了《鲁迅全集》，还出版了多人的抗战杂文集《边鼓集》、《横眉集》。阿英以笔名魏如晦写的南明历史题材话剧和于伶的《夜上海》等都有较大影响。

在国统区，抗战前期的诗歌创作最具影响的是围绕在胡风《七月》杂志周围，以艾青、田间为旗帜的七月诗派。诗人有亦门、鲁藜、邹荻帆、绿原等。抗战时期是现代新诗自五四以来的第二次大爆发。其中艾青在“左联”时期已经有名作《大堰河，我的保姆》，抗战时期他的抒情诗《北方》、《旷野》，长诗《向太阳》、《火把》是饱含忧国忧民之情又积极向上的，他是人民的诗人，他对祖国土地抱有深情，他用自己的爱国热情拥抱正义，讴歌光明；他不仅在诗歌的题材上善于摄取，而且手法不拘一格，他将中国现代诗歌创作艺术推向了一个全新阶段。艾青不仅对于新诗的创作有卓越的贡献，他还注重诗歌理论研究，作有《诗论》。田间也是“左联”时期的诗人，但是他最具影响的还是写于抗战开始的《给战斗者》和在延安写下的多首杰出的街头诗。小说方面茅盾《第一阶段的故事》、艾芜《纺车复活的时候》、萧乾《刘粹刚之死》、姚雪垠《差半车麦秸》、沙汀《在其香居茶馆里》都从不同角度勾画出了抗战开始阶段的中国面貌。张天翼的《华威先生》、茅盾的《腐蚀》以及郭沫若的《屈原》等六个历史剧，重在抨击国民党黑暗统治，有相当的震撼力。其他有致力于长篇小说创作的巴金在《家》之后又续写了《春》、《秋》，合成了《激流三部曲》，萧红有她的长篇力作《呼兰河传》和短篇佳作《小城三月》等发表。

1942 年 5 月召开了延安文艺座谈会，毛泽东发表了著名的《在延安文艺座谈会上的讲话》，目的是解决在抗战形势下，中国的文艺工作者应该如何转变创作的立脚点和改变创作的方法，以适应当时非常紧迫的国势。讲话提出了文艺要为工农兵而创作，为工农兵所利用。他的讲话为广大文艺工作者指出了奋斗方向，并解决了文艺创作中的许多重大问题，具有非常意义。讲话之后广大文艺工作者纷纷下到最底层人民群众中去深入生活，学习群众，改变感情，创作出一大批人民群众所喜闻乐见的作品。这些作品从主题到题材，从作品主人公到语言，都更靠近大众，在抗日战争后期一直到解放战争时期出现的大量作品都与毛泽东的讲话有关。赵树理的小说《小二黑结婚》、《李有才板话》、《李家庄的变迁》，孙犁的《荷花淀》、康濯的《我的两家房东》都是写根据地农民生活的新面貌。丁玲《太阳照在桑干河上》、周立波《暴风骤雨》最早反映中国农村土地改革斗争。李季与阮章竞分别写出了采用民歌格调的叙事长诗《王贵与李香香》、《漳河水》。解放区的歌剧是新文学史上出现的新品类，特别是《白毛女》以北方农民的苦难生活为表现对象，揭示了“旧社会把人变成鬼，新社会把鬼变成人”的主题。

1942年以后到解放前夕,在解放区文学创作取得很大成就的同时,国统区的文艺运动也得到了发展。出现了一批优秀作品,以暴露国统区黑暗为题材的作品最为盛行。在诗歌方面,产生了袁水拍的政治讽刺诗《马凡陀的山歌》,风格诙谐幽默;臧克家的《宝贝儿》、《生命的零度》、《冬天》有讽刺,又以尖锐明快见长。30年代的现代派诗歌,到了抗战时期已经衰微,其代表者戴望舒曾经以《雨巷》名世,这时发展为浪漫主义趋向。他的《灾难的岁月》,把自己的声音汇入了人民解放的呐喊声中,《我用残损的手掌》、《偶成》都有了新意。戴望舒的远离现代派,并不影响这时期又出现了新的现代诗派。所谓"九叶诗派"的九位诗人是:杭约赫、辛笛、穆旦、陈敬容、郑敏、唐祈、唐湜、杜运燮、袁可嘉,他们从不同渠道接受了西方现代派、象征派诗的影响,但他们不像20年代的李金发为代表的象征派和早期戴望舒为代表的现代派诗人那样喜欢沉缅于个人感情天地,而是要为新时代报晓,为人民而歌。在手法上仍然多用象征。40年代国统区的戏剧作品有陈白尘的《升官图》、吴祖光的《捉鬼传》、茅盾的《清明前后》,或表现官僚资本对中小企业的压榨,或揭示国民党的政治腐败,或表现人民的痛苦生活和他们的反抗斗争。这些作品的批判力强大,预示了蒋介石政权行将覆灭的消息。这时期的小说创作反映生活面很广,题材和人物也多样。老舍《四世同堂》、茅盾《锻炼》、沙汀《还乡记》、艾芜《山野》、姚雪垠《长夜》,不仅揭露反动统治的黑暗,也描写人民的反抗斗争。此外也出现了一批在艺术上很有特色的长篇。如巴金《寒夜》、路翎《财主的儿女们》、黄谷柳《虾球传》、徐 讦《风萧萧》、无名氏《北极风情画》和《野兽野兽野兽》、钱钟书的《围城》等都别具一格。适应当时尖锐复杂的阶级斗争的需要,作家写了很多杂文,以抨击"旧时代的阴魂","迎接新时代的晨星"。这些作品多发表在《新华日报》、《抗战文艺》,在桂林还创办了《野草》月刊,出版了《野草丛书》。郭沫若《羽书集》、《今昔蒲剑》,茅盾《炮火的洗礼》、《见闻杂记》,巴金《龙虎狗》、《废园外》,朱自清《论雅俗共赏》、《标准与尺度》,冯雪峰《乡风与市风》、《有进无退》,聂绀弩《历史的奥秘》、《蛇与塔》、《血书》,何其芳《星火集》等都有广泛的影响。

1949 年 7 月 2 日,新中国诞生前夕,中华全国文学艺术工作者在北京召开全国文艺工作者代表大会,这是一次各路文艺大军的会师。会议的召开也就宣告了中国现代文学从此迈进了当代文学。

(刘玉凯)

寄小读者[通讯七][①]

冰 心

冰心(1900～1999),原名谢婉莹,笔名冰心,福建省长乐县人。现代文学史上最早成名的女作家。1921 年参加文学研究会,1923 年燕京大学毕业后赴美留学。赴美途中及旅美期间所写散文寄回国内发表,后结集为《寄小读者》出版。1926 年回国,在燕京、清华等校任教。1946 年去日本东京大学教授"中国新文学",1951 年回国。冰心早期作品主要有小说集《超人》,小诗集《繁星》和《春水》,散文集《寄小读者》和《往事》等。解放后有散文集《樱花赞》、《小橘灯》、《再寄小读者》、《三寄小读者》等。

亲爱的小朋友:

八月十七日的下午,约克逊号邮船无数的窗眼里,飞出五色飘扬的纸带,远远的抛在岸上,任凭送别的人牵住的时候,我的心是如何的飞扬而凄恻[②]!

痴绝的无数的送别者[③],在最远的江岸,仅仅牵着这终于断绝的纸条儿,放这庞然大物,载着最重的离愁,飘然西去!

船上生活,是如何的清新而活泼。除了三餐外,只是随意游戏

---

① 本篇选自《寄小读者》。全文由两部分组成,前后两部分写于不同的时间和不同的地点。前一部分 1923 年 8 月 20 日作者赴美途经日本神户时写的海上观感;后一部分是 1923 年 10 月 14 日作者在美国游慰冰湖时写的游记。

② 凄恻:凄凉悲伤。

③ 痴绝:极其痴情。

散步。海上的头三日，我竟完全回到小孩子的境地中去了，套圈子，抛沙袋，乐此不疲，过后又绝然不玩了。后来自己回想很奇怪，无他，海唤起了我童年的回忆，海波声中，童心和游伴都跳跃到我脑中来。我十分的恨这次舟中没有几个小孩子，使我童心来复的三天中，有无猜畅好的游戏！

我自少住在海滨，却没有看见过海平如镜，这次出了吴淞口，一天的航程，一望无际尽是粼粼的微波。凉风习习，舟如在冰上行。过了高丽界，海水竟似湖光，蓝极绿极，凝成一片。斜阳的金光，长蛇般自天边直接到栏旁人立处。上自穹苍，下至船前的水，自浅红至于深翠，幻成几十色，一层层，一片片的漾开了来。——小朋友，恨我不能画，文字竟是世界上最无用的东西，写不出这空灵的妙景！

八月十八夜，正是双星渡河之夕，晚餐后独倚栏旁，凉风吹衣。银河一片星光，照到深黑的海上。远远听得楼栏下人声笑语，忽然感到家乡渐远。繁星闪烁着，海波吟啸着，凝立悄然，只有惆怅。

十九日黄昏，已近神户，两岸青山，不时的有渔舟往来。日本的小山多半是圆扁的，大家说笑，便道是“馒头山”。这馒头山沿途点缀，直到夜里。远望灯光灿然，已抵神户，船徐徐停住，便有许多人上岸去。我因太晚，只自己又到最高层上。初次看见这般璀璨的世界①，天上微月的光，和星光，岸上的灯光，无声相映。不时的还有一串光明从山上横飞过，想是火车周行。……舟中寂然，今夜没有海潮音，静极心绪忽起：“倘若此时母亲也在这里……”我极清晰的忆起北京来，小朋友，恕我，不能往下再写了。

冰心

八，二十，一九二三，神户。

朝阳下转过一碧无际的草坡，穿过深林，已觉得湖上风来，湖

① 璀璨：灯火辉煌。

波不是昨夜欲睡如醉的样子了。——悄然的坐在湖岸上,伸开纸,拿起笔,抬起头来,四围红叶中,四面水声里,我要开始写信给我久违的小朋友。小朋友猜我的心情是怎样的呢?

水面闪烁着点点的银光,对岸意大利花园里亭亭层列的松树都证明我已在万里外。小朋友,到此已逾一月了,便是在日本也未曾寄过一字,说是对不起呢,我又不愿!

我平时写作,喜在人静的时候。船上却处处是公共的地方,舱面栏边,人人可以来到。海景极好,心胸却难得清平。我只能在晨间绝早,船面无人时,随意写几个字,堆积至今,总不能整理,也不愿草草整理,便迟延到了今日。我是尊重小朋友的,想小朋友也能尊重原谅我!

许多话不知从哪里说起,而一声声打击湖岸的微波,一层层的没上杂立的湖石,直到我蔽膝的毡边来,似乎要求我将她介绍给我的小朋友。小朋友,我真不知如何的形容介绍她!她现在横在我的眼前。湖上的明月和落日,湖上的浓阴和微雨,我都见过了,真是仪态万千。小朋友,我的亲爱的人都不在这里,便只有她——海的女儿,能慰安我了。Lake Waban,谐音会意,我便唤她做“慰冰”。每日黄昏的游泛,舟轻如羽,水柔如不胜桨。岸上四周的树叶,绿的,红的,黄的,白的,一丛一丛的倒影到水中来,覆盖了半湖秋水。夕阳下极其艳冶,极其柔媚。将落的金光,到了树梢,散在湖面。我在湖上光雾中,低低的嘱咐他,带我的爱和慰安,一同和他到远东去。

小朋友!海上半月,湖上也过半月了,若问我爱哪一个更甚,这却难说。——海好像我的母亲,湖是我的朋友。我和海亲近在童年,和湖亲近是现在。海是深阔无际,不着一字,她的爱是神秘而伟大的。我对她的爱是归心低首的①。湖是红叶绿枝,有许多衬托。她的爱是温和妩媚的。我对她的爱是清淡相照的。这也许太抽象,然而我没有别的话来形容了!

---

① 归心低首:由衷地归附。

小朋友，两月之别，你们自己写了多少，母亲怀中的乐趣，可以说来让我听听么？——这便算是沿途书信的小序，此后仍将那写好的信，按序寄上。日月和地方，都因其旧。“弱游”的我①，如何自太平洋西岸的上海绕到大西洋西岸的波司顿来，这些信中说得很清楚，请在那里看罢！

不知这几百个字，何时方达到你们那里，世界真是太大了！

冰心

十，十四，一九二三，慰冰湖畔，威尔斯利。

【提示】

《寄小读者》是冰心赴美途中及旅美期间以给国内小朋友写信的形式写的一组散文的结集。冰心的小说、诗歌和散文三位一体都是表现自然、童真和母爱的。《寄小读者》是写于异域他乡，所以除自然、童真和母爱而外，还表现了对祖国母亲的深沉的思念。《寄小读者》[通讯七]前一部分的侧重点是海，主要通过描写离别的场面及对海景的观感和联想，表现对祖国的依恋和情思；后一部分写的是湖，在尽情渲染慰冰湖的美景后，表示愿和国内小朋友分享这美景，让落日金光把她的爱和慰问带到祖国，仍突出思乡念亲的情绪。并且通过湖海的对比来表现对祖国母亲爱得深沉。作者笔下的海是祖国母亲的象征，所以爱得归心低首，永难忘怀；湖虽然妩媚，但它是异国的美景，所以对它的爱是清淡相照的。通过对比增强了文章的韵味，凸现出爱国思乡的主题。本文使用对比的手法，托物言志，立意清新，构思巧妙；作者善于融情入景，情景相生；文笔轻倩灵巧，语言精练流丽，叙写细腻。令人读来感到自然亲切。

① 弱游：古人称负志远游为“壮游”，这里作者谦称自己无宏志。

【思考与练习】

1. 本篇前后两部分写于不同的时间和地点,作者为什么把它们放在一起?这样做有什么好处?

2. 试分析本文的艺术特点。

3. 试谈作者在本文中所抒发的思想感情。

（田建民）

阿长与《山海经》①

鲁　迅

鲁迅(1881～1936),原名周樟寿,改名周树人,字豫才,浙江绍兴人。中国新文学的奠基人之一,伟大的思想家、文学家、革命家。1902年赴日本留学,1909年回国。后在杭州、绍兴、北京等地任教,1918年参加了《新青年》的编辑,1926年南下厦门大学、中山大学任教,1927年定居上海,从事专业创作。1930年在十分艰难的情况下参与发起成立"左联",并且以卓绝的战斗精神赢得了反对白色"文化围剿"的胜利。

鲁迅把一生献给了中华的复兴、民族的自强、人民的解放事业。青年时代走过了寻求科学救国、医学救国之路,终于从事文学事业。鲁迅1918年发表新文学的第一篇白话小说《狂人日记》,后又相继出版了小说《呐喊》、《彷徨》、《故事新编》,他不辍地进行杂文创作,有《热风》、《坟》、《华盖集》、《华盖集续编》、《二心集》、《三闲集》等十几本专集和散文诗集《野草》。1938年出版了《鲁迅全集》20卷,1981年出版了《鲁迅全集》16卷。

长妈妈②,已经说过,是一个一向带领着我的女工,说得阔气一点,就是我的保姆。我的母亲和许多别的人都这样称呼她,似乎略带些客气的意思。只有祖母叫她阿长。我平时叫她"阿妈",连

---

① 本文最初发表于1926年3月25日北京《莽原》半月刊第1卷第6期。收入1928年9月北京未名社作者所编的《未名新集》之一《朝花夕拾》。

② 鲁迅说的长妈妈,是绍兴东浦大门溇人,生年不详,逝于1899年。她的丈夫姓余,"过继的儿子"叫五九,五九曾做过裁缝。

“长”字也不带;但到憎恶她的时候,——例如知道了谋死我那隐鼠的却是她的时候,就叫她阿长。

我们那里没有姓长的;她生得黄胖而矮,“长”也不是形容词。又不是她的名字,记得她自己说过,她的名字是叫作什么姑娘的。什么姑娘,我现在已经忘却了,总之不是长姑娘;也终于不知道她姓什么。记得她也曾告诉过我这个名称的来历:先前的先前,我家有一个女工,身材生得很高大,这就是真阿长。后来她回去了,我那什么姑娘才来补她的缺,然而大家因为叫惯了,没有再改口,于是她从此也就成为长妈妈了。

虽然背地里说人长短不是好事情,但倘使要我说句真心话,我可只得说:我实在不大佩服她。最讨厌的是常喜欢切切察察,向人们低声絮说些什么事,还竖起第二个手指,在空中上下摇动,或者点着对手或自己的鼻尖。我的家里一有些小风波,不知怎的我总疑心和这“切切察察”有些关系。又不许我走动,拔一株草,翻一块石头,就说我顽皮,要告诉我的母亲去了。一到夏天,睡觉时她又伸开两脚两手,在床中间摆成一个“大”字,挤得我没有余地翻身,久睡在一角的席子上,又已经烤得那么热。推她呢,不动;叫她呢,也不闻。

“长妈妈生得那么胖,一定很怕热罢?晚上的睡相,怕不见得很好罢?……”

母亲听到我多回诉苦之后,曾经这样地问过她。我也知道这意思是要她多给我一些空席。她不开口。但到夜里,我热得醒来的时候,却仍然看见满床摆着一个“大”字,一条臂膊还搁在我的颈子上。我想,这实在是无法可想了。

但是她懂得许多规矩;这些规矩,也大概是我所不耐烦的。一年中最高兴的时节,自然要数除夕了。辞岁之后,从长辈得到压岁钱,红纸包着,放在枕边,只要过一宵,便可以随意使用。睡在枕上,看着红包,想到明天买来的小鼓,刀枪,泥人,糖菩萨……。然而她进来，又将一个福橘放在床头了①。

“哥儿，你牢牢记住！”她极其郑重地说。“明天是正月初一，清早一睁开眼睛，第一句话就得对我说：‘阿妈，恭喜恭喜！’记得么？你要记着，这是一年的运气的事情。不许说别的话！说过之后，还得吃一点福橘。”她又拿起那橘子来在我的眼前摇了两摇，“那么，一年到头，顺顺流流……。”

梦里也记得元旦的，第二天醒得特别早，一醒，就要坐起来。她却立刻伸出臂膊，一把将我按住。我惊异地看她时，只见她惶急地看着我。

她又有所要求似的，摇着我的肩。我忽而记得了——

“阿妈，恭喜……。”

“恭喜恭喜！大家恭喜！真聪明！恭喜恭喜！”她于是十分喜欢似的，笑将起来，同时将一点冰冷的东西，塞在我的嘴里。我大吃一惊之后，也就忽而记得，这就是所谓福橘，元旦辟头的磨难，总算已经受完，可以下床玩耍去了。

她教给我的道理还很多，例如说人死了，不该说死掉，必须说“老掉了”；死了人，生了孩子的屋子里，不应该走进去；饭粒落在地上，必须拣起来，最好是吃下去；晒裤子用的竹竿底下，是万不可钻过去的……。此外，现在大抵忘却了，只有元旦的古怪仪式记得最清楚。总之：都是些烦琐之至，至今想起来还觉得非常麻烦的事情。

然而我有一时也对她发生过空前的敬意。她常常对我讲“长毛”②。她之所谓“长毛”者，不但洪秀全军，似乎连后来一切土匪强盗都在内，但除却革命党，因为那时还没有。她说得长毛非常可

---

① 福橘：福建出产的橘子。因为福橘有一个“福”音，旧时江浙一带有在夏历元旦早晨吃福橘以取吉祥幸福的习惯。

② 长毛：这是一般老百姓对洪秀全领导的农民革命军的俗称。汉人习惯是男子留全发，清朝规定男子必须剃去前额头发，后部垂辫。为了抗清，洪秀全领导的起义军主张留发而不结辫，因此俗称为“长毛”。

怕，他们的话就听不懂。她说先前长毛进城的时候，我家全都逃到海边去了，只留一个门房和年老的煮饭老妈子看家。后来长毛果然进门来了，那老妈子便叫他们“大王”，——据说对长毛就应该这样叫，——诉说自己的饥饿。长毛笑道：“那么，这东西就给你吃了罢！”将一个圆圆的东西掷了过来，还带着一条小辫子，正是那门房的头。煮饭老妈子从此就骇破了胆，后来一提起，还是立刻面如土色，自己轻轻地拍着胸脯道：“阿呀，骇死我了，骇死我了……。”

我那时似乎倒并不怕，因为我觉得这些事和我毫不相干的，我不是一个门房。但她大概也即觉到了，说道：“像你似的小孩子，长毛也要掳的，掳去做小长毛。还有好看的姑娘，也要掳。”

“那么，你是不要紧的。”我以为她一定最安全了，既不做门房，又不是小孩子，也生得不好看，况且颈子上还有许多灸疮疤。

“那里的话?!”她严肃地说，“我们就没有用么？我们也要被掳去。城外有兵来攻的时候，长毛就叫我们脱下裤子，一排一排地站在城墙上，外面的大炮就放不出来；再要放，就炸了！”

这实在是出于我意想之外的，不能不惊异。我一向只以为她满肚子是麻烦的礼节罢了，却不料她还有这样伟大的神力。从此对于她就有了特别的敬意，似乎实在深不可测；夜间的伸开手脚，占领全床，那当然是情有可原的了，倒应该我退让。

这种敬意，虽然也逐渐淡薄起来，但完全消失，大概是在知道她谋害了我的隐鼠之后。那时就极严重地诘问，而且当面叫她阿长。我想我又不真做小长毛，不去攻城，也不放炮，更不怕炮炸，我惧惮她什么呢！

但当我哀悼隐鼠，给它复仇的时候，一面又在渴慕着绘图的

《山海经》了①。这渴慕是从一个远房的叔祖惹起来的②。他是一个胖胖的，和蔼的老人，爱种一点花木，如珠兰，茉莉之类，还有极其少见的，据说从北边带回去的马缨花。他的太太却正相反，什么也莫名其妙，曾将晒衣服的竹竿搁在珠兰的枝条上，枝折了，还要愤愤地咒骂道："死尸！"这老人是个寂寞者，因为无人可谈，就很爱和孩子们往来，有时简直称我们为"小友"。在我们聚族而居的宅子里，只有他书多，而且特别。制艺和试帖诗③，自然也是有的；但我却只在他的书斋里，看见过陆玑的《毛诗草木鸟兽虫鱼疏》④，还有许多名目很生的书籍。我那时最爱看的是《花镜》⑤，上面有许多图。他说给我听，曾经有过一部绘图的《山海经》，画着人面的兽，九头的蛇，三脚的鸟，生着翅膀的人，没有头而以两乳当作眼睛的怪物，……可惜现在不知道放在那里了。

我很愿意看看这样的图画，但不好意思力逼他去寻找，他是很疏懒的。问别人呢，谁也不肯真实地回答我。压岁钱还有几百文，买罢，又没有好机会。有书买的大街离我家远得很，我一年中只能

---

① 《山海经》：全书共 18 卷，约公元前 4 世纪至 2 世纪间的典籍。其中有大量的神话形象材料，鲁迅在《中国小说史略》中称之为"古之巫书"。

② 远房的叔祖：即周兆蓝（1844～1898），更名为瀚清，字肖云，号玉田，是个秀才。他同鲁迅的祖父周福清是同曾祖的堂兄弟，曾是鲁迅的启蒙塾师。

③ 制艺和试帖诗：都是科举考试中规定的公式化诗文。前者是以"四书"、"五经"中的名句为题立论的八股文；后者是取唐人诗句或者成语为题，通常冠以"赋得"二字的诗，试帖诗限格律，一般都是五言八韵，这里指的是当时书坊刊印的八股文和试帖诗范本。

④ 陆玑的《毛诗草木鸟兽虫鱼疏》：陆玑，字元恪，三国时吴国吴郡人。他所著的《毛诗草木鸟兽虫鱼疏》是解释《毛诗》中动植物名称的书。《毛诗》即《诗经》，相传是西汉初毛亨、毛苌所传，因此称为"毛诗"。

⑤ 《花镜》：即《秘传花镜》，是一部讲述园林花木的书。清代杭州人陈淏子著，清康熙二十七年（1688）刊印。全书共 6 卷，分为"花历新栽"、"课花十八法"、"花木类考"、"藤蔓类考"、"花草类考"、"养禽鸟、兽畜、鳞介、昆虫法"六门。

在正月间去玩一趟，那时候，两家书店都紧紧地关着门。

玩的时候倒是没有什么的，但一坐下，我就记得绘图的《山海经》。

大概是太过于念念不忘了，连阿长也来问《山海经》是怎么一回事。这是我向来没有和她说过的，我知道她并非学者，说了也无益；但既然来问，也就都对她说了。

过了十多天，或者一个月罢，我还很记得，是她告假回家以后的四五天，她穿着新的蓝布衫回来了，一见面，就将一包书递给我，高兴地说道：

"哥儿，有画儿的'三哼经'，我给你买来了！"

我似乎遇着了一个霹雳，全体都震悚起来；赶紧去接过来，打开纸包，是四本小小的书，略略一翻，人面的兽，九头的蛇，……果然都在内。

这又使我发生新的敬意了，别人不肯做，或不能做的事，她却能够做成功。她确有伟大的神力。谋害隐鼠的怨恨，从此完全消灭了。

这四本书，乃是我最初得到，最为心爱的宝书。

书的模样，到现在还在眼前。可是从还在眼前的模样来说，却是一部刻印都十分粗拙的本子。纸张很黄；图像也很坏，甚至于几乎全用直线凑合，连动物的眼睛也都是长方形的。但那是我最为心爱的宝书，看起来，确是人面的兽；九头的蛇；一脚的牛；袋子似的帝江①；没有头而"以乳为目，以脐为口"，还要"执干戚而舞"的刑天②。

此后我就更其搜集绘图的书，于是有了石印的《尔雅音图》和

---

① 帝江：《山海经》中的神话形象。《山海经·西山经》中记有："其状如黄囊，赤如丹火，六足四翼，浑敦无面目，是识歌舞，实为帝江也。"

② 刑天：《山海经》中的神话形象。《山海经·海外西经》中记有："刑天至此与帝争神。帝断其首，葬之常羊之山；乃以乳为目，以脐为口，操干戚以舞。"干，盾牌；戚，大斧。都是古代兵器。

《毛诗品物图考》①，又有了《点石斋丛画》和《诗画舫》②。《山海经》也另买了一部石印的，每卷都有图赞，绿色的画，字是红的，比那木刻的精致得多了。这一部直到前年还在，是缩印的郝懿行③疏。木刻的却已经记不清是什么时候失掉了。

我的保姆，长妈妈即阿长，辞了这人世，大概也有了三十年了罢。我终于不知道她的姓名，她的经历；仅知道有一个过继的儿子，她大约是青年守寡的孤孀。

仁厚黑暗的地母呵，愿在你怀里永安她的魂灵！

三月十日。

【提示】

鲁迅在他的文章中曾多次说到保姆长妈妈，在这篇散文中才第一次对她进行了比较全面而且传神的描写。长妈妈并不是处处都讨孩子喜欢的，她的思想被旧礼教、旧习惯腐蚀得已经相当到家。但是她又是善良而质朴的底层劳动阶级女性。要写好这样一个人物是不容易把握分寸的。

长妈妈竟然有那么多的吓人的故事、封建禁忌、“麻烦的礼节”，这是天性活泼的小孩子最不愿意接受的。于是她在孩子的眼

---

① 《尔雅音图》和《毛诗品物图考》：《尔雅》是中国古代一部辞书，共3卷，作者不详，大约是汉代初期的著作。《尔雅音图》是宋人所作，对《尔雅》注明了字音并加上了插图，故有此称。《毛诗品物图考》是日本冈元凤所作。是把《毛诗》中提到的动植物画出图样并加简明的考证的书。全书共有7卷，日本天明四年(1784)出版。

② 《点石斋丛画》和《诗画舫》：前者是一部汇辑中国画家作品的画谱，其中也有部分日本画家的作品。全书共10卷，尊闻阁主人编，清光绪十一年(1885)上海点石斋书局石印。后者是一本画谱书，书中汇印了明代隆庆、万历年间画家的作品，有山水、人物、花鸟、草虫、四友、扇谱6卷，清光绪五年(1879)上海点石斋书局曾翻印。

③ 郝懿行(1757～1825)：字兰皋，山东栖霞人，清代经学家，著作有《尔雅义疏》、《山海经笺疏》、《易说》、《春秋说略》等。

中就实实在在地成了一个爱管事、不给孩子自由的保姆。但是鲁迅带有童心地写孩子对她的烦厌，又以成人宽容的态度来理解她的言行。让我们知道，她虽然愚昧，却十分真诚；虽然观念陈腐，却也言行均有所自，并不是她存心播弄是非，大多毛病属于习惯教会她的。从处理素材上，作者已经把握了这一适宜的分寸。做为她质朴而真情的标志之一，就是写她一个并不识字的妇女竟然会把小孩子渴望的"三哼经"(《山海经》)这件事当回事，而且奇迹般地买到了。在孩子眼里，这是一个了不起的做为。鲁迅借此说"她确有伟大的神力"对她产生"新的敬意"。这能够表现出鲁迅对待旧社会女性的基本态度。

鲁迅以一枝运转灵活的笔，将一个旧式女性长妈妈写得栩栩如生，也同时表现出一个小孩子(作者)的性格。他用的方法是如实写来，不加故意的褒赞，运用了欲扬先抑的写法。

【思考与练习】

1. 鲁迅用怎样的方法写出了长妈妈的形象？
2. 试评鲁迅作品中对待旧社会女性的描写。
3. 试述文章中"特别的敬意"和"新的敬意"有什么区别？

（刘玉凯）

钓台的春昼[1]

郁达夫

郁达夫(1896～1945),原名郁文,浙江富阳人。1913 年至 1922 年在日本留学。回国后先后在北京大学、武昌大学、中山大学任教。1930 年加入“左联”,1937 年到南洋参加抗日活动,1945 年 9 月被日本宪兵秘密杀害。

鲁迅先生称郁达夫的散文为“感应的神经”,是说他的散文充溢着主观抒情色彩。正如郁达夫自己曾说过的,“散记清淡易为,并且包含很广……平生最爱读这一类书,而自己试来一写,觉得总要把热情渗入,不能达到忘我的境地”。其创作包括《沉沦》、《茑萝集》、《寒灰集》、《屐痕处处》、《达夫游记》等,并写了不少旧诗。浙江文艺出版社 1989、1990 年分别出版了《郁达夫小说全编》、《郁达夫散文全编》。

因为近在咫尺[2],以为什么时候要去就可以去,我们对于本乡本土的名区胜景,反而往往没有机会去玩,或不容易下一个决心去玩的。正唯其是如此,我对于富春江上的严陵,二十年来,心里虽每在记着,但脚却没有向这一方面走过。一九三一,岁在辛未,暮春三月,春服未成,而中央党帝,似乎又想玩一个秦始皇所玩过的把戏了,我接到了警告,就仓皇离去了寓居。先在江浙附近的穷乡里,游息了几天,偶而看见了一家扫墓的行舟,乡愁一动,就定下了

---

① 本篇选自《达夫游记》。1930 年 3 月浙江省党部下令通缉鲁迅、郁达夫等人,郁达夫避居家乡富阳,本文即写于此间。

② 咫(zhǐ):周代长度单位,八寸为一咫。

归计。绕了一个大弯，赶到故乡，却正好还在清明寒食的节前。和家人等去上了几处坟，与许久不曾见过面的亲戚朋友，来往热闹了几天，一种乡居的倦怠，忽而袭上心来了，于是乎我就决心上钓台访一访严子陵的幽居①。

钓台去桐庐县城二十余里，桐庐去富阳县治九十里不足，自富阳溯江而上，坐小火轮三小时可达桐庐，再上则须坐帆船了。

我去的那一天，记得是阴晴欲雨的养花天，并且系坐晚班轮去的，船到桐庐，已经是灯火微明的黄昏时候了，不得已就只得在码头近边的一家旅馆的楼上借了一宵宿。

桐庐县城，大约有三里路长，三千多烟灶，一二万居民，地在富春江西北岸，从前是皖浙交通的要道，现在杭江铁路一开，似乎没有一二十年前的繁华热闹了。尤其要使旅客感到萧条的，却是桐君山脚下的那一队花船的失去了踪影。说起桐君山，却是桐庐县的一个接近城市的灵山胜地，山虽不高，但因有仙，自然是灵了。以形势来论，这桐君山，也的确是可以产生出许多口音生硬、别具风韵的桐严嫂来的生龙活脉。地处在桐溪东岸，正当桐溪和富春江合流之所，依依一水，西岸便瞰视着桐庐县市的人家烟树。南面对江，便是十里长洲；唐诗人方干的故居，就在这十里桐洲九里花的花田深处，向西越过桐庐县城，更遥遥对着一排高低不定的青峦，这就是富春山的山子山孙了。东北面山下，是一片桑麻沃地，有一条长蛇似的官道，隐而复现，出没盘曲在桃花杨柳洋槐榆树的中间，绕过一支小岭，便是富阳县的境界，大约去程明道的墓地程坟②，总也不过一二十里地的间隔。我的去拜谒桐君，瞻仰道观，就在那一天到桐庐的晚上，是淡云微月，正在作雨的时候。

鱼梁渡头，因为夜渡无人，渡船停在东岸的桐君山下。我从旅

---

① 严子陵：即严光，一名严遵，字子陵。曾与刘秀同游学，刘秀称帝后严光隐居。刘秀曾招他为谏议大夫，不受，归隐于富春山。

② 程明道：即北宋哲学家、教育家程颢（1032～1085），字伯淳，学者称之为“明道先生”。与其弟程颐同为北宋理学的奠基者，世称“二程”。

馆踱了出来，先在离轮埠不远的渡口停立了几分钟。后来向一位来渡口洗夜饭米的年轻少妇，弓身请问了一回，才得到了渡江的秘诀。她说：“你只须高喊两三声，船自会来的。”先谢了她教我的好意，然后以两手围成了播音的喇叭，“喂，喂，渡船请摇过来！”地纵声一喊，果然在半江的黑影当中，船身摇动了。渐摇渐近，五分钟后，我在渡口，却终于听出了咿呀柔橹的声音。时间似乎已经入了酉时的下刻①，小市里的群动，这时候都已经静息，自从渡口的那位少妇，在微茫的夜色里，藏去了她那张白团团的面影之后，我独立在江边，不知不觉心里头却兀自感到了一种他乡日暮的悲哀。渡船到岸，船头上起了几声微微的水浪清音，又铜东的一响，我早已跳上了船，渡船也已经掉过头来了。坐在黑影沉沉的舱里，我起先只在静听着柔橹划水的声音，然后却在黑影里看出了一星船家在吸着的长烟管头上的烟火，最后因为被沉默压迫不过，我只好开口说话了：“船家！你这样的渡我过去，该给你几个船钱？”我问。“随你先生把几个就是。”船家的说话冗慢幽长②，似乎已经带着些睡意了。我就向袋里摸出了两角钱来。“这两角钱，就算是我的渡船钱，请你候我一会，上山去烧一次夜香，我是依旧要渡过江来的。”船家的回答，只是恩恩乌乌，幽幽同牛叫似的一种鼻音，然而从继这鼻音而起的两三声轻快的咯声听来，他却似已经在感到满足了。因为我也知道，乡间的义渡，船钱最多也不过是两三枚铜子而已。

到了桐君山下，在山影和树影交掩着的崎岖道上，我上岸走不上几步，就被一块乱石拌倒，滑跌了一次。船家似乎也动了恻隐之心了，一句话也不发，跑将上来，他却突然交给了我一盒火柴。我于感谢了一番他的盛意之后，重整步伐，再摸上山去，先是必须点一枝火柴走三五步路的，但到得半山，路既就了规律，而微云堆里的半规月色，也朦胧地现出一痕银线来了，所以手里还存着的半盒

---

① 酉(yǒu)时：相当于下午五点到七点。

② 冗(rǒng)：多余的；繁忙或繁忙的事。

火柴，就被我藏入了袋里。路是从山的西北，盘曲而上，渐走渐高，半山一到，天也开朗了一点，桐庐县市上的灯火，也星星可数了。更纵目向江心望去，富春江两岸的船上和桐溪合流口停泊着的船尾船头，也看得出一点一点的火来。走过半山，桐君观里的晚祷钟鼓，似乎还没有息尽，耳朵里仿佛听见了几丝木鱼钲钹的残声①。走上山顶，先在半途遇着了一道道观外围的女墙②，这女墙的栅门，却已经掩上了。在栅门外徘徊了一刻，觉得已经到了此门而不进去，终于是不能满足我这一次暗夜冒险的好奇怪僻的。所以细想了几次，还是决心进去，非进去不可，轻轻用手往里面一推，栅门却呀的一声，早已退向了后方开开了，这门原来是虚掩在那里的。进了栅门，踏着为淡月所映照的石砌平路，向东向南的前走了五六十步，居然走到了道观的大门之外，这两扇朱红漆的大门，不消说是紧闭在那里的。到了此地，我却不想再破门进去了，因为这大门是朝南向着大江开的，门外头是一条一丈来宽的石砌步道，步道的一旁是道观的墙，一旁便是山坡，靠山坡的一面，并且还有一道二尺来高的石墙筑在那里，大约是代替栏杆，防人倾跌下山去的用意，石墙之上，铺的是二三尺宽的青石，在这似石栏又似石凳的墙上，尽可以坐卧游息，饱看桐江和对岸的风景，就是在这里坐它一晚，也很可以，我又何必去打开门来，惊起那些老道的恶梦呢！

空旷的天空里，流涨着的只是些灰白的云，云层缺处，原也看得出半角的天，和一点两点的星，但看起来最饶风趣的，却仍是欲藏还露，将见仍无的那半规月影。这时候江面上似乎起了风，云脚的迁移，更来得迅速了，而低头向江心一看，几多散乱着的船里的灯光，也忽明忽灭地变换了一变换位置。

这道观大门外的景色，真神奇极了。我当十几年前，在放浪的

---

① 钲钹(zhēng bó)：古代青铜制作的打击乐器。钲，形似倒置的铜钟，有长柄，用于行军。钹，圆形，中间隆起部分大，正中有孔，两片相击发声，用于歌舞。

② 女墙：城墙上呈凹凸形的短墙。

游程里，曾向瓜州京口一带，消磨过不少的时日。那时觉得果然名不虚传的，确是甘露寺外的江山，而现在到了桐庐，昏夜上这桐君山来一看，又觉得这江山之秀而且静，风景的整而不散，却非那天下第一江山的北固山所可与比拟的了。真也难怪得严子陵，难怪得戴征士①，倘使我若能在这样的地方结屋读书，以养天年，那还要什么的高官厚禄，还要什么的浮名虚誉哩？一个人在这桐君观前的石凳上，看看山，看看水，看看城中的灯火和天上的星云，更做做浩无边际的无聊的幻梦，我竟忘记了时刻，忘记了自身，直等到隔江的击柝声传来②，向西一看，忽而觉得城中的灯影微茫地减了，才跑也似地走下了山来，渡江奔回了客舍。

第二日侵晨，觉得昨天在桐君观前做过的残梦正还没有续完的时候，窗外面忽而传来了一阵吹角的声音。好梦虽被打破，但因这同吹觱篥似的商音哀咽③，却很含着些荒凉的古意，并且晓风残月，杨柳岸边，也正好候船待发，上严陵去；所以心里虽怀着了些儿怨恨，但脸上却只现出了一痕微笑，起来梳洗更衣，叫茶房去雇船去。雇好了一只双桨的渔舟，买就了些酒菜鱼米，就在旅馆前面的码头上上了船，轻轻向江心摇出去的时候，东方的云幕中间，已现出了几丝红晕，有八点多钟了。舟师急得利害，只在埋怨旅馆的茶房，为什么昨晚上不预先告诉，好早一点出发。因为此去就是七里滩头，无风七里，有风七十里，上钓台去玩一趟回来，路程虽则有限，但这几日风雨无常，说不定要走夜路，才回来得了的。

过了桐庐，江心狭窄，浅滩果然多起来了。路上遇着的来往的行舟，数目也是很少，因为早晨吹的角，就是往建德去的快班船的信号，快班船一开，来往于两岸之间的船就不十分多了。两岸全是青青的山，中间是一条清浅的水，有时候过一个沙洲，洲上的桃花

---

① 戴征士：指戴勃、戴颙兄弟，南宋时文学家、音乐家。

② 柝(tuò)：旧时巡夜打更用的梆子。

③ 觱篥(bì lì)：古代一种簧管乐器。商音：古代五音宫商角(jué)徵(zhǐ)羽之一，相当于简谱的“2”。

菜花，还有许多不晓得名字的白色的花，正在喧闹着春暮，吸引着蜂蝶。我在船头上一口一口的喝着严东关的药酒，指东话西地问着船家，这是什么山？那是什么港？惊叹了半天，称颂了半天，人也觉得倦了，不晓得什么时候，身子却走上了一家水边的酒楼，在和数年不见的几位已经做了党官的朋友高谈阔论。谈论之余，还背诵了一首两三年前曾在同一的情形之下做成的歪诗。

不是尊前爱惜身，
佯狂难免假成真①。
曾因酒醉鞭名马，
生怕情多累美人。
劫数东南天作孽，
鸡鸣风雨海扬尘。
悲歌痛哭终无补，
义士纷纷说帝秦。

直到盛筵将散，我酒也不想再喝了，和几位朋友闹得心里各自难堪，连对旁边坐着的两位陪酒的名花都不愿意开口。正在这上下不得的苦闷关头，船家却大声的叫了起来说：

“先生，罗芷过了，钓台就在前面，你醒醒罢，好上山去烧饭吃去。”

擦擦眼睛，整了一整衣服，抬起头来一看，四面的水光山色又忽而变了样子了。清清的一条浅水，比前又窄了几分，四围的山包得格外的紧了，仿佛是前无去路的样子。并且山容峻削，看去觉得格外的瘦格外的高。向天上地下四周看看，只寂寂的看不见一个人类。双桨的摇响，到此似乎也不敢放肆了，钩的一声过后，要好半天才来一个幽幽的回响，静，静，静，身边水上，山下岩头，只沉浸着太古的静，死灭的静，山峡里连飞鸟的影子也看不见半只。前面

---

① 佯(yáng)：假装。

的所谓钓台山上，只看得两大个石垒，一间歪斜的亭子，许多纵横芜杂的草木。山腰里的那座祠堂，也只露着些废垣残瓦，屋上面连炊烟都没有一丝半缕，象是好久好久没有人住了的样子。并且天气又来得阴森，早晨曾经露一露脸过的太阳，这时候早已深藏在云堆里了，余下来的只是时有时无从侧面吹来的阴飕飕的半箭儿山风①。船靠了山脚，跟着前面背着酒菜鱼米的船夫走上严先生祠堂的时候，我心里真有点害怕，怕在这荒山里要遇见一个干枯苍老得同丝瓜筋似的严先生的鬼魂。

在祠堂西院的客厅里坐定，和严先生的不知第几代的裔孙谈了几句关于年岁水旱的话后，我的心跳也渐渐的镇静下去了，嘱托了他以煮饭烧菜的杂务，我和船家就从断碑乱石中间爬上了钓台。

东西两石垒，高各有二三百尺，离江面约两里来远，东西台相去只有一二百步，但其间却夹着一条深谷。立在东台，可以看得出罗芷的人家，回头展望来路，风景似乎散漫一点，而一上谢氏的西台②，向西望去，则幽谷里的清景，却绝对的不像是在人间了。我虽则没有到过瑞士，但到了西台，朝西一看，立时就想起了曾在照片上看见过的威廉·退儿的祠堂③。这四山的幽静，这江水的青蓝，简直同在画片上的珂罗版色彩④，一色也没有两样，所不同的就是在这儿的变化更多一点，周围的环境更芜杂不整齐一点而已，但这却是好处，这正是足以代表东方民族性的颓废荒凉的美。

从钓台下来，回到严先生的祠堂——记得这是洪杨以后严州知府戴槃重建的祠堂——西院里饱啖了一顿酒肉，我觉得有点酩酊微醉了。手拿着以火柴柄制成的牙签，走到东面供着严先生神

---

① 飕飕(sōu sōu)：风声。

② 谢氏：指谢翱，南宋处士，文天祥兵败，曾登西台哭奠。

③ 威廉·退儿：13世纪瑞士的民族英雄，以个人行为反抗奥地利的暴政。而人民的起义因他的被捕更加壮大，终于使瑞士重获自由。

④ 珂罗版：又称玻璃版，印刷版的一种。用照相的方法把图文晒印在涂有感光胶层的玻璃版上制成，多用于复制精致的美术作品。

像的龛前，向四面的破壁上一看，翠墨淋漓，题在那里的，竟多是些俗而不雅的过路高官的手笔。最后到了南面的一块白墙头上，在离屋檐不远的一角高处，却看到了我们的一位新近去世的同乡夏灵峰先生的四句似邵尧夫而又略带感慨的诗句①。夏灵峰先生虽则只知崇古，不善处今，但是五十年来，像他那样的顽固自尊的亡清遗老，也的确是没有第二个人。比较起现在的那些官迷的南满尚书和东洋宦婢来，他的经术言行，姑且不必去论它，就是以骨头来称称，我想也要比什么罗三郎郑太郎辈②，重到好几百倍。慕贤的心一动，熏人臭技自然是难熬了，堆起了几张桌椅，借得了一枝破笔，我也向高墙上在夏灵峰先生的脚后放上了一个陈屁，就是在船舱的梦里，也曾微吟过的那一首歪诗。

从墙头上跳将下来，又向龛前天井去走了一圈，觉得酒后的干喉，有点渴痒了，所以就又走回到了西院，静坐着喝了两碗清茶。在这四大无声，只听见我自己的啾啾喝水的舌音冲击到那座破院的败壁上去的寂静中间，同惊雷似地一响，院后的竹园里却忽而飞出了一声闲长而又有节奏似的鸡啼的声来。同时在门外面歇着的船家，也走进了院门，高声的对我说：

"先生，我们回去罢，已经是吃点心的时候了，你不听见那只鸡在后山啼么？我们回去吧！"

一九三二年八月在上海写

【提示】

《钓台的春昼》借描述1931年春天的一次游踪，抒发作者的愤慨郁闷之情。全文由交代出游的缘起，转至对桐庐县城的描写，再写夜游桐君山，昼访钓台，从容道来，转承自然顺畅。灵山胜地桐

---

① 夏灵峰：指夏震武(1854～1930)，以亡清遗老自居，民国后归隐。

② 指罗振玉、郑孝胥。此二人在辛亥革命后以遗老自居，1932年后在伪满洲国任职，郑孝胥还同日本签订了出卖中国东北主权的"日满议定书"。作者在这里表达了对于失节之流的蔑视与痛恨。

庐，凭着依依一水，曾经繁华热闹，是诸多古人的所爱所归。君山更是“秀而且静”，风景“整而不散”。然而作者游踪所至，感受更多更深的却是荒凉残破。尤其钓台之游，所见几乎完全是“颓废荒凉的美”了。这与作者的心情处境相合。全文语调低沉，只在提到帝党、变节之辈时不免或讥嘲或愤慨难抑，语调尖锐起来。低沉的语调与作者所见的颓废荒凉映衬的正是作者悲愤不平、忧时忧世的内心。

船到桐庐、鱼梁渡头、桐君道观、桐君山上浩无边际的幻梦等段落，皆写寂静之境。尤其船到钓台，已是“静，静，静”、“太古的静”、“死灭的静”了。但在一片寂静之中，不时响起“悲歌痛哭终无补，义士纷纷说帝秦”的声音，如船上一梦，严祠题壁，对有气节之士的钦佩等段落。而结尾鸡啼“惊雷似的一响”，冲破了“四大无声”的寂静，既是止于所当止的行文之佳构，也是全文沉寂抑郁音调的突转。然而也只一啼，全文的主调自然仍是寂静无声与悲愤沉郁。

【思考与练习】

1. 本文表达了作者怎样的情感？

2. 本文中景色描写是如何与主观抒情相结合的？

（孟晓燕）

雷 雨 前[1]

茅 盾

茅盾(1896~1981),原名沈德鸿,字雁冰,笔名茅盾,浙江桐乡县人。1916年北京大学预科毕业后任职于上海商务编译所。1920年起任《小说月报》主编。1921年参与发起组织文学研究会。1930年参加"左联"。建国后历任文化部部长、全国文联副主席、中国作家协会主席、全国政协副主席等职。主要作品有长篇小说《蚀》三部曲(《幻灭》、《动摇》、《追求》)、《子夜》、《腐蚀》;中短篇小说《春蚕》、《林家铺子》;散文《风景谈》、《白杨礼赞》等。《子夜》奠定了茅盾在中国现代文学史上的地位。

清早起来,就走到那座小石桥上。摸一摸桥石,竟像还带点热。昨天整天里没有一丝儿风。晚快边响了一阵子干雷,也没有风,这一夜就闷得比白天还厉害。天快亮的时候,这桥上还有两三个人躺着,也许就是他们把这些石头又困得热烘烘。

满天里张着个灰色的幔。看不见太阳。然而太阳的威力好像透过了那灰色的幔,直逼着你头顶。

河里连一滴水也没有了,河中心的泥土也裂成乌龟壳似的。田里呢,早就像开了无数的小沟,——有两尺多阔的,你能说不像沟么?那些苍白色的泥土,干硬得就跟水门汀差不多。好像它们过了一夜功夫还不曾把白天吸下去的热气吐完,这时它们那些扁长的嘴巴里似乎有白烟一样的东西往上冒。

---

① 本文选自《茅盾散文速写集》上卷,人民文学出版社1980年版。原载《漫画生活》月刊第一号,1934年9月20日。

站在桥上的人就同浑身的毛孔全都闭住，心口泛淘淘，像要呕出什么来。

这一天上午，天空老张着那灰色的幔，没有一点点漏洞，也没有动一动。也许幔外边有的是风，但我们罩在这幔里的，把鸡毛从桥头抛下去，也没见它飘飘扬扬踱方步。这跟住在抽出了空气的大筒里似的，人张开两臂用力行一次深呼吸，可是吸进来只是热辣辣的一股闷。

汗呢，只管钻出来，钻出来，可是胶水一样，胶得你浑身不爽快，像结了一层壳。

午后三点钟光景，人像快要干死的鱼，张开了一张嘴。忽然天空那灰色的幔裂了一条缝！不折不扣一条缝！像明晃晃的刀口在这幔上划过。然而划过了，幔又合拢，跟没有划过的时候一样，透不进一丝儿风。一会儿，长空一闪，又是那灰色的幔裂了一次缝。然而中什么用？

像有一只巨人的手拿着明晃晃的大刀在外边想挑破那灰色的幔，像是这巨人已在咆哮发怒越来越紧了，一闪一闪满天空瞥过那大刀的光亮，隆隆隆，幔外边来了巨人的愤怒的吼声！

猛可地闪光和吼声都没有了，还是一张密不通风的灰色的幔！

空气比以前加倍闷！那幔比以前加倍厚！天加倍黑！

你会猜想这时那幔外边的巨人在揩着汗，歇一口气；你断得定他还要进攻。你焦躁地等着，等着那挑破灰色幔的大刀的一闪电光，那隆隆隆的怒吼声。

可是你等着，等着，却等来了苍蝇。它们从龌龊的地方飞出来，嗡嗡嗡地，绕住你，叮你的涂一层胶似的皮肤。戴红顶子像个大员模样的金苍蝇刚从粪坑里吃饱了来，专拣你的鼻子尖上蹲。

也等来了蚊子。哼哼哼地，像老和尚念经，或者老秀才读古文。苍蝇给你传染病，蚊子却老实要喝你的血呢！

你跳起来拿着蒲扇乱扑，可是赶走了这一边的，那一边又是一大群乘隙进攻。你大声叫喊，它们只回答你个哼哼哼，嗡嗡嗡！

外边树梢头的蝉儿却在那里唱高调："要死哟！要死哟！"

你汗也流尽了，嘴里干得像烧，你手里也软了，你会觉得世界末日也不会比这再坏！

然而猛可地电光一闪，照得屋角里都雪亮。幔外边的巨人一下子把那灰色的幔扯得粉碎了！轰隆隆，轰隆隆，他胜利地叫着。胡——胡——挡在幔外边整整两天的风开足了超高速度扑来了！蝉儿噤声，苍蝇逃走，蚊子躲起来，人身上像剥落了一层壳那么一爽。

霍！霍！霍！巨人的刀光在长空飞舞。

轰隆隆，轰隆隆，再急些！再响些吧！

让大雷雨冲洗出个干净清凉的世界！

【提示】

此文写于1934年，当时，日本帝国主义侵占我国东北后正在加紧蚕食我华北，国民党政府对外妥协投降，对内却加紧围剿红军，镇压人民群众的抗日救亡运动，在这民族危机深重、政治气候低沉的情况下，作者借描写自然气候抒写了人们对社会政治气候的感受及渴望革命的急风骤雨冲洗出个光明、干净、清凉的世界的政治理想。

全文由三部分组成。第一部分着重渲染干旱、沉闷、燥热的自然天气：河水干枯，泥土龟裂，"人像快干死的鱼，张开了一张嘴"；第二部分写人们焦躁地等待着雷雨，然而，却等来了嗡嗡嗡传染疾病的苍蝇、哼哼哼吸人血的蚊子和烦人的蝉噪，更增加了人们的焦急和郁闷；第三部分写迅风雷电不可阻挡地来临，给人们送来凉爽和欢欣，蝉儿噤声不语，苍蝇、蚊子仓皇逃走。这种对自然气候的体验也是30年代人们对国民党黑暗统治下的政治气候的感受。

作者巧妙地运用了象征的手法。首先以灰云密布、干热燥闷的天气来象征国民党统治下昏暗而令人窒息的政治气候，然后以手拿大刀想挑破“那灰色的幔”的巨人来象征革命的无产阶级，再以苍蝇、蚊子、蝉等来象征那些敌视或忽视人民革命的反动和落后的人们，最后以疾风雷电象征革命风暴，用“干净清凉的世界”象征理想的新社会。文章语言质朴通俗而又意蕴丰厚，多用比喻和拟人的修辞手法，增强了文章的形象性和生动感。

【思考与练习】

1. 文章表现了怎样的主题？

2. 文章由哪三部分组成？这三部分怎样有机地融为一体？

3. 文章运用了怎样的艺术手法？

4. 把此文与何其芳同时期发表的与之创作手法和思想倾向相近的散文《雨前》（见《何其芳文集》第二卷，人民文学出版社 1982 年版）对照来读，比较两文风格和所表现的思想的异同。

（田建民）

松堂游记[①]

朱自清

朱自清(1898～1948),原名自华,字佩弦,号实秋,祖籍绍兴。生于江苏东海县,自祖父一代定居扬州。1921年4月参加文学研究会。1920年北京大学哲学系毕业后,在扬州、台州、杭州、宁波等地做教师。1925年以后在清华大学、西南联大任教授。朱自清是新文学的开拓者、诗人、散文家。1924年出版第一本诗歌散文合集《踪迹》,后以散文集《背影》等闻名于世。由于他的散文自然清新,富有诗意美,受到广大读者的喜爱。名篇《春》、《荷塘月色》、《背影》、《桨声灯影里的秦淮河》都曾经被选为小学、中学、大学教材,影响深远。有《朱自清全集》12卷。

去年夏天,我们和S君夫妇在松堂住了三日[②]。难得这三日的闲,我们约好了什么事不管,只玩儿,也带了两本书,却只是预备闲得真没办法时消消遣的。

出发的前夜,忽然雷雨大作。枕上颇为怅怅,难道天公这么不做美吗!第二天清早,一看却是个大晴天。上了车,一路树木带着宿雨,绿得发亮,地下只有一些水塘,没有一点尘土,行人也不多。又静,又干净。

---

① 本文作于1935年5月7日,发表于5月15日《清华周刊》第43卷第1期。文末所记日期是文章发表日。松堂:在北京西山。1934年6月30日至7月3日,作者偕夫人与叶石荪夫妇在西山松堂小住,并且在香山等处游览。

② S君:叶石荪,叶麐,字石荪。当时的清华大学心理学教授。

想着到还早呢，过了红山头不远，车却停下了。两扇大红门紧闭着，门额是国立清华大学西山牧场。拍了一会门，没人出来，我们正在没奈何，一个过路的孩子说这门上了锁，得走旁门。旁门上挂着牌子，“内有恶犬”。小时候最怕狗，有点趑趄①。门里有人出来，保护着进去，一面吆喝着汪汪的群犬，一面只是说，“不碍不碍”。

过了两道小门，真是豁然开朗，别有天地。一眼先是亭亭直上，又刚健又婀娜的白皮松。白皮松不算奇，多得好，你挤着我我挤着你也不算奇，疏得好，要像住宅的院子里，四角上各来上一棵，疏不是？谁爱看？这儿就是院子大得好，就是四方八面都来得好。中间便是松堂，原是一座石亭子改造的，这座亭子高大轩敞，对得起那四围的松树，大理石柱，大理石栏杆，都还好好的，白，滑，冷。白皮松没有多少影子，堂中明窗净几，坐下来清清楚楚觉得自己真太小，在这样高的屋顶下。树影子少，可不热，廊下端详那些松树灵秀的姿态，洁白的皮肤，隐隐的一丝儿凉意便袭上心头。

堂后一座假山，石头并不好，堆叠得还不算傻瓜。里头藏着个小洞，有神龛，石桌，石凳之类。可是外边看，不仔细看不出。得费点心去发现，假山上满可以爬过去，不顶容易，也不顶难。后山有座无梁殿，红墙，各色琉璃砖瓦，屋脊上三个瓶子，太阳里古艳照人。殿在半山，岿然独立，有俯视八极气象。天坛的无梁殿太小②，南京灵谷寺的太黯淡③，又都在平地上。山上还残留着些旧碉堡，是乾隆打金川时在西山练健锐云梯营用的④，在阴雨天或斜阳中看最有味。又有座白玉石牌坊，和碧云寺塔院前那一座一

---

① 趑趄(zī jū)：边走边停，徘徊不前的样子。

② 天坛的无梁殿：天坛在北京外城东南部。是明清皇帝祭天和祈祷丰年的祭坛。始建于明朝永乐十八年，天坛祈年殿即无梁殿。

③ 南京灵谷寺：在南京紫金山东南山坡，中山陵之东，梁武帝时建。

④ 金川：水名，在四川金川县东。

般①,不知怎样,前年春天倒下了,看着怪不好过的。

可惜我们来的还不是时候,晚饭后在廊下黑暗里等月亮,月亮老不上,我们什么都谈,又赌背诗词,有时也沉默一会儿。黑暗也有黑暗的好处,松树的长影子阴森森的有点像鬼物拿土。但是这么看的话,松堂的院子还差得远,白皮松也太秀气,我想起郭沫若君《夜步十里松原》那首诗②,那才够阴森森的味儿——而且得独自一个人。好了,月亮上来了,却又让云遮去了一半,老远的躲在树缝里,像个乡下姑娘,羞答答的。从前人说:"千呼万唤始出来,犹抱琵琶半遮面。"③ 真有点儿!云越来越厚,由他罢,懒得去管了。可是想,若是一个秋夜,刮点西风也好。虽不是真松树,但那奔腾澎湃的"涛"声也该得听吧。

西风自然是不会来的。临睡时,我们在堂中点上了两三支洋蜡。怯怯的焰子让大屋顶压着,喘不出气来。我们隔着烛光彼此相看,也像蒙着一层烟雾。外面是连天漫地一片黑,海似的。只有远近几声犬吠,教我们知道还在人间世里。

1935 年 5 月 15 日。

【提示】

朱自清的散文题材并不广泛,但是能够博得几代读者的喜爱,其原因在于他对事物有独到的体察和诗意的表现。《松堂游记》是写清华大学西山牧场,这牧场也并不是什么名山胜境。但在作者笔下却也清新而爽朗,写出了意想不到的美。

全文写法采用了曲径通幽的构思:出发前夜的大雨,是失望,雨后天晴却是幸运;进山碰锁是失望,婉转进入松堂,又豁然开朗。这样写,就使感情不断产生期待,终于把读者带进了松堂景物中心。在写松堂时主要追求"平中见奇",不论是写婀娜的白皮松,古

---

① 碧云寺:北京香山东麓一寺院,始建于元代至正二十六年。

② 《夜步十里松原》:郭沫若《女神》中的一首诗。

③ 见白居易的《琵琶行》。

艳照人的堂寺，还是有着和谐布局的山石、神龛，以及悠然而升起的羞涩的月亮，都是作者“费点心思去发现”的“独得的秘密”。

【思考与练习】

1. 本文怎样体现“平中见奇”的特点？

2. 什么是曲径通幽？说说这篇文章的结构特点。

3. 本文中哪些地方属于作者“独得的秘密”？对此你有什么感想？

（刘玉凯）

说　笑①

钱钟书

钱钟书(1910～1998),字默存,号槐聚,江苏无锡人。现当代著名学者、作家。1933年毕业于清华大学外文系。1935年赴英国牛津大学深造,后转入法国巴黎大学研究院研究法国文学。1938年回国后,历任西南联大、湖南蓝田国立师范学院、上海暨南大学、清华大学等校教授。1952年调任北京大学文学研究所研究员。1982年任中国社会科学院副院长。学术著作有《谈艺录》、《管锥编》、《七缀集》等。创作有《写在人生边上》、《人·兽·鬼》、《围城》。

自从幽默文学提倡以来②,卖笑变成了文人的职业。幽默当然用笑来发泄,但是笑未必就表示着幽默。刘继庄《广阳杂记》云:"驴鸣似哭,马嘶如笑。"③ 而马并不以幽默名家,大约因为脸太长的缘故。老实说,一大部分人的笑,也只等于马鸣萧萧,充不得什么幽默。

把幽默来分别人兽,好像拉白莱(Rabelais)是第一个④。他在

---

① 本篇选自《写在人生边上》,开明书店1949年9月版。是钱钟书的"冷屋随笔之四",最初发表于1939年4月的《今日评论》。

② 幽默文学:指1932～1935年间林语堂创办《论语》、《人间世》、《宇宙风》等刊物,提倡幽默和性灵,形成一股幽默文学之风。

③ 刘继庄:即清刘献廷,字继庄。《广阳杂记》是他撰写的一本记载明清杂事、历代典制等的杂书。

④ 拉白莱:今译拉伯雷,文艺复兴时期法国作家,著有长篇小说《巨人传》。在1990年再版时作者把拉白莱改为亚里士多德,把《巨人世家》改为《动物学》。

《巨人世家》(*Gargantua et Pantgruel*)里,开卷就说:"笑是人类特具的本领(propre)。"近代奇人白伦脱(W. S. Blunt)有十四行诗一首,咏"笑与死"(Laughter and Death),略谓自然界如飞禽走兽之类,喜怒爱惧,无不发为适当的声音,只缺乏表示幽默的笑声。不过,笑若为表现幽默而设,笑只能算是废物或者奢侈品,因为人类并不都需要笑。禽兽的鸣叫,尽够来表达一般人的情感,怒则狮吼,悲则猿啼,争则蛙噪,遇冤家则如犬之吠影,见爱人则如鸠之呼妇(Cooing)。请问世界上有几个人真具有幽默,要用笑来表现呢?然而造物者已经把笑的能力公平地分给了整个人类,面上的肌肉能做出笑容,喉间的肌肉能发出笑声;有了这种本领而不使用,未免可惜。所以,一般人并非因有幽默而笑,是会笑而借笑来掩饰他们的没有幽默。笑的本意,逐渐丧失;本来是幽默富有的流露,慢慢地变成了幽默贫乏的遮盖。于是你看见傻子的呆笑,瞎子的趁淘笑——还有风行一时的幽默文学①。

笑是最流动,最迅速的表情,从眼睛里泛到口角边。东方朔《神异经·东荒经》,载东王公投壶不中②,天为之笑,张华注谓天笑即是闪电,真是绝顶聪明的想像。据《荷兰夫人的追忆录》(*Lady Holland's Memoirs*),薛德尼·斯密史(Sidney Smith)也曾说:"电光是天的诙谐(Wit)。"笑可以说是人面上的电光,眼睛忽然增添了明亮,唇吻间闪烁着牙齿的光芒。我们不能扣留住闪电来代替太阳和月亮,所以我们也不能把笑变为一个固定的集团的表情。经提倡而产生的幽默,一定是矫揉造作的幽默。此类机械化的笑容,只像骷髅的露齿,算不得活人灵动的姿态。柏格森《笑论》(*Le*

---

① 趁淘笑:即看见或听见别人笑,自己也盲目地跟着笑。赵南星《清都散客笑赞》记瞽者与众共坐,众有见而笑,瞽者亦笑,众问:"何所见而笑?"瞽答:"你们所笑,定然不差。"

② 东方朔:字曼倩,西汉文学家。性格诙谐滑稽,善于辞赋。《神异经》是托名于他的作品。投壶:我国古代宴会上,一种以盛酒的壶口作目标,用矢投入,以投中多少决胜负来罚喝酒的游戏。

Rire)说①,一切可笑都起于灵活的事物变成呆板,生动地举止化作机械式(Le mlecanique plaqué sur le vivant)。所以,复出单调的言动,无不惹笑,像口吃,像口头习惯语,像小孩子的有意模仿大人。老头子常比少年人可笑,就因为老头子不如少年人灵变活动,只是一串僵化的习惯。幽默不能提倡,也是为此。一经提倡,自然流露的弄成模仿的,变化不居的弄做刻板的。这种幽默本身就是幽默的资料,这种笑本身就可笑。一个真有幽默的人,别有会心,欣然独笑,冷然微笑,替沉闷的人生透一口气。也许要在几百年以后,几万里以外,才有另一个人与此人隔着时间空间的河岸,莫逆于心,相视而笑。假使一大批人,嘻开了嘴,放宽了嗓子,成群结党大笑,那只能算下等游艺场里的滑稽大会串。国货提倡,尚且增添了冒牌,何况幽默是不能大批出产的东西。所以,幽默提倡之后,并不产生幽默家,只添了无数弄笔墨的小花脸。冒了幽默的招牌,小花脸当然身价大增,脱离戏场而混进文场;反过来说,为小花脸冒牌以后,幽默品格降低,一大半文艺只能算是"游艺"。小花脸也使我们笑,不错!但是他跟真有幽默者绝然不同。真有幽默的人能笑,我们跟着他笑;假充幽默的小花脸可笑,我们对着他笑。小花脸使我们笑,并非因为他有幽默,正因为我们有幽默。

所以,幽默至多是一种脾气,决不能标作主张,更不能当作职业。我们不要忘掉幽默(Humour)的拉丁文原意是液体②;换句话

---

① 柏格森:法国唯心主义哲学家,生命哲学和现代非理性主义的主要代表。

② 英文 Humour 是从拉丁词(h)ŭmor 而来。(h)ŭmor 的原义是"潮湿",后指"液体"。所以 humour 一词最初指"水分",后在医学中指能决定人的体质、心理和情绪的人体中的四种基本体液(血液、黏液、黄胆汁、黑胆汁),由此引申为指一个人的气质、脾气。后来发展为能对荒谬、矛盾等不谐调事物具有敏锐的反应的与众不同的气质或脾气。直到 16 世纪,才逐渐发展为一个与笑和艺术相关的美学名词。1924 年 5 月,林语堂首次把 humour 一词译为"幽默"。

说，好像女人，幽默是水性的①。把幽默当为一贯的主义或一生的衣食饭碗，那便是液体凝为固体，生物制成标本，情人娶作主妇。就是真有幽默的人，若要出卖笑为生，作品便不甚看得，例如马克·吐温（Mark Twain）。自十八世纪末叶以来，德国人好讲幽默，然而愈讲愈不相干，就因为德国人是做香肠的民族，错认幽默也像肉丁似的，可以包扎得停停当当，作为现成的精神食料。像李希德（Jean Paul Richter）《小说笑史》（*Quintus Fixlein*）序文中所讲的幽默，竟是整齐划一的宇宙观。德国人自己也觉得这种看法必至毁灭幽默，《一八四六年九月十三日文艺谈座》（*Blätter für Literarische Unterhaltung*）有论德国幽默一文，早就批评李希德违反常识。幽默减少人生的严重性，决不把自己看得严重。真正的幽默是能反躬自笑的，它不但对于人生是幽默的看法，它对于幽默本身也是幽默的看法。提倡幽默作为一个口号，一种标准，正是缺乏幽默的举动；这不是幽默，这是一本正经的宣传幽默，板了面孔的劝笑。我们又联想到马鸣萧萧了！听来声音倒是笑，只是马脸全无笑容，还是拉得长长的像追悼会上后死的朋友，又像领导青年的先进的大师。

大凡假充一桩事物，总有两个动机。或出于尊敬，例如俗子尊敬艺术，则收集骨董，附庸风雅。或出于利用，例如混蛋有的企图，则利用宗教道德，假充正人君子。幽默之被假借，不出这两个缘故。然而假幽默毕竟充不得真。西洋人以笑声清扬者为“银笑”（Silvery Laughter），假幽默像搀了铅的伪币，发出重浊呆木的声音，只能算铅笑。不过“银笑”也许是卖笑得利，笑中有银之意，好比说书中有黄金屋；姑备一说，供给辞典学者的参考。

【提示】

本文抓住幽默本身的特点，以“行家摆弄，老生常谈”的笔调来

---

① 此处作者在1990年再版时改为“好像贾宝玉心目中的女性，幽默是水做的”。

行文,先从与幽默关系密切的“笑”和“滑稽”入手,在谈笑之中分清了生理上的笑和心理上的笑及幽默与滑稽之区别,让人们看到文坛上闹闹哄哄的幽默文学,原来多是冒牌货。并且钱钟书以形象化的描述表达了自己的幽默观。他说:“幽默至多是一种脾气”,“一个真有幽默的人,别有会心,欣然独笑,冷然微笑,替沉闷的人生透一口气”,“幽默减少人生的严重性,决不把自己看得严重。真正的幽默是能反躬自笑的,它不但对于人生是幽默的看法,它对于幽默本身也是幽默的看法”。“笑是最流动,最迅速的表情”,“笑可以说是人面上的电光”。可以看出,钱钟书从主体内心世界着眼,强调幽默是一种脾气、性格或心态。具体表现为具有高深修养的了悟世事人生的超越感及对人生命运采取“一笑置之”的“游戏”或“自嘲”的态度。认为最理想而纯正的幽默表现为智者哲人的有会于心的微笑。幽默具有流动飘忽、变化不居的不确定性,不能固定为模式,因此不可模仿和提倡。

本文在艺术上表现了钱钟书一贯的风格:想像丰富,旁征博引,比喻风趣,态度幽默。全文总共不到两千字,却引用古今中外许多文学家、思想家的作品,加以熔冶提炼,升华成精辟的思想见解。文章曲终奏雅,含蓄幽默地揭出冒充幽默者的意图和目的。“银”字,一方面有银铃、形容声音清脆的意思,另一方面有金银、代表钱和利之意,作者就抓住“银”字的两重含义,在谈笑之中揭了假幽默者的老底。

【思考与练习】

1. 试分析本文表现的作者的幽默观。
2. 本文表现出怎样的风格特色?
3. 本文结尾具有什么样的特点?

(田建民)

云南看云[1]

沈从文

沈从文(1902～1988),苗族,湖南凤凰人。现代小说家、散文家、古文化研究学者。1924年后同胡也频编《京报副刊》的《民众文艺周刊》。1928年到上海与胡也频共编《红与黑》、《红黑》杂志。1929年后在武汉大学、青岛大学、西南联大等校任教授。1933年开始主编《大公报·文艺》副刊。著有小说《边城》、《八骏图》等,散文《湘西》、《湘行散记》,学术专著《中国古代服饰研究》等。

云南是因云而得名的,可是外省人到了云南一年半载后,一定会和本地人差不多,对于云南的云,除了只能从它变化上得到一点晴雨知识,就再也不会单纯的来欣赏它的美丽了。看过卢锡麟先生的摄影后,必有许多人方俨然重新觉醒,明白自己是生在云南,或住在云南。云南特点之一,就是天上的云变化得出奇。尤其是傍晚时候,云的颜色,云的形状,云的风度,实在动人。

战争给了许多人一种有关生活的教育,走了许多路,过了许多桥,睡了许多床,此外还必然吃了许多想像不到的苦头。然而真正具有深刻教育意义的,说不定倒是明白许多地方各有各的天气,天气不同还多少影响到一点人事。云有云的地方性:中国北部的云厚重,人也同样那么厚重。南部的云活泼,人也同样那么活泼。海边的云幻异,渤海和南海云又各不相同,正如两处海边的人性情不

---

① 原载1940年12月20日香港《大公报·文艺》第987期,署名上官碧。初刊时题为《看云》,后改题为《云南看云》,收入《云南看云集》,1984年收入花城出版社《沈从文文集》第10卷。

同。河南河北的云一片黄，抓一把下来似乎就可以作窝窝头，云粗中有细，人亦粗中有细。湖湘的云一片灰，长年挂在天空一片灰，无性格可言，然而橘子辣子就在这种地方大量产生，在这种天气下成熟，却给湖南人增加了生命的发展性和进取精神。四川的云与湖南云虽相似而不尽相同，巫峡峨眉夹天耸立，高峰把云分割又加浓，云有了生命，人也有了生命。

论色彩丰富，青岛海面的云应当首屈一指。有时五色相渲，千变万化，天空如展开一张张图案新奇的锦毯。有时素净纯洁，天空只见一片绿玉，别无它物，看来令人起轻快感，温柔感，音乐感。一年中有大半年天空完全是一幅神奇的图画，有青春的嘘息，煽起人狂想和梦想，海市蜃楼即在这种天空下显现。海市蜃楼虽并不常在人眼底，却永远在人心中。秦皇汉武的事业，同样结束在一个长生不死青春常住的美梦里，不是毫无道理的。云南的云给人印象大不相同，它的特点是素朴，影响到人性情，也应当是挚厚而单纯。

云南的云似乎是用西藏高山的冰雪，和南海长年的热浪，两种原料经过一种神奇的手续完成的。色调出奇的单纯。惟其单纯反而见出伟大。尤以天时晴明的黄昏前后，光景异常动人。完全是水墨画，笔调超脱而大胆。天上一角有时黑得如一片漆，它的颜色虽然异样黑，给人感觉竟十分轻。在任何地方“乌云蔽天”照例是个沉重可怕的象征，云南傍晚的黑云，越黑反而越不碍事，且表示第二天天气必然顶好。几年前中国古物运到伦敦展览时，记得有一个赵松雪作的卷子，名《秋江叠嶂》，净白的澄心堂纸上用浓墨重重涂抹，给人印象却十分秀美。云南的云也恰恰如此，看来只觉得黑而秀。

可是我们若在黄昏前后，到城郊外一个小丘上去，或坐船在滇池中，看到这种云彩时，低下头来一定会轻轻的叹一口气。具体一点将发生“大好河山”感想，抽象一点将发生“逝者如斯”感想。心中可能会觉得有些痛苦，为一片悬在天空中的沉静黑云而痛苦。因为这东西给了我们一种无言之教，比目前政治家的文章，宣传家的讲演，杂感家的讽刺文都高明得多，深刻得多，同时还美丽得多。

觉得痛苦原因或许也就在此。那么好看的云，教育了在这一片天底下讨生活的人，究竟是些什么？是一种精深博大的人生理想？还是一种单纯美丽的诗的激情！若把它与地面所见、所闻、所有两相对照，实在使人不能不痛苦！

在这美丽天空下，人事方面，我们每天所能看到的，除了官方报纸虚虚实实的消息，物价的变化，空洞的论文，小巧的杂感，此外似乎到处就只碰到"法币"。大官小官商人和银行办事人直接为法币而忙，教授学生也间接为法币而忙。最可悲的现象，实无过于大学校的商学院，近年每天注册上课时，照例人数必最多。这些人其所以热衷于习经济、学会计，可说对于生命无任何高尚理想，目的只在毕业后能入银行做事。"熙熙攘攘，皆为利往；挤挤挨挨，皆为利来。"教务处几个熟人都不免感到无可奈何。教这一行的教授，也认为风气实不大好。社会研究的专家，机会一来即向银行跑。习图书馆的，弄古典文学的，学外国文学的，工作皆因此而清闲下来，因亲戚、朋友、同乡……种种机会，不少人也像失去了对本业的信心。有子女升学的，都不反对子弟改业从实际出发，能挤进银行或金融机关作办事员，认为比较稳妥。大部分优秀脑子，都给真正的法币和抽象的法币弄得昏昏的，失去了应有的灵敏与弹性，以及对于"生命"较深一层的认识，其余平常小职员、小市民的脑子，成天打算些什么，就可想而知了。云南的云即或再美丽一点，对于那个真正的多数人，还似乎毫无意义可言的。

近两个月来本市连续的警报，城中二十万市民，无一不早早的就跑到郊外去，向天空把一个颈脖昂酸，无一人不看到过几片天空飘动的浮云，仰望结果，不过增加了许多人对于财富得失的忧心罢了。"我的越币下落了"，"我的汽油上涨了"，"我的事业这一年发了五十万财"，"我从公家赚了八万三"，这还是就仅有十几个熟人口里说说的。此外说不定还有三五个教授之流，终日除玩牌外无其他娱乐，想到前一晚上玩麻雀牌输赢事情，聊以解嘲似的自言自语："我输牌不输理。"这种教授先生当然是不输理的，在警报解除以后，不妨跑到老伙伴住处去，再玩个八圈，证明一下输的究竟是什么。一个人若乐意在地下爬,以为是活下来最好的姿势,他人劝他不妨站起来试走走看,或更盼望他挺起脊梁来做个人,当然是不会有什么结果的。

就在这么一个社会这么一种精神状态下,卢先生却来昆明展览他在云南的摄影,告给我们云南法币以外还有些什么值得注意。即以天空的云彩言,色彩单纯的云有多健美,多飘逸,多温柔,多崇高!观众人数多,批评好,正说明只要有人会看云,就能从云影中取得一种诗的感兴和热情,还可望将这种可贵的感情,转给另外一种人。换言之,就是云南的云即或不能直接教育人,还可望由一个艺术家的心与手,间接来教育人。卢先生摄影的兴趣,似乎就在介绍这种美丽感印给多数人,所以作品中对于云物的题材,处理得特别好。每一幅云都有一种不同的性情,流动的美。不纤巧,不做作,不过分修饰,一任自然,心手相印,表现得素朴而亲切,作品取得的成功是必然的。可是我以为得到"赞美"还不是艺术家最终的目的,应当还有一点更深的意义。我意思是如果一种可怕的庸俗的实际主义正在这个社会各组织各阶层间普遍流行,腐蚀我们多数人做人的良心做人的理想,且在同时还像是正在把许多人有形无形市侩化,社会中优秀分子一部分所梦想所希望,也只是糊口混日子了事,毫无一种较高尚的情感,更缺少用这情感去追求一个美丽而伟大的道德原则的勇气时,我们这个民族应当怎么办?大学生读书目的,不是站在柜台边作行员,就是坐在公事房作办事员,脑子都不用,都不想,只要有一碗饭吃就算有了出路。甚至于做政论的,作讲演的,写不高明讽刺文的,习理工的,玩玩文学充文化人的,办党的,信教的,……特别是当权做官的,出路打算也都是只顾眼前。大家眼前固然都有了出路,这个国家的明天,是不是还有希望可言?我们如真能够像卢先生那么静观默会天空的云彩,云物的美丽景象,也许会慢慢的陶冶我们,启发我们,改造我们,使我们习惯于向远景凝眸,不敢堕落,不甘心堕落,我以为这才像是一个艺术家最后的目的。正因为这个民族是在求发展,求生存,战争已经三年,战争虽败北,虽死亡万千人民,牺牲无数财富,可并不气馁，相信坚持抗战必然翻身。就为的是这战争背后还有个庄严伟大的理想，使我们对于忧患之来，在任何情形下都能忍受。我们其所以能忍受，不特是我们要发展，要生存，还要为后来者设想，使他们活在这片土地上更好一点，更像人一点！我们责任那么重，那么困难，所以不特多数知识分子必然要有一个较坚朴的人生观，拉之向上，推之向前，就是作生意的，也少不了需要那么一分知识，方能够把企业的发展与国家的发展放在同一目标上，分途并进，异途同归，抗战到底！

举一个浅近的例来说说：我们的眼光注意到“出路”、“赚钱”以外，若还能够估量到在滇越铁路的另一端，正有多少鬼蜮成性阴险狡诈的敌人，圆睁两只鼠眼，安排种种巧计阴谋，预备把劣货倾销到昆明来，且把推销劣货的责任，派给昆明市的大小商家时，就知道学习注意远处，实在是目前一件如何重要的事情！照相必选择地点，取准角度，方可望有较好效果。做人何尝不是一样。明分际，识大体，“有所不为”，敌人即或花样再多，敌货在有经验商家的眼中，总依然看得出，取舍之间是极容易的。若只图发财，见利忘义，“无所不为”，把劣货变成国货，改头换面，不过是翻手间事！劣货推销不过是若干有形事件中之一种。此外统治者中上层和知识阶级中不争气处，所作所为，实有更甚于此者。哪一件事、哪一种行为不影响到整个国家前途命运！哪容许我们松劲！

所以我觉得卢先生的摄影，不仅仅是给人看看，还应当给人深思。

一九四零年，昆明。

【提示】

这篇散文写自然风云，也写社会风云。作者能够把二者恰到好处地融合为一体地加以表现，是艺术上的独到之处。

作者写云笔法多样，用比较，用白描，用象征，也用拟人。他笔下的云，不像萧红写得那样白云苍狗，瞬息万变，灿烂多彩；而是写出云南的云与祖国各地的云的不同，给予了云南云特有的人情。

云南云获得了特别的人情,云南人也获得了特别的风致。作者体物入微的观察和用笔灵活是令人叹服的。那些即使是云南人也很少注意的美,和云南人也难以说清的美,增加了我们读这篇作品的兴味。要懂得美,就要养成一种高尚的情感。

沈从文的写云是从卢锡麟的云南云摄影展览而引起的。但是作者无意对展览评头论足,而是从自己的实地观察中发现自己所见的自然美同卢先生作品的异同之处。又特别发人深思地指出:卢氏的展览改造了我们,使我们这些在抗战风云中的人们“不敢堕落,不甘心堕落”。这些话说得是有分量的。

这篇作品的耐人寻味之处还在于,文章处处语涉双关。说云南乌云遮天反而“不碍事”,让人想到抗战艰苦点也不可怕;说海市蜃楼永远在人们的心中,也让人联想到未来和理想;他又说:“照相必选择地点,取准角度,方可望有较好效果。做人何尝不是一样。”这就不仅是在说摄影,简直就是在说时局,在说这样的时局下如何做人。不过这些意思是极为自然的流露,并不是生硬地进行教化式宣传。

【思考与练习】

1. 作者是如何通过写云南云而深化作品思想的?云南云与抗战风云是什么关系?

2. 说说作者用了哪些艺术手法写云南的云?

3. 分析作品第五段。

4. 试描写你所见过的某地的云。

(刘玉凯)

爱尔克的灯光①

巴　金

巴金(1904～),原名李尧棠,字芾甘,四川成都人。1923年离家去上海。1927年去法国,1928年底回国。解放前一直从事文学创作和文学编辑工作。解放后曾先后当选为全国人民代表大会代表、五届人大常委、中国文联副主席、中国作家协会主席。主要作品有《灭亡》、《新生》、《爱情三部曲》(《雾》、《雨》、《电》)、《激流三部曲》(《家》、《春》、《秋》)、《憩园》、《第四病室》、《寒夜》等。

傍晚,我靠着逐渐黯淡的最后的阳光的指引,走过十八年前的故居。这条街、这个建筑物开始在我的眼前隐藏起来,像在躲避一个久别的旧友。但是它们的改变了的面貌于我还是十分亲切。我认识它们,就像认识我自己。还是那样宽的街,宽的房屋。巍峨的门墙代替了太平缸和石狮子,那一对常常做我们坐骑的背脊光滑的雄狮也不知逃进了哪座荒山。然而大门开着,照壁上"长宜子孙"四个字却是原样地嵌在那里,似乎连颜色也不曾被风雨剥蚀。我望着那同样的照壁,我被一种奇异的感情抓住了,我仿佛要在这里看出过去的十九个年头,不,我仿佛要在这里寻找十八年以前的遥远的旧梦。

---

① 本文选自《巴金文集》第十卷,最初发表在1941年4月19日《新蜀报》副刊《蜀道》。爱尔克的灯光来自欧洲一个古老的传说。相传姐弟二人住在哈立希岛上,弟弟每次出海,姐姐爱尔克就在岛上点起灯,希望给弟弟的归来照明道路。一次弟弟出海没有归来,爱尔克的灯就一直亮着。爱尔克的灯光在本文中象征生活的悲剧和希望的破灭。

守门的卫兵用怀疑的眼光看我。他不了解我的心情。他不会认识十八年前的年轻人。他却用眼光驱逐一个人的许多亲密的回忆。

黑暗来了,我的眼睛失掉了一切。于是大门内亮起了灯光。灯光并不曾照亮什么,反而增加了我心上的黑暗。我只得失望地走了。我向着来时的路回去。已经走了四五步,我忽然掉转头,再看那个建筑物。依旧是阴暗中一线微光。我好像看见一个盛满希望的水碗一下子就落在地上打碎了一般,我痛苦地在心里叫起来。在这条被夜幕覆盖着的近代城市的静寂的街中,我仿佛看见了哈立希岛上的灯光。那应该是姐姐爱尔克点的灯罢。她用这灯光来给她的航海的兄弟照路,每夜每夜灯光亮在她的窗前,她一直到死都在等待那个出远门的兄弟回来。最后她带着失望进入坟墓。

街道仍然是清静的。忽然一个熟习的声音在我耳边轻轻地唱起了这个欧洲的古传说。在这里不会有人歌咏这样的故事。应该是书本在我心上留下的影响,但是这个时候我想起了自己的事情。

十八年前在一个春天的早晨,我离开这个城市、这条街的时候,我也曾有一个姐姐,也曾答应过有一天回来看她,跟她谈一些外面的事情。我相信自己的诺言。那时我的姐姐还是一个出阁才一个多月的新嫁娘,都说她有一个性情温良的丈夫,因此也会有长久的幸福的岁月。

然而人的安排终于被"偶然"毁坏了。这应该是一个"意外"。但是这"意外"却毫无怜悯地打击了年轻的心。我离家不过一年半光景,就接到了姐姐的死讯。我的哥哥用了颤抖的哭诉的笔叙说一个善良女性的悲惨的结局,还说起她死后受到的冷落的待遇。从此那个作过她丈夫的所谓温良的人改变了,他往一条丧失人性的路走去。他想往上爬,结果却不停地向下面落,终于到了用鸦片烟延续生命的地步。对于姐姐,她生前我没有好好地爱过她,死后也不曾做过一样纪念她的事。她寂寞地活着,寂寞地死去。死带走了她的一切,这就是在我们那个地方的旧式女子的命运。

我在外面一直跑了十八年。我从没有向人谈过我的姐姐。只有偶尔在梦里我看见了爱尔克的灯光。一年前在上海我常常睁起眼睛做梦。我望着远远的在窗前发亮的灯,我面前横着一片大海,灯光在呼唤我,我恨不得腋下生出翅膀,即刻飞到那边去。沉重的梦压住我的心灵,我好像在跟许多无形的魔手挣扎。我望着那灯光,路是那么远,我又没有翅膀。我只有一个渴望:飞！飞！那些熬煎着心的日子！那些可怕的梦魇①！

但是我终于出来了。我越过那堆积着像山一样的十八年的长岁月,回到了生我养我而且让我刻印了无数儿时回忆的地方。我走了很多的路。

十九年,似乎一切全变了,又似乎都没有改变。死了许多人,毁了许多家。许多可爱的生命葬入黄土,接着又有许多新的人继续扮演不必要的悲剧。浪费,浪费,还是那许多不必要的浪费——生命,精力,感情,财富,甚至欢笑和眼泪。我去的时候是这样,回来时看见的还是一样的情形。关在这个小圈子里,我禁不住几次问我自己:难道这十八年全是白费？难道在这许多年中间所改变的就只是装束和名词？我痛苦地搓自己的手,不敢给一个回答。

在这个我永不能忘记的城市里,我度过了五十个傍晚。我花费了自己不少的眼泪和欢笑,也消耗了别人不少的眼泪和欢笑。我匆匆地来,也将匆匆地去。用留恋的眼光看我出生的房屋,这应该是最后的一次了。我的心似乎想在那里寻觅什么。但是我所要的东西绝不会在那里找到。我不会像我的一个姑母或者嫂嫂,设法进到那所已经易了几个主人的公馆,对着园中的花树垂泪,慨叹着一个家族的盛衰。摘吃自己栽种的树上的苦果,这是一个人的本分。我没有跟着那些人走一条路,我当然在这里找不到自己的脚迹。几次走过这个地方,我所见的还只是那四个字:“长宜子孙”②。

“长宜子孙”这四个字的年龄比我的不知大了多少。这也该是

---

① 梦魇:睡眠中做一种感到压抑而呼吸困难的梦。

② 长宜子孙:作者在1959年注:“一九五六年十二月我终于走进了这个‘公馆’。‘长宜子孙’四个字果然跟着‘照壁’一起消灭了。”

我祖父留下的东西罢。最近在家里我还读到他的遗嘱。他用空空两手造就了一份家业。到临死还周到地为儿孙安排了舒适的生活。他叮嘱后人保留着他修建的房屋和他辛苦地搜集起来的书画。但是儿孙们回答他的还是同样的字:分和卖。我很奇怪,为什么这样聪明的老人还不明白一个浅显的道理:财富并不"长宜子孙",倘使不给他们一个生活技能,不向他们指示一条生活道路;"家"这个小圈子只能摧毁年轻心灵的发育成长,倘使不同时让他们睁起眼睛去看广大世界;财富只能毁灭崇高的理想和善良的气质,要是它只消耗在个人的利益上面。

"长宜子孙",我恨不能削去这四个字!许多可爱的年轻生命被摧残了,许多有为的年轻心灵被囚禁了。许多人在这个小圈子里面憔悴地捱着日子。这就是"家"!"甜蜜的家"!这不是我应该来的地方。爱尔克的灯光不会把我引到这里来的。

于是在一个春天的早晨,依旧是十八年前的那些人把我送到门口,这里面少了几个,也多了几个。还是和那次一样,看不见我姐姐的影子,那次是我没有等待她,这次是我找不到她的坟墓。一个叔父和一个堂兄弟到车站送我,十八年前他们也送过我一段路程。

我高兴地来,痛苦地去。汽车离站时我心里的确充满了留恋。但是清晨的微风,路上的尘土,马达的叫吼,车轮的滚动,和广大田野里一片盛开的菜子花,这一切驱散了我的离愁。我不顾同行者的劝告,把头伸到车窗外面,去呼吸广大天幕下的新鲜空气。我很高兴,自己又一次离开了狭小的家,走向广大的世界中去!

忽然在前面田野里一片绿的蚕豆和黄的菜花中间,我仿佛又看见了一线光,一个亮,这还是我常常看见的灯光。这不会是爱尔克的灯里照出来的,我那个可怜的姐姐已经死去了。这一定是我的心灵的灯,它永远给我指示我应该走的路。

1941 年 3 月在重庆

【提示】

本文和巴金的《家》、《春》、《秋》、《憩园》等批判封建家庭的系列小说一样，揭露的是封建家庭和封建礼教对年轻人的“生命，精力，感情，财富，甚至欢笑和眼泪”的不必要的浪费，着重批判封建家庭给子孙们安排的所谓“长宜子孙”的生活道路。全文围绕“长宜子孙”展开回忆、联想和议论，以灯光为线索，把现实的感受、过去的回忆与生活的理想融于一体，来抒发对旧家庭、旧道德的否定和控诉及对新生活的向往的感情。文章首先由象征封建家庭衰亡的故居大门内的昏暗的灯光写起，然后联想起象征着生活的悲剧和希望的破灭的哈立希岛上的爱尔克的灯光，从而引出姐姐惨死的悲剧，并以此为实证，说明封建家庭给子孙们安排的所谓“长宜子孙”的生活道路是一条“死胡同”，因为“财富并不‘长宜子孙’，倘使不给他们一个生活技能，不向他们指示一条生活道路；‘家’这个小圈子只能摧毁年轻心灵的发育成长，倘使不同时让他们睁起眼睛去看广大世界；财富只能毁灭崇高的理想和善良的气质，要是它只消耗在个人的利益上面”。阐明了文章的这一主题之后，作者又以看到了象征他对生活的信念和对理想的追求的心灵的灯，来昭示青年人所应该走的道路。

本文用象征手法，给三种的灯光赋予不同的象征意义，并以此为行文线索，使文章结构自然而严谨，蕴意深切，达到含而不露的艺术境界。并且作者将叙事、议论和抒情熔于一炉。给人自然亲切、说理透彻、发人猛省之感。

【思考与练习】

1. 作者由“长宜子孙”引发了怎样的思考？

2. 文章中的“灯光”有哪几种？分别有什么象征意义？

3. 文章综合运用了哪几种表达方式？试举出一段来分析说明。

（田建民）

“住”的梦①

老 舍

老舍(1899～1966),满族,原名舒庆春,字舍予,北京人。1918年毕业于北京师范学校,1924年赴英国东方学院任教,1930年回国,先后在济南齐鲁大学、青岛山东大学等学校任教。抗战时期,成为中华文艺界抗敌协会的主要领导人。初期作品有《老张的哲学》、《赵子曰》、《二马》,建国以前出版的小说《离婚》、《月牙儿》、《骆驼祥子》、《四世同堂》(建国后出全)等小说和建国后的剧作《龙须沟》、《茶馆》都享有很高的声誉。

在北平与青岛住家的时候,我永远没想到过:将来我要住在什么地方去。在乐园里的人或者不会梦想另辟乐园吧。

在抗战中,在重庆与它的郊区住了六年。这六年的酷暑重雾,和房屋的不像房屋,使我会作梦了。我梦想着抗战胜利后我应去住的地方。

不管我的梦想能否成为事实,说出来总是好玩的:

春天,我将要住在杭州。二十年前,我到过杭州,只住了两天。那是旧历的二月初,在西湖上我看见了嫩柳与菜花,碧浪与翠竹,山上的光景如何?没有看到。三四月的莺花山水如何,也无从晓得。但是,由我看到的那点春光,已经可以断定杭州的春天必定会教人整天生活在诗与图画中的。所以,春天我的家应当是在杭州。

---

① 本文原载1944年5月20日《民主世界》第2期。

夏天,我想青城山应当算作最理想的地方①。在那里,我虽然只住过十天,可是它的幽静已拴住了我的心灵。在我所看见过的山水中,只有这里没有使我失望。它并没有什么奇峰或巨瀑,也没有多少古寺与胜迹,可是,它的那一片绿色已足使我感到这是仙人所应住的地方了。到处都是绿,而且都是像嫩柳那么淡,竹叶那么亮,蕉叶那么润,目之所及,那片淡而光润的绿色都在轻轻的颤动,仿佛要流入空中与心中去似的。这个绿色会像音乐似的,涤清了心中的万虑,山中有水,有茶,还有酒。早晚,即使在暑天,也须穿起毛衣。我想,在这里住一夏天,必能写出一部十万到二十万的小说。

假若青城去不成,求其次者才提到青岛。我在青岛住过三年,很喜爱它。不过,春夏之交,它有雾,虽然不很热,可是相当的湿闷。再说,一到夏天,游人来的很多,失去了海滨上的清静。美而不静便至少失去一半的美。最使我看不惯的是那些喝醉的外国水兵与差不多是裸体的,而没有曲线美的妓女。秋天,游人都走开,这地方反倒更可爱些。

不过,秋天一定要住北平。天堂是什么样子,我不晓得,但是从我的生活经验去判断,北平之秋便是天堂。论天气,不冷不热。论吃食,苹果,梨,柿,枣,葡萄,都每样有若干种。至于北平特产的小白梨与大白海棠,恐怕就是乐园中的禁果吧,连亚当与夏娃见了,也必滴下口水来!果子而外,羊肉正肥,高粱红的螃蟹刚好下市,而良乡的栗子也香闻十里。论花草,菊花种类之多,花式之奇,可以甲天下。西山有红叶可见,北海可以划船——虽然荷花已残,荷叶可还有一片清香。衣食住行,在北平的秋天,是没有一项不使人满意的。即使没有余钱买菊吃蟹,一两毛钱还可以爆二两羊肉,弄一小壶佛手露啊!

---

① 青城山:位于四川灌县西南的一座道教名山,又名赤城山。是连绵千里的岷山第一峰。有极好的绿色植被,并有清泉,气候宜人。因此,道教以青城山为第五洞天。

冬天,我还没有打好主意,香港很暖和,适于我这贫血怕冷的人去住,但是“洋味”太重,我不高兴去。广州,我没有到过,无从判断。成都或者相当的合适,虽然并不怎样和暖,可是为了水仙,素心腊梅,各色的茶花,与红梅绿梅,仿佛就受一点寒冷,也颇值得去了。昆明的花也多,而且天气比成都好,可是旧书铺与精美而便宜的小吃食远不及成都的那么多,专看花而没有书读似乎也差点事。好吧,就暂时这么规定:冬天不住成都便住昆明吧。

在抗战中,我没能发了国难财。我想,抗战结束以后,我必能阔起来,惟一的原因是我是在这里说梦。既然阔起来,我就能在杭州,青城山,北平,成都,都盖起一所中式的小三合房,自己住三间,其余的留给友人们住。房后都有起码是二亩大的一个花园,种满了花草;住客有随便折花的,便毫不客气的赶出去。青岛与昆明也各建小房一所,做为候补住宅。各处的小宅,不管是什么材料盖成的,一律叫做“不会草堂”——在抗战中,开会开够了,所以永远“不会”。

那时候,飞机一定很方便,我想四季搬家也许不至于受多大苦处的。假若那时候飞机减价,一二百元就能买一架的话,我就自备一架,择黄道吉日慢慢的飞行。

【提示】

这是一篇随笔散文。是老舍在重庆写的。当时抗战已经到了后期,再有一年多抗战就胜利了。他的随笔写得很闲适而且超然。其实老舍在抗战时期可不是超然的。抗战一开始,老舍就告别济南的家人,经徐州、郑州到汉口。1938 年 3 月 27 日,中华全国文艺界抗敌协会在武汉成立,老舍担任了协会的总务部主任。4 个月后,老舍来到重庆,此后他在重庆住有 8 年时间,他一直是协会的主要组织者和领导者。他过的是居无定所的生活。他住过机器房、南温泉、陈家桥、歌乐山、北碚,其间还经常外出。实在是因为他对于住的问题感受太深,所以才写了这一篇关于住房的“梦”话。

所谓“梦”话,既不同于现实,也不同于理想。理想是对于未实现而又可能实现的事情的超前性预测;而真正的梦话就总是有点不着边际。春天住杭州,夏天住青城山,秋天住北平,冬天又住成都或昆明,还要在几个城市之间开着自己的小飞机慢慢飞,那不成了真正的人间神仙了?至少在那时是为了说说开心,并不真的打算那样的。作者实际上另有用意:借这样一个谈"住"的文章题目,写的是春夏秋冬、南北西东的老百姓共同的愿望:盼望赶走侵略者,中国早早安宁、平静,人民早早真正地安居乐业。这才是老舍的文章主旨。

老舍是一位写文章的巧手。他总是能够在最普通的题材上作出超乎常人的好文章。这篇随笔幽默风趣,文笔亲切朴实,文字清淡,意义却也耐人寻味。

【思考与练习】

1. 老舍的梦是什么?写梦的用意是什么?

2. 细读作品中描写各地春夏秋冬景色的段落,说出作品使用了怎样的手法?

(刘玉凯)

谈　时　间[①]

梁实秋

梁实秋(1902～1988),原名梁治华,浙江杭县人。1915年考入清华学校,与同学闻一多等成立清华文学社。1923年至1926年赴美留学,回国后曾在东南大学、青岛大学、北京大学等校任教。

梁实秋推崇典雅、稳健的古典主义,视表达抽象的、永恒不变的人性为艺术的第一宗旨。其散文文风可概括为恬静冲淡,自然真率。散文集有《骂人的艺术》、《雅舍小品》、《看云集》、《秋室杂文》等,中国广播电视出版社1989年出版了四卷本《梁实秋散文》。他还著有大量的理论批评,如《文学的纪律》、《浪漫的与古典的》、《文学因缘》等集子,并翻译有《莎士比亚全集》等作品。

希腊哲学家Diogenes经常睡在一只瓦缸里[②],有一天亚力山大皇帝走去看他,以皇帝的惯用的口吻问他:“你对我有什么请求吗?”这位玩世不恭的哲人翻了翻白眼,答道:“我请求你走开一点,不要遮住我的阳光。”

这个家喻户晓的小故事,究竟涵义何在,恐怕见仁见智,各有不同的看法。我们通常总是觉得那位哲人视尊荣犹敝屣[③],富贵如浮云,虽然皇帝驾到,殊无异于等闲之辈,不但对他无所希冀,而

---

① 本篇选自《秋室杂文》。

② Diogenes:即古希腊哲学家第欧根尼(约前404年～前323年),犬儒派主要代表之一。主张返归自然,认为除自然需要外其他一切需要都是应舍弃的。著有《共和国》。

③ 屣(xǐ):鞋。

且亦不必特别的假以颜色①。可是约翰逊博士另有一种看法②，他认为应该注意的是那阳光，阳光不是皇帝所能赐予的，所以请求他不要把他所不能赐予的夺了去。这个请求不能算奢，却是用意深刻。因此约翰逊博士由“光阴”悟到“时间”，时间也者虽然也是极为宝贵，而也是常常被人劫夺的。

“人生不满百”，大致是不错的。当然，老而不死的人，不是没有，不过期颐以上不是一般人所敢想望的③。数十寒暑当中，睡眠去了很大一部分。苏东坡所谓“睡眠去其半”，稍嫌有点夸张，大约三分之一左右总是有的。童蒙一段时期，说它是天真未凿也好，说它是昏昧无知也好，反正是浑浑噩噩，不知不觉；及至寿登耄耋④，老悖聋瞑⑤，甚至“佳丽当前，未能缱绻”⑥，比死人多一口气，也没有多少生趣可言。掐头去尾，人生所余无几。就是这短暂的一生，时间亦不见得能由我们自己支配。约翰逊博士所抱怨的那些不速之客，动辄登门拜访，不管你正在怎样忙碌，他觉得宾至如归，这种情形固然令人啼笑皆非，我觉得究竟不能算是怎样严重的“时间之贼”。他只是在我们的有限的资本上抽取一点捐税而已。我们的时间之大宗的消耗，怕还是要由我们自己负责。

有人说：“时间即生命。”也有人说：“时间即金钱。”二说均是，因为有人根本认为金钱即生命。不过细想一下，有命斯有财，命之不存，财于何有？有钱不要命者，固然实繁有徒，但是舍财不舍命，仍然是较聪明的办法。所以淮南子说：“圣人不贵尺之璧而重寸之阴，时难得而易失也。”我们幼时，谁没有作过“惜阴说”之类的课

---

① 假：给予。

② 约翰逊博士：即塞缪尔·约翰生（1709～1784），英国作家、文学评论家。

③ 期颐（qī yí）：百岁。

④ 耄耋（mào dié）：泛指老年。耄：八九十岁的年纪。耋：七八十岁的年纪。

⑤ 老悖：年老糊涂。瞑（míng）：眼睛昏花或闭上眼睛之意。

⑥ 缱绻（qiǎn quǎn）：形容情意缠绵，难舍难分。

艺？可是谁又能趁早体会到时间之“难得而易失”？我小的时候，家里请了一位教师，书房桌上有一座钟，我和我的姊姊常乘教师不注意的时候把时针往前拨快半个钟头，以便提早放学，后来被老师觉察了，他用朱笔在窗户纸上的太阳阴影划一痕记，作为放学的时刻，这才息了逃学的念头。

时光不断地在流转，任谁也不能攀住它停留片刻。“逝者如斯夫，不舍昼夜！”我们每天撕一张日历，日历越来越薄，快要撕完的时候便不免矍然以惊①，惊的是又临岁晚，假使我们把几十册日历装为合订本，那便象征我们的全部的生命，我们一页一页地往下扯，该是什么样的滋味呢？“冬天一到，春天还会远吗？”可是你一共能看见几次冬尽春来呢？

不可挽住的就让它去罢！问题在，我们所能掌握的尚未逝去的时间，如何去打发它。梁任公先生最恶闻“消遣”二字②，只有活得不耐烦的人才忍心的去“杀时间”。他认为一个人要作的事太多，时间根本不够用，哪里还有时间可供消遣？不过打发时间的方法，亦人各不同，士各有志。乾隆皇帝下江南，看见运河上舟楫往来，熙熙攘攘，顾问左右：“他们都在忙些什么？”和珅侍卫在侧，脱口而出：“无非名利二字。”这答案相当正确，我们不可以人废言。不过三代以下唯恐其不好名，大概名利二字当中还是利的成分大些。“人为财死，鸟为食亡。”时间即金钱之说仍属不诬。诗人渥资华斯有句③：

> 尘世耗用我们的时间太多了，夙兴夜寐，
> 赚钱挥霍，把我们的精力都浪费掉了。

---

① 矍(jué)：惊慌张望的样子。

② 梁任公：即梁启超，字卓如，号任公。

③ 渥资华斯：即英国浪漫主义诗人华滋华斯(1770～1850)，1798年与柯勒律治出版《抒情歌谣集》。著有长诗《序曲》，抒情诗《孤独的割麦人》等。

所以有人宁可遁迹山林，享受那清风明月，“侣鱼虾而友麋鹿”①，过那高蹈隐逸的生活②。诗人济慈宁愿长时间地守着一株花③，看那花苞徐徐展瓣，以为那是人间至乐。嵇康在大树底下扬槌打铁④，“浊酒一杯，弹琴一曲”；刘伶“止则操卮执觚，动则挈榼提壶”⑤，一生中无思无虑其乐陶陶。这又是一种颇不寻常的方式。最彻底的超然的例子是《传灯录》所记载的：“南泉和尚问陆亘曰：‘大夫十二时中作么生？’陆云：‘寸丝不挂！’”寸丝不挂即是了无挂碍之谓，“原来无一物，何处染尘埃？”这境界高超极了，可以说是“以天地为一朝，万期为须臾”⑥，根本不发生什么时间问题。

人，诚如波斯诗人莪谟伽耶玛所说⑦，来不知从何处来，去不知向何处去，来时并非本愿，去时亦未征得同意，胡里胡涂地在世间逗留一段时间。在此期间内，我们是以心为形役呢？还是立德立功立言以求不朽呢？还是参究生死直超三界呢？这大主意需要自己拿。

【提示】

时间之可珍贵，已被多人论及感叹。《谈时间》一文则将深切

---

① 麑(ní)：小鹿。

② 高蹈：隐居。

③ 济慈(1795～1821)：英国诗人，以《夜莺颂》、《希腊古瓮颂》等诗著名，写有长诗《恩底弥翁》、《赫披里昂》等。

④ 嵇康(223～262)：字叔夜，三国魏文学家、思想家、音乐家，有《嵇中散集》。

⑤ 觚(gū)：古代盛酒器具。挈(qiè)：提着。榼(kē)：古代盛酒或贮水器具。

⑥ 朝：早晨。期(jī)：年。须臾(yú)：片刻，一会儿。

⑦ 莪(é)谟伽耶玛：又译莪默·伽亚谟，即波斯诗人欧玛尔·海亚姆(1048～1123)。其诗歌为四行诗，称为“鲁拜体”，诗中孜孜探求宇宙的奥秘和人生的意义。他还写有哲学著作，通晓天文医术，并首次提出三次方程式的理论。

的感慨、不轻松的思考娓娓道来,舒缓的语调之下是殷恳的告诫。在梁实秋笔下,名人凡夫、隐者僧人,在时间之中焦灼、奔忙、超脱、窘迫着。时间如水,奔逝不息,自古无人可挽留片时。至于不发生时间问题的高超之人,又实在难以企及。因而面对一页一页扯下的生命,清醒的人必会惊悚与沉思——"'冬天一到,春天还会远吗?'可是你一共能看见几次冬尽春来呢?"

"不可挽住的就让它去罢",在这万千感慨中文章转向如何利用未逝时间的问题。作者没有急切地给出答案,把思考与选择留给了读者。《谈时间》就这样仿佛不经意间使读者凛然于心,进而认真思索。

梁实秋的散文常广征博引而能谐趣迭生。本文即以引用一个有趣的故事开始,其后征引处处可见。所有的征引并无赘余之感,而是谐于文之所行,自然且富于机趣。梁实秋的文笔雅洁简练,多于人情世态处领略人生意趣。如此文中一句"士各有志",便可见出作者对世人的理解与同情,全文行云流水般的议论又不时可见出作者的恳挚之心。这些正是梁实秋典雅、平和文风的体现。

【思考与练习】

1. 本文是如何论述时间之可贵的?

2. 以本文为例谈梁实秋散文的特色。

(孟晓燕)

凤凰涅槃[①]

郭沫若

郭沫若(1892～1978),原名郭开贞,号鼎堂,四川乐山人。现代诗人、戏剧家、历史学家、古文字学家,卓越的社会活动家。1914年留学日本,后在九州帝国大学学医,1923年回国。此间参与发起创造社,并以他的诗歌《女神》开辟了现代中国浪漫主义诗歌创作道路。此时也开始了历史剧创作。归国后,弃医学文,在《女神》之后出版过《星空》、《前茅》、《恢复》等诗集。1928至1937年间,他在日本避难客居,从事古史与古文字研究。抗战开始归国参加抗日,后发表了《屈原》等六个历史剧,是他创作的又一个高峰期。解放后一直担任国家文化、教育、科学等方面的领导工作。有《郭沫若全集》(文学编)共20卷。

天方国古有神鸟名“菲尼克司”(Phoenix)[②],满五百岁后,集香木自焚,复从死灰中更生,鲜美异常,不再死。

按此鸟殆即中国所谓凤凰:雄为凤,雌为凰。《孔演图》云[③]:

---

① 本篇原载1920年1月30日、31日上海《时事新报·学灯》,收入《女神》,1928年1月3日作者对原作进行了修改。后收入《沫若诗集》。作品最初发表时,题下有一副标题:“一名‘菲尼克司的科美体’。”本诗最后一章“凤凰更生歌”的“凤凰和鸣”初本为十五节,修改之后仅存五节。“科美体”(Comedy):喜剧。涅槃:佛教用语。是佛教全部修习所要达到的最高理想,一般指熄灭生死轮回后的境界。后亦作为死亡的美称。

② 天方国:中国古代称中东阿拉伯一带国家为天方国。“菲尼克司”(Phoenix):阿拉伯神话中的“不死鸟”,生活五百年之后积香木自焚,个体从灰烬中再生,以达到永生。

③ 《孔演图》:当为《演孔图》,东汉时期的纬书。

“凤凰火精，生丹穴。”①《广雅》云②：“凤凰……雄鸣曰即即，雌鸣曰足足。”

序　曲

除夕将近的空中，
飞来飞去的一对凤凰，
唱着哀哀的歌声飞去，
衔着枝枝的香木飞来，
飞来在丹穴山上。

山右有枯槁了的梧桐，
山左有消歇了的醴泉③，
山前有浩茫茫的大海，
山后有阴莽莽的平原，
山上是寒风凛冽的冰天。

天色昏黄了，
香木集高了，
凤已飞倦了
凰已飞倦了，
他们的死期将近了。

---

① 凤凰火精，生丹穴：清代马国翰《玉函山房辑佚书》辑《春秋纬·演孔图》：“凤，火之精也，生丹穴。”丹穴，山名。

② 《广雅》：古代训诂书，魏代张揖编。

③ 醴泉：《毛诗陆疏广要》：“凤，雄曰凤，雌曰凰，其雏曰鸑鷟，或曰凤凰，一名鶠。非梧桐不栖，非竹实不食，非醴泉不饮。”

凤啄香木,
一星星的火点迸飞。
凰扇火星,
一缕缕的香烟上腾。

凤又啄,
凰又扇,
山上的香烟弥散,
山上的火光弥满。

夜色已深了,
香木已燃了,
凤已啄倦了,
凰已扇倦了,
他们的死期已近了!

啊啊!
哀哀的凤凰!
凤起舞,低昂!
凰唱歌,悲壮!
凤又舞,
凰又唱,
一群的凡鸟
自天外飞来观葬。

凤　歌

即即!即即!即即!
即即!即即!即即!
茫茫的宇宙,冷酷如铁!

茫茫的宇宙，黑暗如漆！
茫茫的宇宙，腥秽如血！

宇宙呀，宇宙，
你为什么存在？
你自从哪儿来？
你坐在哪儿在？
你是个有限大的空球？
你是个无限大的整块？
你若是有限大的空球，
那拥抱着你的空间
他从哪儿来？
你的外边还有些什么存在？
你若是无限大的整块，
这被你拥抱着的空间
他从哪儿来？
你的当中为什么又有生命存在？
你到底还是个有生命的交流？
你到底还是个无生命的机械？

昂头我问天，
天徒矜高，莫有点儿知识。
低头我问地，
地已死了，莫有点儿呼吸。
伸头我问海，
海正扬声而呜唈①。

啊啊！

---

① 呜唈(yì)：呜咽。这里形容水声低沉，使人生出悲凉凄切的感觉。

生在这样个阴秽的世界当中，
便是把金刚石的宝刀也会生锈！
宇宙呀,宇宙，
我要努力地把你诅咒：
你脓血污秽着的屠场呀！
你悲哀充塞着的囚牢呀！
你群鬼叫号着的坟墓呀！
你群魔跳梁着的地狱呀！
你到底为什么存在？

我们飞向西方，
西方同是一座屠场。
我们飞向东方，
东方同是一座囚牢。
我们飞向南方，
南方同是一座坟墓。
我们飞向北方，
北方同是一座地狱。
我们生在这样个世界当中，
只好学着海洋哀哭。

凰　歌

足足！足足！足足！
足足！足足！足足！
五百年来的眼泪倾泻如瀑。
五百年来的眼泪淋漓如烛。
流不尽的眼泪，
洗不净的污浊，

浇不熄的情炎①，
荡不去的羞辱，
我们这缥缈的浮生
到底要向哪儿安宿？

啊啊！
我们这缥缈的浮生
好像那大海里的孤舟。
左也是漶漫②，
右也是漶漫，
前不见灯台，
后不见海岸，
帆已破，
樯已断，
楫已飘流，
柁已腐烂，
倦了的舟子只是在舟中呻唤，
怒了的海涛还是在海中泛滥。

啊啊！
我们这缥缈的浮生
好像这黑夜里的酣梦。
前也是睡眠，
后也是睡眠，
来得如飘风，
去得如轻烟，
来如风，

---

① 情炎：也作“情焰”。

② 漶(huàn)漫：也作“漫漶”，模糊，不清晰。

去如烟，
眠在后，
睡在前，
我们只是这睡眠当中的
一刹那的风烟。

啊啊！
有什么意思？
有什么意思？
痴！痴！痴！
只剩些悲哀，烦恼，寂寥，衰败，
环绕着我们活动着的死尸，
贯串着我们活动着的死尸。

啊啊！
我们年青时候的新鲜哪儿去了？
我们年青时候的甘美哪儿去了？
我们年青时候的光华哪儿去了？
我们年青时候的欢爱哪儿去了？
去了！去了！去了！
一切都已去了，
一切都要去了，
我们也要去了，
你们也要去了，
悲哀呀！烦恼呀！寂寥呀！衰败呀！

凤凰同歌

啊啊！
火光熊熊了。

香气蓬蓬了。
时期已到了。
死期已到了。
身外的一切!
身内的一切!
一切的一切!
请了! 请了!

群鸟歌

岩　鹰

哈哈,凤凰! 凤凰!
你们枉为这禽中的灵长!
你们死了吗? 你们死了吗?
从今后该我为空界的霸王!

孔　雀

哈哈,凤凰! 凤凰!
你们枉为这禽中的灵长!
你们死了吗? 你们死了吗?
从今后请看我花翎上的威光!

鸱　枭

哈哈,凤凰! 凤凰!
你们枉为这禽中的灵长!
你们死了吗? 你们死了吗?
哦,是哪儿来的鼠肉的馨香?

家　鸽

哈哈,凤凰! 凤凰!
你们枉为这禽中的灵长!
你们死了吗? 你们死了吗?
从今后请看我们驯良百姓的安康!

鹦 鹉

哈哈,凤凰! 凤凰!
你们枉为这禽中的灵长!
你们死了吗? 你们死了吗?
从今后请听我们雄辩家的主张!

白 鹤

哈哈,凤凰! 凤凰!
你们枉为这禽中的灵长!
你们死了吗? 你们死了吗?
从今后请看我们高蹈派的徜徉①!

凤凰更生歌

鸡 鸣

昕潮涨了,
昕潮涨了,
死了的光明更生了。

春潮涨了,
春潮涨了,
死了的宇宙更生了。

生潮涨了,
生潮涨了,

---

① 高蹈派:古代汉语中,高蹈有远行、隐居意。这首诗中的高蹈,又正好同外国的一个文学流派相关。1866 年,法国资产阶级诗人在巴黎成立了一个诗歌团体,创办了一个《当代巴尔纳斯》刊物,宣传"为艺术而艺术",因此称之为"巴尔纳斯派"(Parnassus),中国的诗人把它译为"高蹈派"。巴尔纳斯是希腊中部的一座山峰。

死了的凤凰更生了。

凤凰和鸣

我们更生了,
我们更生了,
一切的一,更生了。
一的一切,更生了。
我们便是他,他们便是我。
我中也有你,你中也有我。
　　我便是你。
　　你便是我。
　　火便是凰。
　　凤便是火。
　　翱翔!翱翔!
　　欢唱!欢唱!

我们新鲜,我们净朗,
我们华美,我们芬芳。
一切的一,芬芳。
一的一切,芬芳。
芬芳便是你,芬芳便是我。
芬芳便是他,芬芳便是火。
　　火便是你。
　　火便是我。
　　火便是他。
　　火便是火。
　　翱翔!翱翔!
　　欢唱!欢唱!

我们热诚,我们挚爱。
我们欢乐,我们和谐。

一切的一，和谐。
一的一切，和谐。
和谐便是你，和谐便是我。
和谐便是他，和谐便是火。
　　火便是你。
　　火便是我。
　　火便是他。
　　火便是火。
　　翱翔！翱翔！
　　欢唱！欢唱！

我们生动，我们自由。
我们雄浑，我们悠久。
一切的一，悠久。
一的一切，悠久。
悠久便是你，悠久便是我。
悠久便是他，悠久便是火。
　　火便是你。
　　火便是我。
　　火便是他。
　　火便是火。
　　翱翔！翱翔！
　　欢唱！欢唱！

我们欢唱，我们翱翔。
我们翱翔，我们欢唱。
一切的一，常在欢唱。
一的一切，常在欢唱。
是你在欢唱？是我在欢唱？
是他在欢唱？是火在欢唱？

欢唱在欢唱!
欢唱在欢唱!
只有欢唱!
只有欢唱!
欢唱!
　　欢唱!
　　　　欢唱!

1920 年 1 月 20 日初稿
1928 年 1 月 3 日改削

【提示】

《凤凰涅槃》写于 1920 年 1 月 20 日,诗人在日本。由于受五四运动的感召,诗人在 1919 年的下半年到 1920 年的上半年,“个人的郁积,民族的郁积,在这时找出了喷火口,也找出了喷火的方式”(《沸羹集·序我的诗》)。他以火山爆发式的情感写出了一系列浪漫主义诗作,后集成《女神》。本篇为该集中最重要的作品。

全诗六章,序曲写凤凰生存环境的失去,梧桐枯槁,醴泉消歇,平原无生气。道出了凤凰痛苦而绝望并为了追求更生和永恒而自焚。这是对中国现实黑暗社会象征性的概括,也是对个性精神的高度概括。凤歌是一曲刚性的悲愤斥责,充满了对旧世界的批判和否定精神。凰歌是一曲哀怨的深情控诉,表现了屈辱者内心的不平。凤凰同歌表现出果决的叛逆精神。群鸟歌将凡鸟与神异之鸟精神相对表现,更加强了凤凰形象的高孤性格。凤凰更生歌是个体的更生,也是宇宙的更生,“身内的一切”与“身外的一切”在经历了一场大火之后获得了光明、新鲜、净朗、华美、芬芳、和谐、欢乐、热诚、雄浑、生动、自由、永恒。这是凤凰的更生歌,也是中国的更生歌。

全诗以泛神论为武器,熔中外神话题材于一炉,用象征手法,“象征着中国的再生”(郭沫若《我的作诗经过》),也象征了个性的再生。它是个性主义的颂歌,也是诗人高度的爱国主义感情的抒发。《凤凰涅槃》开辟了中国新诗浪漫主义创作道路。

【思考与练习】

1.本诗象征意义何在?

2.分析凤与凰形象的时代意义?

3.本诗的爱国主义是如何表现的?

4.为什么说《凤凰涅槃》开辟了中国新诗浪漫主义创作道路?

(刘玉凯)

死　　水①

闻一多

闻一多(1899～1946),原名家骅,湖北浠水人。1912年冬考入清华学校(1913年秋正式入学),1922年赴美留学,1925年回国,历任北京艺术专科学校、武汉大学、青岛大学、清华大学等校教授。抗日战争时期在昆明西南联合大学中文系任教。

闻一多对新诗的艺术形式,即新诗格律化的问题进行了探讨。在《诗的格律》中提出新格律诗理论,主张新诗要有“三美”,即“音乐的美”(音节)、“绘画的美”(词藻)和“建筑的美”(节的匀称和句的均齐)。对新诗的发展起了巨大的促进作用。1923年出版诗集《红烛》。1928年出版诗集《死水》。1948年开明书店出版了《闻一多全集》。

这是一沟绝望的死水,
清风吹不起半点漪沦②。
不如多扔些破铜烂铁,
爽性泼你的剩菜残羹。

也许铜的要绿成翡翠,

① 本篇选自诗集《死水》。是1926年春诗人偶见西单二龙坑南端一臭水沟,联想当时军阀统治下的旧中国黑暗腐败的现实,触发了诗人的苦闷愤激之情,写下了这首不朽的诗篇。

② 漪沦:波纹。

铁罐上锈出几瓣桃花；
再让油腻织一层罗绮①，
霉菌给他蒸出些云霞。

让死水酵成一沟绿酒，
漂满了珍珠似的白沫；
小珠们笑声变成大珠，
又被偷酒的花蚊咬破。

那么一沟绝望的死水，
也就夸得上几分鲜明。
如果青蛙耐不住寂寞，
又算死水叫出了歌声。

这是一沟绝望的死水，
这里断不是美的所在。
不如让给丑恶来开垦，
看他造出个什么世界。

一九二五年，四

【提示】

《死水》主要抒发诗人回国后目睹封建军阀专制下的中国黑暗腐败的现实而引起的苦闷愤激之情。诗人在美国目睹身历了民族歧视和民族压迫，把祖国理想化为“宁静”“和谐”的“如花的祖国”，日夜思念。当诗人以赤子的急切心情投入祖国怀抱的时候，发现的却是一个满目疮痍、破败不堪的祖国。现实与理想发生了强烈的反差，于是诗人以满腔愤激之情对黑暗的现实进行诅咒。表现了诗人爱祖国而又恨那些腐朽的统治者的忧国忧民的苦闷情绪。

---

① 罗绮：有纹彩的丝织品。

诗中的“一沟绝望的死水”,是当时死寂黑暗的中国的象征,而诗人所说的“绝望”,是对军阀统治者的绝望。

全诗共五节,第一节概写死水的外貌及诗人对死水的态度。诗人对腐朽的统治者不抱任何希望了,对他们只能诅咒。“不如多扔些破铜烂铁,爽性泼你的剩菜残羹。”希望它腐臭到极点,这是愤激至深的表现。绝望于死水,正是一种新的希望产生的前提条件。二、三、四节写“扔”和“泼”之后死水的变化和反动统治者的颠倒黑白。扔进和泼入的分明都是垃圾,都是罪恶的象征,而反动统治者却百般美化,把青蛙叫当作死水的歌声。第五节是诗人对死水本质的认识。诗人强调死水绝对没有希望,没有美。与其希望死水变得清澈起来,还不如让给丑恶来开垦,让他们走向极端,烂到底,从绝望里生出希望。正如朱自清先生在《闻一多全集》序言中所指出的,“这不是‘恶之花’的赞颂,而是索性让‘丑恶’早些恶贯满盈,‘绝望’里才有希望”。

《死水》完美地体现了闻一多的“三美”的主张。每行诗都由四个音步或“顿”(三个“二字尺”和一个“三字尺”, 三字尺在每行中出现的位置可以有变化)构成,每行的音节和字数是相等的,收尾都用双音词,基本上是隔行押韵,读来和谐、铿锵,富有节奏感;词汇绚丽多彩而富有表现力;每节四行,每行九字,形成“节的匀称和句的均齐”,即“建筑美”。

【思考与练习】

1. 试述闻一多的“新格律诗”理论及在新诗发展史上的意义。
2. 本诗表现了诗人怎样的思想感情?
3. 本诗怎样体现了闻一多的“新格律诗”主张?

(田建民)

雨　　巷[1]

戴望舒

戴望舒(1905～1950),浙江省杭州市人。1923年夏考入上海大学。1932年至1935年自费赴法留学,回国后曾编辑多种文艺副刊、杂志。此外,戴望舒翻译介绍了大量的外国小说、诗歌、文论等作品。

戴望舒前期创作主要受法国象征诗派、中国古诗的影响。诗作注重传达错综的感受,追求自然的节奏与音韵。后期则在西班牙诗人阿拉贡等影响下,强调诗表现纯粹的情绪,强调诗是全感官或超感官的,主张诗应去掉音乐、绘画、字句建筑美的成分。其作品包括诗集《我的记忆》、《望舒草》、《望舒诗稿》、《灾难的岁月》。浙江文艺出版社1989年出版了《戴望舒诗全编》。

撑着油纸伞,独自
彷徨在悠长,悠长
又寂寥的雨巷,
我希望逢着
一个丁香一样地
结着愁怨的姑娘。

她是有

---

① 本篇选自诗集《我的记忆》。作于1927年,1928年8月发表于《小说月报》第19卷第8号,叶圣陶誉为“替新诗的音节开了一个新的纪元”。戴望舒因之获得了“雨巷诗人”的称号。

丁香一样的颜色，
丁香一样的芬芳，
丁香一样的忧愁，
在雨中哀怨，
哀怨又彷徨；

她彷徨在这寂寥的雨巷，
撑着油纸伞
像我一样，
像我一样地
默默彳亍着①，
冷漠，凄清，又惆怅。

她静默地走近
走近，又投出
太息一般的眼光，
她飘过
像梦一般地，
像梦一般地凄婉迷茫。

像梦中飘过
一枝丁香地，
我身旁飘过这女郎；
她静默地远了，远了，
到了颓圮的篱墙②，
走尽这雨巷。

---

① 彳亍(chì chù)：指小步走或走走停停。
② 圮(pǐ)：毁坏，崩塌。

在雨的哀曲里，
消了她的颜色，
散了她的芬芳，
消散了，甚至她的
太息般的眼光，
丁香般的惆怅。

撑着油纸伞，独自
彷徨在悠长，悠长
又寂寥的雨巷，
我希望飘过
一个丁香一样地
结着愁怨的姑娘。

【提示】

全诗以迷蒙的雨、狭长的小巷、彷徨的行人、丁香一样的姑娘等意象表达了作者凄凉、沉闷、孤寂、迷茫的情感。1926年中国革命潮起云涌之际，戴望舒也积极从事革命宣传工作。1927年曾被孙传芳拘留，“四一二”后受到国民党政府的通缉，先后隐居杭州、松江县。此诗即作于松江县好友施蛰存的家中，因而此诗中的“我”可看作寻求理想的青年的象征。全诗表达了那个时代青年人寻求理想而理想失落的痛苦。我国古诗中有“巴蕉不展丁香结”、“丁香空结雨中愁”等句，都以纤弱芬芳的丁香比喻作者纠结忧郁的情怀，这首诗也以“丁香一样”的“她”隐喻作者失落茫然而仍有所追求的心态。

《雨巷》文字浅白平易，没有象征诗的晦涩；句子错落有致，没有新月格律诗的机械；节奏回旋复沓，初具内在节奏感。正如叶绍钧所赞扬的，这首诗的音节很独特。诗中采用了众多的双声叠韵字，多种叠句，首尾更以几乎相同的两节诗相应和，富于音律回环之美。诗的每节三六句押韵，其余各句也偶或押韵，尤其全诗之中带元音a的字不断出现给人缭绕不去之感。这种回旋不已、沉缓低抑、反复咏叹的音节美，正与全诗迷茫低徊的情感相融。

【思考与练习】

1. 本诗表达了作者怎样的思想感情？

2. 本诗的音节有何独特之处？

（孟晓燕）

再别康桥[①]

徐志摩

徐志摩(1896～1931),浙江海宁人。1915 年入上海沪江大学,次年转入北京大学。1918 年赴美留学,学银行学、政治学。1920 年赴英国剑桥大学研究生院学政治经济学。1922 年回国,历任北京大学、清华大学教授。1923 年成立新月社,他是领袖人物。1927 年去上海,任教于光华大学、大夏大学,并与胡适主持开办新月书店。1928 年创办《新月》杂志。1931 年因飞机失事遇难。主要作品有诗集《志摩的诗》、《翡冷翠的一夜》、《猛虎集》和《云游》。

轻轻的我走了,
　正如我轻轻的来;
我轻轻的招手,
　作别西天的云彩。

那河畔的金柳,
　是夕阳中的新娘;
波光里的艳影,
　在我的心头荡漾。

软泥生的青荇[②],

① 本诗选自《猛虎集》,最初发表于 1928 年 12 月《新月》1 卷 10 期。

② 生:诸本皆为“上”,今依《新月》原刊改为“生”。青荇(xìng):即荇菜。多年生草本植物,浮在水面,根生在水底。

油油的在水底招摇；
在康河的柔波里，
我甘心做一条水草！

那榆荫下的一潭，
不是清泉，是天上虹；
揉碎在浮藻间，
沉淀着彩虹似的梦。

寻梦？撑一支长篙，
向青草更青处漫溯；
满载一船星辉，
在星辉斑斓里放歌。

但我不能放歌，
悄悄是别离的笙箫；
夏虫也为我沉默，
沉默是今晚的康桥！

悄悄的我走了，
正如我悄悄的来；
我挥一挥衣袖，
不带走一片云彩。

十一月六日中国海上

【提示】

此诗写于1928年11月6日诗人再次赴英回国途中。所谓"康桥"就是剑桥，这是诗人的一种带有独特感情色彩的译法，包含着愿她健康安乐的祝福。诗人在剑桥的一段学习生活是他一生中最美满而难忘的日子。就是在这里，诗人萌发了诗意而浪漫的爱情;就是在这里,有着他迷恋的“楼高车快”的生活和他向往的资产阶级民主共和制。回国之后,他的富于诗意的爱情和建立资产阶级民主共和国的理想化为泡影,变成了他的充满诗意与感伤的“康桥梦”。《再别康桥》以缠绵凄婉的笔调,抒写了诗人对康桥的无限眷恋之情,在描绘康桥的美丽和清幽时融入了对以往美好时光的回忆,展露了因自己“康桥梦”的幻灭而无限哀伤的情怀。

新月派诗人讲究诗的形式美。本诗基本上做到了闻一多主张的“三美”(音乐美、绘画美、建筑美)。尤其是完美地体现了音乐美,声调回环往复,格调轻盈柔和,优美动听,令人产生如梦如幻的感觉。另外,诗作抒发离愁别绪,但却不直接地抒情,而是描写“金柳”、“波光”、“青荇”、“星辉”等具体而生动的形象,融情于景,创造出耐人寻味的意境。

【思考与练习】

1.《再别康桥》主要抒发了诗人怎样的感情?

2.谈谈你对诗人的“康桥梦”的理解。

3.试述本诗的艺术特点。

(田建民)

断　　章①

卞之琳

卞之琳(1910～),祖籍江苏溧水,出生于江苏海门。1933年毕业于北京大学英文系。先后在延安鲁艺、西南联大、北京大学等校任教。

卞之琳受到中国古典诗词、法国象征派与西方现代主义诗歌的影响,注重诗歌形式的创新,追求诗歌的戏剧化、智性化。诗作多玲珑精巧、富跳跃性,善于从日常生活中发掘深邃的哲理与浓郁的诗意。主要作品有诗集《汉园集》、《鱼目集》、《慰劳信集》、《雕虫纪历》等,诗评《人与诗:忆旧说新》,译著有《西窗集》、《哈姆雷特》等。

你站在桥上看风景,
看风景人在楼上看你。

明月装饰了你的窗子,
你装饰了别人的梦。

【提示】

卞之琳曾说《断章》一诗"着重在'相对'上",这首诗表达的就是事物之间相互对应、相互关联这一哲理。两节诗各以"看"、"装饰"联缀起不相关的事物表达相对相属的观念,而节与节之间是递进的关系。第一节只是表述了事物间关系的不确定性,颇似警句。

① 本篇选自诗集《鱼目集》,作于1935年10月。

第二节则以三个带有浪漫抒情色彩的词汇“明月”、“窗子”、“梦”获得了诗的意蕴。尤其“装饰”一词显示出对情感的克制与智性化的倾向,使这三个词汇在柔弱、幻美、抒情的意蕴上具有了冷静客观的性质,使诗意更加浓厚深远。全诗短短四句,以极为平易的语言、普通的现象传达哲学观念,呈现出非个人化的特点,因而易引起读者的深思。

【思考与练习】

1.本诗何以能引起读者深思?

2.《断章》的内容与形式是如何结合在一起的?

(孟晓燕)

雪落在中国的土地上①

艾 青

艾青(1910～1996),浙江金华人,现代诗人。1928年入杭州国立西湖艺术学院绘画系学习,次年赴法国勤工俭学,专修绘画。1932年回国,参加了"左联"和中国左翼美术家联盟。由于组织左翼绘画活动,1932年6月至1935年10月被监禁,在狱中开始写诗。1937年出版第一部诗集《大堰河》。他一生的诗歌创作有两次高峰。第一次在抗战时期,出版的诗集有《北方》、《她死在第二次》、《黎明的通知》和长诗《向太阳》等。第二次是在1978年以后,发表诗歌有《古罗马的大斗技场》、《光的赞歌》等。此外,他还有理论著作《诗论》。全部著作有《艾青全集》5卷。

雪落在中国的土地上,
寒冷在封锁着中国呀……

风,
像一个太悲哀了的老妇,
紧紧地跟随着
伸出寒冷的指爪
拉扯着行人的衣襟,

---

① 本诗初载1938年1月16日汉口《七月》半月刊第2集第1期,初收入《北方》,后又曾收入《艾青诗选集》1951年版和《艾青诗选》1955年版、1979年版。作者认为本诗和其他5首诗《大堰河,我的保姆》、《向太阳》、《火把》《古罗马的大斗技场》、《光的赞歌》是他的代表作。

用着像土一样古老的话
一刻也不停地絮聒着[①] ……

那从林间出现的，
赶着马车的
你中国的农夫
戴着皮帽
冒着大雪
你要到哪儿去呢？

告诉你
我也是农人的后裔——
由于你们的
刻满了痛苦的皱纹的脸
我能如此深深地
知道了
生活在草原上的人们的
岁月的艰辛。

而我
也并不比你们快乐啊
——躺在时间的河流上
苦难的浪涛
曾经几次把我吞没而又卷起——
流浪与监禁
已失去了我的青春的
最可贵的日子，
我的生命

---

① 絮聒：唠唠叨叨地说个不停。

也像你们的生命
一样的憔悴呀

雪落在中国的土地上,
寒冷在封锁着中国呀……

沿着雪夜的河流,
一盏小油灯在徐缓地移行,
那破烂的乌篷船里
映着灯光,垂着头
坐着的是谁呀?

——啊,你
蓬发垢面的少妇,
是不是
你的家
——那幸福与温暖的巢穴——
已被暴戾的敌人
烧毁了么?
是不是
也像这样的夜间,
失去了男人的保护,
在死亡的恐怖里
你已经受尽敌人刺刀的戏弄?

咳,就在如此寒冷的今夜,
无数的
我们的年老的母亲,
都蜷伏在不是自己的家里,
就像异邦人

不知明天的车轮
要滚上怎样的路程……
——而且
中国的路
是如此的崎岖
是如此的泥泞呀。

雪落在中国的土地上，
寒冷在封锁着中国呀……

透过雪夜的草原
那些被烽火所啮啃着的地域，
无数的，土地的垦殖者
失去了他们所饲养的家畜
失去了他们肥沃的田地
拥挤在
生活的绝望的污巷里：
饥馑的大地
朝向阴暗的天
伸出乞援的
颤抖着的两臂。

中国的苦痛与灾难
像这雪夜一样广阔而又漫长呀！
雪落在中国的土地上，
寒冷在封锁着中国呀……

中国，
我的在没有灯光的晚上
所写的无力的诗句

能给你些许的温暖么？

一九三七年十二月二十八日夜间

【提示】

抗日战争的爆发，使艾青的诗歌创作出现了一个高峰。这些诗的抒情基调有两个方面：他歌唱民族的新生希望，也歌唱中国人民的苦难命运。本诗和此时写下的《他起来了》、《复活的土地》等分别表达了这样两种创作意向。《雪落在中国的土地上》写于抗日战争开始的1937年的年底，是诗人为苦难的中华民族唱出的一首深沉的歌。

“雪落在中国的土地上，寒冷在封锁着中国呀……”这两行诗的反复出现是起兴，也是为创造气氛而设置的比喻，给全诗带来了悲愤和沉重的主旋律。树林、草原、道路、河流、田园，马车、乌篷船、油灯，农夫、老妇、少妇，一切一切的土地和人都笼罩在寒冷的风雪中。“暴戾的敌人”的侵略，使中国人民失去了自己家园，到处流浪。我们看到了中国土地上一幕幕悲惨的画面。寒冷和风雪是用来比喻中华民族面临的危险境遇。

艾青是人民的诗人，他的诗在感情上与人民相亲。他以感同身受的情绪写中国土地上的人民，与人民共同承受着“苦难的浪涛”，他愿意用这赤子之情表达难以言说的悲怆。艾青说：“在未解放的时代里，苦难比幸福更美”，“叫一个生活在这时代的忠实的灵魂不忧郁，这有如叫一个辗转在泥色的梦里的农夫不忧郁，是一样的属于天真的一种奢望。”(《诗论》)

艾青的诗并不追求传统诗歌句式的整饬和韵调的和谐，而极力表达一种力之美，一种自然之美。他的自由体诗最善于创造意境，把主观情感与客观世界融成一片忧郁色彩。他的诗多方面吸收艺术经验，把中国白话诗推向了一个高峰。

【思考与练习】

1.这首诗描写了哪些画面？试述这些画面之间是以怎样的情感联结在一起的？

2. 为什么说艾青是人民的诗人？从这首诗中表现出艾青诗歌怎样的思想和感情？

3. 同你所熟悉的白话诗比较，说说艾青的诗有怎样的艺术个性？

（刘玉凯）

自然底梦①

穆 旦

穆旦(1918～1977),原名查良铮,祖籍浙江海宁,出生于天津。1935年选入清华大学外文系。1940年毕业后任教于西南联大。1942年5月穆旦加入中国远征军,出征缅甸抗日战场,参加了震惊中外的野人山战役,历尽死难才撤至印度。1949年至1952年留学美国,回国后在南开大学任教,1958年被打成历史反革命,1979年平反。

穆旦的创作受到中国古典文学、西方浪漫派诗歌、西方现代主义诗歌的多重影响。他的创作致力于"排除传统的陈词滥调和模糊不清的浪漫诗意,给诗以严肃而清晰的形象感觉"。分别于1945年、1947年、1948年出版诗集《探险队》、《穆旦诗集(1939～1945)》、《旗》,另外还翻译有文论及大量诗歌。

我曾经迷误在自然底梦中,
我底身体由白云和花草做成,
我是吹过林木的叹息,早晨底颜色,
当太阳染给我刹那的年轻,

那不常在的是我们拥抱的情怀,
它让我甜甜的睡:一个少女底热情,
使我这样骄傲又这样的柔顺。

---

① 本诗选自诗集《穆旦诗集(1939～1945)》,作于1942年11月。底(de):同"的",表示所属的关系。

我们谈话，自然底朦胧的呓语①，

美丽的呓语把它自己说醒，
而将我暴露在密密的人群中，
我知道它醒了正无端地哭泣，
鸟底歌，水底歌，正绵绵地回忆，

因为我曾年轻的一无所有，
施与者领向人世的智慧皈依②，
而过多的忧思现在才刻露了
我是有过蓝色的血，星球底世系。

1942 年 11 月

【提示】

全诗描述了抒情主人公“我”在智慧的引导下，走向理智成熟的过程，以及对此过程的审视与反思。“自然底梦”表面指青春之爱，隐喻的却是“我”年轻的精神状态。诗的第一二节以充满浪漫抒情色彩的词句组成优美诗行，抒写了沉浸于爱的“我”的陶醉与欢欣。接着“美丽的呓语把它自己说醒”，醒来的我不再“由白云和花草做成”，不再是“吹过林木的叹息，早晨底颜色”，而“暴露在密密的人群中”。醒来的“我”谛视着自己的过去，回忆起那绵绵的“鸟底歌，水底歌”，有所留恋又不得不离弃，禁不住“无端地哭泣”着旧我。最后一节则透露了“美丽的呓语”是如何“把它自己说醒”的。正是“智慧皈依”与“过多的忧思”映照出青春情怀的幻美、单纯与柔弱，指引“我”离弃“自然底梦”，接近深邃有力的理智。而诗的最后两句即是“我”走向成熟后对过去的否定性反思与结语。

全诗语言抽象深奥而又生动具体，语义多重，句法多变，意象

---

① 呓(yì)语：梦话。

② 皈(guī)依：原为佛教用语。此处泛指虔诚地信奉和投入其中。

密集新颖。其“理念性的诗意”溶入优美迷人的词句,做到了作者所追求的“机智”对“情绪和意象的健美的糅合”,使诗在感性与理性、感觉与抽象的交错中获得了艺术的空间与张力。

【思考与练习】

1. 背诵这首诗。
2. 全诗的主旨是怎样被表达出来的?
3. 本诗有何艺术特点?

(孟晓燕)

离　婚[1]

鲁　迅

"阿阿,木叔！新年恭喜,发财发财！"

"你好,八三！恭喜恭喜！……"

"唉唉,恭喜！爱姑也在这里……"

"阿阿,木公公！……"

庄木三和他的女儿——爱姑——刚从木莲桥头跨下航船去,船里面就有许多声音一齐嗡的叫了起来,其中还有几个人捏着拳头打拱;同时,船旁的坐板也空出四人的坐位来了。庄木三一面招呼,一面就坐,将长烟管倚在船边;爱姑便坐在他左边,将两只钩刀样的脚正对着八三摆成一个"八"字。

"木公公上城去?"一个蟹壳脸的问。

"不上城,"木公公有些颓唐似的,但因为紫糖色脸上原有许多皱纹,所以倒也看不出什么大变化,"就是到庞庄去走一遭。"

合船都沉默了,只是看他们。

"也还是为了爱姑的事么?"好一会,八三质问了。

"还是为她。……这真是烦死我了,已经闹了整三年,打过多少回架,说过多少回和,总是不落局……。"

"这回还是到慰老爷家里去？……"

"还是到他家。他给他们说和也不止一两回了,我都不依。这倒没有什么。这回是他家新年会亲,连城里的七大人也在……。"

---

① 本文最初发表于 1925 年 11 月 23 日北京《语丝》周刊第 54 期。后收入《彷徨》,1926 年 8 月北京北新书局初版,列为作者所编的《乌合丛书》之一。

“七大人？”八三的眼睛睁大了。“他老人家也出来说话了么？……那是……。其实呢，去年我们将他们的灶都拆掉了①，总算已经出了一口恶气。况且爱姑回到那边去，其实呢，也没有什么味儿……。”他于是顺下眼睛去。

“我倒并不贪图回到那边去，八三哥！”爱姑愤愤地昂起头，说，“我是赌气。你想，‘小畜生’姘上了小寡妇，就不要我，事情有这么容易的？‘老畜生’只知道帮儿子，也不要我，好容易呀！七大人怎样？难道和知县大老爷换帖②，就不说人话了么？他不能像慰老爷似的不通，只说是‘走散好走散好’。我倒要对他说说我这几年的艰难，且看七大人说谁不错！”

八三被说服了，再开不得口。

只有潺潺的船头激水声；船里很静寂。庄木三伸手去摸烟管，装上烟。

斜对面，挨八三坐着的一个胖子便从肚兜里掏出一柄打火刀，打着火绒，给他按在烟斗上。

“对对。”③ 木三点头说。

“我们虽然是初会，木叔的名字却是早已知道的。”胖子恭敬地说，“是的，这里沿海三六十八村，谁不知道？施家的儿子姘上了寡妇，我们也早知道。去年木叔带了六位儿子去拆平了他家的灶，谁不说应该？……你老人家是高门大户都走得进的，脚步开阔，怕他们甚的！……”

“你这位阿叔真通气，”爱姑高兴地说，“我虽然不认识你这位

---

① 拆灶是民间的一种习俗。绍兴一带民间如果彼此发生了械斗，那里的风俗是，一方带领很多人来到对方家里，用大竹杠捅入灶门，然后用力一抬，把人家的灶毁坏，这就是拆灶。拆灶在人们的认识中是很大的污辱。

② 换帖：旧时朋友之间要好，有的人愿意结成异姓兄弟，这就需每个人将自己姓名、生辰、籍贯、家世等情况写在帖子上，彼此交换作为证据。这种形式称为换帖。

③ “对对”是“对不起对不起”之略或“得罪得罪”的合音；未详。——作者原注。

阿叔是谁。”

“我叫汪得贵。”胖子连忙说。

“要撇掉我,是不行的。七大人也好,八大人也好。我总要闹得他们家败人亡！慰老爷不是劝过我四回么？连爹也看得赔贴的钱有点头昏眼热了……。”

“你这妈的!”木三低声说。

“可是我听说去年年底施家送给慰老爷一桌酒席哩,八公公。”蟹壳脸道。

“那不碍事。”汪得贵说,“酒席能塞得人发昏么？酒席如果能塞得人发昏,送大菜又怎样①？他们知书识理的人是专替人家讲公道话的,譬如,一个人受众人欺侮,他们就出来讲公道话,倒不在乎有没有酒喝。去年年底我们敝村的荣大爷从北京回来,他见过大场面的,不像我们乡下人一样。他就说,那边的第一个人物要算光太太,又硬……。”

“汪家汇头的客人上岸哩!”船家大声叫着,船已经要停下来。

“有我有我!”胖子立刻一把取了烟管,从中舱一跳,随着前进的船走在岸上了。

“对对!”他还向船里面的人点头,说。

船便在新的静寂中继续前进;水声又很听得出了,潺潺的。八三开始打磕睡了,渐渐地向对面的钩刀式的脚张开了嘴。前舱中的两个老女人也低声哼起佛号来,她们撷着念珠,又都看爱姑,而且互视,努嘴,点头。

爱姑瞪着眼看定篷顶,大半正在悬想将来怎样闹得他们家败人亡;“老畜生”,“小畜生”,全都走投无路。慰老爷她是不放在眼里的,见过两回,不过一个团头团脑的矮子:这种人本村里就很多,无非脸色比他紫黑些。

庄木三的烟早已吸到底,火逼得斗底里的烟油吱吱地叫了,还吸着。他知道一过汪家汇头,就到庞庄;而且那村口的魁星阁也确

---

① 大菜:当时对西餐的俗称。

乎已经望得见①。庞庄,他到过许多回,不足道的,以及慰老爷。他还记得女儿的哭回来,他的亲家和女婿的可恶,后来给他们怎样地吃亏。想到这里,过去的情景便在眼前展开,一到惩治他亲家这一局,他向来是要冷冷地微笑的,但这回却不,不知怎的忽而横梗着一个胖胖的七大人,将他脑里的局面挤得摆不整齐了。

船在继续的寂静中继续前进;独有念佛声却宏大起来;此外一切,都似乎陪着木叔和爱姑一同浸在沉思里。

"木叔,你老上岸罢,庞庄到了。"

木三他们被船家的声音警觉时,面前已是魁星阁了。

他跳上岸,爱姑跟着,经过魁星阁下,向着慰老爷家走。朝南走过三十家门面,再转一个弯,就到了,早望见门口一列地泊着四只乌篷船②。

他们跨进黑油大门时,便被邀进门房去;大门后已经坐满着两桌船夫和长年。爱姑不敢看他们,只是溜了一眼,倒也并不见有"老畜生"和"小畜生"的踪迹。

当工人搬出年糕汤来时,爱姑不由得越加局促不安起来了,连自己也不明白为什么。"难道和知县大老爷换帖,就不说人话么?"她想。"知书识理的人是讲公道话的。我要细细地对七大人说一说,从十五岁嫁过去做媳妇的时候起……。"

她喝完年糕汤;知道时机将到。果然,不一会,她已经跟着一个长年,和她父亲经过大厅,又一弯,跨进客厅的门槛去了。

客厅里有许多东西,她不及细看;还有许多客,只见红青缎子

---

① 魁星阁:魁星,是指中国古代天文学中所说的二十八宿之一的奎星,俗称魁星。汉代人的纬书中有"奎主文昌"的说法,后来奎星就被附会成了主宰科名和文运兴衰的神。供奉魁星的阁楼就是魁星阁。

② 乌篷船:绍兴民间的一种船只,船篷用竹编成,中间夹着竹箬,呈半圆形。上面用烟煤和桐油漆成黑色。但是并不是所有的黑色篷子的船都叫乌篷船,绍兴专指那种用橹摇的"梭飞"和"三明瓦"之类的船只。有三扇定篷,是黑色的,中间有两道明瓦(用蛎壳薄片做篷顶)的叫梭飞。后仓再加一道明瓦的就叫三明瓦。

马挂发闪。在这些中间第一眼就看见一个人,这一定是七大人了。虽然也是团头团脑,却比慰老爷们魁梧得多;大的圆脸上长着两条细眼和漆黑的细胡须;头顶是秃的,可是那脑壳和脸都很红润,油光光地发亮。爱姑很觉得稀奇,但也立刻自己解释明白了:那一定是擦着猪油的。

“这就是‘屁塞’①,就是古人大殓的时候塞在屁股眼里的。”七大人正拿着一条烂石似的东西,说着,又在自己的鼻子旁擦了两擦,接着道,“可惜是‘新坑’。倒也可以买得,至迟是汉。你看,这一点是‘水银浸’……。”

“水银浸”周围即刻聚集了几个头,一个自然是慰老爷;还有几位少爷们,因为被威光压得像瘪臭虫了,爱姑先前竟没有见。

她不懂后一段话;无意,而且也不敢去研究什么“水银浸”,便偷空向四处一看望,只见她后面,紧挨着门旁的墙壁,正站着“老畜生”和“小畜生”。虽然只一瞥,但较之半年前偶然看见的时候,分明都见得苍老了。

接着大家就都从“水银浸”周围散开;慰老爷接过“屁塞”,坐下,用指头摩挲着,转脸向庄木三说话。

“就是你们两个么?”

“是的。”

“你的儿子一个也没有来?”

“他们没有工夫。”

“本来新年正月又何必来劳动你们。但是,还是只为那件事,……我想,你们也闹得够了。不是已经有两年多了么?我想,冤仇是宜解不宜结的。爱姑既然丈夫不对,公婆不喜欢……。也还是

---

① 屁塞:古时候,葬埋死人尸体时常常用小型的玉石塞在死者的口、耳、鼻、肛门等开口处,相信这样做就可以防止尸体的腐烂。这里说的屁塞就是指塞在肛门的玉石。后人挖掘坟墓,第一次挖掘的叫新坑,已经被挖过的坟再被打开就成了旧坑。再有,古人大殓时,常用水银处理尸体,认为这样做可以长期防腐,于是出土的玉石塞上就会有水银腐蚀过的斑痕,叫水银浸。

照先前说过那样:走散的好。我没有这么大面子,说不通。七大人是最爱讲公道话的,你们也知道。现在七大人的意思也这样:和我一样。可是七大人说,两面都认点晦气罢,叫施家再添十块钱:九十元!"

"…………"

"九十元! 你就是打官司打到皇帝伯伯跟前,也没有这么便宜。这话只有我们的七大人肯说。"

七大人睁起细眼,看着庄木三,点点头。

爱姑觉得事情有些危急了,她很怪平时沿海的居民对他都有几分惧怕的自己的父亲,为什么在这里竟说不出话。她以为这是大可不必的;她自从听到七大人的一段议论之后,虽不很懂,但不知怎的总觉得他其实是和蔼近人,并不如先前自己所揣想那样的可怕。

"七大人是知书识理,顶明白的;"她勇敢起来了。"不像我们乡下人。我是有冤无处诉;倒正要找七大人讲讲。自从我嫁过去,真是低头进,低头出,一礼不缺。他们就是专和我作对,一个个都像个'气杀钟馗'①。那年的黄鼠狼咬死了那匹大公鸡,那里是我没有关好吗? 那是那只杀头癞皮狗偷吃糠拌饭,拱开了鸡橱门。那'小畜生'不分青红皂白,就夹脸一嘴巴……。"

七大人对她看了一眼。

"我知道那是有缘故的。这也逃不出七大人的明鉴;知书识理的人什么都知道。他就是着了那滥婊子的迷,要赶我出去。我是

---

① 气杀钟馗:旧小说《捉鬼传》中说,钟馗是唐代的秀才,后来考中了状元,但是因为皇帝嫌他的相貌丑陋,打算另选他人。于是"钟馗气得暴跳如雷"。最后自刎而死。绍兴一带民间说的"气杀钟馗"指的就是钟馗生气的脸色。

三茶六礼定来的①，花轿抬来的呵！那么容易吗？……我一定要给他们一个颜色看，就是打官司也不要紧。县里不行，还有府里呢……。”

“那些事是七大人都知道的。”慰老爷仰起脸来说。“爱姑，你要是不转头，没有什么便宜的。你就总是这模样。你看你的爹多少明白；你和你的弟兄都不像他。打官司打到府里，难道官府就不会问问七大人么？那时候是，‘公事公办’，那是，……你简直……。”

“那我就拼出一条命，大家家败人亡。”

“那倒并不是拼命的事，”七大人这才慢慢地说了。“年纪青青。一个人总要和气些：‘和气生财’。对不对？我一添就是十块，那简直已经是‘天外道理’了。要不然，公婆说‘走！’就得走。莫说府里，就是上海北京，就是外洋，都这样。你要不信，他就是刚从北京洋学堂里回来的，自己问他去。”于是转脸向着一个尖下巴的少爷道，“对不对？”

“的的确确。”尖下巴少爷赶忙挺直了身子，必恭必敬地低声说。

爱姑觉得自己是完全孤立了；爹不说话，弟兄不敢来，慰老爷是原本帮他们的，七大人又不可靠，连尖下巴少爷也低声下气地像一个瘪臭虫，还打“顺风锣”②。但她在胡里胡涂的脑中，还仿佛决定要作一回最后的奋斗。

“怎么连七大人……。”她满眼发了惊疑和失望的光。“是的……。我知道，我们粗人，什么也不知道。就怨我爹连人情世故都不知道，老发昏了。就专凭他们‘老畜生’‘小畜生’摆布；他们会报

---

① 三茶六礼：旧时绍兴风俗，女子正式出嫁必有的仪式。之所以叫三茶，指提亲、相亲和洞房前三次饮茶。六礼，指纳采、问名、纳吉、纳征、请期、亲迎六项婚仪。后来说到三茶六礼，泛指是正式履行过婚姻程序的，表示是明正言顺的。

② 打“顺风锣”：顺势说话，推波逐澜。

丧似的急急忙忙钻狗洞，巴结人……。”

“七大人看看，”默默地站在她后面的“小畜生”忽然说话了。“她在大人面前还是这样。那在家里是，简直闹得六畜不安。叫我爹是‘老畜生’，叫我是口口声声‘小畜生’，‘逃生子’①。”

“那个‘娘滥十十万人生’的叫你‘逃生子’？”爱姑回转脸去大声说，便又向着七大人道，“我还有话要当大众面前说说哩。他那里有好声好气呵，开口‘贱胎’，闭口‘娘杀’。自从结识了那婊子，连我的祖宗都入起来了。七大人，你给我批评批评，这……。”

她打了一个寒噤，连忙住口，因为她看见七大人忽然两眼向上一翻，圆脸一仰，细长胡子围着的嘴里同时发出一种高大摇曳的声音来了。

“来～～～兮！”七大人说。

她觉得心脏一停，接着便突突地乱跳，似乎大势已去，局面都变了；仿佛失足掉在水里一般，但又知道这实在是自己错。

立刻进来一个蓝袍子黑背心的男人，对七大人站定，垂手挺腰，像一根木棍。

全客厅里是“鸦雀无声”。七大人将嘴一动，但谁也听不清说什么。然而那男人，却已经听到了，而且这命令的力量仿佛又已钻进了他的骨髓里，将身子牵了两牵，“毛骨耸然”似的；一面答应道：

“是。”他倒退了几步，才翻身走出去。

爱姑知道意外的事情就要到来，那事情是万料不到，也防不了的。她这时才又知道七大人实在威严，先前都是自己的误解，所以太放肆，太粗卤了。她非常后悔，不由的自己说：

“我本来是专听七大人吩咐……。”

全客厅里是“鸦雀无声”。她的话虽然微细得如丝，慰老爷却像听到霹雳似的了；他跳了起来。

“对呀！七大人也真公平；爱姑也真明白！”他夸赞着，便向庄木三，“老木，那你自然是没有什么说的了，她自己已经答应。我想

① 私生儿。——作者原注。

你红绿帖是一定已经带来了的①，我通知过你。那么，大家都拿出来……。”

爱姑见她爹便伸手到肚兜里去掏东西；木棍似的那男人也进来了，将小乌龟模样的一个漆黑的扁的小东西递给七大人②。爱姑怕事情有变故，连忙去看庄木三，见他已经在茶几上打开一个蓝布包裹，取出洋钱来。

七大人也将小乌龟头拔下，从那身子里面倒一点东西在掌心上；木棍似的男人便接了那扁东西去。七大人随即用那一只手的一个指头蘸着掌心，向自己的鼻孔里塞了两塞，鼻孔和人中立刻黄焦焦了。他皱着鼻子，似乎要打喷嚏。

庄木三正在数洋钱。慰老爷从那没有数过的一叠里取出一点来，交还了“老畜生”；又将两份红绿帖子互换了地方，推给两面，嘴里说道：

“你们都收好。老木，你要点清数目呀。这不是好当玩意儿的，银钱事情……。”

“呃啾”的一声响，爱姑明知道是七大人打喷嚏了，但不由得转过眼去看。只见七大人张着嘴，仍旧在那里皱鼻子，一只手的两个指头却撮着一件东西，就是那“古人大殓的时候塞在屁股眼里的”，在鼻子旁边摩擦着。

好容易，庄木三点清了洋钱；两方面各将红绿帖子收起，大家的腰骨都似乎直得多，原先收紧着的脸相也宽懈下来，全客厅顿然见得一团和气了。

“好！事情是圆功了。”慰老爷看见他们两面都显出告别的神气，便吐一口气，说。“那么，嗡，再没有什么别的了。恭喜大吉，总算解了一个结。你们要走了么？不要走，在我们家里喝了新年喜酒去：这是难得的。”

“我们不喝了。存着，明年再来喝罢。”爱姑说。

---

① 红绿帖：旧时男女订婚时两家交换的生辰帖子。

② 小东西：指鼻烟壶。

"谢谢慰老爷。我们不喝了。我们还有事情……。"庄木三，"老畜生"和"小畜生"，都说着，恭恭敬敬地退出去。

"唔？怎么？不喝一点去么？"慰老爷还注视着走在最后的爱姑，说。

"是的，不喝了。谢谢慰老爷。"

一九二五年十一月六日

【提示】

《离婚》是鲁迅所创作的现实题材小说中的最后一篇。作品主要塑造了性格泼辣、敢骂敢说的女主人公爱姑的形象。她被嫁到丈夫家后，由于不能忍受丈夫、公公的欺压，反对丈夫的私姘和不公道的离婚(实际上是休妻)，开口就骂"老畜牲"、"小畜牲"。这样一赌气就闹了三年，而且发誓要闹他个家破人亡、走投无路。看来爱姑的反抗是果断而且坚强的，这是人物性格的一面。我们再看她的认识，她认为和她作对的就是小畜牲、老畜牲，而"知书识理"的七大人之流是说公道话的；县里、府里也会主持公道，会替她撑腰的。于是她要找七大人说理，请求公断。结果是，一进慰老爷家，就被七大人那阴森、威严、神秘、冷落的气氛吓垮了。还未等七大人为她的事说上几句话，她就主动缴械式地说"专听七大人吩咐"。爱姑什么问题都没有解决却变得心平气和了。临走时还要"谢谢慰老爷"。

小说通过爱姑复杂而又特殊的心理变化描写，深刻地表现出农民小生产者意识中对封建统治者存在的无端敬畏和幻想。他们或者不敢反抗，或者虽然在反抗但不知道自己的敌人究竟是谁，这就表现出极大的脆弱性。如果农民不从根本上改变几千年以来形成的封建传统观念对他们的箝制，进一步说，不从根本上推翻封建主义对人民的压迫，农民要想得到解放是不可能的。小说这样一个深刻的悲剧主题比起《祝福》等作品反映的主题又有了一个新的开掘。

小说在艺术上讲究冷静地写实、气氛的渲染和心理的刻画，从而加强了人物的个性特点的表现。

【思考与练习】

1. 说说爱姑的个性特点。
2. 爱姑悲剧的原因是什么?
3. 同《祝福》相比,《离婚》的思想深度有哪些新开掘?
4. 本文在人物描写上运用了哪些手法?结合作品进行分析。

(刘玉凯)

华威先生①

张天翼

张天翼(1906～1985),原名张元定,祖籍湖南湘乡,生于南京。1924年在杭州读完中学后在上海美术专科学校学过绘画,在北京大学读了一年预科。辍学后当过职员、记者、教师等。1928年他的第一篇新小说《三天半的梦》在鲁迅主编的《奔流》上发表。1931年加入"左联"。解放后,曾任中国作家协会书记处书记、《人民文学》主编等职。主要作品有短篇小说集《从空虚到充实》、《小彼得》、《蜜蜂》、《移行》、《团圆》,中篇小说《清明时节》,长篇小说《鬼土日记》、《一年》、《在城市里》等。他的名篇是《包氏父子》和《华威先生》。

转弯抹角算起来——他算是我的一个亲戚。我叫他"华威先生"。他觉得这种称呼不大好。

"嗳,你真是!"他说。"为什么一定要个'先生'呢。你应当叫我'威弟'。再不然叫'阿威'。"

把这件事交涉过了之后,他立刻戴上了帽子:

"我们改日再谈好不好?我总想畅畅快快跟你谈一次——唉,可总是没有时间。今天刘主任起草了一个县长公余工作方案,硬叫我参加意见,叫我替他修改。三点钟又还有一个集会。"

这时他摇摇头,没奈何地苦笑了一下。他声明他并不怕吃苦:在抗战时期大家都应当苦一点。不过——时间总要够支配呀。

① 本篇选自《张天翼文集》第4卷,上海文艺出版社1985年11月版。最初发表于《文艺阵地》半月刊1938年4月16日第1卷第1期。

"王委员又打了三个电报来,硬要请我到汉口去一趟,这里全省文化界抗敌总会又成立了,一切抗战工作都要领导起来才行。我怎么跑得开呢,我的天!"

于是匆匆忙忙跟我握了握手,跨上他的包车。

他永远夹着他的公文皮包。并且永远带着他那根老粗老粗的黑油油的手杖。左手无名指上戴着他的结婚戒指。拿着雪茄的时候就叫这根无名指微微地弯着,而小指翘得高高的,构成一朵兰花的图样。

这个城市里的黄包车谁都不作兴跑,一脚一脚挺踏实地踱着,好像饭后千步似的。可是包车例外:叮当,叮当,叮当,——一下子就抢到了前面。黄包车立刻就得往左边躲开,小推车马上打斜。担子很快地就让到路边。行人赶紧就避到两旁的店铺里去。

包车踏铃不断地响着。钢丝在闪着亮。还来不及看清楚——它就跑得老远老远的了,像闪电一样快。

而——据这里有几位抗战工作者的上层分子的统计,跑的顶快的是那位华威先生的包车。

他的时间很要紧。他说过——

"我恨不得取消晚上睡觉的制度。我还希望一天不止二十四小时。抗战工作实在太多了。"

接着掏出表来看一看,他那一脸丰满的肌肉立刻紧张了起来。眉毛皱着,嘴唇使劲撮着,好像他把全身的精力都要收敛到脸上似的。他立刻就走:他要到难民救济会去开会。

照例——会场里的人全到齐了坐在那里等着他。他在门口下车的时候总得顺便把踏铃踏它一下:叮!

同志们彼此看着:唔,华威先生到会了。有几位透了一口气。有几位可就拉长了脸瞧着会场门口。有一位甚至于要准备决斗似的——抓着拳头瞪着眼。

华威先生的态度很庄严,用种从容的步子走进去,他先前那副忙劲儿好像被他自己的庄严态度消解掉了。他在门口稍微停了一会儿,让大家好把他看个清楚,仿佛要唤起同志们的一种信任心,仿佛要给同志们一种担保——什么困难的大事也都可以放下心来。他并且还点点头。他眼睛并不对着谁,只看着天花板。他是在对整个集体打招呼。

会场里很静。会议就要开始。有谁在那里翻着什么纸张,窸窸窣窣的。

华威先生很客气地坐到一个冷角落里,离主席位子顶远的一角。他不大肯当主席。

"我不能当主席,"他拿着一支雪茄烟打手势。"工人抗战工作协会的指导部今天开常会。通俗文艺研究会的会议也是今天。伤兵工作团也要去的,等一下。你们知道我的时间不够支配:只容许我在这里讨论十分钟。我不能当主席。我想推举刘同志当主席。"

说了就在嘴角上闪起一丝微笑,轻轻地拍几下手板。

主席报告的时候,华威先生不断地在那里刮洋火点他的烟。把表放在面前,时不时像计算什么似地看看它。

"我提议!"他大声说。"我们的时间是很宝贵的:我希望主席尽可能报告得简单一点。我希望主席能够在两分钟之内报告完。"

他刮了两分钟洋火之后,猛的站了起来,对那正在哇啦哇啦的主席摆摆手:

"好了,好了。虽然主席没有报告完,我已经明白了。我现在还要赴别的会,让我先发表一点意见。"

停了一停,抽两口雪茄,扫了大家一眼。

"我的意见很简单,只有两点,"他舔舔嘴唇。"第一点,就是——每个工作人员不能够怠工。而是相反,要加紧工作。这一点不必多说,你们都是很努力的青年,你们都能热心工作。我很感谢你们。但是还有一点——你们时时刻刻不能忘记,那就是我要说的第二点。"

他又抽了两口烟,嘴里吐出来的可只有热气。这就又刮了一根洋火。

"这第二点呢就是:青年工作人员要认定一个领导中心。你们只有在这一个领导中心的领导之下,抗战工作才能够展开。青年是努力的,是热心的,但是因为理解不够,工作经验不够,常常容易犯错误。要是上面没有一个领导中心,往往要弄得不可收拾。"

瞧瞧所有的脸色,他脸上的肌肉耸动了一下——表示一种微笑。他往下说:

"你们都是青年同志,所以我说得很坦白,很不客气,大家都要做抗战工作,没有什么客气可讲。我想你们诸位青年同志一定会接受我的意见。我很感激你们。好了,抱歉得很,我要先走一步。"

把帽子一戴,把皮包一夹,瞧着天花板点点头,挺着肚子走了出去。

到门口可又想起了一件什么事。他把当主席的同志拽开,小声儿谈了几句。

"你们工作——有什么困难没有?"他问。

"我刚才的报告提到了这一点,我们……"

华威先生伸出个食指顶着主席的胸脯:

"唔,唔,唔。我知道我知道。我没有多余的时间来谈这件事。以后——你们凡是想到的工作计划,你们可以到我家里去找我商量。"

坐在主席旁边那个长头发青年注意地看着他们,现在可忍不住插嘴了:

"星期三我们到华先生家里去过三次,华先生不在家……"

那位华先生冷冷地瞅他一眼,带着鼻音哼了一句——"唔,我有别的事,"又对主席低声说下去:

"要是我不在家,你们跟密司黄接头也可以。密司黄知道我的意见,她可以告诉你们。"

密司黄就是他的太太。他对第三者说起她来,总是这么称呼她的。

他交代过了这才真的走开。这就到了通俗文艺研究会的会场。他发现别人已经在那里开会,正有一个人在那里发表意见。他坐了下来,点着了雪茄,不高兴地拍了三下手板。

"主席!"他叫。"我因为今天另外还有一个集会,我不能等到终席。我现在有点意见,想要先提出来。”

于是他发表了两点意见:第一,他告诉大家——在座的人都是当地的文化人,文化人的工作是很重要的,应当加紧地做去。第二,文化人应当认清一个领导中心,文化人在文抗会的领导中心的领导之下团结起来,统一起来。

五点三刻他到了文化界抗敌总会的会议室。

这回他脸上堆了笑容,并且对每一个人点头。

“对不住得很,对不住得很:迟到了三刻钟。”

主席对他微笑一下,他还笑着伸了伸舌头,好像闯了祸怕挨骂似的。他四面瞧瞧形势,就拣在一个小胡子的旁边坐下来。

他带着很机密很严重的脸色——小声儿问那个小胡子:

“昨晚你喝醉了没有?”

“还好,不过头有点子晕。你呢?”

“我啊——我不该喝了那三杯猛酒,”他严肃地说:“尤其是汾酒,我不能猛喝。刘主任硬要我干掉——嗨,一回家就睡倒了。密司黄说要跟刘主任去算账呢,要质问他为什么要把我灌醉。你看!”

一谈了这些,他赶紧打开皮包,拿出一张纸条——写几个字递给了主席。

“请你稍为等一等,”主席打断了一个正在发言的人的话。“华威先生还有别的事情要走。现在他有点意见,要求先让他发表。”

华威先生点点头站了起来。

“主席!”腰板微微地一弯。“各位先生!”腰板微微地一弯。“兄弟首先要请求各位原谅:我到会迟了点,而又要提前退席。……”

随后他说出了他的意见。他声明——这文化界抗敌总会的常务理事会,是一切救亡工作的领导机关,应该时时刻刻起领导中心作用。

“群众是复杂的。工作又很多。我们要是不能起领导作用,那就很危险,很危险。事实上,此地各方面的工作也非有个领导中心不可。我们的担子真是太重了,但是我们不怕怎样的艰苦,也要把这担子担起来。”

他反复地说明了领导中心作用的重要,这就戴起帽子去赴一个宴会。他每天都这么忙着。要到刘主任那里去联络。要到各学校去演讲。要到各团体去开会。而且每天——不是别人请他吃饭,就是他请别人吃饭。

华威太太每次遇到我,总是代替华威先生诉苦。

“唉,他真苦死了!工作这么多,连吃饭的工夫都没有。”

“他不可以少管一点,专门去做某一种工作么?”我问。

“怎么行呢?许多工作都要他去领导呀。”

可是有一次,华威先生简直吃了一大惊。妇女界有些人组织了一个战时保婴会,竟没有去找他!

他开始打听,调查。他设法把一个负责人找来。

“我知道你们委员会已经选出来了。我想还可以多添加几个,由我们文化界抗敌总会派人来参加。”

他看见对方在那里踌躇,他把下巴挂了下来:

“问题是在这一点:你们委员是不是能够真正领导这工作。你能不能够对我担保——你们会内没有汉奸,没有不良分子?你能不能担保——你们以后工作不至于错误,不至于怠工?你能不能担保,你能不能?你能够担保的话,那我要请你写个书面的东西,给我们文抗会常务理事会。以后万一——如果你们的工作出了毛病,那你就要负责。”

接着他又声明:这并不是他自己的意思,他不过是一个执行者。这里他食指点点对方胸脯:

“如果我刚才说的那些你们办不到,那不是就成了非法团体了么?”

这么谈判了两次,华威先生当了战时保婴会的委员。于是在委员会开会的时候,华威先生夹着皮包去坐这么五分钟,发表了一两点意见就跨上了包车。

有一天他请我吃晚饭。他说因为家乡带来了一块腊肉。

我到他家里的时候，他正在那里对两个学生样的人发脾气。他们都挂着文化界抗敌总会的徽章。

“你昨天为什么不去，为什么不去?”他吼着。“我叫你拖几个人去的。但是我在台上一开始演讲，一看——连你都没有去听!我真不懂你们干了些什么?”

“昨天——我去出席日本问题座谈会的。”

华威先生猛地跳起来了：

“什么！什么！——日本问题座谈会？怎么我不知道，怎么不告诉我?”

“我们那天部务会议决议了的。我来找过华先生，华先生又是不在家——”

“好啊，你们秘密行动!”他瞪着眼。“你老实告诉我——这个座谈会到底是什么背景，你老实告诉我!”

对方似乎也动了火：

“什么背景呢，都是中华民族！部务会议议决的，怎么是秘密行动呢。……华先生又不到会，开会也不终席，来找又找不到……我们总不能把部里的工作停顿起来。”

“混蛋!”他咬着牙，嘴唇在颤抖着。“你们小心！你们，哼，你们！你们！……”他倒到了沙发上，嘴巴痛苦地抽得歪着。“妈的!这个这个——你们青年！……”

五分钟之后他抬起头来，害怕地四面看一看。那两个客人已经走了。他叹一口长气，对我说：

“唉，你看你看！现在的青年怎么办，现在的青年!”

这晚他没命地喝了许多酒，嘴里嘶嘶地骂着那些小伙子。他打碎了一只茶杯。密司黄扶着他上了床，他忽然打个寒噤说：

“明天十点钟有个集会……”

【提示】

《华威先生》不仅是张天翼抗战时期的代表作，也是现代讽刺小说的佳作之一。作者以讽刺夸张的手法，刻画了华威先生这样一个混在抗日的文化阵营中的国民党顽固政客形象。他在人民群众抗日活动高涨的环境中,心神不安,妄图包揽一切,把人民群众的各种抗日活动都控制在自己手里。他每天忙得不可开交,“一天要开十几个有关抗战的会”,甚至叫喊着要“取消晚上的睡觉制度”,“希望一天不止二十四小时”。他在各种会议上都毫无例外地讲两点意见:第一点,要大家加紧工作,不要怠工;第二点,要人们认定一个领导中心。他所说的“领导中心”,就是要人们认定国民党那个“领导中心”,这才是他的目的所在。他口口声声高喊着抗战,实际行动却是在压制和防范人民群众的抗日活动。作品通过华威先生这个形象,暴露了国民党顽固派的嘴脸,表现了在当时尖锐的民族矛盾中仍然存在着阶级矛盾,提示人们在统一战线中要注意领导权的问题。

作品以速写的笔调,只选取了几个最能表现人物性格特征的生活片断,通过生动的细节和个性化的语言,让人物在自相矛盾的言行中暴露出其假抗日之名、行反共之实的本来面目。作者运用漫画家的夸张手法,造成作品的幽默讽刺的格调。

【思考与练习】

1.联系作品的背景谈这篇小说的思想意义。

2.华威先生是一个什么样的形象?

3.这篇小说在艺术手法上有什么特点?

(田建民)

在其香居茶馆里[①]

沙 汀

沙汀(1904~1992),原名杨朝熙,改名杨子青,四川安县人,现代小说家。早年在四川成都省立第一师范学校读书,1929年流亡上海,1931年与艾芜一同写信向鲁迅请教小说写作经验,因为受到鼓励,从事小说创作。1932年参加"左联",次年任"左联"常委秘书、"左联"执委。抗战开始后到延安,初在"鲁艺"任教,后随贺龙到晋西北开辟根据地。解放以后,一直从事文学方面的领导工作,曾任中国作家协会副主席、中国社会科学院文学研究所所长。出版的小说集有《土饼》、《法律外的航线》,长篇小说"三记":《淘金记》、《困兽记》、《还乡记》。《沙汀选集》共4卷。

坐在其香居茶馆里的联保主任方治国,当他看见正从东头走来,嘴里照例扰嚷不休的邢幺吵吵的时候,简直立刻冷了半截,觉得身子快要坐不稳了。

使他发生这种异状的原因是:为了种种胡涂措施,目前他正处在全镇市民的围攻当中,这是一;其次,幺吵吵的第二个儿子,因为缓役了四次,又从不出半文钱壮丁费,好多人讲闲话了;加之,新县长又宣布了要认真整顿"役政",于是他就赶紧上了封密告,而在三天前被兵役科捉进城了。

而最为重要的还在这里:正如全市市民批评的那样,幺吵吵是个不忌生冷的人,什么话他都嘴一张就说了,不管你受得住受不

---

① 本文最初刊载于1940年12月1日《抗战文艺》第6卷第4期。初收入1944年4月重庆东方书社出版的《小城风波》。

住。就是联保主任的令尊在世的时候,也经常对他那张嘴感到头痛。因为尽管幺吵吵本人并不可怕,他的大哥可是全县极有威望的耆宿,他的舅子是财务委员,县政上的活跃分子,都是很不好沾惹的。

幺吵吵终于一路吵过来了。这是那种精力充足,对这世界上任何物事都采取一种毫不在意的态度的典型男性。他时常打起哈哈在茶馆里自白道:"老子这张嘴么,就这样:说是要说的,吃也是要吃的;说够了回去两杯甜酒一喝,倒下去就睡!……"

现在,幺吵吵一面跨上其香居的阶沿,拖了把圈椅坐下,一面直着嗓子,干笑着嚷叫道:

"嗨,对!看阴沟里还把船翻了么!……"

他所参加的那张茶桌已经有三个茶客,全是熟人:十年前当过视学的俞视学;前征收局的管账,现在靠着利金生活的黄光锐;会文纸店的老板汪世模汪二。

他们大家,以及旁的茶客,都向他打着招呼:

"拿碗来!茶钱我给了。"

"坐上来好吧,"俞视学客气道,"这里要舒服些。"

"我要那么舒服做什么哇?"出乎意外,幺吵吵横着眼睛嚷道,"你知道么,我坐上席会头昏的,——没有那个资格!……"

本分人的视学禁不住红起脸来。但他随即猜出来幺吵吵是针对着联保主任说的,因为当他嚷叫的时候,视学看见他充满恶意地瞥了一眼坐在后面首席上的方治国。

除却联保主任,那张桌子还坐得有张三监爷。人们都说他是方治国的军师,实际上,他可只能跟主任坐坐酒馆,在紧要关头进点不着边际的忠告。但这并不特别,他原是对什么事都关心的,而往往忽略了自己。他的老婆孩子经常在家里挨饿,他却很少管顾。

同监爷对面坐着的是黄牦牛肉,正在吞服一种秘制的戒烟丸药。他是主任的重要助手;虽然并无多少才干,惟一的本领就是毫无顾忌。"现在的事你管那么多做什么哇?"他常常这么说,"拿得到手的就拿!"

牦牛肉应付这世界上一切经常使人大惊小怪的事变，只有一种态度：装做不懂。

“你不要管他的，发神经！”他小声向主任建议。

“这回子把蜂窝戳破了。”主任方治国苦笑说。

“我看要赶紧‘缝’呵！”捧着暗淡无光的黄铜烟袋，监爷皱着脸沉吟道，“另外找一个人去‘抵’怎样？”

“已经来不及了呀。”主任叹口气说。

“管他做什么呵！”牦牛肉眨眼而且努嘴，“是他妈个火炮性子。”

这时候，幺吵吵已经拍着桌子，放开嗓子在叫嚷了。但是他的战术依然停留在第一阶段，即并不指出被攻击的人的姓名，只是影射着对方，正像一通没头没脑的谩骂那样。

“搞到我名下来了！”他显得做作地打了一串哈哈，“好得很！老子今天就要看他是什么东西做出来的：人吗？狗吗？你们见过狗起草么，嗨，那才有趣！……”

于是他又比又说地形容起来了。虽然已经蓄了十年上下的胡子，幺吵吵的粗鲁话可是越来越多。许多闲着无事的人，有时候甚至故意挑弄他说下流话。他的所谓“狗”，是指他的仇人方治国说的，因为主任的外祖父曾经当过衙役，而这又正是方府上下人等最大的忌讳。

因为他形容得太恶俗了，俞视学插嘴道：

“少造点口孽呵！有道理讲得清的。”

“我有啥道理哇！”幺吵吵忽然板起脸嚷道：“有道理，我也早当了什么主任了。两眼墨黑，见钱就拿！”

“吓，邢表叔！……”

气得脸青面黑，身材瘦小的联保主任方治国，一下子忍不住站起来了。

“吓，邢表叔！”他重复说，“你说话要负责呵！”

“什么叫做负责哇？我就不懂！表叔！”幺吵吵模拟着主任的声调，这惹得大家忍不住笑起来，“你认错人了！认真是你表叔，你也不吃我了!”

“对,对,对,我吃你!”主任解嘲地说,干笑着坐了下去。

“不是吗?”幺吵吵拍了一巴掌桌子,嗓子更加高了,“兵役科的人亲自对我大哥说的!你的报告真做得好呢。我今天倒要看你长的几个卵子!……”

幺吵吵一个劲说下去。而他愈来愈加觉得这不是开玩笑,也不是平日的瞎吵瞎闹,完全为了痛快,他认真感觉到忿激了。

他十分相信,要是一年半年以前,他是用不着这么样着急的,事情好办得很。只需给他大哥一个通知,他的老二就会自自由由走回来的。因为以往抽丁,像他这种家庭一直就没人中过签。但是现在情形已经两样,一切要照规矩办了。而最为严重的,是他的老二已经抓进城了。

他已经派了他的老大进城,而带回来的口信,更加证明他的忧虑不是没有根据。因为那捎信人说,新县长是认真要整顿兵役的,好几个有钱有势的青年人都偷跑了;有的成天躲在家里。幺吵吵的大哥已经试探过两次,但他认为情形险恶。额外那捎信人又说,壮丁就快要送进省了。

凡是邢大老爷都感觉棘手的事,人还能有什么办法呢?他的老二只有当炮灰了。

“你怕我是聋子吧,”幺吵吵简直在咆哮了,“去年蒋家寡母子的儿子五百,你放了;陈二靴子两百,你也放了!你比土匪头儿萧大个子还要厉害。钱也拿了,脑袋也保住了,——老子也有钱的,你要张一张嘴呀?”

“说话要负责呵!——邢幺老爷!……”

主任又出马了,而且现出假装的笑容。

主任是一个胡涂而胆怯的人。胆怯,因为他太有钱了;而在这个边野地区,他又从来没有摸过枪炮。这地区是几乎每个人都能来两手的,还有人靠着它维持生计。好些年前,因为预征太多,许多人怕当公事,于是联保主任这个头衔忽然落在他头上了,弄得一批老实人莫名其妙。

联保主任很清楚这是实力派的阴谋,然而,一向忍气吞声的日子驱使他接受了这个挑战。他起初老是垫钱,但后来他尝到甜头了:回扣、黑粮,等等。并且,当他走进茶馆的时候,招呼茶钱的声音也来得响亮了。而在三年以前,他的大门上已经有了一道县长颁赠的匾额:

尽瘁桑梓

但是,不管怎样,正像他自己感觉到的一般,在这回龙镇,还是有人压住他的。他现在多少有点失悔自己做了胡涂事情;但他佯笑着,满不在意似地接着说道:

"你发气做啥呵,都不是得外人!……"

"你也知道不是外人么?"幺吵吵反问,但又并不等候回答,一直嚷叫下去道,"你既知道不是外人,就不该搞我了,告我的密了!"

"我只问你一句!……"

联保主任又一下站起来了,而他的笑容更加充满一种讨好的意味。

"你说一句就是了!"他接着说,"兵役科什么人告诉你的?"

"总有那个人呀,"幺吵吵冷笑说。"像还是谣言呢!"

"不是!你要告诉我什么人说的啦。"联保主任说,态度装得异常诚恳。

因为看见幺吵吵松了劲,他察觉出可以说理的机会到了。于是就势坐向俞视学侧面去,赌咒发誓地分辩起来,说他一辈子都不会做出这样胆大胡涂的事情来的!

他坐下,故意不注意幺吵吵,仿佛视学他们倒是他的对手。

"你们想吧,"他说,摊开手臂,蹙着瘦瘦的铁青的脸蛋,"我姓方的是吃饭长大的呀!并且,我一定要抓他的人做啥呢?难道'委员长'会赏我个状元当么?没讲的话,这街上的事,一向糊得圆我总是糊的!"

"你才会糊!"幺吵吵叹着气抵了一句。

“那总是我吹牛呵！”联保主任无可奈何地辩解说，瞥了一眼他的对手，“别的不讲，就拿救国公债说吧，别人写的多少，你又写的多少？”

他随又把嘴凑近视学的耳朵边呻唤道：

“连丁八字都是五百元呀！”

联保主任表演得如此精彩，这不是没原因的，他想充分显示出事情的重要性，和他对待幺吵吵的一片苦心。同时，他发觉看热闹的人已经越来越多，几乎街都快扎断了，漏出风声太不光彩，而且容易引起纠纷。

大约视学相信了他的话，或者被他的态度感动了，兼之又是出名的好好先生，因此他斯斯文文地扫了扫喉咙，开始劝解起幺吵吵来。

“幺哥！我看这样呵：人不抓，已经抓了，横竖是为国家，……”

“这你才会说！”幺吵吵一下撑起来了，眯起眼睛向视学道，“这样会说，你那么一大堆，怎么不挑一个送起去呢？”

“好！我两个讲不通。”

视学满脸通红，故意勾下脑袋喝茶去了。

“再多讲点就讲通了！”幺吵吵重又坐了下去，接着满脸怒气嚷道，“没有生过娃娃当然会说生娃娃很舒服！今天怎么把你个好好先生遇到了呵：冬瓜做不做得甑子？做得。蒸垮了呢？那是要垮呀，——你个老哥子真是！”

他的形容引来一片笑声；但是他自己并不笑。他把他那结结实实的身子移动了一下，抹抹胡子，又把袖头两挽，理直气壮地宣告道：

“闲话少讲！方大主任，说不清楚你今天走不掉的！”

“好呀！”主任一面应声，一面懒懒退还原地方去，“回龙镇只有这样大一个地方哩，我会往哪里跑？就要跑也跑不脱的。”

联保主任的声调和表情照例带着一种嘲笑的意味，至于是嘲笑自己，或者嘲笑对方，那就要凭你猜了。他是经常凭借这点武器来掩护自己的，而且经常弄得顽强的敌手哭笑不得。人们一般都叫他做软硬人：碰见老虎他是绵羊，如果对方是绵羊呢，他又变成了老虎了。

当他回到原位的时候，牦牛肉正在吞服着戒烟丸，生气道：

“我白还懒得答呢，你就让他吵去！”

“不行不行，”监爷意味深长地说，“事情不同了。”

监爷一直这样坚持自己的意见，是颇有理由的。因为他确信这镇上正在对准联保主任进行一种大规模的控告，而邢大老爷，那位全县知名的绅耆，可以使这控告成为事实，也可以打消它。这也就是说，现在联络邢家是个必要措施。何况谁知道新县长是怎样一副脾气的人呢！

这时候，茶堂里的来客已增多了。连平时懒于出门的陈新老爷也走来了。新老爷是前清科举时代最末一科的秀才，当过十年团总，十年哥老会的头目，八年前才退休的。他已经很少过问镇上的事情了，但是他的意见还同团总时代一样有效。

新老爷一露面，茶客们都立刻直觉到：幺吵吵已经布置好一台讲茶了。茶堂里响起一片零乱的呼唤声。有照旧坐在坐位上向堂倌叫喊的，有站起来叫喊的，有的一面挥着钞票一面叫喊，但是都把声音提得很高很高，深恐新老爷听不见。

其间一个茶客，甚至于怒气冲冲地吼道：

“不准乱收钱啦！嗨！这个龟儿子听到没有？……”

于是立刻跑去塞一张钞票在堂倌手里。

在这种种热情的骚动中间，争执的双方，已经很平静了。联保主任知道自己会亏理的，他正在积极地制造舆论，希望能于自己有利。而幺吵吵则一直闷着张脸，这是因为当着这许多漂亮人物面前，他忽然深切地感觉到，既然他的老二被抓，这就等于说他已经失掉了面子！

这镇上是流行着这样一种风气的，凡是照规矩行事的，那就是平常人，重要人物都是站在一切规矩之外的。比如陈新老爷，他并不是个惜疼金钱的脚色，但是就连打醮这类事情，他也没有份的；否则便会惹起人们大惊小怪，以为新老爷失了面子，和一个平常人没多少区别了。

面子在这镇上的作用就有如此厉害,所以幺吵吵闷着张脸,只是懒懒地打着招呼。直到新老爷问起他是否欠安的时候,这才稍稍振作起来。

“人倒是好的,”他苦笑着说,“就是眉毛快给人剪光了!”

接着他又一连打了一串干燥无味的哈哈。

“你瞎说!”新老爷严正地截断他,“简直瞎说!”

“当真哩! 不然,也不敢劳驾你哥子动步了。”

为了表示关切,新老爷深深叹了口气。

“大哥有信来没有呢?”新老爷接着又问。

“他也没办法呀! ……”

幺吵吵呻唤了。

“你想吧,”为了避免人们误会,以为他的大哥也成了没面子的脚色了,他随又解释道,“新县长的脾气又没有摸到,叫他怎么办呢? 常言说,新官上任三把火,又是闹起要整顿役政的,谁知道他会发些什么猫儿毛病? 前天我又托蒋门神打听去了。”

“新县长怕难说话,”一个新近从城里回来的小商人插入道,“看样子就晓得了:随常一个人在街上串,戴他妈副黑眼镜子……”

严肃沉默的空气没有让小商人说下去。

接着,也没有人敢再插嘴,因为大家都不知道应该如何表示自己的感情。表示高兴吧,这是会得罪人的,因为情形的确有些严重;但说是严重吧,也不对,这又会显得邢府上太无能了。所以彼此只好暧昧不明地摇头叹气,喝起茶来。

看见联保主任似乎正在考虑一种行动,牦牛肉包着戒烟丸药,小声道:

“不要管他! 这么快县长就叫他们喂家了么?”

“去找找新老爷是对的!”监爷意味深长地说。

这个脸面浮肿、常以足智多谋自负的没落士绅,正投了联保主任的机,方治国早就考虑到这个必要的措施了。使得他迟疑的,是他觉得,比较起来,新老爷同邢家的关系一向深厚得多,他不一定捡得到便宜。虽然在派款和收粮上面,他并没有对不住新老爷的地方;逢年过节,他也从未忘记送礼,但在几件小事情上,他是开罪过新老爷的。

比如,有一回曾布客想抵制他,抬出新老爷来,说道:

"好的,我们到新老爷那里去说!"

"你把时候记错了!"主任发火道,"新老爷吓不倒我!"

后来,事情虽然照旧是在新老爷的意志下和平解决了的,但是他的失言一定已经散播开去,新老爷给他记下一笔账了。但他终于站了起来,向着新老爷走过去了。

这个行动,立刻使得人们很振作了,大家全都期待着一个新的开端。有几个人在大声喊叫堂倌拿开水来,希望缓和一下他们的紧张心情。幺吵吵自然也是注意到联保主任的攻势的,但他不当作攻势看,以为他的对手是要求新老爷调解的;但他猜不准这个调解将会采取一种什么方式。

而且,从幺吵吵看来,在目前这样一种严重问题上,一个能够叫他满意的调解办法,是不容易想出来的。这不能道歉了事,也不能用金钱的赔偿弥补,那么剩下来的只有上法庭起诉了! 但一想到这个,他就立刻不安起来,因为一个决心整饬役政的县长,难道会让他占上风?!

幺吵吵觉得苦恼,而且感觉一切都不对劲。这个一向坚实乐观的汉子,第一次遭到烦扰的袭击了,简直就同一个处在这种境况的平常人不差上下:一点抓拿没有!

他忽然在桌子上拍了一掌,苦笑着自言自语道:

"哼! 乱整吧,老子大家乱整?"

"你又来了!"俞视学说,"他总会拿话出来说嘛。"

"这还有什么说的呢?"幺吵吵苦着脸反驳道,"你个老哥子怎么不想想呵:难道什么天王老子会有这么大的面子,能够把人给我取回来么?!"

"不是那么讲。取不出来,也有取不出来的办法。"

"那我就请教你!"幺吵吵认真快发火了,但他尽力克制着自己,"什么办法呢?!——说一句对不住了事?——打死了让他赔命?……"

"也不是那样讲。……"

"那又是怎样讲呢?"幺吵吵毕竟大发其火,直着嗓子叫了,"老实说吧,他就没有办法!我们只有到场外前大河里去喝水了!"

这立刻引起一阵新的骚动。全都预感到精彩节目就要来了。

一个站在阶沿下人堆里的看客,大声回绝着朋友的催促道:

"你走你的嘛,我还要玩一会!"

提着茶壶穿堂走过的堂倌,也在兴高采烈叫道:

"让开一点,看把脑袋烫肿!"

在当街的最末一张茶桌上,那里离幺吵吵隔着四张桌子,一种平心静气的谈判已经快要结束。但是效果显然很少,因为长条子的陈新老爷,忽然气冲冲站起来了。

陈新老爷仰起瘦脸,颈子一扭,大叫道:

"你倒说你娃条鸟呵!……"

但他随又坐了下去,手指很响地击着桌面。

"老弟!"他一直望着联保主任,几乎一字一顿地说,"我不会害你的!一个人眼光要放远大一点,目前的事是谁也料不到的!——懂么?"

"我懂呵!难道你会害我?"

"那你就该听大家的劝呀!"

"查出来要这个啦,——我的老先人!"

联保主任苦涩地叫着,同时用手掌在后颈上一比:他怕杀头。

这的确也很可虑,因为严惩兵役舞弊的明令,已经来过三四次了。这就算不作数,我们这里隔上峰还远,但是县长对于我们就全然不相同了:他简直就在你的鼻子前面。并且,既然已经把人抓起去了,就要额外买人替换,一定也比平日困难得多。

加之,前一任县长正是为了壮丁问题被撤职的,而新县长一上任便宣称他要扫除役政上的种种积弊。谁知道他是不是也如一般新县长那样,上任时候的官腔总特别打得响,结果说过算事,或者他硬要认真地干一下？他的脾气又是怎样的呢？……

此外，联保主任还有一个不能冒这危险的重大理由。他已经四十岁了，但他还没有取得父亲的资格。他的两个太太都不中用，虽然一般人把责任归在这作丈夫的先天不足上面。好像就是再活下去，他也永远无济于事，作不成父亲。

然而，不管如何，看光景他是决不会冒险了。所以停停，他又解嘲地继续道：

“我的老先人！这个险我不敢冒。认真是我告了他的密都说得过去！……”

他佯笑着，而且装做得很安静。同幺吵吵一样，他也看出了事情的诸般困难，而他首先应该矢口否认那个密告的责任。但他没有料到，他把新老爷激恼了。

新老爷没有让他说完，便很生气地反驳道：

“你这才会装呢！可惜是大老爷亲自听兵役科说的！”

“方大主任！”幺吵吵忽然直接地插进来了，“是人做出来的就撑住哇！我告诉你：赖，你今天无论如何赖不脱的！”

“嘴巴不要伤人呵！”联保主任忍不住发起火来。

他态度严正，口气充满了警告气味；但是幺吵吵可更加蛮横了。

“是的，老子说了：是人做出来的你就撑住！”

“好嘛，你多凶呵。”

“老子就是这样！”

“对对对，你是老子！哈哈！……”

联保主任响着干笑，一面退回自己原先的坐位上去。他觉得他在全镇的市民面前受了侮辱，他决心要同他的敌人斗到底了。仿佛就是拼掉老命他都决不低头。

联保主任的幕僚们依旧各有各的主见。牦牛肉说：

“你愈让他愈来了，是吧！”

“不行不行，事情不同了。”监爷叹着气说。

许多人都感到事情已经闹成僵局，接着来的一定会是谩骂，是散场了。因为情形明显得很，争吵的双方都是不会动拳头的。那些站在大街上看热闹的，已经在准备回家吃午饭了。

但是，茶客们却谁也不能轻易动身，担心有失体统。并且新老爷已经请了幺吵吵过去，正在进行一种新的商量，希望能有一个顾全体面的办法。虽然按照常识，一个二十岁的青年人的生命，绝不能和体面相提并论，而关于体面的解释也很不一致。

然而，不管怎样，由于一种不得已的苦衷，幺吵吵终于是让步了。

"好好，"他带着决然忍受一切的神情说，"就照你哥子说的做吧！"

"那么方主任，"新老爷紧接着站起来宣布说，"这一下就看你怎样，一切用费么老爷出，人由你找，事情也由你进城去办：办不通还有他们大老爷，——"

"就请大老爷办不更方便些么？"主任嘴快地插入说。

"是呀！也请他们大老爷，不过你负责就是了。"

"我负不了这个责。"

"什么呀？！"

"你想，我怎么能负这个责呢？"

"好！"

新老爷简捷地说，闷着脸坐下去了。他显然是被对方弄得不快意了；但是，沉默一会，他又耐着性子重新劝说起来。

"你是怕用的钱会推在你身上吧？"新老爷笑笑说。

"笑话！"联保主任毫不在意地答道，"我怕什么？又不是我的事。"

"那又是什么人的事呢？"

"我晓得的呀！"

联保主任回答这句话的时候，带着一种做作的安闲态度，而且嘲弄似地笑着，好像他是什么都不懂得，因此什么也不觉得可怕；但他没有料到幺吵吵冲过来了。而且，那个气得胡子发抖的汉子，一把扭牢他的领口就朝街面上拖。

“我晓得你是个软硬人！——老子今天跟你拼了！……”

“大家都是面子上的人,有话好好说呵!”茶客们劝解着。

然而,一面劝解,一面偷偷溜走的也就不少。堂倌已经在忙着收茶碗了。监爷在四处向人求援,昏头昏脑地胡乱打着漩子,而这也正证明着联保主任并没有白费自己的酒肉。

“这太不成话了!”他摇头叹气说,“大家把他们分开吧!”

“我管不了!”视学边往街上溜去边说,“看血喷在我身上。”

牦牛肉在收捡着戒烟丸药,同时叽叽咕咕嚷道:

“这样就好！哪个没有生得有手么？好得很!”

但当丸药收捡停当的时候,他的上司已经吃了亏了。联保主任不断淌着鼻血,左眼睛已经青肿起来。他是新老爷解救出来的,而他现在已经被安顿在茶堂门口一张白木圈椅上面。

“你姓邢的是对的!”他摸摸自己的肿眼睛说,“你打得好！……”

“你嘴硬吧!”幺吵吵气喘吁吁地唾着牙血,“你嘴硬吧！……”

牦牛肉悄悄向联保主任建议,说他应该马上找医生诊治一下,取个伤单;但是他的上司拒绝了他,反而要他赶快去雇滑竿。因为联保主任已经决定立刻进城控告去了。

联保主任的眷属,特别是他的母亲,那个以悭吝出名的小老太婆,早已经赶来了。

“咦,兴这样打么?”她连连叫道,“这样眼睛不认人么?!”

邢幺太太则在丈夫耳朵边报告着联保主任的伤势。

“眼睛都肿来像毛桃子了！……”

“老子还没有打够!”吐着牙血,幺吵吵吸口气说。

别的来看热闹的妇女也很不少,整个市镇几乎全给翻了转来。吵架打架本来就值得看,一对有面子的人物弄来动手动脚,自然也就更可观了！因而大家的情绪比看把戏还要热烈。

但是,正当这人心沸腾的时候,一个左腿微跛,满脸胡须的矮汉子忽然从人丛中挤了进来。这是蒋米贩子,因为神情呆板,大家又叫他蒋门神。前天进城赶场,幺吵吵就托过他捎信的,因此他立刻把大家的注意一下子集中了。那首先抓住他的是邢幺太太。

这是个顶着假发的肥胖妇人，爱做作，爱饶舌，诨名九娘子。她颤声颤气问那米贩子道：

“托你打听的事情呢？……坐下来说吧！”

“打听的事情？”米贩子显得见怪似地答道，“人已经出来啦。”

“当真的呀！”许多人吃惊了，一齐叫了出来。

“那还是假的么？我走的时候，还在十字口茶馆里打牌呢。昨天夜里点名，他报数报错了，队长说他没资格打国仗，就开革了；打了一百军棍。”

“一百军棍?!”又是许多声音。

“不是大老爷面子大，你就再挨几个一百也出来不了呢。起初都讲新县长厉害，其实很好说话。前天大老爷请客，一个人老早就跑去了：戴他妈副黑眼镜子……”

米贩子叙说着，而他忽然一眼注意到了幺吵吵和联保主任。

“你们是怎样搞的？你牙齿痛吗？你的眼睛怎么肿啦？……”

1940年

【提示】

《在其香居茶馆里》通过表现国统区主要政治问题的兵役题材，充分地暴露了抗日战争时期国民党反动政府基层政权的腐败和黑暗。也充分暴露了国统区农村豪绅集团的丑恶和卑劣。故事的发生地点选择在茶馆，为集中表现众多人物之间的冲突准备了便利的环境。故事情节是新县长到任后下令整顿役政，回龙镇联保主任方治国不知这整肃是真是假，与其怠慢，不如先来一点认真。于是为了讨好上司，向县里告密了邢幺吵吵的儿子已经缓役四次、又从来不出半文壮丁费的逃役行为。致使邢的二儿子被县上抓走了。这个导火线引起了方治国与邢幺吵吵之间在茶馆的一场恶战，相骂继之相打。正当他们闹得不可开交之时，被幺吵吵派往县里打听消息的米贩子报告了新消息，邢幺吵吵之子被放了回来。理由是站队报错了数，“没有资格打国仗”。貌似认真的冲突化为一场笑剧。这里边真正的原因也就可想而知了。

小说的主调是讽刺批判现实。中心事件是以兵役问题为背景和起因的茶馆风波,在场面描写上用笔十分巧妙。作品的一切手段为了写人,充分地展示了各类人物精练与性格。新县长的丑态,豪绅的粗野、霸道,联保主任因贪官、贪财的心虚狡猾,张三监爷的小心多虑,黄牦牛肉的漫不经心,俞视学的装腔作势,米贩子的卑劣巴结,都被写得淋漓尽致,各个栩栩如生。作者刻画人物精练而准确,绝无冗长乏味之辞。又几乎全部运用人物的行为和对话表现性格,没有作者参与其中的评说。这种现实主义的表现方法获得了极大的成功。

【思考与练习】

1. 分析这篇作品中的各类人物的性格特点。

2. 这篇作品如何利用场面描写来表现矛盾冲突和显示人物性格?

3. 这篇小说对于国民党的兵役政治揭露了什么?

4. 说说这篇小说的讽刺特点。

(刘玉凯)

小城三月[1]

萧　红

萧红(1911～1942),原名张迺莹,黑龙江省呼兰县人,现代著名女作家。1927年考入哈尔滨东北特别区立第一女子中学。1930年因反抗包办婚姻离家出走北京、哈尔滨。1932年遇萧军并开始文学创作。1934年底去上海并与鲁迅先生会面,得到鲁迅先生的帮助。抗日战争爆发后,先后在上海、武汉、山西、重庆等地辗转流亡。1940年和端木蕻良一起去香港。1942年1月在香港病逝。主要作品有中篇小说《生死场》、长篇小说《呼兰河传》、散文集《商市街》等。

一

三月的原野已经绿了,像地衣那样绿,透出在这里,那里。郊原上的草,是必须转折了好几个弯儿才能钻出地面的,草儿头上还顶着那胀破了种粒的壳,发出一寸多高的芽子,欣幸地钻出了土皮。放牛的孩子,在掀起了墙脚下面的瓦时,找到了一片草芽了,孩子们回到家里告诉妈妈,说:“今天草芽出土了!”妈妈惊喜地说:“那一定是向阳的地方!”抢根菜的白色的圆石似的籽儿在地上滚着,野孩子一升一斗地在拾着。蒲公英发芽了,羊咩咩地叫,乌鸦绕着杨树林子飞。天气一天暖似一天,日子一寸一寸的都有意思。

---

① 本篇最初发表在1941年7月的《时代文学》杂志上。是1941年作者在病中所写的她的最后一篇小说。今依据《萧红全集》文本,并加了必要的正误。

杨花满天照地飞，像棉花似的。人们出门都是用手捉着，杨花挂着他了。草和牛粪都横在道上，放散着强烈的气味。远远的用石子打船的声音，“空空……”的大声传来。

河冰发了，冰块顶着冰块，苦闷地又奔放地向下流，乌鸦站在冰块上寻觅小鱼吃，或者是还在冬眠的青蛙。

天气突然的热起来，说是“二八月，小阳春”，自然冷天气还是要来的，但是这几天可热了。春天带着强烈的呼唤从这头走到那头……

小城里被杨花给装满了。在榆钱还没变黄之前，大街小巷到处飞着，像纷纷落下的雪块……

春来了。人人像久久等待着一个大暴动，今天夜里就要举行。人人带着犯罪的心情，想参加到解放的尝试……春吹到每个人的心坎，带着呼唤，带着蛊惑……

我有一个姨，和我的堂哥哥大概是恋爱了。

姨母本来是很近的亲属，就是母亲的姊妹。但是我这个姨，她不是我的亲姨，她是我的继母的继母的女儿。那么她可算与我的继母有点血统的关系了，其实也是没有的。因为我这个外祖母是在已经做了寡妇之后才来到外祖父家，翠姨就是这个外祖母的原来在另外的一家所生的女儿。

翠姨还有一个妹妹，她的妹妹小她两岁，大概是十七八岁，那么翠姨也就是十八九岁了。

翠姨生得并不是十分漂亮，但是她行得窈窕，走起路来沉静而且漂亮，讲起话来清楚地带着一种平静的感情。她伸手拿樱桃吃的时候，好像她的手指尖对那樱桃十分可怜的样子，她怕把它触坏了似的轻轻地捏着。

假若有人在她的背后唤她一声，她若是正在走路，她就会停下；若是正在吃饭，就要把饭碗放下，而后把头向着自己的肩膀转过去，而全身并不大转，于是她自觉地闭合着嘴唇，像是有什么要说而一时说不出来似的……

而翠姨的妹妹，忘记了她叫什么名字，反正是一个大说大笑的，不十分修边幅，和她的姐姐完全不同。花的绿的，红的紫的，只要是市上流行的，她就不大加以选择，做起一件衣服来赶快就穿在身上。穿上了而后，到亲戚家去串门，人家恭维她的衣料怎样漂亮的时候，她总是说，和这完全一样的，还有一件，她给了她的姐姐了。

我到外祖父家去，外祖父家里没有像我一般大的女孩子陪着我玩，所以每当我去，外祖母总是把翠姨喊来陪我。

翠姨就住在外祖父的后院，隔着一道板墙，一招呼，听见就来了。

外祖父住的院子和翠姨住的院子，虽然只隔一道板墙，但是却没有门可通，所以还得绕到大街上去从正门进来。

因此有时翠姨先来到板墙这里，从板墙缝中和我打了招呼，而后回到屋去装饰一番，才从大街上绕了个圈来到她母亲的家里。

翠姨很喜欢我。因为我在学堂里念书，而她没有，她想什么事我都比她明白。所以她总是有许多事务向我商量，看看我的意见如何。

到夜里，我住在外祖父家里，她就陪着我也住下。

每每睡下就谈，谈过了半夜，不知为什么总是谈不完……

开初谈的是衣服怎样穿，穿什么样颜色，穿什么样的料子。比如走路应该快或是应该慢。有时，白天里她买了一个别针，到夜里她拿出来看看，问我这别针到底是好看或是不好看，那时候，大概是十五年前的时候，我们不知别处如何装扮一个女子，而在这个城里，几乎个个都有一条宽大的绒绳结的披肩，蓝的紫的，各色的也有，但最多多不过枣红色了。几乎在街上所见的都是枣红色的大披肩了。

哪怕红的绿的那么多，但总没有枣红色的最流行。

翠姨的妹妹有一条，翠姨有一条，我的所有的同学，几乎每人有一条。就连素不考究的外祖母的肩上也披着一条，只不过披的是蓝色的，没有敢用那最流行的枣红色的就是了。因为她总算年纪大了一点，对年青人让了一步。

还有那时候都流行穿绒绳鞋，翠姨的妹妹就赶快地买了穿上。因为她那个人很粗心大意，好坏她不管，只是人家有她也有，别人是人穿衣裳，而翠姨的妹妹就好像被衣服所穿了似的，芜芜杂杂。但永远合乎着应有尽有的原则。

翠姨的妹妹的那绒绳鞋，买来了，穿上了。在地板上跑着，不大一会工夫，那每只鞋脸上系着的一只毛球，竟有一个毛球已经离开了鞋子，向上跳着，只还有一根绳连着，不然就要掉下来了。很好玩的，好像一颗大红枣被系到脚上去了。因为她的鞋子也是枣红色的。大家都在嘲笑她的鞋子一买回来就坏了。

翠姨她没有买，也许她心里边早已经喜欢了。但是看上去她都像反对似的，好像她都不接受。

她必得等到许多人都开始采办了，这时候，看样子她才稍稍有些动心。

好比买绒绳鞋，夜里她和我谈话问过我的意见，我说也是好看的，我有很多的同学她们也都买了绒绳鞋。

第二天，翠姨就要求我陪着她上街，先不告诉我去买什么，进了铺子选了半天别的，才问到我绒绳鞋。

走了几家铺子，都没有，都说是已经卖完了。我晓得店铺的人是这样瞎说的，表示他这家店铺平常总是最丰富的，只恰巧你要的这件东西，他就没有了。我劝翠姨说，咱们慢慢的走，别家一定会有的。

我们坐马车从街梢上的外祖父家来到街中心的。

见了第一家铺子，我们就下了马车。不用说，马车我们已经是付过了价钱的。等我们买好了东西回来的时候，会另外叫一辆的，因为我们不知道要有多久。

大概看见什么好，虽然不需要也要买点，或是东西已经买全了，不必要再多留连，也要留连一会，或是买东西的目的，本来只在一双鞋，而结果鞋子没有买到，反而啰嗦地买回来许多用不着的东西。

这一天，我们辞退了马车，进了第一家店铺。

在别的大城市里没有这种情形，而在我家乡里往往是这样，坐了马车，虽然是付过了钱，让他自由去兜揽生意，但是他常常还仍旧等候在铺子的门外，等一出来，他仍旧请你坐他的车。

我们走进第一个铺子，一问没有，于是就看了些别的东西，从绸缎看到呢绒，从呢绒再看到绸缎，布匹根本不看的，并不像母亲们进了店铺那样子，这个买去做被单，那个买去做棉袄的，因为我们管不了被单棉袄的事。母亲们一月不进店铺，一进店铺又是这个便宜应该买；那个不贵，也应该买。比方一块在夏天才用得着的花洋布，母亲们冬天里就买起来了，说是趁着便宜多买点，总是用得着的。而我们就不然了，我们是天天进店铺的，天天搜寻些个是好看的，是贵的值钱的，平常时候绝对的用不到想不到的。

那一天我们就买了许多花边回来，钉着光片的，带着玻璃的。说不上要做什么样的衣服才配得着这种花边。也许根本没有想到做衣服，就贸然地把花边买下了。一边买着，一边说好，翠姨说好，我也说好。到了后来，回到家里，当众打开了让大家批判，这个一言，那个一语，让大家说得也有一点没有主意了，心里已经五六分空虚了。于是赶快地收拾了起来，或者从别人的手中夺过来，把它包起来，说她们不识货，不让她们看了。

勉强说着：

“我们要做一件红金绒的袍子，把这个黑琉璃边镶上。”

或：“这红的我们送人去……”

说虽仍旧如此说，心里已经八九分空虚了，大概是这些所心爱的，从此就不会再出头露面的了。

在这小城里，商店究竟没有多少，到后来又加上看不到绒绳鞋，心里着急，也许跑得更快些。不一会工夫，只剩了三两家了。而那三两家，又偏偏是不常去的，铺子小，货物少。想来它那里也是一定不会有的了。

我们走进一个小铺子里去，果然有三四双，非小即大，而且颜色都不好看。

翠姨有意要买，我就觉得奇怪，原来就不十分喜欢，既然没有好的,又为什么要买呢?让我说着,没有买成回家去了。

过了两天,我把买鞋子这件事情早忘了。

翠姨忽然又提议要去买。

从此我知道了她的秘密,她早就爱上了那绒绳鞋了,不过她没有说出来就是了。她的恋爱的秘密就是这样子的。她似乎要把它带到坟墓里去,一直不要说出口,好像天底下没有一个人值得听她的告诉……

在外边飞着满天的大雪,我和翠姨坐着马车去买绒绳鞋。我们身上围着皮褥子,赶车的车夫高高地坐在车夫台上,摇晃着身子唱着沙哑的山歌:"喝咧咧……"耳边的风呜呜地啸着,从天上倾下来的大雪,迷乱了我们的眼睛,远远的天隐在云雾里,我默默地祝福翠姨快快买到可爱的绒绳鞋,我从心里愿意她得救……

市中心远远地朦朦胧胧地站着,行人很少,全街静悄无声。我们一家挨一家地问着,我比她更急切,我想赶快买到吧,我小心地盘问着那些店员们,我从来不放弃一个细微的机会,我鼓励翠姨,没有忘记一家。使她都有点儿诧异,我为什么忽然这样热心起来。但是我完全不管她的猜疑,我不顾一切地想在这小城里面,找出一双绒绳鞋来。

只有我们的马车,因为载着翠姨的愿望,在街上奔驰得特别的清醒,又特别的快。雪下得更大了,街上什么都没有了,只有我们两个人,催着车夫。跑来跑去,一直到天都很晚了,鞋子没有买到。翠姨深深地看到我的眼里说:"我的命,不会好的。"我很想装出大人的样子,来安慰她,但是没有等到找出什么适当的话来,泪便流出来了。

二

翠姨以后也常来我家住着,是我的继母把她接来的。

因为她的妹妹订婚了,怕是她的家里并没有多少人,只有她的一个六十多岁的老祖父,再就是一个也是寡妇的伯母,带一个女儿。

堂姊妹本该在一起玩耍解闷的，但是因性格相差太远，一向是水火不同炉地过着日子。

她的堂妹妹，我见过，永久是穿着深色的衣裳，黑黑的脸，一天到晚陪着母亲坐在屋子里。母亲洗衣裳，她也洗衣裳；母亲哭，她也哭。也许她帮着母亲哭她死去的父亲，也许哭的是她们的家穷。那别人就不晓得了。

本来是一家的女儿，翠姨她们两姊妹却像有钱的人家的小姐，而那个堂姊妹，看上去却像个乡下丫头。这一点使她得到常常到我们家里来住的权利。

她的亲妹妹订婚了，再过一年就出嫁了。在这一年中，妹妹大大地阔气起来，因为婆家那方面一订了婚就来了聘礼。一百吊一千吊的论。她妹妹的聘礼大概是几万吊，所以她忽然不得了起来，今天买这样，明天买那样，花别针一个又一个的，丝头绳一团一团的，带穗的耳坠子，洋手表，样样都有了。每逢出街的时候，她和她姐姐一道，现在总是她付车钱了。她的姐姐要付，她却百般的不肯，有时当着人面，姐姐一定要付，妹妹一定不肯，结果闹得很窘，姐姐无形中觉得一种权利被人剥夺了。

但是关于妹妹的订婚，翠姨一点也没有羡慕的心理。妹妹未来的丈夫，她是看过的，没有什么好看，很高，穿着蓝袍子黑马褂，好像商人，又像一个小土绅士。又加上翠姨太年轻了，想不到什么丈夫，什么结婚。

因此，虽然妹妹在她的旁边一天比一天的丰富起来，妹妹是有钱了，但是妹妹为什么有钱的，她没有考查过。

所以当妹妹尚未离开她之前，她绝对的没有重视这“订婚”的事。

不过她常常的感到寂寞。她和妹妹出来进去的，因家庭环境孤寂，竟好像一对双生子似的，而今去了一个，不但翠姨自己觉得单调，就是她的祖父也觉得她可怜。

所以自从她的妹妹嫁了，她不大回家，总是住在她的母亲的家里。有时我的继母也把她接到我们家里。

翠姨非常聪明,她会弹大正琴,就是前些年所流行在中国的一种日本琴。她还会吹箫或是会吹笛子。不过弹那琴的时候却很多。住在我家里的时候,我家的伯父,每在晚饭之后必同我们玩这些乐器的。笛子、箫、日本琴、风琴、月琴,还有什么打琴。真正的西洋的乐器,可一样也没有。

在这种正玩得热闹的时候,翠姨也来参加了。翠姨弹了一个曲子,和我们大家立刻就配合上了。于是大家都觉得在我们那已经天天闹熟了的老调子之中,又多了一个新的花样。于是立刻我们就加倍的努力,正在吹笛子的把笛子吹得特别响,把笛膜振抖得似乎就要爆裂了似的,滋滋地叫着。十岁的弟弟在吹口琴,他摇着头,好像要把那口琴吞下去似的,至于他吹的是什么调子,已经是没有人留意了。在大家忽然来了勇气的时候,似乎只需要这种胡闹。

而那按风琴的人,因为越按越快,到后来也许是已经找不到琴键了,只是那踏脚板越踏越快,踏得呜呜地响,好像有意要毁坏了那风琴,而想把风琴撕裂了一般的。

大概所奏的曲子是《梅花三弄》,也不知道接连地弹过了多少圈,看大家的意思都不想要停下来。不过到了后来,实在是气力没有了,找不着拍子的找不着拍子,跟不上调的跟不上调,于是在大笑之中,大家停下来了。

不知为什么,在这么快乐的调子里边,大家都有点伤心,也许是乐极生悲了,把我们都笑得一边流着眼泪,一边还笑。

正在这时候,我们往门窗处一看,我的最小的小弟弟,刚会走路,他也背着一个很大的破手风琴来参加了。

谁都知道,那手风琴从来也不会响的。把大家笑死了。在这回得到了快乐。

我的哥哥(伯父的儿子,钢琴弹得很好)吹箫吹得最好,这时候他放下了箫,对翠姨说:“你来吹吧!”翠姨却没有言语,站起身来,跑到自己的屋子去了,我的哥哥,好久好久地看住那帘子。

三

翠姨在我家，和我住一个屋子。月明之夜，屋子照得通亮。翠姨和我谈话，往往谈到鸡叫，觉得也不过是刚刚才半夜。

鸡叫了，才说："快睡吧，天亮了。"

有的时候，一转身，她又问我：

"是不是一个人结婚太早不好，或许是女孩子结婚太早是不好的！"

我们以前谈了很多话，但没有谈到这些。

总是谈什么衣服怎样穿，鞋子怎样买，颜色怎样配；买了毛线来，这毛线应该打个什么的花纹；买了帽子来，应该批判这帽子还微微有缺点，这缺点究竟在什么地方，虽然说是不要紧，或者是一点关系也没有，但批评总是要批评的。

有时再谈得远一点，就是表姊表妹之类订了婆家，或是什么亲戚的女儿出嫁了。或是什么耳闻的，听说的，新娘子和新姑爷闹别扭之类。

那个时候，我们的县里早就有了洋学堂了。小学好几个，大学没有。只有一个男子中学，往往成为谈论的目标。谈论这个，不单是翠姨，外祖母、姑姑、姐姐之类，都愿意讲究这当地中学的学生。因为他们一切洋化，穿着裤子，把裤腿卷起来一寸；一张口，"格得毛宁"外国语，他们彼此一说话就"答答答"，听说这是什么俄国话，而更奇怪的是他们见了女人不怕羞。这一点，大家都批评说是不如从前了。从前的书生，一见了女人脸就红。

我家算是最开通的了。叔叔和哥哥他们都到北京和哈尔滨那些大地方去读书了，他们开了不少的眼界。回到家里来，大讲他们那里都男孩子和女孩子同学。

这一题目，非常的新奇，开初都认为这是造了反。后来因为叔叔也常和女同学通信，因为叔叔在家庭里是有点地位的人。并且父亲从前也加入过国民党，革过命，所以这个家庭都"咸与维新"起来。

因此在我家里，一切都是很随便的，逛公园，正月十五看花灯，都是不分男女，一齐去。

而且我家里设了网球场，一天到晚地打网球，亲戚家的男孩子来了，我们也一齐的打。

这都不谈，仍旧来谈翠姨。

翠姨听了很多的故事，关于男学生结婚的事情，就是我们本县里，已经有几件事情不幸的了。有的结婚了，从此就不回家了；有的娶来了太太，把太太放在另一间屋子里住着，而且自己却永久住在书房里。

每逢讲到这些故事时，多半别人都是站在女的一边，说那男子都是念书念坏了。一看了那不识字的又不是女学生之类就生气。觉得处处都不如他。天天总说婚姻不自由。可是自古至今，都是爹许娘配的，偏偏到了今天，都要自由，看吧，这还没有自由呢，就先来了花头故事了，娶了太太的不回家，或是把太太放在另一个屋子里。这些都是念书念坏了的。

翠姨听了许多别人家的评论。大概她心里边也有些不平，她就问我不读书是不是很坏的，我自然说是很坏的。而且她看了我们家里男孩子、女孩子通通到学堂去念书的。而且我们亲戚家的孩子也都是读书的。

因此她对我很佩服，因为我是读书的。

但是不久，翠姨就订婚了。就是她妹妹出嫁不久的事情。

她的未来的丈夫，我见过，在外祖父的家里。人长得又低又小，穿一身蓝布棉袍子，黑马褂，头上戴一顶赶大车的人所戴的五耳帽子。

当时翠姨也在的，但她不知道那是她的什么人，她只当是哪里来了这样一位乡下的客人。外祖母偷着把我叫过去，特别告诉了我一番，这就是翠姨将来的丈夫。不久翠姨就很有钱，她的丈夫的家里，比她妹妹丈夫的家里还更有钱得多。婆婆也是个寡妇，守着个独生的儿子。儿子才十七岁，是在乡下的私学馆里读书。

翠姨的母亲常常替翠姨解说，人小点不要紧，岁数还小呢，再长上两三年两个人就一般高了。劝翠姨不要难过，婆家有钱就好的。聘礼的钱十多万都交过来了，而且就由外祖母的手亲自交给了翠姨；而且还有别的条件保障着，那就是说，三年之内绝对不准娶亲，借着男的一方面年纪太小为辞，翠姨更愿意远远的推着。

翠姨自从订婚之后，是很有钱的了，什么新样子的东西一到，虽说不是一定抢先去买了来，总是过不了多久，箱子里就要有的了。那时候夏天最流行银灰色市布大衫，而翠姨的穿起来最好，因为她有好几件，穿过两次不新鲜就不要了，就只在家里穿，而出门就又去做一件新的。

那时候正流行着一种长穗的耳坠子，翠姨就有两对，一对红宝石的，一对绿的，而我的母亲才能有两对，而我才有一对。可见翠姨是顶阔气的了。

还有那时候就已经开始流行高跟鞋了。可是在我们本街上却不大有人穿，只有我的继母早就开始穿，其余就算是翠姨，并不是一定因为我的母亲有钱，也不是因高跟鞋一定贵，只是女人们没有那么摩登的行为，或者说她们不很容易接受新的思想。

翠姨第一天穿起高跟鞋来，走路还很不安定，但到第二天就比较的习惯了。到了第三天，就是说以后，她就是跑起来也是很平稳的。而且走路的姿态更加可爱了。

我们有时也去打网球玩玩，球撞到她脸上的时候，她才用球拍遮了一下，否则她半天也打不到一个球。因为她一上了场站在白线上就是白线上，站在格子里就是格子里，她根本不动。有的时候她竟拿网球拍子站着一边去看风景去了。尤其是大家打完了网球，吃东西的吃东西去了，洗脸的洗脸去了，惟有她一个人站在短篱前面，向着远远的哈尔滨市影痴望着。

有一次我同翠姨一同去做客。我继母的族中娶媳妇。她们是八旗人，也就是满人，满人才讲究场面呢，所有的族中的年青媳妇都必得到场，而且个个打扮得如花似玉。似乎咱们中国的社会，是没这么繁华的社交的场面的，也许那时候，我是小孩子，把什么都看得特别繁华，就只说女人们的衣服吧，就个个都穿得和现在西洋女人在夜总会里边那么庄严。一律都穿着绣花大袄。而她们是八旗人，大袄的襟下一律的没有开口。而且很长。大袄的颜色枣红的居多，绛色的也有，玫瑰紫色的也有。而那上边绣的花色，有的荷花，有的玫瑰，有的松竹梅，一句话，特别的繁华。

她们的脸上，都搽着白粉，她们的嘴上都染得桃红。

每逢一个客人到了门前，她们是要列着队出来应接的，她们都是我的舅母，一个一个地上前来问候了我和翠姨。

翠姨早就熟识她们的，有的叫表嫂子，有的叫四嫂子。而在我，她们就都是一样的，好像小孩子的时候，所玩的用花纸剪的纸人，这个和那个都是一样，完全没有分别。都是花缎的袍子，都是白白的脸，都是很红的嘴唇。

就是这一次，翠姨出了风头了，她进到屋里，靠着一张大镜子旁坐下了。女人们就忽然都上前来看她，也许她从来没有这么漂亮过，今天把别人都惊住了。依我看，翠姨还没有她从前漂亮呢，不过她们说翠姨漂亮得像棵新开的腊梅。翠姨从来不搽胭脂的，而那天又穿了一件为着将来作新娘子而准备的蓝色缎子满是金花的夹袍。

翠姨让她们围起看着，难为情了起来，站起来想要逃掉似的，迈着很勇敢的步子，茫然地往里边的房间里闪开了。

谁知那里边是新房呢，于是许多的嫂嫂们就哗然地叫着，说：

“翠姐姐不要急，明年就是个漂亮的新娘子，现在先试试去。”

当天吃饭饮酒的时候，许多客人从别的屋子来呆呆地望着翠姨。翠姨举着筷子，似乎是在思量着，保持着镇静的态度，用温和的眼光看着她们。仿佛她不晓得人们专门在看着她似的。但是别的女人们羡慕了翠姨半天了，脸上又都突然地冷落起来，觉得有什么话要说，又都没有说，然后彼此对望，笑了一下，吃菜了。

四

有一年冬天，刚过了年，翠姨就来到了我家。

伯父的儿子——我的哥哥，就正在我家里。

我的哥哥，人很漂亮，很直的鼻子，很黑的眼睛，嘴也好看，头发也梳得好看，人很长，走路很爽快。大概在我们所有的家族中，没有这么漂亮的人物。

冬天，学校放了寒假，所以来我们家里休息。大概不久，学校开学就要上学去了。哥哥是在哈尔滨读书。

我们音乐会，自然要为这新来的角色而开了。翠姨也参加的。

于是非常的热闹。比方我的母亲，她一点也不懂这行，但是她也列了席，她坐在旁边观看，连家里的厨子，女工，都停下了工作来望着我们，似乎他们不是听什么乐器，而是在看人。我们聚满了一客厅。这些乐器的声音，大概很远的邻居都可以听到。

第二天邻居来串门的，就说：

“昨天晚上，你们家又是给谁祝寿?”

我们就说，是欢迎我们的刚到的哥哥。因此我们家是很好玩的，很有趣的。不久，就来到了正月十五看花灯的时节了。

我们家里自从父亲维新革命，总之在我们家里，兄弟姊妹，一律相待，有好玩的就一齐玩，有好看的就一齐去看。

伯父带着我们，哥哥，弟弟，姨……共八九个人，在大月亮地里往大街里跑去了。那路之滑，滑得不能站脚，而且高低不平。他们男孩子们跑在前面，而我们因为跑得慢就落了后。

于是那在前边的他们回头来嘲笑我们，说我们是小姐，说我们是娘娘，说我们走不动。

我们和翠姨早就连成一排向前冲去，但是不是我倒，就是她倒。到后来还是哥哥他们一个一个地来扶着我们，说是扶着，未免的太示弱了，也不过就是和他们连成一排向前进着。

不一会到了市里，满路花灯。人山人海。又加上狮子、旱船、龙灯、秧歌，闹得眼也花起来，一时也数不清多少玩艺。哪里会来得及看，似乎只是在眼前一晃就过去了，而一会别的又来了，又过去了。其实也不见得繁华得多么了不得了，不过觉得世界上是不会比这个再繁华的了。

商店的门前，点着那么大的火把，好像热带的大椰子树似的。一个比一个亮。

我们进了一家商店，那是父亲的朋友开的。他们很好的招待我们，茶、点心、橘子、元宵。我们哪里吃得下去，听到门外一打鼓，就心慌了。而外边鼓和喇叭又那么多，一阵来了，一阵还没有去远，一阵又来了。

因为城本来是不大的，有许多熟人，也都是来看灯的，都遇到了。其中我们本城里的在哈尔滨念书的几个男学生，他们也来看灯了。哥哥都认识他们。我也认识他们，因为这时候我到哈尔滨念书去了，所以一遇到了我们，他们就和我们在一起，他们出去看灯，看了一会，又回到我们的地方，和伯父谈话，和哥哥谈话。我晓得他们，因为我们家比较有势力，他们是很愿和我们讲话的。

所以回家的一路上，又多了两个男孩子。

不管人讨厌不讨厌，他们穿得衣服总算都市化了。个个都穿着西装，戴着呢帽，外套都是到膝盖的地方，脚下很利落清爽。比起我们城里的那种怪样子的外套，好像大棉袍子似的好看得多了。而且颈间又都束着一条围巾来，人就更显得庄严，漂亮。

翠姨觉得他们个个都很好看。

哥哥也穿的西装，自然哥哥也很好看。因为在路上她直在看哥哥。

翠姨梳头梳得是很慢的，必定梳得一丝不乱；搽粉也要搽了洗掉，洗掉再搽，一直搽到认为满意为止。花灯节的第二天早晨，她就梳得更慢，一边梳头一边在思量。本来按规矩每天吃早饭必得三请两请才能出席，今在必得请到四次，她才来了。

我的伯父当年也是一位英雄，骑马、打枪绝对的好。后来虽然已经五十岁了，但是风采犹存。我们都爱伯父的，伯父从小也就爱我们。诗、词、文章，都是伯父教我们的。翠姨住在我们家里，伯父也很喜欢翠姨。今天早饭已经开好了。催了翠姨几次，翠姨总是不出来。

伯父说了一句："林黛玉……"

于是我们全家的人都笑了起来。

翠姨出来了，看见我们这样的笑，就问我们笑什么。我们没有人肯告诉她。翠姨知道一定是笑的她，她就说：

"你们赶快的告诉我，若不告诉我，今天我就不吃饭了，你们读书识字，我不懂，你们欺侮我……"

闹嚷了很久，还是我的哥哥讲给她听了。伯父当着自己的儿子面前到底有些难为情，喝了好些酒，总算是躲过去了。

翠姨从此想到了念书的问题，但是她已经二十岁了，上哪里去念书？上小学没有她这样大的学生；上中学，她是一字不识，怎么可以。所以仍旧住在我们家里。

弹琴、吹箫、看纸牌，我们一天到晚地玩着。我们玩的时候全体参加，我的伯父，我的哥哥，我的母亲。

翠姨对我的哥哥没有什么特别的好，我的哥哥对翠姨就像对我们，也是完全的一样。

不过哥哥讲故事的时候，翠姨总比我们留心听些，那是因为她的年龄稍稍比我们大些，当然在理解力上，比我们更接近一些哥哥的了。哥哥对翠姨比对我们稍稍的客气一点。他和翠姨说话的时候，总是"是的""是的"的，而和我们说话则"对啦""对啦"。这显然因为翠姨是客人的关系，而且在名分上比他大。

不过有一天晚饭之后，翠姨和哥哥都没有了。每天饭后大概总要开个音乐会的。这一天，也许因为伯父不在家，没有人领导的缘故，大家吃过也就散了，客厅里一个人也没有。我想找弟弟和我下一盘棋，弟弟也不见了。于是我就一个人在客厅里按起风琴来，玩了一下也觉得没有趣。客厅是静得很的，在我关上了风琴盖子之后，我就听见了在后屋里，或者在我的房子里是有人的。

我想一定是翠姨在屋里，快去看看她，叫她出来张罗着看纸牌。

我跑进去一看,不单是翠姨,还有哥哥陪着她。

看见了我,翠姨就赶快地站起来说:

“我们去玩吧。”

哥哥也说:

“我们下棋去,下棋去。”

他们出来陪我来玩棋,这次哥哥总是输。从前是他回回赢我的,我觉得奇怪,但是心里高兴极了。

不久寒假终了,我就回到哈尔滨的学校念书去了。可是哥哥没有同来,因为他上半年生了点病,曾在医院里休养了一些时候,这次伯父主张他再请两个月的假,留在家里。

以后家里的事情,我就不大知道了。都是由哥哥或母亲讲给我听的。我走了以后,翠姨还住在家里。

后来母亲还告诉过,就是在翠姨还没有订婚之前,有过这样一件事情。我的族中有一个小叔叔,和哥哥一般大的年纪,说话口吃,没有风采,也是和哥哥在一个学校里读书。虽然他也到我们家里来过,但怕翠姨没有见过。那时外祖母就主张给翠姨提婚。那族中的祖母一听就拒绝,说是寡妇的孩子,命不好,也怕没有家教,何况父亲死了,母亲又出嫁了,好女不嫁二夫郎,这种人家的女儿,祖母不要。但是我母亲说,辈分合,他家还有钱,翠姨过门是一品当朝的日子,不会受气的。

这件事翠姨是晓得的,而今天又见了我的哥哥,她不能不想哥哥大概是那样看她的。她自觉地觉得自己的命运不会好的。现在翠姨自己已经订了婚,是一个人的未婚妻;二则她是出了嫁的寡妇的女儿,她自己一天把这背了不知有多少遍,她记得清清楚楚。

五

翠姨订婚,转眼三年了,正这时,翠姨的婆家,通了消息来,张罗要娶。她的母亲来接她回去整理嫁妆。

翠姨一听就得病了。

但没有几天，她的母亲就带着她到哈尔滨采办嫁妆去了。

偏偏那带着她采办嫁妆的向导，又是哥哥给介绍来的他的同学。他们住在哈尔滨的秦家岗上，风景绝佳，是洋人最多的地方。那男学生们的宿舍里边，有暖气、洋床。翠姨带着哥哥的介绍信，像一个女同学似的被他们招待着。又加上已经学了俄国人的规矩，处处尊重女子，所以翠姨当然受了他们不少的尊敬，请她吃大菜，请她看电影。坐马车的时候，车让她先上；下车的时候，人家扶她下来。她每一动别人都为她服务，外套一脱，就接过去了。她刚一表示要穿外套，就给她穿上了。

不用说，买嫁妆她是不痛快的，但那几天，她总算一生中最开心的时候。

她觉得到底是读大学的人好，不野蛮，不会对女人不客气，绝不能像她的妹夫常常打她的妹妹。

经这到哈尔滨去一买嫁妆，翠姨就更不愿意出嫁了。她一想那个又丑又小的男人，她就恐怖。

她回来的时候，母亲又接她来我们家来住着，说她的家里又黑又冷，说她太孤单可怜。我们家是一团暖气的。

到了后来，她的母亲发现她对于出嫁太不热心，该剪裁的衣裳，她不去剪裁；有一些零碎还要去买的，她也不去买。做母亲的总是常常要加以督促，后来就要接她回去，接到她的身边，好随时提醒她。她的母亲以为年青的人必定要随时提醒的，不然总是贪玩。而况出嫁的日子又不远了，或者就是二三月。

想不到外祖母来接她的时候，她从心的不肯回去，她竟很勇敢地提出来她要读书的要求。她说她要念书，她想不到出嫁。

开初外祖母不肯，到后来，她说若是不让她读书，她是不出嫁的。外祖母知道她的心情，而且想起了很多可怕的事情……

外祖母没有办法，依了她。给她在家里请了一位老先生，就在自己家院子的空房子里边摆上了书桌，还有几个邻居家的姑娘，一齐念书。

翠姨白天念书,晚上回到外祖母家。

念书,不多日子,人就开始咳嗽,而且整天的闷闷不乐。她的母亲问她,有什么不如意?陪嫁的东西买得不顺心吗?或者是想到我们家去玩吗?什么事都问到了。

翠姨摇着头不说什么。

过了一些日子,我的母亲去看翠姨,带着我的哥哥。她们一看见她,第一个印象,就觉得她苍白了不少。而且母亲断言地说,她活不久了。

大家都说是念书累的,外祖母也说是念书累的,没有什么要紧的;要出嫁的女儿们,总是先前瘦的,嫁过去就要胖了。

而翠姨自己则点点头,笑笑,不承认,也不加以否认。还是念书,也不到我们家来了,母亲接了几次,也不来,回说没有工夫。

翠姨越来越瘦了,哥哥去到外祖母家看了她两次,也不过是吃饭、喝酒,应酬了一番。而且说是去看外祖母的。在这里年青的男子,去拜访年青的女子,是不可以的。哥哥回来也并不带回什么欢喜或是什么新奇的忧郁,还是一样和我们打牌下棋。

翠姨后来支持不了啦,躺下了。她的婆婆听说她病,就要娶她,因为花了钱,死了不是可惜了吗?这一种消息,翠姨听了病就更加严重。婆家一听她病重,立刻要娶她。因为在迷信中有这样一章,病新娘娶过来一冲,就冲好了。翠姨听了,就只盼望赶快死,拼命地糟踏自己的身体,想死得越快一点儿越好。

母亲记起了翠姨,叫哥哥去看翠姨。是我的母亲派哥哥去的,母亲拿了一些钱让哥哥给翠姨去,说是母亲送她在病中随便买点什么吃的。母亲晓得他们青年人是很拘泥的,或者不好意思去看翠姨,也或者翠姨是很想看他的,他们好久不能看见了。同时翠姨不愿出嫁,母亲很久的就在心里边猜疑着他们了。

男子是不好先去专访一位小姐的,这城里没有这样的风俗。母亲给了哥哥一件礼物,哥哥就可去了。

哥哥去的那天,她家里正没有人,只有她家的堂妹妹应接着这从未见过的生疏的年青的客人。

那堂妹妹还没问清客人的来由，就往外跑，说是去找她们的祖父去，请他等一等。大概她想是凡男客就是来会祖父的。

客人只说了自己的名字，那女孩子连听也没有听就跑出去了。

哥哥正想，翠姨在什么地方？或者在里屋吗？翠姨大概听出什么人来了，她就在里边说：

“请进来。”

哥哥进去了。坐在翠姨的枕边，他要去摸一摸翠姨的前额，是否发热，他说：

“好了点吗？”

他刚一伸手去，翠姨就突然地拉了他的手，而且大声地哭起来了，好像一颗心也哭出来了似的。哥哥没有准备，就很害怕，不知道说什么，做什么。他不知道现在应该是保护翠姨的地位，还是保护自己的地位。同时听得见外边已经有人来了，就要开门进来了。一定是翠姨的祖父。

翠姨平静地向他笑着，说：

“你来得很好，一定是姐姐，你的母亲告诉你来的，我心里永远记念着她。她爱我一场，可惜我不能去看她了……我不能报答她了……不过我总会记起在她家里的日子的……她待我也许没有什么，但是我觉得已经太好了……我永远不会忘记的……我现在也不知道为什么，心里只想死得快一点就好，多活一天也是多余的……人家也许以为我是任性……其实是不对的，不知为什么，那家对我也是很好的，但是我不愿意。我小时候，就不好，我的脾气总是，不从心的事，我不愿意……这个脾气把我折磨到今天了……可是我怎能从心呢……真是笑话……谢谢姐姐她还惦着我……请你告诉她，我并不像她想的那么苦呢，我也很快乐……”翠姨苦笑了一笑，“我心里很安静，而且我求的我都得到了……”

哥哥茫然地不知道说什么。这时祖父进来了。看了翠姨的热度，又感谢了我的母亲，对我哥哥的降临，感到荣幸。他说请我母亲放心吧，翠姨的病马上就会好的，好了就嫁过去。

哥哥看了翠姨就退出去了，从此再没有看见她。

哥哥后来提起翠姨常常落泪，他不知翠姨为什么死，大家也都心中纳闷。

尾　　声

等我到春假回来，母亲还当我说：

“要是翠姨一定不愿意出嫁，那也是可以的，假如他们当我说。”

…………

翠姨坟头的草籽已经发芽了，一掀一掀地和土粘成了一片，坟头显出淡淡的青色，常常会有白色的山羊跑过。

街上有提着筐子卖蒲公英的了，也有卖小根蒜的了，更有些孩子们他们按着时节去折了那刚发芽的柳条，正好可以拧成哨子，就含在嘴里满街地吹。声音有高有低，因为那哨子有粗有细。

大街小巷到处是呜呜呜，呜呜呜。好像春天是从他们的手里招待回来了似的。

但是这为期甚短，一转眼，吹哨子的不见了。

接着杨花飞起来了，榆钱飘满了一地。

在我的家乡那里，春天是快的。五天不出屋，树发芽了，再过五天不看树，树长叶了，再过五天，这树就像绿得使人不认识它了。使人想，这棵树，就是前天的那棵树吗？自己回答自己：当然是的。春天就像跑的那么快。好像人能够看见似的。春天从老远的地方跑来了，跑到这个地方只向人的耳朵吹一句小小声音的：“我来了呵。”而后很快地就跑过去了。

春，好像它不知道多么忙迫，好像无论什么地方都在招呼它，假若它晚到一刻，阳光会变色的，大地会干成石头，尤其是树木，那真是好像再多一刻工夫也不能忍耐，假若春天稍稍在什么地方留连了一下，就会误了不少的生命。

春天为什么它不早一点来，来到我们这城里多住一些日子，而后再慢慢地到另外的一个城里去，在另外一个城里也多住一些日子。

但那是不能的了,春天的命运就是这么短。

年青的姑娘们,她们三两成双,坐着马车,去选择衣料去了,因为就要换春装了。她们热心地弄着剪刀,打着衣样,想装成自己心中想得出的那么好,她们白天黑夜地忙着,不久春装换起来了,只是不见载着翠姨的马车来。

1941 年 7 月

【提示】

《小城三月》,塑造了一个性格内向而坚强、感情丰富而专注、态度温柔、举止优雅的农村姑娘翠姨的形象,通过她的爱情悲剧,来鞭挞封建落后的婚姻观念和传统习俗。翠姨是“我”的“继母的继母”带来的女儿,因为常来“我家”住,结识并偷偷爱上了“我”的在哈尔滨上洋学堂的堂哥。本来,她与堂哥没有任何血缘关系,但按家族错综复杂、拐弯抹角的辈分论起来,她却是她所爱的对象的“姨”,这决定了她到死都不能公开她的爱情。当家人按照封建习俗把她许配给一个她并不爱的男人后,这个外柔而内刚的姑娘,就以生命为代价,来捍卫自己的爱情和人格。

《小城三月》在艺术表现手法上颇具特色。首先,作者使用了对照与象征的手法来表现了文明开放与封建守旧的矛盾冲突。这篇小说虽然以第一人称“我”的回忆的方式来写,但却不是一篇自传性的小说,而是一篇别具匠心的虚构的故事。作者在回忆性的作品中,她的父亲、继母、伯父等都被写得冷酷无情,凶恶阴险,而在此篇中,她的家人都被写得开明而极富人情味,其实,这不是作者在特定的情况下要美化自己的家庭,而是虚构出这样一个开明、和谐而温暖的家庭来象征文明、开放与进步,以和翠姨所在的“又黑又冷”、相继给妹妹和她包办婚姻的象征着封建保守和落后的家庭相对照,以显示文明开放与封建守旧的矛盾冲突。翠姨就是在我们的新的生活环境影响下,产生了爱情的憧憬,提出了读书的要求,生出了反抗的信念。另外,作者以散文的笔法,淡而有味,写来自然清新而又含蓄隽永。小说讲述的是一个悲剧故事，但是，作者却没有硬派谁作为恶势力的代表来对翠姨进行迫害和摧残，相反，似乎每个人都关心和爱护她，但却很少人能理解她，包括她的意中人竟然“不知翠姨为什么死”，读来令人深思和感叹。再者，作者善于通过生活细节的描写来揭示人物心理，为故事发展做铺垫。小说中“我”陪翠姨买绒绳鞋的描写，一方面为整个故事做了铺垫，预示了翠姨的悲剧命运；另一方面也细腻地揭示了女主人公以能否买到可心的鞋子来预卜自己爱情能否如意的心理。读来给人一种会心的理解与含蓄的美。

【思考与练习】

1. 试析作品的主题思想。
2. 作者在《小城三月》中是否有意美化自己的家庭？
3. 体会作者在作品中的心理描写的特点。

（田建民）

中国当代文学概述

1949 年 7 月，中华人民共和国成立前夕，第一次中华全国文艺工作者代表大会在北京召开，来自解放区和国统区的文艺代表参加了这次大会。大会正式确立以毛泽东《在延安文艺座谈会上的讲话》所规定的“文艺为政治服务，文艺为工农兵服务”的方向为全国文艺工作的总方向。这次大会成为当代文学的重要开端。

社会的转折性变化对作家们的文学道路产生了重大影响。首当其冲的是来自国统区的作家，他们有着五四新文学传统且对新文学作出过巨大贡献，但是新的社会体制和文学要求给他们的文学创作提出了前所未有的难题。其中一些作家在 50 年代前期即因为政治或艺术观念等原因先后被迫离开文坛。如小说家沈从文、钱钟书，“九叶派”诗人穆旦、郑敏等，“七月诗派”诗人胡风、绿原等人。另外许多以左翼作家为主的文艺界人士则努力响应或适应新的文学规范，如郭沫若、巴金、老舍、艾青等人，但他们中的大多数，与“文艺新方向”规定的文学观念和创作方法之间始终处于难以融合的紧张状态，虽然也出现了一些优秀作品，如老舍的话剧《茶馆》，但他们总体上呈现出创作力严重衰退的趋势。相对来讲，来自解放区的作家情况有很大不同，他们拥有解放区的生活经验，并已形成以《在延安文艺座谈会上的讲话》为核心的文学观念，所以对社会转变比较适应。赵树理、柳青、周立波、贺敬之等的文学创作保持了比较稳定的态势，成为五六十年代的重要作家。这一时期最为活跃的创作力量是新出现的一批作家：杜鹏程、梁斌、杨沫、吴强、王蒙、刘绍棠、公刘、李瑛、杨朔、刘白羽等。他们成为主流文学思想的自觉承担者和实践者。但是其中一些人也为对主流文学规范的质疑与突破付出了沉重的代价，王蒙、刘绍棠、公刘等人在1957年反右运动中被打成右派，被迫停止了文学创作。

50年代前期，歌颂新生活，缅怀革命历史成为文学创作的基本内容。小说方面，有赵树理的《登记》、《三里湾》，孙犁的《山地回忆》、《风云初记》，杜鹏程的《保卫延安》等作品问世。话剧创作有老舍的《龙须沟》，陈其通的《万水千山》等作品出现。诗歌领域，有郭沫若的《新华颂》，贺敬之的《放声歌唱》，郭小川的《致青年公民》等，此外，散文创作也出现了魏巍《谁是最可爱的人》等作品。

50年代中后期，一批表现社会变革和揭示现实生活中矛盾的作品相继问世。如《创业史》（柳青）、《山乡巨变》（周立波）、《铁木前传》（孙犁）、《组织部新来的年轻人》（王蒙）等。一批革命历史题材的长篇小说经过较长时间的酝酿和创作，在50年代中后期涌现出来。《青春之歌》（杨沫）、《红日》（吴强）、《红旗谱》（梁斌）以及稍后出现的《红岩》（罗广斌、杨益言）。这些作品标志着五六十年代文学创作的重要成就。这一时期诗歌创作则出现了郭小川、贺敬之的"政治抒情诗"。戏剧创作的重要收获是老作家创作的历史剧，郭沫若的《蔡文姬》、田汉的《关汉卿》等。散文方面出现了杨朔、秦牧、刘白羽等人的创作。

五六十年代的文学创作形成了重要的特征。首先是文学富有强烈的政治色彩，注目重大的现实历史题材。这一时期的文学作品，可以构成一部中国近百年社会革命的编年史和当代政治运动史。但是，由于不适当地要求文学服务于政治路线，致使文学创作出现了演绎政治命题，图解政治概念的不良倾向。其次，是文学追求史诗性效果。追求表现大的历史过程和崇尚英雄性格，强调理想主义的主导作用，要求表现历史本质和人物阶级本质，形成了这一时期文学人物阶级属性明确、人物性格单纯化和英雄人物理想化的特点。但是，文学创作普遍性地把社会阶级分析理论当作人物表现规范的做法，排斥了对人的社会存在复杂性的考虑，造成了人物形象类型化、概念化的通病。其三，统一的社会主义现实主义创作方法的要求，造成了文学创作单一化的局面，虽然一些作家也曾努力于文学风格的多样化探索，但总的来说成效不大。

五六十年代，也曾有过对主导的文学思想进行调整和匡正的努力。1956年，毛泽东提出繁荣文艺和科技工作的“双百方针”，对当时文学创作冲破偏狭教条的文学规范产生了积极的影响，促发了“写真实”、“干预现实”文学潮流的出现，涌现出了刘宾雁的《在桥梁工地上》、王蒙的《组织部新来的年轻人》、宗璞的《红豆》等探索性作品，但随着反右运动的很快开展，“双百方针”也很快名存实亡，文学观念的教条化更趋严重。60年代初，虽然又一次试图进行文艺政策的调整，周恩来、陈毅主持了这方面的会议，但很快就又被极“左”路线冲击掉了，文艺界开始以阶级斗争为纲进行整风，直至作为发动“文化大革命”的序幕而掀起的批判《海瑞罢官》的政治风潮席卷全国。这期间，文学观念、文艺政策的偏狭不仅没有得到调整和解决，反而在越来越“左”的政治潮流的挟持之下，越来越趋于极端。专一的政治视角，片面追求文学的宣传功能，使文学日益政治化，日益失去了独立存在的地位。

1966年开始的“文化大革命”给文学带来新的重大影响。它在对建国后文学（17年文学）的极端否定中将文学观念的偏狭和教条推向顶点，文学创作完全被认同为图解、宣传特定政治路线和政治意图的程式化写作，遭受到前所未有的劫难。

“17年时期”到“10年文革时期”，一个值得重视的现象是相对于公开文坛的潜在文学创作的存在，它主要是指建国后由于政治或艺术观念等原因而被剥夺了文学创作权利的作家的秘密创作。如诗人穆旦、绿原、牛汉、曾卓等人的诗歌，这些作品直至“文革”结束后才得以公开发表。此外还包括其他一些情况，如以“白洋淀诗群”为代表的知青诗歌创作。上述诗歌真实记录了个人命运及对时代的痛苦思考，提供了那一时期主流文学之外足可珍贵的另外一种文学声音。

1976年，持续10年的“文革”结束。中国的政治、经济、社会和文化状况随之发生重大变化。1978年12月中共十一届三中全会召开，明确宣布全党工作重点转移到社会主义现代化建设上来。

1980年中共中央正式提出了“文艺为人民服务，为社会主义服务”的总方针，以取代毛泽东《在延安文艺座谈会上的讲话》中强调的“文艺为工农兵服务”、“文艺为政治服务”的口号。1984年12月召开的中国作家协会第四次代表大会上，在中共中央书记处的祝辞中，提出了“创作自由”的口号。从这一系列的文艺政策的调整中可以看到，一个和平经济建设时代的新的文学规范已初步建立。虽然此后以文学与政治关系问题为核心又引发了多次的文学争论和批判运动，如对“朦胧诗”、“现代派”文学的评价，对“异化”、“人道主义”和“主体性”等理论和创作问题的争论等等，但总的来说，80年代的文学充满了生机勃勃的创新精神和活跃气氛。

80年代前期最有影响的作家，除了巴金等一些五四一代老作家之外，主要由两部分人组成，一是50年代因政治或艺术原因而遭受不公正批判打击的作家，包括艾青、公刘、流沙河、牛汉、王蒙、张贤亮、高晓声等人。他们在社会底层度过了苦难的岁月，被长期剥夺了文学创作的权利。“文革”结束后他们重返文坛，成为80年代文学创作的中坚力量。另一部分是在“文革”中成长起来的作家，其中大多数人有过上山下乡的经历。这一特殊经历成为他们文学创作的动机和材料。重要作家有张承志、史铁生、韩少功、贾平凹、王安忆、阿城、梁晓声、铁凝等人。诗人舒婷、北岛、江河、杨炼也有“知青”的经历和写作背景。除了上述两大“作家群”之外，“文革”后一些已届中年才进入文学创作活跃期的作家也成为重要的创作力量，他们包括张洁、刘心武、冯骥才、高行健等人。到80年代中期，“复出作家”和“知青作家”的许多人，其创作活力已明显减弱，与此同时，更年轻的新近出现的作家，则带来了新的艺术风貌。在诗、小说、散文等方面，表现了新锐的探索和革新精神。莫言、刘索拉、残雪、马原、余华、苏童、刘恒、刘震云、池莉等人的文学创作，构成了80年代后期小说最重要的风景。而“新生代”诗歌作者，也蔚为大观，包括海子、韩东、于坚、翟永明、王家新等人。

新时期文学最早的潮流是“伤痕文学”。它是对“文革”政治的批判和对其所造成的社会灾难的控诉。代表作品有小说《班主任》

(刘心武)、《伤痕》(卢新华)、《爬满青藤的小屋》(古华)、《大森林里来的孩子》(张洁)等。“反思文学”的出现略晚于“伤痕文学”,它在社会内容上是对“伤痕文学”的延续和发展,对建国后的历史进行反顾思考。代表作品有《天云山传奇》(鲁彦周)、《蝴蝶》(王蒙)、《李顺大造屋》(高晓声)、《绿化树》(张贤亮)等。另外同期重要的文学潮流还有以蒋子龙小说为代表的“改革文学”。这一时期诗歌创作的主要潮流,是“复出诗人”的创作和青年诗人的“朦胧诗”创作。基本上和文学整体的潮流保持一致。重要作品有艾青《在浪尖上》、公刘《哎,大森林》、曾卓《悬崖边的树》、舒婷《致橡树》、北岛《回答》等,其他文学体裁的重要作品还有巴金的散文集《随想录》、高行健的话剧《绝对信号》等。

70年代末到80年代前期,文学创作体现出如下一些重要特征:五四新文学传统重新得到确认和发扬,作家的启蒙责任感和社会代言意识被唤醒和激发,文学创作保持了强烈的对现实政治生活的干预精神,人的价值,人道主义精神得到高度弘扬。文学观念和创作手法虽然大体上仍以现实主义为主导形式,但显示出了较强的自我探索与变革的活力。“写真实”的文学精神和文学的个性化得到重申与肯定,文学观念和方法的深入变革也在不断的酝酿之中。

80年代中后期,文学创作发生了深刻的变化,这种变化集中体现在对现实主义观念与手法的突破与超越上,各种疏离现实主义文学规范,或迥然不同于现实主义文学的创作成为文学变革的主潮,艺术方法的探索的革新以更大的步伐推进,文学的本体价值进一步得到肯定和显现,文学创作的多元化态势初步形成。

1985年,出现了一批与“伤痕”、“反思”小说在思想艺术形态上不同的作品,马原的《冈底斯的诱惑》、张辛欣、桑晔的《北京人》、刘索拉的《你别无选择》、王安忆的《小鲍庄》、莫言的《透明的红萝卜》、残雪的《山上的小屋》等。上述作品代表了两个重要的文学潮流,“寻根文学”和“现代派文学”。“寻根文学”突出人的文化性来打破人作为社会政治符号的观念。“现代派文学”则显示出与西方现代主义文学的深入关联，侧重表现世界的荒诞感和人的孤独感，形式上常用象征、意识流、黑色幽默等手法。1985年或更早一些，“朦胧诗”诗潮已告结束，与此同时，出现了一批被称为“新生代”的诗作者，他们不仅反叛当代的诗歌传统，而且揭起超越反叛“朦胧诗”的旗帜，在诗歌的个人化和诗歌形式的探索上比“朦胧诗”走得更远。80年代后期，文学写作的热点是“先锋小说”和“新写实小说”。“先锋小说”高度重视文体的自觉，重视小说的虚构性和叙述方式的重要意义，具有以形式和叙事技巧为主要写作目的倾向。代表作品有苏童的《一九三四年的逃亡》、格非的《迷舟》、余华的《西北风呼啸的中午》、孙甘露的《信使之函》、叶兆言的《五月的黄昏》等。“新写实小说”创作方法仍以写实为主，但与传统现实主义强调“典型化”和表现现实生活的本质不同，它特别注重现实生活原生状态的还原，注重表现世俗化的现实生活，并采用一种客观化的叙述方式。代表作品有刘震云的《塔铺》、《单位》、池莉的《烦恼人生》、方方的《风景》、刘恒的《狗日的粮食》等。

80年代末90年代初，中国社会发生了急剧的转型，国家经济领域的改革开放步伐进一步加快，商品经济意识不断渗透到各个社会文化领域，延续了近40年的社会主义计划经济体制加速向社会主义市场经济体制转型。意识形态的格局也相应发生了调整。五四传统的知识分子启蒙精神和精英意识受到质疑和反省，知识分子包括作家在80年代所处的社会中心地位逐渐失去，而趋于边缘化，大众文化或商业文化涌起，多元文化格局在不自觉中逐渐形成。

90年代文学的一个重要现象是文学潮流的淡化。80年代那样的文学思潮线性发展的文学史走向被打破了，出现了无主潮、无定向的趋向。多种文学走向并存，表达出多元的价值取向，体现国家意志的主流文化、知识分子文化和大众文化三者共存的文化格局在文学创作中有明确的体现。另外一个重要现象是个人化写作方式的确立，作家放弃了宏大的叙事模式，转向更贴近生活本身的个人叙事方式。一批被称为“新生代”的青年作家和女性作家的创作典型地体现了这一趋向。如韩东、朱文、鲁羊、何顿、邱华栋和林白、陈染、徐坤、徐小斌等人的小说创作。

90 年代的文学,作家站在不同的立场上写作,迫使他们摆脱了单一的总体性的精神观念的制约,发出了独立存在的声音,促使作家们创作出属于自己风格的优秀作品。长篇小说创作取得的成就尤为可观,重要的作品有王安忆的《叔叔的故事》、史铁生的《我与地坛》、张承志的《心灵史》、张炜的《九月寓言》、余华的《许三观卖血记》等,它们成为九十年代文学的重音和最为坚实的收获。

(杨新强)

丑　石[1]

贾平凹

贾平凹,1952 年生于陕西省丹凤县。他的少年时代是在陕南山地度过的。1972 年入西北大学中文系学习,并开始发表文学作品。1975 年毕业后在陕西人民出版社、《长安》文学月刊、《文学时代》杂志社当编辑。1983 年从事专业创作,现为中国作家协会理事,《美文》杂志主编。

主要作品有散文集《月迹》、《爱的踪迹》、《商州三录》、《人迹》等。短篇小说集《山地笔记》,中篇小说集《腊月·正月》等。长篇小说《浮躁》、《土门》、《白夜》、《高老庄》等。

我常常遗憾我家门前的那块丑石呢:它黑黝黝地卧在那里,牛似的模样;谁也不知道是什么时候留在这里的,谁也不去理会它。只是麦收时节,门前摊了麦子,奶奶总是要说:这块丑石,多碍地面哟,多时把它搬走吧。

于是,伯父家盖房,想以它垒山墙,但苦于它极不规则,没棱角儿,也没平面儿;用錾破开吧,又懒得花那么大气力,因为河滩并不甚远,随便去掮一块回来,哪一块也比它强。房盖起来,压铺台阶,伯父也没有看上它。有一年,来了一个石匠,为我家洗一台石磨,奶奶又说:用这块丑石吧,省得从远处搬运。石匠看了看,摇着头,嫌它石质太细,也不采用。

它不像汉白玉那样的细腻,可以凿下刻字雕花,也不像大青石

① 本篇选自 1981 年 7 月 20 日的《人民日报》。

那样的光滑，可以供来浣纱捶布①；它静静地卧在那里，院边的槐荫没有庇覆它，花儿也不再在它身边生长。荒草便繁衍出来，枝蔓上下，慢慢地，竟锈上了绿苔、黑斑。我们这些做孩子的，也讨厌起它来，曾合伙要搬走它，但力气又不足；虽时时咒骂它，嫌弃它，也无可奈何，只好任它留在那里去了。

稍稍能安慰我们的，是在那石上有一个不大不小的坑凹儿，雨天就盛满了水。常常雨过三天了，地上已经干燥，那石凹里水儿还有，鸡儿便去那里喝饮。每每到了十五的夜晚，我们盼那满月出来，就爬到其上，翘望天边；奶奶总是要骂的，害怕我们摔下来。果然那一次就摔了下来，磕破了我的膝盖呢。

人都骂它是丑石，它真是丑得不能再丑的丑石了。

终有一日，村子里来了一个天文学家。他在我家门前路过，突然发现了这块石头，眼光立即就拉直了。他再没有走去，就住了下来；以后又来了好些人，说这是一块陨石，从天上落下来已经有二三百年了，是一件了不起的东西。不久便来了车，小心翼翼地将它运走了。

这使我们都很惊奇！这又怪又丑的石头，原来是天上的呢！它补过天，在天上发过热，闪过光，我们的先祖或许仰望过它，它给了他们光明，向往，憧憬；而它落下来了，在污土里，荒草里，一躺就是几百年了？！

奶奶说："真看不出！它那么不一般，却怎么连墙也垒不成，台阶也垒不成呢？"

"它是太丑了。"天文学家说。

"真的，是太丑了。"

"可这正是它的美！"天文学家说，"它是以丑为美的。"

"以丑为美？"

"是的，丑到极处，便是美到极处。正因为它不是一般的顽石，当然不能去做墙，做台阶，不能去雕刻，捶布。它不是做这些小玩意儿的，所以常常就遭到一般世俗的讥讽。"

---

① 浣(huàn)纱捶布：浣，洗；捶，用木棒槌敲打。

奶奶脸红了，我也脸红了。

我感到自己的可耻，也感到了丑石的伟大；我甚至怨恨它这么多年竟会默默地忍受着这一切？而我又立即深深地感到它那种不屈于误解、寂寞的生存的伟大。

【提示】

《丑石》是一篇抒情散文。作者借一块陨石的被埋没，被误解，受到不应有的待遇，最后终于被发现，被重视，运到该去的地方，写出了人才的弃置和使用问题，既赞美了人才的“那种不屈于误解、寂寞的生存的伟大”，也歌颂了新时期国家对人才的重视、培养与合理使用。

作者曾说：“三中全会以来，人才的发掘和培养得到空前的重视……在这了不起的时代里，我接触到好多方面的人才……深深懂得了人才成长的艰难性和发现人才的艰难性。”他深感“有好多人才，常常遗憾地不被人们发现和理解，反而遭到热讽冷刺，甚至打击迫害。但他们可贵的是并不懊丧和沉沦，而是忍受着寂寞和委屈，自强不息”（《关于〈丑石〉的通信》）。从而道出了他写这篇散文的初衷。

《丑石》采用先抑后扬的写法。作品先从外形和用途上把它写得一无是处，然后再赞美“它补过天，在天上发过热，闪过光”，给人们带来过光明和憧憬。这种先抑后扬的手法欲擒故纵，对突出主题起了极大效用。

作品把叙事、状物、抒情、议论结合在一起。叙事则铺陈渲染，状物则显明细致，抒情则真挚强烈，议论则深入浅出。特别是“丑到极处，便是美到极处”的议论，有着哲理色彩，充满辩证观点，显示了作者的独特悟性。

【思考与练习】

1.《丑石》所要表达的思想内容是什么?

2.谈谈《丑石》先抑后扬的艺术手法的运用。

3.你怎样理解"丑到极处,便是美到极处"的哲学见解?

(王金铭)

女孩子的花[①]

唐　敏

唐敏，1954年生于上海，祖籍山东。"文革"时期，到福建山区插队。后曾在福建省图书馆、福州文联、厦门市文联工作。唐敏是八十年代重要的散文作家。她的散文显示了这一时期散文创作重要的变化和发展趋向，即从对社会主题的呼应转向对自我经验、个人情绪与心境的表达。唐敏善于以女性特有的生命体验和审美感知，挖掘日常生活的诗意，并在自我情绪的敏感表达中，营造一种细腻而多情的情调。著有散文集《怀念黄昏》、《心中的大自然》、《纯净的落叶》、《女孩子的花》等。

相传水仙花是由一对夫妻变化而来的。丈夫名叫金盏，妻子名叫百叶。因此水仙花的花朵有两种，单瓣的叫金盏，重瓣的叫百叶。

"百叶"的花瓣有四重，两重白色的大花瓣中夹着两重黄色的短花瓣。看过去既单纯又复杂，像闽南善于沉默的女子，半低着头，眼睛向下看的。恋也默默，喜也默默。

"金盏"由六片白色的花瓣组成一个盘子，上面放一只黄花瓣团成的酒盏。这花看去一目了然，确有男子干脆简单的热情。特别是酒盏形的花蕊，使人想到死后还不忘饮酒的男人的豪情。

要是他们在变成花朵之前还没有结成夫妻，百叶的花一定是纯白的，金盏也不会有洁白的托盘。世间再也没有像水仙花这样

---

① 本文选自散文集《女孩子的花》。原发表于《福建文学》1986年7期。

体现夫妻互相渗透的花朵了吧？常常想像金盏喝醉了酒来亲昵他的妻子百叶，把酒气染在百叶身上，使她的花朵里有了黄色的短花瓣。百叶生气的时候，金盏端着酒杯，想喝而不敢，低声下气过来讨好百叶。这样的时候，水仙花散发出极其甜蜜的香味，是人间夫妻和谐的芬芳，弥漫在迎接新年的家庭里。

刚刚结婚，有没有孩子无所谓。只要有一个人出差，另一个就想方设法跟了去。炉子灭掉、大门一锁，无论到多么没意思的地方也是有趣的。到了有朋友的地方就尽兴地热闹几天，留下愉快的记忆。没有负担的生活，在大地上遛来逛去，被称做“游击队之歌”。每到一地，就去看风景，钻小巷走大街，袭击眼睛看得到的风味小吃。

可是，突然地、非常地想要得到惟一的“独生子女”。

冬天来临的时候，开始养育水仙花了。

从那一刻起，把水仙花看作是自己孩子的象征了。

像抽签那样，在一堆价格最高的花球里选了一个。

如果开“金盏”的花，我将有一个儿子；

如果开“百叶”的花，我会有一个女儿。

用小刀剖开花球，精心雕刻叶茎。一共有6个花苞。看着包在叶膜里像胖乎乎婴儿般的花蕾，心里好紧张。到底是儿子还是女儿呢？

我希望能开出“金盏”的花。

从内心深处盼望的是男孩子。

绝不是轻视女孩子。而是无法形容地疼爱女孩子。

爱到根本不忍心让她来到这个世界。

因为我不能保证她一生幸福，不能使她在短暂的人生中得到最美的爱情。尤其担心她的身段容貌不美丽而受到轻视，假如她奇丑无比却偏偏又聪明又善良，那就注定了她的一生将多么痛苦。

而男孩就不一样。男人是泥土造的，苦难使他们坚强。

“上帝”用泥土创造了男人,却用男人的肋骨造出了女人。肋骨上有新鲜的血和肉,只要轻轻一碰就会痛彻心肠。因此,女人连最微小的伤害也是不能忍受的。

从这个意义来说,女子是一种极其敏锐和精巧的昆虫。她们的触角、眼睛、柔软无骨的躯体,还有那艳丽的翅膀,仅仅是为了感受爱,接受爱和吸引爱而生成的。她们最早预感到灾难,又最早在灾难的打击下夭亡。

一天和朋友在咖啡座小饮。这位比我多了近十年阅历的朋友说:

“男人在爱他喜欢的女人的过程中感到幸福。他感到美满是因为对方接受他为她做的每件事。女人则完全相反,她只要接受爱就是幸福。如果女人去爱去追求她喜欢的男子,那是顶痛苦的事,而且被她爱的男人也就没有幸福的感觉了。这是非常奇妙的感觉。”

在茫茫的暮色中,从座位旁的窗口望下去,街上的行人如水,许多各种各样身世的男人和女人在匆匆走动。

“一般来说,男子的爱比女子长久。只要是他寄托过一段情感的女人,在许多年之后向他求助,他总是会尽心地帮助她的。男人并不太计较那女的从前对自己怎样。”

那一刹间我更加坚定了要生儿子的决心。男孩不仅仅天生比女孩能适应社会、忍受困苦,而且是女人幸福的源泉。我希望我的儿子至少能以善心等待他生命中的女人,给她们的人生中以永久的幸福感觉。

“做男人最大的特点就是,没有办法珍惜他不喜欢的女人对他的爱慕。这种反感发自真心一点不虚伪,他们忍不住要流露出对那女子的轻视。轻浮的少年就更加过分,在大庭广众下伤害那样的姑娘。那是男人邪恶的一面。”

我想到我的女儿,如果她有幸免遭当众的羞辱,遇到一位完全懂得尊重她感情的男人,却把尊重当成了对她的爱,那样的悲哀不是更深吗?在男人,追求失败了并没有破坏追求时的美感;在女人则成了一生一世的耻辱。

怎么样想，还是不希望有女孩。

用来占卜的水仙花却迟迟不开放。

这棵水仙长得结实，从来没晒过太阳也绿葱葱的，虎虎有生气。

后来，花蕾冲破包裹的叶膜，像孔雀的尾巴一样张开来。

每一个花朵都胀得满满的，但是却一直不肯开放。

到底是“金盏”还是“百叶”呢？

弗洛伊德的学说已经够让人害怕了①，婴儿在吃奶的时期起就有了爱欲。而一生的行为都受着情欲的支配。

偶然听佛学院学生上课，讲到佛教的“缘生”说②。关于十二因缘，就是从受胎到死的生命的因果律，主宰一切有形和无形的生命与精神变化的力量是情欲。不仅是活着的人对自身对事物的感受受着情欲的支配，就连还没有获得生命形体的灵魂，也受着同样的支配。

生女儿的，是因为有一个女的灵魂爱上了做父亲的男子，投入他的怀抱，化做了他的女儿；

生儿子的，是因为有一个男的灵魂爱上了做母亲的女子，投入她的怀抱，化做她的儿子。

如果我到死也没有听到这种说法，脑子里就不会烙下这么骇人的火印。如今却怎么也忘不了了。

回家，我问我的郎君：“要男孩还是女孩？”

“女孩！”他毫不犹豫地回答。

---

① 弗洛伊德(1856～1939)：奥地利心理学家，精神分析学说的创始人。认为存在于人的潜意识领域中的性本能是心理发展的基本动力，影响人一生的心理发展。儿童时期的性欲发展的一个阶段是“口腔期”，婴儿通过吸吮乳房来体验和表达自己的爱欲。

② 缘生：佛教术语，又称“缘起”，是“因缘生起”的简称。“缘”指各种事物和现象存在、变化、消失的关系和条件。“缘生”说：佛教用以解释万事万物产生根源的基本理论。

"男孩!"我气极了!

"为什么?"他奇怪了。

我却无从回答。

就这样,在梦中看见我的水仙花开放了。

无比茂盛,是女孩子的花,满满地开了一盆。

我失望得无法形容。

开在最高处的两朵并在一起的花说:

"妈妈不爱我们,那就去死吧!"

她俩向下一倒,浸入一盆滚烫的开水中。

等我急急忙忙把她们捞起来,并表示愿意带她们走的时候,她们已经烫得像煮熟的白菜叶子一样了。

过了几天,果然是女孩子的花开放了。

在短短的几天内,她们拼命地开放所有的花朵。也有一枝花茎抽得最高的,在这簇花朵中,有两朵最大的花并肩开放着。和梦中不同的,她们不是抬着头的,而是全部低着头,像受了风吹,花向一个方向倾斜。抽得最长的那根花茎突然立不直了,软软地东倒西歪。用绳子捆,用铅笔顶,都支不住。一不小心,这花茎就倒下来。

不知多么抱歉,多么伤心。终日看着这盆盛开的花。

它发出一阵阵锐利的芬芳,香气直钻心底。她们无视我的关切,完全是为了她们自己在努力地表现她们的美丽。

每朵花都白得浮悬在空中,云朵一样停着,其中黄灿灿的花朵,是云中的阳光。她们短暂的花期分秒流逝。

她们的心中鄙视我。

我的郎君每天忙着公务,从花开到花谢,他都没有关心过一次,更没有谈到过她们。他不知道我的鬼心眼。

于是这盆女孩子的花就更加显出有多么的不幸了。

她们的花开盛了,渐渐要凋谢了,但依然美丽。

有一天停电,我点了一支蜡烛放在桌上。

当我从楼下上来时,发现蜡烛灭了,屋内漆黑。

我划亮火柴。

是水仙花倒在蜡烛上,把火压灭了。是那支抽得最高的花茎倒在蜡烛上,和梦中的花一样,她们自尽了。

蜡烛把两朵水仙花烧掉了,每朵烧掉一半。剩下的一半还是那样水灵灵地开放着,在半朵花的地方有一条黑得发亮的墨线。

并非不雅观!

我吓得好久回不过神来。

这就是女孩子的花,刀一样的花。

在世上可以做许多错事,但绝不能做伤害女孩子的事。

只剩了养水仙的盆。

我既不想男孩也不想女孩,更不做可怕的占卜了。

但是我命中的女儿却永远不会来临了。

【提示】

这篇散文温婉而细腻地展示了一个女性敏感而独特的内心世界,对女孩子的珍爱以及生为女性的复杂感受。

"女孩子的花"是指传说中由一个名叫百叶的女性变化而成的重瓣水仙花。它的灿烂开放,散发芬芳,它的美丽而短暂的花期,它的受到冷落的不幸和"刀"一样的性格,处处都是青春女性绚烂生命、悲剧命运和纯真性情的写照。借助水仙花,作者深刻入微地写出了女孩子的敏感而脆弱的心灵,对爱的渴慕与无奈,受到伤害时的痛苦与刚烈。

全篇由五个段落下敷演而成,第一段是关于水仙花的美丽传说。第二段写"我"开始养育水仙花用来占卜,盼望有一个男孩子。第三段写对女孩子的珍爱而根本不忍心让她来到这个世界。第四段梦见"女孩子的花"开放了,却因我不喜爱而自尽。第五段写女孩子的花真的开放了,她们柔弱、美丽,她们生命短暂、受到忽视,遭遇不幸而依然美丽,而结局却一如梦中的可怕。她们"刀一样"的举动使"我"醒悟:在世上可以做许多错事,但却不能做伤害女孩子的事。

文中五个段落依据“我”养花和希冀生育孩子的心绪自然地铺陈开来，内在世界的独白式的自然展示赋予了散文特有的丰富意蕴和情致。

【思考与练习】

1.本文表达了哪些人生感悟？

2.散文中为什么说“女孩子的花，刀一样的花”？

3.试析唐敏散文的特点。

（杨新强）

祖母的呼唤[①]

牛　汉

牛汉，1923年生于山西定襄。“七月派”诗人。1943年在西北大学俄文专业学习。他的散文追求诗意，别具风格。出版有诗集《彩色的生活》、《祖国》、《在祖国面前》、《爱与歌》等。并且有多篇小品文在报刊发表。

在一篇文章里，我说过“鼻子有记忆”的话，现在仍确信无疑。我还认为耳朵也能记忆，具体说，耳朵深深的洞穴里，天然地贮存着许多经久不灭的声音。这些声音，似乎不是心灵的忆念，更不是什么幻听，它是直接从耳朵秘密的深处飘响出来的，就像幽谷的峰峦缝隙处渗出的一丝一滴丁冬作响的水，这水珠或水线永不枯竭，常常就是一条河的源头。耳朵幽深的洞穴是童年牧歌的一个源头。

我十四岁离开家以后，有几年十分想家，常在睡梦中被故乡的声音唤醒，有母亲急促而沉重的脚步声，有祖母深夜在炕头因胃痛发出的压抑的呻吟。几十年之后，在生命承受着不断的寂闷与危难时，常常能听见祖母殷切的呼唤。她的呼唤似乎可以穿透几千里的风尘与云雾，越过时间的沟壑与迷障：

“成汉，快快回家，狼下山了！”成汉是我的本名。

童年时，每当黄昏，特别是冬天，天昏黑得很突然，随着田野上冷峭的风，从我们村许多家的门口，响起呼唤儿孙回家吃饭的声音。男人的声音极少，总是母亲和祖母的声音。喊我回家的是我

① 本文原载1990年10月30日《文汇报》。

的祖母。祖母身体病弱,在许多呼唤声中,她的声音最细最弱,但不论在河边,在树林里,还是在村里哪个角落,我一下子就能在几十个声调不同的呼唤声中分辨出来。她的声音发颤,发抖,但并不沙哑,听起来很清晰。

有时候,我在很远很远的田野上和一群孩子们逮田鼠,追兔子,用锹挖甜根苗(甘草),祖母喊出第一声,只凭感觉,我就能听见,立刻回一声:"奶奶,我听见了。"挖甜根苗,常常挖到一米深,挖完后还要填起来,否则大人要追查,因为甜根苗多半长在地边上。时间耽误一会,祖母又喊了起来:"狼下山了,狼过河了,成汉,快回来!"偶然有几次,听到母亲急促而忿怒的呼吼:"你再不回来,不准进门!"祖母的声音拉得很长,充满韧性,就像她擀的杂面条那么细那么有弹力。有时全村的呼唤声都停息了,只我还没回去,祖母焦急地一声接一声喊我,声音格外高,像扩大了几十倍,小河、树林、小草都帮着她喊。

大人们喊孩子们回家,不是没有道理。我们那一带,狼叼走孩子的事不止发生过一次。前几年,从家乡来的妹妹告诉我,我离家后,我们家大门口,大白天,狼就叼走一个两三岁的孩子。狼叼孩子非常狡猾,它从隐秘的远处一颠一颠不出一点声息地跑来,据说它有一只前爪总是贴着肚皮不让沾地,以保存这个趾爪的锐利。狼奔跑时背部就像波浪似的一起一伏,远远望去,异常恐怖。它悄悄在你背后停下来,你几乎没有感觉。它像人一般站立起来,用一只前爪轻轻拍拍你的后背,你以为是熟人跟你打招呼,一回头,狼就用保存得很好的那个趾爪深深刺入你的喉部。祖母常常警戒我:在野地走路,有谁拍你的背,千万不能回头。

祖母最后的呼唤声,带着担忧和焦急,我听得出来,她是一边吁喘,一边使尽力气在呼唤我啊!她的脚缠得很小,个子又瘦又高,总在一米七以上,走路时颤颤巍巍的,她只有托着我家的大门框才能站稳。久而久之,我家大门的一边门框,由于她几乎天天呼唤我回家,手托着的那个部位变得光滑而发暗。祖母如果不用手托着门框,不仅站不稳,呼唤声也无法持久。天寒地冻,为了不至于冻坏，祖母奇小的双脚不时在原地蹬踏，她站立的那地方渐渐形成两块凹处，像牛皮鼓面的中央，因不断敲击而出现的斑驳痕迹。

我风风火火地一到大门口，祖母的手便离开门框扶着我的肩头。她从不骂我，至多说一句："你也不知道肚子饿。"

半个世纪来，或许是命运对我的赐予，我仍在风风雨雨的旷野上奔跑着，求索着；写诗，依我的体验，跟童年时入迷地逮田鼠、兔子，挖掘甜根苗的心态异常的相似。

祖母离开人世已有半个世纪之久了，但她那立在家门口焦急而担忧地呼唤我的声音，仍然一声接一声地在远方飘荡着：

"成汉，快回家来，狼下山了……"

我仿佛听见了狼的凄厉的叫声。

由于童年时心灵上感触到的对狼的那种恐怖，在人生道路上跋涉时我从不回头，生怕有一个趾爪轻轻地拍我的后背。

"旷野上走路，千万不能回头！"祖母对我的这句叮咛，像警钟在我的心灵上响着。

【提示】

这是作者的一篇童年回忆小品。全篇紧扣中心形象加以表现，让祖母对孙子的挚爱、热盼、警惕的呼唤悠婉地贯串全篇，把读者带到了一个异常苍凉的世界中。

在旧社会的山区，狼叼走孩子的事并不是耸人听闻的传说。作者以高超的构思把祖母的慈爱之心与恶狼狡猾凶残之相加以对照描写，一面写小脚老人站在高高的门槛上焦急地呼喊，一面写恐怖的狼像波浪样起伏奔跑而来；一面写自己认真地挖甜根苗，一面写如何逃避狼的袭击。这不是在写童话，而是自然图画，也是人生图画。作者也许是把狼人化了，但也许把人狼化了。掩卷深思，一股阴风扑面而来。这是经历过人生沧桑的作者从特殊角度观察生活的心得。我们不必回避作品的象征意义。半个世纪以来，他历经自然风雨和豺狼的袭击，也历经了人间的豺狼的残害和蹂躏。"狼"在这里有广泛的象征意义。

文章在写法上善用白描，讲究含蓄和象征。全篇起笔于一声呼唤，落笔于警惕豺狼“从不回头”，文风细腻而又刚毅，不愧为诗人手笔。

【思考与练习】

1. 如何理解“鼻子有记忆”、“耳朵也能记忆”之类的说法？

2. 分析“狼”在作品中的广泛象征意义？

3. 找出文章中的白描段落加以分析，说出这些地方对表现作者的思想有何意义。

（刘玉凯）

阳　关　雪[1]

余秋雨

余秋雨，1946年生于浙江省余姚县。幼年在家乡读书，后随父到上海读中学。1964年考入上海戏剧学院，毕业后留校任教。曾任上海戏剧学院院长，上海交通大学、华东师范大学人文学院教授，后离职从事专业写作。现任上海市写作协会会长等职。主要作品有《中国戏剧文化史述》、《艺术创造工程》、《戏剧审美心理学》等理论著述，《文化苦旅》及其续编《山居笔记》等散文著述。

中国古代，一为文人，便无足观。文官之显赫，在官场而不在文，他们作为文人的一面，在官场也是无足观的。但是事情又很怪异，当峨冠博带早已零落成泥之后，一杆竹管笔偶尔涂划的诗文，竟能镌刻山河，雕镂人心，永不漫漶[2]。

我曾有缘，在黄昏的江船上仰望过白帝城，顶着浓冽的秋霜登临过黄鹤楼，还在一个冬夜摸到了寒山寺。我的周围，人头济济，差不多绝大多数人的心头，都回荡着那几首不必引述的诗。人们来寻景，更来寻诗。这些诗，他们在孩提时代就能背诵。孩子们的想像，诚恳而逼真。因此，这些城，这些楼，这些寺，早在心头自行搭建。待到年长，当他们刚刚意识到有足够脚力的时候，也就给自己负上了一笔沉重的宿债，焦渴地企盼着对诗境实地的踏访。为童年，为历史，为许多无法言传的原因。有时候，这种焦渴，简直就像对失落的故乡的寻找，对离散的亲人的查访。

---

① 本篇选自余秋雨的散文集《文化苦旅》，知识出版社1992年3月版。

② 漫漶：模糊不可辨识。

文人的魔力,竟能把偌大一个世界的生僻角落,变成人人心中的故乡。他们褪色的青衫里,究竟藏着什么法术呢?

今天,我冲着王维的那首《渭城曲》,去寻阳关了。出发前曾在下榻的县城向老者打听,回答是:“路又远,也没什么好看的,倒是有一些文人辛辛苦苦找去。”老者抬头看天,又说:“这雪一时下不停,别去受这个苦了。”我向他鞠了一躬,转身钻进雪里。

一走出小小的县城,便是沙漠。除了茫茫一片雪白,什么也没有,连一个皱折也找不到。在别地赶路,总要每一段为自己找一个目标,盯着一棵树,赶过去,然后再盯着一块石头,赶过去。在这里,睁疼了眼也看不见一个目标。哪怕是一片枯叶,一个黑点。于是,只好抬起头来看天。从未见过这样完整的天,一点儿也没有被吞食,边沿全是挺展展的,紧扎扎地把大地罩了个严实。有这样的地,天才叫天。有这样的天,地才叫地。在这样的天地中独个儿行走,侏儒也变成了巨人。在这样的天地中独个儿行走,巨人也变成了侏儒。

天竟晴了,风也停了,阳光很好。没想到沙漠中的雪化得这样快,才片刻,地上已见斑斑沙底,却不见湿痕,天边渐渐飘出几缕烟迹,并不动,却在加深,疑惑半晌,才发现,那是刚刚化雪的山脊。

地上的凹凸已成了一种令人惊骇的铺陈,只可能有一种理解:那全是远年的坟堆。

这里离县城已经很远,不大会成为城里人的丧葬之地。这些坟堆被风雪所蚀。因年岁而坍,枯瘦萧条,显然从未有人祭扫。它们为什么会有那么多,排列得又是那么密呢?只可能有一种理解:这里是古战场。

我在望不到边际的坟堆中茫然而行,心中浮现出爱略特的《荒原》①。这里正是中华历史的荒原:如雨的马蹄,如雷的呐喊,如注的热血。中原慈母的白发,江南春闺的遥望,湖湘稚儿的夜哭。故

---

① 爱略特(1888~1965):美国诗人、文学评论家、剧作家。1948 年获诺贝尔文学奖。

乡柳荫下的诀别，将军圆睁的怒目，猎猎于朔风中的军旗。随着一阵烟尘，又一阵烟尘，都飘散远去。我相信，死者临亡时都是面向朔北敌阵的；我相信，他们又很想在最后一刻回过头来，给熟悉的土地投注一个目光。于是，他们扭曲地倒下了，化作沙堆一座。

这繁星般的沙堆，不知有没有换来史官们的半行墨迹？史官们把卷帙一片片翻过①，于是，这块土地也有了一层层的沉埋，堆积如山的二十五史，写在这个荒原上的篇页还算是比较光彩的，因为这儿毕竟是历代王国的边远地带，长久担负着保卫华夏疆域的使命。所以，这些沙堆还站立得较为自在，这些篇页也还能哗哗作响。就像干寒单调的土地一样，出现在西北边陲的历史命题也比较单纯。在中原内地就不同了，山重水复、花草掩荫，岁月的迷宫会让最清醒的头脑胀得发昏，晨钟暮鼓的音响总是那样的诡秘和乖戾。那儿，没有这么大大咧咧铺张开的沙堆，一切都在重重美景中发闷，无数不知为何而死的怨魂，只能悲愤懊丧地深潜地底。不像这儿，能够袒露出一帙风干的青史，让我用20世纪的脚步去匆匆抚摩。

远处已有树影，急步赶去，树下有水流，沙地也有了高低坡斜。登上一个坡，猛一抬头，看见不远的山峰上有荒落的土墩一座，我凭直觉确信，这便是阳关了。

树愈来愈多，开始有房舍出现。这是对的，重要关隘所在，屯扎兵马之地，不能没有这一些。转几个弯，再直上一道沙坡，爬到土墩底下，四处寻找，近旁正有一碑，上刻“阳关古址”四字。

这是一个俯瞰四野的制高点。西北风浩荡万里，直扑而来，踉跄几步，方才站住。脚是站住了，却分明听到自己牙齿打战的声音，鼻子一定是立即冻红了的。呵一口热气到手掌，捂住双耳用力蹦跳几下，才定下心来睁眼。这儿的雪没有化，当然不会化。所谓古址，已经没有什么故迹，只有近处的烽火台还在，这就是刚才在

① 卷帙(zhì)：卷，书卷；帙，包书的套子。因而也称书一套为一帙。卷帙，这里指成套的书。

下面看到的土墩。土墩已坍了大半，可以看见一层层泥沙，一层层苇草，苇草飘扬出来，在千年之后的寒风中抖动。眼下是西北的群山，都积着雪，层层叠叠，直伸天际。任何站立在这儿的人，都会感觉到自己是站在大海边的礁石上，那些山，全是冰海冻浪。

王维实在是温厚到了极点。对于这么一个阳关，他的笔底仍然不露凌厉惊骇之色，而只是缠绵淡雅地写道："劝君更尽一杯酒，西出阳关无故人。"他瞟了一眼渭城客舍窗外青青的柳色，看了看友人已打点好的行囊，微笑着举起了酒壶。再来一杯吧，阳关之外，就找不到可以这样对饮畅谈的老朋友了。这杯酒，友人一定是毫不推却，一饮而尽的。

这便是唐人风范。他们多半不会洒泪悲叹，执袂劝阻。他们的目光放得很远，他们的人生道路铺展得很广。告别是经常的，步履是放达的①。这种风范，在李白、高适、岑参那里，焕发得越加豪迈。在南北各地的古代造像中，唐人造像一看便可识认，形体那么健美，目光那么平静，神采那么自信。在欧洲看蒙娜丽莎的微笑②，你立即就能感受，这种恬然的自信只属于那些真正从中世纪的梦魇中更醒、对前路挺有把握的艺术家们。唐人造像中的微笑，只会更沉着，更安详。在欧洲，这些艺术家们翻天覆地地闹腾了好一阵子，固执地要把微笑输送进历史的魂魄。谁都能计算，他们的事情发生在唐代之后多少年。而唐代，却没有把它的属于艺术家的自信延续久远。阳关的风雪，竟越见凄迷。

王维诗画皆称一绝，莱辛等西方哲人反复论述过的诗与画的界线③，在他是可以随脚出入的。但是，长安的宫殿，只为艺术家们开了一个狭小的边门，允许他们以卑怯侍从的身份躬身而入，去

---

① 放达：言行不受世俗礼法的约束。这里指随意而行。

② 蒙娜丽莎：意大利著名画家达·芬奇(1452～1519)的油画作品。因其"神秘"的微笑而享誉世界。

③ 莱辛(1729～1781)：德国启蒙运动时期思想家、文艺理论家和剧作家。有美学论著《拉奥孔》、《论绘画与诗的界限》等。

制造一点娱乐。历史老人凛然肃然,扭过头去,颤巍巍地重又迈向三皇五帝的宗谱。这里,不需要艺术闹出太大的局面,不需要对美有太深的寄托。

于是,九州的画风随之黯然。阳关,再也难于享用温醇的诗句,西出阳关的文人还是有的,只是大多成了谪官逐臣。

即使是土墩、是石城,也受不住这么多叹息的吹拂,阳关坍弛了,坍弛在一个民族的精神疆域中。它终成废墟,终成荒原。身后,沙坟如潮,身前,寒峰如浪。谁也不能想像,这儿,一千多年之前,曾经验证过人生的壮美,艺术情怀的弘广。

这儿应该有几声胡笳和羌笛的,音色极美,与自然浑和,夺人心魄。可惜它们后来都成了兵士们心头的哀音。既然一个民族都不忍听闻,它们也就消失在朔风之中。

回去罢,时间已经不早,怕还要下雪。

【提示】

本篇属于文化散文。文化散文不同于游记。它不是详尽地描摹自然景色或记述游览过程,而是立足于新的时代高度,用现代人的眼光重新审视历史人物、历史事件或历史遗迹,挖掘其文化内涵,在反复评说中,得出富于启迪性的结论。

本文通过对阳关古址的踏寻、描绘,肯定了阳关作为"重要关隘"曾在历史上起过的作用,赞美了那些为保卫阳关、"保卫华夏疆域"而捐躯的古代将士,指出他们在中国历史上占有"哗哗作响"的"光彩"的一页。于此同时,作品也对阳关的历史命运及其所包蕴的文化内涵进行了反思。阳关虽废,而乐观、豪迈、目光远大的唐人风范犹存;那个时代的艺术所表现出来的健美、沉静、安详与自信,仍留于南北各地的造像中。作品在赞美源远流长的中华文化的同时,也对封建王朝不重视艺术、甚至限制艺术的发展表示深深惋惜。

作品有叙有议,叙议结合。对阳关故迹的踏访,由远而近,历历鲜明,有着立体感;对唐文化的议论,具体、形象、生动。文章多处使用对比。既有中外对比，古今对比，也有中原地带与边陲阳关的对比。全文以“雪”贯串始终，并作到前后照应。层次清晰，语言洗练。

【思考与练习】

1. 文化散文具有哪些特点？
2. 《阳关雪》中的“雪”，在作品中有何作用？
3. 本文的艺术特点有哪些？

（王金铭）

贾谊、天王星、开普勒及其他
——谈德识才学兼备①

王梓坤

王梓坤，1929年生于江西省吉安县。1952年毕业于武汉大学数学系。后到前苏联莫斯科大学数学力学系深造，攻读概率论，1958年研究生毕业。回国后，到南开大学任教。曾先后担任数学系副主任，全国数学会理事，全国地震学会理事，天津市科协副主任等职，后又调到北京师范大学任校长。

王梓坤在概率论的理论研究和应用方面取得了显著成就。1982年获全国自然科学成果奖。他的《科学发现纵横谈》于1978年出版，并获1980年全国科普作品奖。

有些人学问渊博，但少才识，往往只能成为供人查阅的活字典。唐朝李善②，学淹今古，精通典故，为《昭明文选》作注，旁征博引，后人叹服。他的工作对后人是有益的。但也有人说他的怪话，批评他才识不高，既少创作，又缺见解，终生碌碌，为人作注，没有起到更大的作用。

苏轼作《贾谊论》，说贾谊才学虽高，但不善于分析和利用当前的形势，急于求成，终不为当世所用，郁郁而死，没有发挥自己的才能。苏轼叹息说："呜呼！贾生志大而量小，才有余而识不足也。"苏轼的意见，未必正确，因为导致这场悲剧主要是统治者的错误；但贾谊未尽所能，却是历史事实。在这点上他不如司马迁。司马

① 本篇选自王梓坤1978年出版的科普读物《科学发现纵横谈》。

② 李善(约630～689)：唐代学者，江都(今属江苏)人。高宗时曾任崇贤馆学士、兰台郎等职。学识渊博，但不善治文，故人称为"书簏"(即书箱)。

迁为了完成《史记》的写作,使之能"藏之名山,传之其人",忍受了人间最大的侮辱,最后才达到目的。

由此可见,一个人有学问未必有才能;进一步,即使才学有余也可能见识不高。这就需要有自知之明,在实践中针对自己的缺点有意识地进行锻炼,方能弥补不足。

1781 年,赫歇耳认定天王星是行星①。其实,在这以前,已有好几位天文学者观察过它了。当时流行着一种陈腐的观念,认为太阳系的范围只到土星为止,土星以外,再没有行星了。要打破这种观念,需要革命的卓识和勇气。持这种观念的天文学者因循守旧,他们既不敢、也从未想到应该扩大太阳系的领域,因而总是把天王星当作恒星而不加注意。勒莫尼耶(Lemonnier)甚至自 1750 到 1769 年间观察它达十二次之多,最后还是让它逃之夭夭。见识不高,可为发一浩叹!"自谓已穷千里目,谁知才上一层楼"。谁又能断定,我们今天所理解的太阳系已经到了尽头呢?

为了说明德识才学兼备的重要,不妨再举两个例子。

万有引力是自然科学中最大发现之一,几个世纪以来,人们都归功于牛顿。其实,这是许多人共同努力的成果。例如罗伯特、胡克等人早已有了引力的观念。胡克是卓越的实验物理学者,具有出色的实验才能,他的研究范围很广泛,在物理、化学、生物等方面都有贡献,包括众所周知的弹性力学中的胡克定律。然而,由于他缺乏牛顿那样横绝一世的数学才能,虽然走到了万有引力的跟前,却仍然无力抓住它,就像一个不会爬树又无工具的人,尽管看到橘子高悬枝头,但却无法摘到它一样。胡克的故事向我们提出了一个问题:有多少原可发现的东西由于才能不足而溜掉了。

丹麦天文学者第谷(B. Tycho,1546~1601),用了三十年的工夫,精密地观察行星和其位置。他工作辛勤,观察才能又非常出

---

① 赫歇耳:即威廉·赫歇耳(1738~1822),恒星天文学的创始人。生于德国,1758 年迁居英国。用自己创造的大型反射望远镜观测天象,发现天王星及其两颗卫星和土星的两颗卫星。还发现太阳的空间运动等。

色，不幸却短于理论分析。从长期观察的资料中，他得到的是错误的结论，他既不同意托勒密的地心说，也不赞成哥白尼的日心说，而提出了一个折衷方案：行星绕太阳转，太阳又绕地球转。1600年，第谷请了德国人开普勒（Kepler，1571～1630）做助手。开普勒与第谷相反，对观察不太感兴趣，而且技术也远不如第谷。但他对理论研究却很有才华。通过对第谷资料的分析，他起初假设太阳绕地球转，误差总是很大，与观察不符。于是改用日心说，假设火星绕太阳作圆周运动，计算结果仍不理想。最后他大胆创新，提出了“火星的运动轨道是椭圆，太阳位于椭圆的一个焦点上”的假设，结果与观察资料符合很好。就这样，第谷的精确观察与开普勒的深刻研究相结合，引导到行星运动三定律的发现。这是一个理论与实际相结合的范例，如果没有开普勒，第谷的辛勤积累也许会成为一堆废纸；反过来，没有第谷，也根本不会有开普勒的卓越成就。

优秀的科学工作人员应该兼备德识才学。郭沫若在《读〈随园诗话〉札记》中说：“实则才、学、识三者，非仅作史、作诗缺一不可，即作任何艺术活动、任何建设事业，均缺一不可。”这话是很有道理的。

【提示】

本文属于科普作品。科普作品是用通俗生动的语言、浅显易懂的文字，普及科学知识，阐明科学道理，总结科学发展中经验教训的文章。它对提高全民族的科学意识、科技水平，对造就成千上万科学技术后备人才都会起很好的作用。

本文提到的“德识才学”，指的是高尚的德操、卓越的识见、杰出的才能和渊博的学问。作者认为，作为一名科学工作者兼备德识才学至关重要，李善有学问而缺乏创造，贾谊有才学却未能发挥，勒莫尼耶见识不高，而胡克又才能不足，他们未能取得杰出成果或对人类做出更大贡献除了社会的、政治的原因外，便是没能做到德识才学兼备。司马迁、赫歇耳、牛顿、第谷与开普勒等人的成功，靠的是持之以恒，前仆后继；靠的是取长补短，共同努力。但根本原因是靠德识才学兼备。他们有一个科学工作者应具备的“革命的卓识和勇气”,敢于打破“陈腐的观念”,大胆探索,勇于创新,充分发挥自己的德识才学,因而才能在世界科学发展史上写下光辉的一页。

文章采用对比手法写出中外科学工作者成功与失败的经验教训。举例丰富,知识渊博。既发人深思,又引人入胜。

【思考与练习】

1.“德识才学”指的都是什么?

2.对科学家而言,“德识才学”有主次之分吗?

3.你从作品中例举的科学家那里受到怎样的启发?

(王金铭)

说　梦①

傅连暲

傅连暲(1894～1968),福建长汀人。1927年参加革命工作。1933年参加中国工农红军,1934年参加二万五千里长征,1938年加入中国共产党。历任中华苏维埃红色医院院长、延安中央医院、陕甘宁边区医院院长、中央革命军事委员会卫生部副部长、中华人民共和国卫生部副部长、中国人民解放军总后勤部卫生部副部长、中华医学会会长、中国人民政治协商会议全国委员会常务委员等职,为中国人民的卫生事业作出了重要贡献。主要著作有科普小品集《健康漫谈》。

每个人都做过梦,但并不是每个人都知道为什么会做梦。梦境本来是虚幻的,没有什么现实意义。但从前由于受着宗教迷信渲染的影响,常常有人把梦境看成是生活中的一种预兆。旧社会里的一些统治者,都幻想有“好梦”,也就有一些为他们豢养的奴仆们牵强附会地、极尽奉承地为他们“圆梦”②。传说安禄山打进长安,做了一个梦,梦见袖子很长,找到唐宗室的一个乐工为他圆梦,这个人为了迎合安禄山想做皇帝的心理,就说这是象征着“垂衣而治”③,获得了安禄山的封赏。后来唐代统治者又打回了长安,抓

---

① 本篇选自《健康漫谈》。

② 圆梦:亦称“占梦”。迷信的一种。通过对梦的解说以推测吉凶福祸。

③ 垂衣而治:本作“垂衣裳而天下治”,也作“垂拱而治”。意思是君王敛手,无须劳心费力,无为而天下得治。

住这个乐工要治叛逆罪，他又辩解说："为安禄山圆梦是说的假话，其实梦见袖子太长，是说明'出手不得'，注定他要失败的。"唐玄宗听了也很高兴。一个梦境有这样两种截然相反的解释，而他们却信以为真，足见封建统治阶级的愚蠢可笑了。

对于"梦"的唯物主义的解释，我国早就流行有"日有所思，夜有所梦"的一种见解。古时还有人说过："寝薄冰者，梦溺；寝积薪者，梦焚①。"这都说明了"梦"的产生是与日常生活有联系的，它与自己平时喜爱的、忧虑的某些思维活动有关，与入睡时的环境条件有关，这种说法是有科学根据的，当然还不够全面。

由于现代生理科学的发展，人们对于梦有了更多的了解。梦是在睡眠时产生的，熟睡却不会做梦，所以梦是睡眠还较浅时的产物。按照巴甫洛夫学说的理论②，睡眠是大脑皮层甚至某些低位部分的一种全面性的抑制③。这种抑制过程如果很深很透，人的思维活动就停止了，外在一般强度的声、色刺激也不能感知，这就是熟睡，这时候不会做梦。如果睡眠还较浅，大脑里的抑制过程还不全面彻底，剩下了某些兴奋点继续活动，梦境就要产生了。引起这些兴奋点活动的因素，大多与从前感知过的刺激的痕迹作用有关，因而梦境是与日常生活有关联的，不是神秘的。又由于大脑皮层大部分处于抑制状态，而这些孤立的兴奋点缺乏有逻辑性的联系，这就构成了梦境的荒诞性。巴甫洛夫说过："梦就是过去各种刺激的痕迹，它们现在以最料想不到的方式组合起来。"

日常生活中经历过的，听说过的，在书本上见到过的事，都可

---

① 寝薄冰者，梦溺；寝积薪者，梦焚：睡在薄冰上的人，会梦见被水所淹；睡在一堆干柴上的人，会梦见被火所烧。

② 巴甫洛夫学说：前苏联生理学家巴甫洛夫所创立的关于高级神经系统活动规律的学说。他的关于条件反射和两种信号系统的研究成果对医学、心理学等的发展都有很高价值。

③ 大脑皮层：大脑表面的一层叫大脑皮层。由神经细胞组成，是高级神经系统的中枢。抑制：指大脑皮层在外部或内部刺激下产生的阻止皮层兴奋、减缓器官功能的神经活动。

以片断地在梦里出现。如一个人只到过北京、武汉，没有到过上海，他做梦时也可能到了上海，因为他听说过上海是一个繁华的城市，但在他梦境里的上海绝不是真正上海市的面貌，而只是北京、武汉某些情景的模拟。入睡时身体内外环境的某些刺激，与梦境也常有联系，如口渴干燥，可能梦见吃灼热的东西，又如睡眠时半身露在被褥外面，受到寒冷的刺激，可能梦见跌在冷水池里。梦境也可能是一种感情流露，个人主义者梦见了自己的奢望实现，热爱工作的人梦见生产高涨的境况。这些都可以用刺激痕迹的错综组合来解释。

梦境也与睡眠的深浅程度有关。朦胧入睡时，大脑皮层里的抑制过程也比较浅，梦境就更加接近现实生活，正是“日有所思，夜有所梦”。日间深思一个数学题，梦里也可能在做数学；日间搞技术革新，梦里也可能搞同样的工作，甚至有时自己也觉察到在做梦，但不能主动地控制，只能听其自然发展。睡眠稍深一些，梦境则有明显的虚幻和荒诞性，一时在东，一时在西，或者与死去已久的朋友在一起，而自己毫无判断辨别的能力。这就是因为大脑里抑制过程更深更普遍的缘故。

睡眠是由浅入深的，做梦也是一种很普通的现象，一般说来对于健康没有什么妨害，但如果通宵做梦，而且梦境多处在一种朦胧入睡的阶段，也会影响休息，日间也会感到疲倦，这就要适当采取加深睡眠的措施。

【提示】

《说梦》是一篇说明文。说明文要求用简洁通俗的文字，对事物作科学清楚的解说，对事理关系作客观明白的剖释。这篇作品从人类生理学的角度，采用最新的研究成果，对梦形成的原因进行客观分析，给以科学合理的解释，这对破除迷信，树立科学观念，促进人类健康都是有益的。

文章开篇先提出旧时代人们对梦的两种不同理解：一种是唯心论观点——一梦双解，对它的欺骗性作者给予了否定；一种是唯物论观点——“日有所思,夜有所梦”,对它的合理性作者给予了认同。接着便提出自己的更符合科学实际的理解:梦是睡眠较浅、大脑还存有某些兴奋点在继续活动的产物;这些兴奋点的活动来源于对日常生活感知刺激的痕迹;孤立活动的那些兴奋点因缺乏有逻辑性的联系造成梦境的荒诞性。这就说明了梦是一种生理现象,它来源于生活,受大脑皮层某些孤立活动的兴奋点支配,它的产生及荒诞与否,跟睡眠的深浅有关,从而对梦的形成作出了科学合理的解释。

《说梦》写得条理清楚。它按照人类认识世界所经历过的三个阶段:从唯心、唯物到科学,采用由古而今、由片面到全面、由现象到本质、由迷信到科学的层层叙说方法,把梦的形成说得一清二楚、井然有序。文章写得深入浅出。熔传说的趣味性、谚语的启发性和实例的生动性于一炉,使作品明白晓畅,通俗易懂。

【思考与练习】

1. 谈谈本文的主旨。
2. 梦是在什么条件下产生的?
3. 结合课文谈谈说明文的写法。

(王金铭)

回　延　安[①]

贺敬之

贺敬之，1924年出生，山东峄县(今枣庄市)人。1940年到延安，在鲁迅艺术文学院学习。1942年和丁毅执笔，集体创作了大型歌剧《白毛女》。50年代后任《剧本》、《诗刊》编委、中国作协书记处书记、中国作协理事。“文革”后，长期担任宣传部、文化部领导职务。他的诗集有《乡村之夜》、《朝阳花开》、《放歌集》等。

一

心口呀莫要这么厉害的跳，
灰尘呀莫把我眼睛挡住了……

手抓黄土我不放，
紧紧儿贴在心窝上。

……几回回梦里回延安，
双手搂定宝塔山[②]。

千声万声呼唤你，
——母亲延安就在这里！

---

① 本篇选自《放歌集》，最初发表于文艺刊物《延河》1956年6月号上。

② 宝塔山：延河城外东南的一座山，山上有座宝塔。人们常把宝塔山当作延安的象征。

杜甫川唱来柳林铺笑①，
红旗飘飘把手招。

白羊肚手巾红腰带，
亲人们迎过延河来。

满心话登时说不出来，
一头扑在亲人怀……

二

二十里铺送过柳林铺迎②，
分别十年又回家中。

树梢树枝树根根，
亲山亲水有亲人。

羊羔羔吃奶眼望着妈，
小米饭养活我长大。

东山的糜子西山的谷③，
肩膀上的红旗手中的书。

手把手儿教会了我，
母亲打发我们过黄河。

---

① 杜甫川：延河支流，位于延安城南。柳林铺：村名，位于延安城南十里。

② 二十里铺：村名，位于延安城东二十里。抗战胜利后，革命队伍离开延安，延安群众曾到这里送别。

③ 糜(méi)子：一种没有黏性的黍。

革命的道路千万里，
天南海北想着你……

三

米酒油馍木炭火，
团团围定炕上坐。

满窑里围得不透风，
脑畔上还响着脚步声①。

老爷爷进门气喘得紧：
“我梦见鸡毛信来② ——可真见亲人……”

亲人见了亲人面，
欢喜的眼泪眼眶里转。

“保卫延安你们费了心，
白头发添了几根根。”

团支书又领进社主任，
当年的放羊娃如今长成人。

白生生的窗纸红窗花，
娃娃们争抢来把手拉。

一口口的米酒千万句话，

---

① 脑畔：陕北方言，窑背，窑顶。

② 鸡毛信：急信。中国古代有紧急传递，常在信件上粘附鸡毛，表示迅疾。

长江大河起浪花。

十年来革命大发展，
说不尽这三千六百天……

四

千万条腿来千万只眼，
也不够我走来也不够我看！

头顶着蓝天大明镜，
延安城照在我心中：

一条条街道宽又平，
一座座楼房披彩虹；

一盏盏电灯亮又明，
一排排绿树迎春风……

对照过去我认不出你，
母亲延安换新衣。

五

杨家岭的红旗呵高高的飘①，
革命万里起高潮！

宝塔山下留脚印，
毛主席登上了天安门！

---

① 杨家岭：在延安城西北约八里，当时党中央所在地。

枣园的灯光照人心①，
延河滚滚喊“前进”！

赤卫军，青年团，红领巾，
走着咱英雄几辈辈人……

社会主义路上大踏步走，
光荣的延河还要在前头！

身长翅膀吧脚生云，
再回延安看母亲！

一九五六年三月九日，延安

【提示】

延安是革命圣地，1940年至1946年，贺敬之曾在这里学习和工作。1956年，诗人参加西北五省(区)青年造林会议，回到阔别十年的延安。现实的发展和对历史的重温，激发了诗人创作的诗情，于是写下了这首饱含激情的诗歌。

全诗共分五章。诗人采用陕北民歌信天游的形式，在现实与历史的交错中，把强烈的个人感情和对于历史变迁的时代感情结合起来，从战争年代的往事追溯中，发掘推动现实发展的精神力量。

第一章，诗人用“抓”、“贴”、“搂”等一系列的动作，形象地传达出对延安故土的深情厚意。接着，运用“唱”、“笑”等拟人手法，展现延安人民对亲人的真挚感情。第二章，诗人以形象的比喻、贴切的拟人手法，回忆历史，表现了诗人与母亲延安的血肉亲情。第三章，诗人以富有地方特色的民风、民俗，抒写了相聚时的动人情景，表现了延安人民对归来战士的手足之情。第四章，诗人以高度的

① 枣园：在延安城西北约十五里，毛泽东同志在延安时居住的地方。

夸张、连贯的排比，写出了延安的巨大变化，赞美了延安崭新的精神风貌。第五章，诗人运用象征的手法，回顾过去，立足现实，展望未来，给人以高昂向上的力量。

【思考与练习】

1. 谈谈这首诗的情感线索。
2. 诗人运用了哪些艺术手法？
3. 有感情地朗诵这首诗歌。

（田小军）

致　橡　树[1]

舒　婷

舒婷，原名龚佩瑜。原籍福建厦门，1952年生于福建泉州。1969年到闽西山区插队。1971年开始写诗，在知青中传抄。1980年入福建文联创作室从事专业创作。后任中国作协理事，作协福建分会副主席。

舒婷是“朦胧诗”的代表诗人。她的诗歌呈现出对个体价值和独立人格的肯定与尊重，表达了对理想的追寻，对传统的反思和对人的价值的呼唤。具有细腻柔婉、抒情浪漫的女性风格，忧伤而不绝望，沉郁而不悲观，带有浓郁的理想主义的色彩。著有诗集《双桅船》、《会唱歌的鸢尾花》，散文集《心烟》等多种。

我如果爱你——
绝不像攀援的凌霄花
借你的高枝炫耀自己；
我如果爱你——
绝不学痴情的鸟儿
为绿荫重复单纯的歌曲；
也不止像泉源
常年送来清凉的慰藉；
也不止像险峰
增加你的高度，衬托你的威仪。
甚至日光。

---

① 选自诗集《五人诗选》。本诗首刊于《今天》第一期（1978年12月）。

甚至春雨。
不！这些都还不够！
我必须是你近旁的一株木棉，
做为树的形象和你站在一起。
根，紧握在地下，
叶，相触在云里。
每一阵风过，
我们都互相致意，
但没有人
听懂我们的言语。
你有你的铜枝铁干，
像刀，像剑，
也像戟；
我有我红硕的花朵，
像沉重的叹息，
又像英勇的火炬。
我们分担寒潮、风雷、霹雳；
我们共享雾霭、流岚、虹霓。
仿佛永远分离，
却又终身相依。
这才是伟大的爱情，
坚贞就在这里：
爱——
不仅爱你伟岸的身躯，
也爱你坚持的位置，足下的土地！

【提示】

《致橡树》是舒婷的代表诗作之一。诗中蕴含了舒婷诗歌一贯的主题情感：对真挚爱情的期待呼唤和对女性独立价值的肯定与坚持。显露出强烈的人道主义和个性主义的理想色彩。

舒婷这首早期的诗作，具有浓郁的浪漫主义风格。诗中通过第一人称直接抒发爱的情感和理想，诗中的“我”是有着独立人格和价值追求的人，在相爱中，不是对爱人有所依附或者忘我地奉献，而是在心灵的默契和沟通中达到相互的理解与信任，但又坚持了自我的独立。“根，紧握在地下，叶，相触在云里。每一阵风过，我们都互相致意，但没有人听懂我们的言语。……我们分担寒潮、风雷、霹雳；我们共享雾霭、流岚、虹霓。仿佛永远分离，却又终身相依。”

舒婷的诗歌自觉地融入了一些现代主义的技巧，比如在这首诗中，运用象征主义手法，以个性化的感觉来凝聚意象，在感情直接倾泻的同时又注意以隐喻的言辞来营造诗的精神境界。“橡树”、“木棉”的意象，贴近于一种主观的个体生存经验，在表达中留下了阐释的空间，意蕴独特而含蓄。

【思考与练习】

1. 舒婷诗歌有什么特点？
2.《致橡树》主题情感是什么？
3. 试析本诗的艺术特点。

（杨新强）

悬崖边的树[①]

曾　卓

曾卓，原名曾庆冠。原籍湖北黄陂，1922年生于湖北武汉。1940年加入全国文协。1944年至1945年从事《诗文学》编辑工作。1952年任《长江日报》副社长，当选武汉市文联、文协副主席。1955年因胡风案牵连，被捕入狱。1979年底平反。

曾卓的诗歌真诚朴素，饱含情感。他在逆境中的诗作，沉郁中透露着刚毅，在孤苦中表现积极向上的精神。出版的诗集有《门》、《悬崖边的树》、《老水手的歌》等。

不知道是什么奇异的风
将一棵树吹到了那边——
平原的尽头
临近深谷的悬崖上

它倾听远处森林的喧哗
和深谷中小溪的歌唱
它孤独地站在那里
显得寂寞而又倔强

它的弯曲的身体
留下了风的形状
它似乎即将倾跌进深谷里

① 选自诗集《白色花》，刊于《诗刊》1979年9月号。

却又像是要展翅飞翔……

一九七〇年

【提示】

这首创作于70年代初的诗作，真实记录了那个特殊年代中诗人的苦难命运和人生感受，显示出处于逆境中生命不屈的意志和人性温情。这棵“悬崖边的树”，靠着坚毅而倔强的意志，没有被吹下深渊，但它的形貌是被时代的风扭曲变形的。这是一幅奇特的画面，在风暴、厄运降临之时，悬崖边的树顽强抗争，承受苦难，同时又坚持着对未来与光明的信念。它概括了那个时代知识分子的共同体验和典型姿势，同时也留下了那一特殊时代真实而痛苦的侧影。

这首诗形式朴素，意象单纯，但诗人个人化的人生体验所凝聚的“树”的形象真切而含蓄地隐喻出诗人的命运与生命信念。全诗分三小节，后两小节在蕴意上都有上扬式的递进，从“树”无端遭受风暴打击，承受厄运，到对正常生活的渴望和生命信念的坚持，再到即便是倾跌进深谷也要向光明展翅飞翔的希冀。在对命运不能把握的无奈中，仍然坚持着对生活的希望和信心。

【思考与练习】

1. 曾卓诗歌有什么特点？
2. “树”的意象的意蕴是怎样的？
3. 每节诗的基本意蕴是什么？

（杨新强）

哦，香雪[1]

铁凝

铁凝，1957年出生，祖籍河北赵县，生于北京，4岁去保定。1975年高中毕业后到农村插队。1979年调保定地区文联《花山》编辑部任小说编辑。1984年到河北省文联从事专业创作。现任中国作家协会副主席，河北省作家协会主席。主要作品有：中短篇小说集《没有纽扣的红衬衫》、《哦，香雪》等，长篇小说《玫瑰门》、《无雨之城》、《大浴女》等。她的小说可分为两类：一类清新秀润，含蓄淡远，如《哦，香雪》；另一类则犀利恣肆，酣畅奔放，如《麦秸垛》。

如果不是有人发明了火车，如果不是有人把铁轨铺进深山，你怎么也不会发现台儿沟这个小村。它和它的十几户乡亲，一心一意掩藏在大山那深深的皱褶里，从春到夏，从秋到冬，默默地接受着大山任意给予的温存和粗暴。

然而，两根纤细、闪亮的铁轨延伸过来了。它勇敢地盘旋在山腰，又悄悄地试探着前进，弯弯曲曲，曲曲弯弯，终于绕到台儿沟脚下，然后钻进幽暗的隧道，冲向又一道山梁，朝着神秘的远方奔去。

不久，这条线正式营运，人们挤在村口，看见那绿色的长龙一路呼啸，挟带着来自山外的陌生、新鲜的清风，擦着台儿沟贫弱的脊背匆匆而过。它走得那样急忙，连车轮辗轧钢轨时发出的声音好像都在说：不停不停，不停不停！是啊，它有什么理由在台儿沟站脚呢，台儿沟有人要出远门吗？山外有人来台儿沟探亲访友吗？

---

① 本篇选自《青年文学》1982年第5期，是铁凝早期的代表作之一。

还是这里有石油储存，有金矿埋藏？台儿沟，无论从哪方面讲，都不具备挽留火车在它身边留步的力量。

可是，记不清从什么时候起，列车时刻表上，还是多了“台儿沟”这一站。也许乘车的旅客提出过要求，他们中有哪位说话算数的人和台儿沟沾亲；也许是那个快乐的男乘务员发现台儿沟有一群十七八岁的漂亮姑娘，每逢列车疾驶而过，她们就成帮搭伙地站在村口，翘起下巴，贪婪、专注地仰望着火车。有人朝车厢指点，不时能听见她们由于互相捶打而发出的一两声娇嗔的尖叫。也许什么都不为，就因为台儿沟太小了，小得叫人心疼，就是钢筋铁骨的巨龙在它面前也不能昂首阔步，也不能不停下来。总之，台儿沟上了列车时刻表，每晚七点钟，由首都方向开往山西的这列火车在这里停留一分钟。

这短暂的一分钟，搅乱了台儿沟以往的宁静。从前，台儿沟人历来是吃过晚饭就钻被窝，他们仿佛是在同一时刻听到了大山无声的命令。于是，台儿沟那一小片石头房子在同一时刻忽然完全静止了，静得那样深沉、真切，好像在默默地向大山诉说着自己的虔诚。如今，台儿沟的姑娘们刚把晚饭端上桌就慌了神，她们心不在焉地胡乱吃几口，扔下碗就开始梳妆打扮。她们洗净蒙受了一天的黄土、风尘，露出粗糙、红润的面色，把头发梳得乌亮，然后就比赛着穿出最好的衣裳。有人换上过年时才穿的新鞋，有人还悄悄往脸上涂点胭脂。尽管火车到站时已经天黑，她们还是按照自己的心思，刻意斟酌着服饰和容貌。然后，她们就朝村口，朝火车经过的地方跑去。香雪总是第一个出门，隔壁的凤娇第二个就跟了出来。

七点钟，火车喘息着向台儿沟滑过来，接着一阵空哐乱响，车身震颤一下，才停住不动了。姑娘们心跳着涌上前去，像看电影一样，挨着窗口观望。只有香雪躲在后边，双手紧紧捂着耳朵。看火车，她跑在最前边；火车来了，她却缩到最后去了。她有点害怕它那巨大的车头，车头那么雄壮地喷吐着白雾，仿佛一口气就能把台儿沟吸进肚里。它那撼天动地的轰鸣也叫她感到恐惧。在它跟前,她简直像一叶没根的小草。

“香雪,过来呀!看那个妇女头上别的金圈圈,那叫什么?”凤娇拉过香雪,扒着她的肩膀问。

“怎么我看不见?”香雪微微眯着眼睛说。

“就是靠里边那个,那个大圆脸。唉!你看她那块手表比指甲盖还小哩!”凤娇又有了新发现。

香雪不言不语地点着头,她终于看见了妇女头上的金圈圈和她腕上比指甲盖还要小的手表。但她也很快就发现了别的。“皮书包!”她指着行李架上一只普通的棕色人造革学生书包。这是那种在小城市都随处可见的学生书包。

尽管姑娘们对香雪的发现总是不感兴趣,但她们还是围了上来。

“哟,我的妈呀!你踩着我脚啦!”凤娇一声尖叫,埋怨着挤上来的一位姑娘。她老是爱一惊一乍的。

“你咋呼什么呀,是想叫那个小白脸和你搭话了吧?”被埋怨的姑娘也不示弱。

“我撕了你的嘴!”凤娇骂着,眼睛却不由自主地朝第三节车厢的车门望去。

那个白白净净的年轻乘务员真下车来了。他身材高大,头发乌黑,说一口漂亮的北京话。也许因为这点,姑娘们私下里都叫他“北京话”。“北京话”双手抱住胳膊肘,和她们站得不远不近地说:“喂,我说小姑娘们,别扒窗户,危险!”

“哟,我们小,你就老了吗?”大胆的凤娇回敬了一句。

姑娘们一阵大笑,不知谁还把凤娇往前一搡,弄得她差点撞在他身上。这一来反倒更壮了凤娇的胆:“喂,你们老呆在车上不头晕?”她又问。

“房顶子上那个大刀片似的,那是干什么用的?”又一个姑娘问。她指的是车厢里的电扇。

“烧水在哪儿?”

“开到没路的地方怎么办?”

“你们城市里一天吃几顿饭?”香雪也紧跟在姑娘们后边小声问了一句。

“真没治!”“北京话”陷在姑娘们的包围圈里,不知所措地嘟囔着。

快开车了,她们才让出一条路,放他走。他一边看表,一边朝车门跑去,跑到门口,又扭头对她们说:“下次吧,下次告诉你们!”他的两条长腿灵巧地向上一跨就上了车,接着一阵叽哩哐啷,绿色的车门就在姑娘们面前沉重地合上了。列车一头扎进黑暗,把她们撇在冰冷的铁轨旁边。很久,她们还能感觉到它那越来越轻的震颤。

一切又恢复了寂静,静得叫人惆怅。姑娘们走回家去,路上总要为一点小事争论不休:“那九个金圈圈是绑在一块插到头上的。”

“不是!”

“就是!”

有人在开凤娇的玩笑:“凤娇,你怎么不说话,还想那个……‘北京话’哪?”

“去你的,谁说谁就想。”凤娇说着捏了一下香雪的手,意思是叫香雪帮腔。

香雪没说话,慌得脸都红了。她才十七岁,还没学会怎样在这种事上给人家帮腔。

“我看你是又想他又不敢说。他的脸多白呀。”一阵沉默之后,那个姑娘继续逗凤娇。

“白? 还不是在那大绿屋里捂的。叫他到咱台儿沟住几天试试。”有人在黑影里说。

“可不,城里人就靠捂。要论白,叫他们和咱香雪比比。咱们香雪,天生一副好皮子,再照火车上那些闺女的样儿,把头发烫成弯弯绕,啧啧! 凤娇姐,你说是不是?”

凤娇不接茬儿,松开了香雪的手。好像姑娘们真在贬低她的什么人一样,她心里真有点替他抱不平呢。不知怎么的,她认定他的脸绝不是捂白的,那是天生。

香雪又悄悄把手送到凤娇手心里，她示意凤娇握住她的手，仿佛请求凤娇的宽恕，仿佛是她使凤娇受了委屈。

“凤娇，你哑巴啦？”还是那个姑娘。

“谁哑巴啦！谁像你们，专看人家脸黑脸白。你们喜欢，你们可跟上人家走啊！”凤娇的嘴很硬。

“我们不配！”

“你担保人家没有相好的？”

…………

不管在路上吵得怎样厉害，分手时大家还是十分友好的，因为一个叫人兴奋的念头又在她们心中升起：明天，火车还要经过，她们还会有一个美妙的一分钟。和它相比，闹点小别扭还算回事吗？

哦，五彩缤纷的一分钟，你饱含着台儿沟的姑娘们多少喜怒哀乐！

日久天长，她们又在这一分钟里增添了新的内容。她们开始挎上装满核桃、鸡蛋、大枣的长方形柳条篮子，站在车窗下，抓紧时间跟旅客和和气气地作买卖。她们踮着脚，双臂伸得直直的，把整筐的鸡蛋、红枣举上窗口，换回台儿沟少见的挂面、火柴，以及姑娘们喜爱的发卡、纱巾，甚至花色繁多的尼龙袜。当然，换到后面提到的这几样东西是冒着回去挨骂的风险的，因为这纯属她们自作主张。

凤娇好像是大家有意分配给那个“北京话”的，每次都是她提着篮子去找他。她和他作买卖很有意思，她经常故意磨磨蹭蹭，车快开时才把整篮的鸡蛋塞给他。他还没来得及付钱，车身已经晃动了，他在车上抱着篮子冲她指指划划，解释着什么，她在车下很开心，那是她甘心情愿的。当然，小伙子下次会把钱带给她，或是捎来一捆挂面、两条纱巾和别的什么。假如挂面是十斤，凤娇一定抽出一斤再还给他。她觉得，只有这样才对得起和他的交往，她愿意这种交往和一般的作买卖有所区别。有时她也想起姑娘们的话：“你担保人家没有相好的？”其实，有没有相好的不关凤娇的事，她又没想过跟他走。可她愿意对他好，难道非得是相好的才能这么做吗?

香雪平时话不多,胆子又小,但作起买卖却是姑娘中最顺利的一个。旅客们爱买她的货,因为她是那么信任地瞧着你,那洁如水晶的眼睛告诉你,站在车窗下的这个女孩子还不知道什么叫受骗。她还不知道怎么讲价钱,只说:“你看着给吧。”你望着她那洁净得仿佛一分钟前才诞生的面孔,望着她那柔软得宛若红缎子似的嘴唇,心中会升起一种美好的感情。你不忍心跟这样的小姑娘耍滑头,在她面前,再爱计较的人也会变得慷慨大度。

有时她也抓空儿向他们打听外面的事,打听北京的大学要不要台儿沟人,打听什么叫“配乐诗朗诵”(那是她偶然在同桌的一本书上看到的)。有一回她向一位戴眼镜的中年妇女打听能自动开关的铅笔盒,还问到它的价钱。谁知没等人家回话,车已经开动了。她追着它跑了好远,当秋风和车轮的呼啸一同在她耳边鸣响时,她才停下脚步意识到,自己的行为是多么可笑啊。

火车眨眼间就无影无踪了。姑娘们围住香雪,当她们知道她追火车的原因后,便觉得好笑起来。

“傻丫头!”

“值不当的!”

她们像长者那样拍着她的肩膀。

“就怪我磨蹭,问慢了。”香雪可不认为这是一件值不当的事,她只是埋怨自己没抓紧时间。

“咳,你问什么不行呀!”凤娇替香雪挎起篮子说。

“也难怪,咱们香雪是学生呀。”也有人替香雪分辩。

也许就因为香雪是学生吧,是台儿沟唯一考上初中的人。

台儿沟没有学校,香雪每天上学要到十五里以外的公社。尽管不爱说话是她的天性,但和台儿沟的姐妹们总是有话可说的。公社中学可就没那么多姐妹了,虽然女同学不少,但她们的言谈举止,一个眼神,一声轻轻的笑,好像都是为了叫香雪意识到,她是小地方来的,穷地方来的。她们故意一遍又一遍地问她:“你们那儿一天吃几顿饭?”她不明白她们的用意,每次都认真地回答:“两顿。”然后又友好地瞧着她们反问道:“你们呢?”

“三顿!”她们每次都理直气壮地回答。之后,又对香雪在这方面的迟钝感到说不出的怜悯和气恼。

“你上学怎么不带铅笔盒呀?”她们又问。

“那不是吗。”香雪指指桌角。

其实,她们早知道桌角那只小木盒就是香雪的铅笔盒,但她们还是做出吃惊的样子。每到这时,香雪的同桌就把自己那只宽大的泡沫塑料铅笔盒摆弄得哒哒乱响。这是一只可以自动合上的铅笔盒,很久以后,香雪才知道它所以能自动合上,是因为铅笔盒里包藏着一块不大不小的吸铁石。香雪的小木盒呢,尽管那是当木匠的父亲为她考上中学特意制作的,它在台儿沟还是独一无二的呢。可在这儿,和同桌的铅笔盒一比,为什么显得那样笨拙、陈旧?它在一阵哒哒声中有几分羞涩地畏缩在桌角上。

香雪的心再也不能平静了,她好像忽然明白了同学们对于她的再三盘问,明白了台儿沟是多么贫穷。她第一次意识到这是不光彩的,因为贫穷,同学们才敢一遍又一遍地盘问她。她盯住同桌那只铅笔盒,猜测它来自遥远的大城市,猜测它的价钱肯定非同寻常。三十个鸡蛋换得来吗?还是四十个、五十个?这时她的心又忽地一沉:怎么想起这些了?娘攒下鸡蛋,不是为了叫她乱打主意啊!可是,为什么那诱人的哒哒声老是在耳边响个没完?

深秋,山风渐渐凛冽了,天也黑得越来越早。但香雪和她的姐妹们对于七点钟的火车,是照等不误的。她们可以穿起花棉袄了,凤娇头上别起了淡粉色的有机玻璃发卡,有些姑娘的辫梢还缠上了夹丝橡皮筋。那是她们用鸡蛋、核桃从火车上换来的。她们仿照火车上那些城里姑娘的样子把自己武装起来,整齐地排列在铁路旁,像是等待欢迎远方的贵宾,又像是准备着接受检阅。

火车停了,发出一阵沉重的叹息,像是在抱怨台儿沟的寒冷。今天,它对台儿沟表现了少有的冷漠:车窗全部紧闭着,旅客在昏黄的灯光下喝茶、看报,没有人向窗外瞥一眼。那些眼熟的、常跑这条线的人们，似乎也忘记了台儿沟的姑娘。

凤娇照例跑到第三节车厢去找她的“北京话”，香雪系紧头上的紫红色线围巾，把臂弯里的篮子换了换手，也顺着车身一直向前走去。她尽量高高地踮起脚尖，希望车厢里的人能看见她的脸。车上一直没有人发现她，她却在一张堆满食品的小桌上，发现了渴望已久的东西。它的出现，使她再也不想往前走了，她放下篮子，心跳着，双手紧紧扒住窗框，认清了那真是一只铅笔盒，一只装有吸铁石的自动铅笔盒。它和她离得那样近，如果不是隔着玻璃，她一伸手就可以拿到。

一位中年女乘务员走过来拉开了香雪。香雪挎起篮子站在远处继续观察。当她断定它属于靠窗那位女学生模样的姑娘时，就果断地跑过去敲起了玻璃。女学生转过脸来，看见香雪臂弯里的篮子，抱歉地冲她摆了摆手，并没有打开车窗的意思。谁也没提醒香雪，车门是开着的，不知怎么的她就朝车门跑去，当她在门口站定时，还一把攥住了扶手。如果说跑的时候她还有点犹豫，那么从车厢里送出来的一阵阵温馨的、火车特有的气息却坚定了她的信心，她学着“北京话”的样子，轻巧地跃上了踏板。她打算以最快的速度跑进车厢，以最快的速度用鸡蛋换回铅笔盒。也许，她所以能够在几秒钟内就决定上车，正是因为她拥有那么多鸡蛋吧，那是四十个。

香雪终于站在火车上了。她挽紧篮子，小心地朝车厢迈出了第一步。这时，车身忽然悸动了一下，接着，车门被人关上了。当她意识到应该赶快下车时，列车已经缓缓地向台儿沟告别了。香雪扑到车门上，看见凤娇的脸在车下一晃。看来这不是梦，一切都是真的，她确实离开姐妹们，站在这既熟悉、又陌生的火车上了。她拍打着玻璃，冲凤娇叫喊着：“凤娇！我怎么办呀，我可怎么办呀！”

列车无情地载着香雪一路飞奔，台儿沟刹那间就被抛在后面了。下一站叫西山口，西山口离台儿沟三十里。

三十里，对于火车、汽车真的不算什么，西山口在旅客们闲聊之中就到了。这里上车的人不少，下车的却只有一位旅客。车上好像有人阻拦她，但她还是果断地跳了下来，就像刚才果断地跃上去一样。

她胳膊上少了那只篮子，她把它悄悄塞在女学生座位下面了。在车上，当她红着脸告诉女学生，想用鸡蛋和她换铅笔盒时，女学生不知怎么的也红了脸。她一定要把铅笔盒送给香雪，还说她住在学校吃食堂，鸡蛋带回去也没法吃。她怕香雪不信，又指了指胸前的校徽，上面果真有“矿冶学院”几个字。香雪却觉着她在哄她，难道除了学校她就没家吗？香雪收下了铅笔盒，到底还是把鸡蛋留在了车上。台儿沟再穷，她也从没白拿过别人的东西。后来，当旅客们知道香雪要在西山口下车时，他们是怎么对她说的？他们劝她在西山口住一夜再回去，那个热情的“北京话”甚至告诉她，他爱人有个亲戚住在站上。香雪并不想去找他爱人的亲戚，可是，他的话却叫她感到一点委屈，替凤娇委屈，替台儿沟委屈。想到这些委屈，难道她不应该赶快下车吗？赶快下车，赶快回家，第二天赶快去上学，那时她就会理直气壮地打开书包，把“它”摆在桌上……于是，她对车上那些再次劝阻她的人们说：“没关系，我走惯了。”也许他们信她的话，他们没见过火车的呼啸曾经怎样叫她惧怕，叫她像只受惊的小鹿那样不知所措。他们搞不清山里的女孩子究竟有多大本事，她的话使他们相信：山里人不怕走夜路。

现在，香雪一个人站在西山口，目送列车远去。列车终于在她的视野里彻底消失了，眼前一片空旷，一阵寒风扑来，吸吮着她单薄的身体。她把滑到肩上的围巾紧裹在头上，缩起身子在铁轨上坐了下来。香雪感受过各种各样的害怕，小时候她怕头发，身上沾着一根头发择不下来，她会急得哭起来；长大了她怕晚上一个人到院子里去，怕毛毛虫，怕被人胳肢（凤娇最爱和她来这一手）。现在她害怕这陌生的西山口，害怕四周黑幽幽的大山，害怕叫人心跳的寂静，当风吹响近处的小树林时，她又害怕小树林发出的窸窸窣窣的声音。三十里，一路走回去，该路过多少大大小小的林子啊！

一轮满月升起来了，照亮了寂静的山谷，灰白的小路，照亮了秋日的败草，粗糙的树干，还有一丛丛荆棘、怪石，还有漫山遍野那树的队伍，还有香雪手中那只闪闪发光的小盒子。

她这才想到把它举起来仔细端详。她想，为什么坐了一路火车，竟没有拿出来好好看看？现在，在皎洁的月光下，她才看清了它是淡绿色的，盒盖上有两朵洁白的马蹄莲。她小心地把它打开，又学着同桌的样子轻轻一拍盒盖，"哒"的一声，它便合得严严实实。她又打开盒盖，觉得应该立刻装点东西进去。她从兜里摸出一只盛擦脸油的小盒放进去，又合上了盖子。只有这时，她才觉得这铅笔盒真属于她了，真的。她又想到了明天，明天上学时，她多么盼望她们会再三盘问她啊！

她站了起来，忽然感到心里很满，风也柔和了许多。她发现月亮是这样明净。群山被月光笼罩着，像母亲庄严、神圣的胸脯；那秋风吹干的一树树核桃叶，卷起来像一树树金铃铛，她第一次听清它们在夜晚，在风的怂恿下"豁啷啷"地唱歌。她不再害怕了，在枕木上跨着大步，一直朝前走去。大山原来是这样的！月亮原来是这样的！核桃树原来是这样的！香雪走着，就像第一次认出养育她成人的山谷。台儿沟是这样的吗？不知怎么的，她加快了脚步。她急着见到它，就像从来没见过它那样觉得新奇。台儿沟一定会是"这样的"：那时台儿沟的姑娘不再央求别人，也用不着回答人家的再三盘问。火车上的漂亮小伙子都会求上门来，火车也会停得久一些，也许三分、四分，也许十分、八分。它会向台儿沟打开所有的门窗，要是再碰上今晚这种情况，谁都能从从容容地下车。

对了，今晚台儿沟发生了这样的情况，火车拉走了香雪，为什么现在她像闹着玩儿似地去回忆呢？对了，四十个鸡蛋也没有了，娘会怎么说呢？爹不是盼望每天都有人家娶媳妇、聘闺女吗？那时他才有干不完的活儿，他才能光着红铜似的脊梁，不分昼夜地打出那些躺柜、碗橱、板箱，挣回香雪的学费。想到这儿，香雪站住了，月光好像也黯淡下来，脚下的枕木变成一片模糊。回去怎么说？她环视群山，群山沉默着；她又朝着近处的杨树林张望，杨树林窸窸窣窣地响着，并不真心告诉她应该怎么做。是哪儿来的流水声？她寻找着，发现离铁轨几米远的地方，有一道浅浅的小溪。她走下铁轨，在小溪旁边蹲了下来。她想起小时候有一回和凤娇在河边洗衣裳，碰见一个换芝麻糖的老头。凤娇劝香雪拿一件旧汗褂换几块糖吃，还教她对娘说，那件衣裳不小心叫河水给冲走了。香雪很想吃芝麻糖，可她到底没换。她还记得，那老头真心实意等了她半天呢。为什么她会想起这件小事？也许现在应该骗娘吧，因为芝麻糖怎么也不能和铅笔盒的重要性相比。她要告诉娘，这是一个宝盒子，谁用上它，就能一切顺心如意，就能上大学、坐上火车到处跑，就能要什么有什么，就再也不会叫人瞧不起……娘会相信的，因为香雪从来不骗人。

小溪的歌唱高昂起来了，它欢腾着向前奔跑，撞击着水中的石块，不时溅起一朵小小的浪花。香雪也要赶路了，她捧起溪水洗了把脸，又用沾着水的手抿光被风吹乱的头发。水很凉，但她觉得很精神。她告别了小溪，又回到了长长的铁路上。

前边又是什么？是隧道，它愣在那里，就像大山的一只黑眼睛。香雪又站住了，但她没有返回去，她想到怀里的铅笔盒，想到同学们惊羡的目光，那些目光好像就在隧道里闪烁。她弯腰拔下一根枯草，将草茎插在小辫里。娘告诉她，这样可以"避邪"。然后她就朝隧道跑去。确切地说，是冲去。

香雪越走越热了，她解下围巾，把它搭在脖子上。她走出了多少里？不知道。只听见不知名的小虫在草丛里鸣叫，松散、柔软的荒草抚弄着她的裤脚。小辫叫风吹散了，她停下来把它们编好。台儿沟在哪儿？她向前望去，她看见迎面有一颗颗黑点在铁轨上蠕动。再近一些她才看清，那是人，是迎着她走过来的人群。第一个是凤娇，凤娇身后是台儿沟的姐妹们。当她们也看清对面的香雪时，忽然都停住了脚步。

香雪猜出她们在等待，她想快点跑过去，但腿为什么变得异常沉重？她站在枕木上，回头望着笔直的铁轨，铁轨在月亮的照耀下泛着清淡的光，它冷静地记载着香雪的路程。她忽然觉得心头一紧，不知怎么的就哭了起来，那是欢乐的泪水，满足的泪水。面对严峻而又温厚的大山，她心中升起一种从未有过的骄傲。她用手背抹净眼泪，拿下插在辫子里的那根草棍儿，然后举起铅笔盒，迎着对面的人群跑去。

迎面，那静止的队伍也流动起来了。同时，山谷里突然爆发了姑娘们欢乐的呐喊。她们叫着香雪的名字，声音是那样奔放、热烈；她们笑着，笑得是那样不加掩饰、无所顾忌。古老的群山终于被感动得颤栗了，它发出宽亮低沉的回音，和她们共同欢呼着。

哦，香雪！香雪！

【提示】

小说结构单纯，构思精巧。作者以普通的小山村台儿沟为叙事和抒情背景，通过对香雪等一群农家女儿的心理活动的细致描写，叙述了火车停站一分钟给宁静的乡村生活带来的明显变化。在清淡优美的叙事、抒情中，折射出时代的变化、发展。

小说运用景物描写和心理描写的手法，刻画了一组乡村少女的形象。她们生存在闭塞的、贫穷的山村，过着代代沿袭的陈旧生活。现代文明打开了她们的心灵窗口，于是产生了对外界的向往和对未来的梦想。作者充分展示了她们纯洁、美丽的情感世界。小说以浓郁的抒情笔调，刻画了香雪的性格特征。她话不多，胆又小，虽然是村中惟一的初中生，但外界的纷扰并没能改变她那洁如水晶的品德。小说中的凤娇，也颇具个性，她对乘务员“北京话”的无私无邪，是少女世界特有的美丽风景。

小说的情感基调是清新婉丽、优美纯净的，但并不纤弱单薄，相反它寄予了对时代现实的严峻思考，少女的梦想是世界上最纯洁、最美丽的情感，但它恰恰又与贫穷闭塞联系在一起，在时代列车的呼啸声中，这种纯朴的美还能保留多久呢？香雪和她的伙伴们，连同整个台儿沟，将会经历怎样的变故呢？留给读者深深的感慨和思考。

【思考与练习】

1. 小说是怎样刻画人物形象的?

2. 理解小说的情感基调。

3. 体会小说心理描写、景物描写对刻画人物的作用。

（田小军）

外国文学概述

外国文学泛指中国以外的世界各国文学。按地域和文化渊源的关系分为欧美文学和亚非文学。

欧美文学

欧洲古代文学 古希腊、罗马是欧洲文学的发源地。古希腊文学是奴隶制社会的产物，随着奴隶社会的形成、发展、繁荣和衰亡经历了不同的发展阶段。文学的主要成就是神话、史诗、抒情诗、寓言、戏剧和文艺理论。希腊神话是古代希腊人民留给后世的一份丰富多彩的口头文学遗产。荷马史诗是欧洲叙事诗的典范；戏剧方面出现了享有世界声誉的悲剧家和喜剧家；文艺理论家柏拉图的对话录和亚里士多德的《诗学》为西方文艺理论奠定了基础。

古罗马文学是在模仿和继承古希腊文学的基础上发展起来的。文学成就主要是戏剧、诗歌、散文、传记文学和文艺理论。代表作家有维吉尔、贺拉斯和奥维德。古罗马文学在近代欧洲文学史上起了继往开来的作用。

基督教文学是欧洲古代文学的另一源头和组成部分。

欧洲中世纪文学 欧洲中世纪文学是欧洲封建社会早期和中期的文学。欧洲中世纪基督教盛行，教权高于一切，基督教文化占统治地位。教会文学是中世纪文坛上的主潮，也是正统的官方文学。主要内容是解释、宣传和普及基督教的教义。体裁主要有圣经故事、圣徒传、祷告文、赞美诗、圣者言行录、宗教剧等。艺术上多用梦幻的形式和寓意象征的手法,又多劝惩的说教。欧洲中世纪的其他文学也都受到基督教思想的影响。英雄史诗属于民间文学,有歌谣、故事、传说和长篇史诗。如日尔曼人的《希尔德布兰特之歌》,法国的《罗兰之歌》等。城市文学在民间文学的基础上发展起来,以法国的民间故事《列那狐的故事》成就最高。骑士文学是直接表现世俗统治阶级思想意识的文学。法国的骑士文学最兴盛,主要体裁有抒情诗和叙事诗。骑士抒情诗,在艺术上借鉴和发展了民间诗歌的技巧,对文艺复兴时期欧洲抒情诗的发展有一定影响,骑士叙事诗(诗体传奇),盛行于法国北方。

意大利诗人但丁(1265~1321)是中世纪最伟大的作家,代表作《神曲》采用中世纪流行的梦幻形式和象征手法写成,全诗场面宏大,结构严谨,具有百科全书性质,是一部总结中世纪和开拓新纪元的划时代作品。

文艺复兴时期的文学 文艺复兴是从 14 世纪到 17 世纪初欧洲封建社会逐渐解体,资本主义生产方式萌芽时期,新兴资产阶级反封建反教会的思想文化运动。主要有三种文学现象:封建文学、民间文学、人文主义文学。人文主义是文艺复兴时期资产阶级反封建斗争的思想武器,人文主义文学是当时文学的主流。它提倡以人为本,反对神的绝对权威,运用现实主义方法创作,为欧洲各国民族文学的发展奠定了基础。意大利是文艺复兴运动的发源地。人文主义文学的先驱彼特拉克首创十四行诗,开了一代诗风,他的抒情名作是《歌集》。卜伽丘的《十日谈》为欧洲短篇小说的发展树立了典范。法国拉伯雷的《巨人传》运用夸张、漫画的笔法嘲讽时弊,对以后文学发展颇有影响。西班牙文学成就最高的是塞万提斯的《堂·吉诃德》,它为欧洲近代现实主义小说发展奠定了基础。英国早在 14 世纪就出现了人文主义作家,乔叟被誉为“英国诗歌之父”。16 世纪中叶以后发展到繁荣时期,出现了“大学才子派”的戏剧。莎士比亚的戏剧创作达到顶峰,《哈姆雷特》是代表作。他的戏剧艺术对世界文学的发展作出了杰出贡献,创作方法成为人们师法的标准和典范。

十七世纪文学　17世纪初，人文主义文学仍在欧洲文坛上占有一定地位，此时出现了巴罗克文学、反映清教思想的文学和古典主义文学。巴罗克文学起源于意大利和西班牙，以后传到英、法等国影响很广。反映清教思想的文学主要出现在英国，弥尔顿是当时最主要的诗人、思想家和政论家。他的三大诗作《失乐园》、《复乐园》和悲剧诗《斗士参孙》，为世人所称道。古典主义文学产生于法国，后扩展到欧洲许多国家，成为欧洲文坛上的主潮。高乃依是法国古典主义悲剧的奠基人，《熙德》是代表作。后起之秀拉辛的代表作是《安德洛玛克》。莫里哀是法国古典主义文学杰出的喜剧作家，开创了欧洲现实主义风格喜剧和社会问题喜剧的先河，对欧洲的戏剧发展影响颇大。英、德、俄等国家也先后出现过程度不同的古典主义文学运动。

十八世纪文学　18世纪的欧洲，资本主义生产关系迅速发展，资产阶级力量日益壮大，逐渐形成了以法国为中心的全欧性的思想文化运动——启蒙运动。随之出现的启蒙主义文学发展成为文坛上的主流。启蒙文学继承了文艺复兴以来的现实主义传统，又创造了许多新的文体，使作品富有批判性、哲理性与分析性。启蒙主义文学最早产生在英国，现实主义小说成就最高，有笛福的《鲁滨逊漂流记》、斯威夫特的《格列佛游记》和菲尔丁的《汤姆·琼斯》等。法国启蒙文学成就卓著，哲理小说有孟德斯鸠的《波斯人信札》、伏尔泰的《老实人或乐观主义》、狄德罗的《拉摩的侄儿》，还有卢梭的书信体小说《新爱洛伊丝》等。莱辛是德国启蒙文学的奠基人，代表作是《爱米丽雅·迦洛蒂》。70年代爆发的“狂飙突进运动”，是启蒙运动的继续和发展，文学上的成就是戏剧和小说，著名作家有歌德和席勒。歌德是当时德国最伟大的诗人、作家和思想家，代表作诗体悲剧《浮士德》对19世纪浪漫主义文学产生了深远的影响。席勒是著名的剧作家。他们两人曾共同促成了德国古典文学的短暂繁荣。启蒙文学在其他国家也有所发展，如意大利、俄国等。

十九世纪文学　这一时期的欧美文学达到了前所未有的鼎盛

和高峰,各种文学样式和题材都得到充分发展。文学流派纷呈,浪漫主义和批判现实主义文学形成文坛上的主潮。后期出现了自然主义和世纪末流派。文学思潮、文化观念和创作方法都呈现出多元化倾向。

浪漫主义文学　18 世纪末到 1830 年之间,欧洲文坛上的主潮是浪漫主义文学。它继承和发展了启蒙文学重感情的特点,在与古典主义文学的斗争中发展起来。德国是浪漫主义文学的发源地,由于受唯心主义哲学思想的影响,许多作品充满了宗教的神秘色彩。英国早期的浪漫主义作家是"湖畔派"诗人。稍晚一些登上诗坛的有拜伦、雪莱和济慈。拜伦的代表作是长诗《恰尔德·哈罗尔德游记》和《唐璜》。雪莱的代表作是抒情短诗《西风颂》和诗剧《解放了的普罗米修斯》。法国最早的浪漫主义作家是夏多布里昂和斯塔尔夫人。20 年代中期以雨果为中心形成了法国浪漫主义文学运动,大仲马、乔治·桑是积极参加者。雨果的代表作是《巴黎圣母院》和《悲惨世界》。俄国浪漫主义文学的奠基人是茹可夫斯基。普希金是俄国浪漫主义文学的主要代表和现实主义文学的奠基人,他的抒情诗具有浪漫主义精神,诗体小说《叶甫盖尼·奥涅金》具有鲜明的现实主义特点。波兰的密茨凯维奇、匈牙利的裴多斐则是东欧浪漫主义文学的代表作家,惠特曼是美国 19 世纪最突出的浪漫主义诗人,代表作是《草叶集》。

批判现实主义文学　19 世纪 30 年代以后,浪漫主义文学继续发展,批判现实主义文学登上文坛并迅速发展成为欧美的文学主流。它是资本主义制度确立、巩固和迅速发展时期的产物,首先形成于法国。司汤达的长篇小说《红与黑》是法国批判现实主义文学的奠基作之一,巴尔扎克的卷帙浩繁的系列小说《人间喜剧》,用"人物再现"的艺术手法构成了自成体系的艺术世界,勾勒了一幅 19 世纪法国社会的风俗画,在世界文学史上享有很高的盛誉。福楼拜是 19 世纪中期法国重要的作家,代表作是《包法利夫人》。福楼拜独到的艺术风格启发了现代派的创作。19 世纪后期法国的代表作家是左拉,《萌芽》是代表作。莫泊桑是世界著名的短篇小说巨匠，创作风格朴实、简洁。英国批判现实主义文学的奠基人是狄更斯，他的创作生动地反映了 19 世纪英国资本主义的发展过程，代表作是《双城记》、《艰难时世》。其他重要作家有萨克雷、夏洛蒂·勃朗特、哈代等。俄国批判现实主义文学从形成到繁荣，涌现出灿若群星的优秀作家作品。其中最具代表性的有果戈理的《死魂灵》、屠格涅夫的《父与子》、冈察洛夫的《奥勃洛摩夫》、奥斯特洛夫斯基的《大雷雨》、托尔斯泰的《战争与和平》、陀斯妥耶夫斯基的《罪与罚》、契诃夫的《第六病室》等。北欧国家中文学成就最高的有挪威的易卜生和丹麦的安徒生。美国现实主义文学早期的著名代表是哈里耶特·比彻·斯陀，她的代表作是《汤姆叔叔的小屋》。马克·吐温是美国批判现实主义文学的奠基人，代表作《哈克贝利·费恩历险记》颇为驰名。著名作家还有欧·亨利、亨利·詹姆斯等。

自然主义文学和其他文学流派　19 世纪下半叶，欧美文学出现了流派繁多、思想各异的复杂情况。自然主义文学，最早产生于法国，左拉是法国自然主义文学的理论家与领袖。自然主义对英国、意大利、俄国等国产生了不同程度的影响。唯美主义文学的发源地在英国，其特点是提倡“为艺术而艺术”。王尔德的长篇小说《道连·格雷画像》极具代表性。前期象征主义产生于法国，诗人波特莱尔是象征主义的先驱。主要代表作家是马拉美、魏尔伦和兰波。他们对象征主义诗歌艺术的发展做出过重大贡献。

二十世纪文学　20 世纪的欧美文学呈现纷繁复杂的状态，有批判现实主义文学、社会主义现实主义文学和现代主义文学。

批判现实主义文学　20 世纪前期的批判现实主义文学创作具有浓厚的传统色彩。英国的肖伯纳和高尔斯华绥等共同促成了英国批判现实主义文学的复兴。法国作家罗曼·罗兰、美国小说家德莱塞、德国作家托马斯·曼等都是 20 世纪前期现实主义文学的杰出代表。两次世界大战带来了文学上的变化，涌现出一批反映反战情绪主题的现实主义作家。如美国的海明威、法国的巴比塞等。在科技、经济飞速发展的新的历史条件下，新一代批判现实主义作家更加关注人类生存与发展的命运和前途，他们在揭露批判现实的过程中，交织着对未来的憧憬与迷惘。如英国的劳伦斯、毛姆，法国的莫里亚克，奥地利的茨维格，美国的斯坦培克等。

社会主义现实主义文学　随着社会主义国家的建立，用无产阶级思想观察和描写现实，是这种文学创作的基本方法。俄国伟大的无产阶级作家高尔基是社会主义现实主义文学的奠基人。他的长篇小说《母亲》描写了俄国无产阶级的革命斗争，在世界文学史上开创了无产阶级文学的新纪元。十月革命胜利后，无产阶级文学队伍迅速壮大，出现了像绥拉菲莫维奇的《铁流》、富尔曼诺夫的《恰巴耶夫》、法捷耶夫的《毁灭》等里程碑式的作品。马雅可夫斯基是社会主义现实主义诗歌的奠基人，著名的长诗《放开喉咙歌唱》是其艺术宣言。阿·托尔斯泰从批判现实主义逐步走向社会主义现实主义，代表作是长篇小说《苦难的历程》。肖洛霍夫的《静静的顿河》在世界文学史上占一席之地。南斯拉夫、德国、美国等，都出现过这种文学。

现代主义文学　它是20世纪欧美国家众多文学流派的总称。后期象征主义文学，是前期象征主义文学的延续和发展，代表作家有法国诗人瓦雷里、英国诗人爱略特等；表现主义文学的理论纲领是“艺术是表现，不是再现”，奥地利作家卡夫卡的小说《城堡》、《变形记》，美国戏剧家尤金·奥尼尔的戏剧《毛猿》等，是公认的表现主义代表作；意识流文学主张表现人的意识流动，代表作家有法国的普鲁斯特、美国的福克纳等；超现实主义文学主张文学表现由梦幻和现实相结合的“超现实”，代表作家是法国诗人艾吕雅和阿拉贡，另外还有存在主义文学和荒诞派戏剧等。

亚非文学

亚非地区是人类文明的发祥地。亚非文学历史悠久，曾经有过光辉灿烂的时期，对西方文学产生了深远的影响。

古代亚非文学　指亚非国家原始社会末期和奴隶制社会的文

学。古埃及和巴比伦文学是世界上最早的文学。古埃及文学最早的形式是神话、传记和箴言,还有大量的宗教性诗篇。古埃及神话种类繁多,充满浓烈的浪漫主义色彩,为后代的世界浪漫主义文学提供了先例。传记文学多数是为奴隶主贵族歌功颂德的。宗教性诗篇大多收在《亡灵书》内,有神话诗、祷文诗、颂神诗等。古埃及文学对巴勒斯坦和古希腊文学产生过较大的影响。古巴比伦文学的最高成就是世界上最早的史诗《吉尔伽美什》。

希伯莱文化遗产的总汇是《圣经》。希伯莱文学与古希腊文学共构了欧洲文学的源头。

古印度文学成就卓著,有歌谣、史诗、故事、戏剧等。《吠陀本集》是对印度上古社会的综合反映。《摩诃婆罗多》和《罗摩衍那》在印度文学史上颇负盛名。迦梨陀婆是印度古典诗人和剧作家,《沙恭达罗》是他最优秀的剧作,剧情有浪漫色彩与现实因素、悲剧性与喜剧性相结合的特点。随着耆那教、佛教的兴起,古印度产生了大量的佛教文献,特别是佛教经典在国外影响很大。

中古亚非文学 泛指中古亚非地区封建社会的文学。各国出现了不少优秀的作家。在西亚和北非国家中,阿拉伯、波斯文学取得了突出成就。穆罕默德是伊斯兰教的创建人,记录他传教谈话和演讲的汇集《古兰经》,是阿拉伯文学史上的第一部散文巨著。蜚声世界的阿拉伯民间故事集《一千零一夜》,对后世影响极大。波斯文学创作的成就卓著,诗人辈出,有“诗国”之美称。鲁达基是古典诗歌的奠基者,被誉为伊朗“诗歌之父”。之后又出现三大著名诗人菲尔杜西、萨迪和哈菲兹,受到世人赞赏。

在东亚国家中,主要有日本和朝鲜文学。日本文学开创于奈良时期,《古事记》是第一部书面文学作品。《万叶集》是日本最早的古代诗歌总集。紫式部是日本平安时期的女作家,创作了世界上第一部长篇小说《源氏物语》。这一时期还有清少纳言的随笔《枕草子》、松尾巴蕉的诗歌《俳谐 7 部集》,井原西鹤的町人小说和近松门左卫门的町人戏剧等。朝鲜最早的书面文学是以《檀君神话》和《东明王》为代表的一批神话和英雄传记。表达了人民对祖国的热爱和英雄的歌颂。金富轼编纂的《三国史记》和一然和尚编纂的《三国遗事》汇集了三国时代大量的文学作品,被誉为朝鲜古代文学遗产的丰富宝库。18 世纪的朴趾源是朝鲜中古最优秀的现实主义作家和杰出的思想家。无名氏的《春香传》是流传最广的古典名著。

这个时期,越南、缅甸、马来西亚也出现一批优秀作家。

近代亚非文学 主要是指 19 世纪初至 20 世纪 20 年代亚非地区各国、各民族的文学。时间不长,但却在东方文学发展史上起着承上启下的作用。在东亚地区,日本近代文学发展较快,成就突出。由于受西方文化的影响,流派繁多,更迭频繁。二叶亭四迷是日本近代现实主义的奠基作家,《浮云》是代表作。森欧外的《舞姬》为浪漫主义文学开辟了道路。岛崎藤村的诗集《嫩菜集》是浪漫主义文学具有里程碑意义的作品。岛崎藤村的小说《破戒》、田山花袋的《棉被》是自然主义文学的代表作。夏目漱石是日本近代文学的著名作家,代表作《我是猫》是日本近代文学中讽刺文学的典范之作。芥川龙之介是日本短篇小说巨匠,在世界上享有盛誉。

近代南亚各国中,印度文学的成就最突出,涌现出一大批以地域性民族语言进行创作的著名作家。赫里谢金德尔是近代印地语戏剧的首创者和诗人,萨拉特是以孟加拉语写作的著名小说家,在文学史上的地位仅次于泰戈尔。泰戈尔是近代印度民族文化的杰出代表,享有世界声誉的艺术大师,一生创作诗集五十多部,《吉檀迦利》是他角逐诺贝尔文学奖的力作,《沉船》、《戈拉》是他中长篇小说代表作。

近代的伊朗、阿拉伯文学也有较大的发展。

现当代亚非文学 指 20 世纪初以来的民族革命文学,包括进步的资产阶级文学和无产阶级文学。日本已发展成为帝国主义国家,文坛上派别较多,主流是无产阶级左翼文学。德永直的长篇小说《没有太阳的街》与小林多喜二的《蟹工船》被誉为无产阶级文学的"双璧",共同称为无产阶级文学的奠基作。小林多喜二是日本最杰出的无产阶级作家,《为党生活的人》是日本无产阶级文学史上的杰作。著名作家还有叶山嘉树、黑岛传治等。川端康成是日本现代著名小说家,中篇小说《雪国》是最为人称道的作品。日本当代作家井上靖的处女作和成名作《斗牛》颇为驰名。

现代朝鲜文学,在20年代初马克思主义的广泛传播和工人运动的蓬勃发展的条件下出现了一批作家,称为“新倾向派”。主要有崔曙海、李箕永、赵明熙等。普列姆·昌德是印度现代文学的奠基人,长篇小说《戈丹》被称为印度农村史诗。现代亚非其他国家也出现了许多优秀作家。

(徐鸿荣)

论 学 问[①]

培根著 水天同译

弗兰西斯·培根(Francis Bacon,1561～1626),英国杰出的哲学家、散文家、实验科学与经验哲学的创始人。出生于伦敦一贵族家庭。12 岁入剑桥大学学习,并获该校硕士学位。官至掌玺大臣、英国大法官。晚年专事科研与著述。因在雪地中做试验受寒而染病离世。

培根的学术范围十分广泛,涉及自然科学、法学、历史学、哲学、心理学等,并在各方面都颇有建树。《论说文集》是他文学方面的代表作,共 58 篇,主题均是关于人性及人生问题的研讨。内容广泛,短小质朴,文笔洗练,见解深刻独到,充满警言隽语,具有英国人特有的睿智、敦厚和既严谨又富想像力的审美情趣。对英国散文的发展影响巨大。

读书为学底用途是娱乐、装饰和增长才识。在娱乐上学问底主要的用处是幽居养静;在装饰上学问底用处是辞令;在长才上学问底用处是对于事务的判断和处理。因为富于经验的人善于实行,也许能够对个别的事情一件一件地加以判断;但是最好的有关大体的议论和对事务的计划与布置,乃是从有学问的人来的。在学问上费时过多是偷懒;把学问过于用作装饰是虚假;完全依学问

① 本篇选自《培根论说文集》。该随笔集曾有三个版本。1597 年初版时,只有 10 篇文章;次年再版;1612 年新版修改增加至 38 篇;1620 年最后修正本出版时,作者已将其扩至 58 篇,是培根的散文杰作。《论学问》一文为最早的一批文章之一。

上的规则而断事是书生底怪癖。学问锻炼天性，而其本身又受经验底锻炼；盖人底天赋有如野生的花草，他们需要学问底修剪；而学问底本身，若不受经验底限制，则其所指示的未免过于笼统。多诈的人藐视学问，愚鲁的人羡慕学问，聪明的人运用学问；因为学问底本身并不教人如何用它们；这种运用之道乃是学问以外，学问以上的一种智能，是由观察体会才能得到的。不要为了辩驳而读书，也不要为了信仰而盲从，也不要为了言谈而议论，要以能权衡轻重、审察事理为目的。

有些书可供一尝，有些书可以吞下，有不多的几部书则应当咀嚼消化；这就是说，有些书只要读读他们底一部分就够了，有些书可以全读，但是不必过于细心地读；还有不多的几部书则应当全读，勤读，而且用心地读。有些书也可以请代表去读，并且由别人替我作出节要来；但是这种办法只适于次要的议论和次要的书籍；否则录要的书就和蒸馏的水一样，都是无味的东西。阅读使人充实，会谈使人敏捷，写作与笔记使人精确。因此，如果一个人写得很少，那末他就必须有很好的记性；如果他很少与人会谈，那末他就必须有很敏捷的机智；并且假如他读书读得很少的话，那末他就必须要有很大的狡黠之才，才可以强不知以为知。史鉴使人明智；诗歌使人巧慧；数学使人精细；博物使人深沉；伦理之学使人庄重；逻辑与修辞使人善辩。“学问变化气质”。不特如此，精神上的缺陷没有一种是不能由相当的学问来补救的：就如同肉体上各种的病患都有适当的运动来治疗似的①。“地球”有益于结石和肾脏；射箭有益于胸肺；缓步有益于胃；骑马有益于头脑。诸如此类。同此，如果一个人心志不专，他顶好研究数学；因为在数学底证理之中，如果他底精神稍有不专，他就非从头再做不可。如果他底精神不善于辨别异同，那末他最好研究经院学派底著作，因为这一派的学者是条分缕析的人；如果他不善于推此知彼，旁征博引，他顶好

① 意谓“如肉体上之各种病患皆有适当之运动以治疗之”也。观下文自明。

研究律师们底案卷。如此看来，精神上各种的缺陷都可以有一种专门的补救之方了。

【提示】

《论学问》是培根散文中著名的作品之一。作者围绕着“读书与学问”这一中心论点，以精短的篇幅，把知识的特性与功用，不同人对知识的不同态度，书的种类及不同的读法，不同的书的不同效用等，进行了精辟、深刻、透彻的阐述。全文的两个自然段，第一段指出读书为学的用途是娱乐、装饰和增长才识，鼓励人们为追求真理而学，批评以知识装饰门面的学风。第二段着重阐述了不同书的不同读法及不同功用，让人们用知识来完善自己。培根一生重事实，重分类，重实验，崇尚真理，提倡科学，是一个通晓世故人情、知识非常广博的学者。文章的立论往往以实际观察为依据，重客观实际而不浮夸玄想，常有独到之见。他的语言不求华美，力求清楚达意，要言不繁，文笔老练、紧凑、锐利。句间很少使用连词或转折副词，每个句子几乎都表达着一定的明确的思想，可以单独成立，可谓字字珠玑，句句精辟隽永。培根的比喻也十分恰当，而且都来自实际，一如他的文风。全篇充满警句隽语，有许多佳句如他的名言“知识就是力量”同样脍炙人口。如“学问锻炼天性，而其本身又受经验底锻炼。”“阅读使人充实，会谈使人敏捷，写作与笔记使人精确。”“史鉴使人明智；诗歌使人巧慧；数学使人精细；博物使人深沉；伦理之学使人庄重；逻辑与修辞使人善辩。”

【思考与练习】

1. 培根的散文体现了培根怎样的思想？

2. 试述培根散文的特点。

（郭秀媛）

树林与草原[①]

屠格涅夫著　丰子恺译

伊·谢·屠格涅夫(И. С. Тургенев,1818～1883),俄国优秀的现实主义作家。出生于俄国奥廖尔省城一个世袭贵族家庭,彼得堡大学毕业后,到德国留学。1842年获哲学硕士学位。1847年后经常出国,晚年侨居国外。对俄国文学与欧洲文学的交流做出了很大贡献。

屠格涅夫的创作始于诗、剧,在散文、小说创作上取得成功。主要作品有成名作《猎人笔记》,长篇小说《罗亭》、《贵族之家》、《前夜》、《父与子》及晚年创作的《散文诗集》等。他的作品对中国许多作家的创作产生了巨大影响。

……渐渐地牵引他向后方:
回到幽暗的花园里,回到村子上,
那里的菩提树高大而阴凉,
铃兰花发出贞洁的芬芳,
那里有团团的杨柳成行,
从堤畔垂垂地挂在水上,
那里有繁茂的橡树生长在膏腴的田地上,
那里的大麻和荨麻发出馨香……

① 本篇选自丰子恺翻译的《猎人笔记》。《猎人笔记》是屠格涅夫的短篇特写集,共25篇。其中绝大部分是1846至1852年创作并陆续发表的。1852年结集为《猎人笔记》出版,共22篇。1880年最后定本时,又加入了3篇。

到那地方，到那地方，到那辽阔的原野上，
那里的土地黑沉沉的像天鹅绒一样，
那里的黑麦到处在望，
静静地泛着柔软的波浪。
从一团团明净的白云中央，
照射出沉重的、金黄色的阳光。
那是个好地方……

——节自待焚的诗篇

读者对于我的笔记也许已经感到厌倦了；我赶快安慰他：约定限于已经发表的几篇为止；但是在向他告别的时候，不能不略谈几句关于打猎的话。

带了枪和狗去打猎，就本身而论，即从前所谓 für sich①，是一件绝妙的事；纵然你并不生来就是猎人，但你总是爱好自然和自由的，因此你也就不能不羡慕我们猎人。……请听我讲吧。

例如，春天黎明以前乘车出游时的快感，你知道吗？你走到台阶上。……深灰色的天空中有几处闪耀着星星；滋润的风时时像微波一般飘过来；听得见夜的隐秘而模糊的私语声；阴暗的树木发出微弱的喧噪声。仆人把地毯铺在马车上了，把装茶炊的箱子放在踏脚的地方了。两匹副马畏缩着身子，打着响鼻，优雅地替换着蹄子站在那里；一对刚才睡醒的白鹅静悄悄、慢吞吞地穿过道路去。在篱笆后面的花园里，看守人安闲地在那里打鼾；每一个声音都仿佛停滞在凝结的空气中，停滞不动。于是你坐上车；马儿一齐举步，马车发出隆隆的声音。……你乘着马车，经过教堂，下山向右转，开过堤坝。……池塘上刚开始升起烟雾。你觉得有点儿冷，就用大衣领子遮住了脸；你打瞌睡了。马蹄踏在水洼里发出很响的声音；马车夫吹着口哨。但是这时候你已经走了约摸四俄里。

① für sich：德语，就本身而论。

……天边发红了；唐鸦在白桦树丛中醒过来，笨拙地飞来飞去；麻雀在暗沉沉的禾堆周围吱吱喳喳地叫。空气清朗了，道路更加看得清楚，天色明净起来，云发白了，田野显出绿色。农舍里点着松明，发出红色的火光，大门里面传出瞌睡朦胧的说话声。这期间朝霞发红了；已经有金黄色的光带扩展在天空中，山谷里缭绕地升起一团团烟雾来，云雀嘹亮地歌唱着，黎明前的风吹出了，——于是徐徐地浮出深红色的太阳来。阳光像流水一般迸出；你的心像鸟儿一般振奋起来。一切都新鲜、愉快而可爱！四周远处都看得清楚了。小树林后面有一个村庄；再过去些还有一个村庄，村里有一所白色的礼拜堂；山上有一个白桦树林；这树林后面是一片沼地，就是你要去的地方。……快跑，马儿，快跑！跨着大步向前进！……一共只有三俄里了。太阳很快地升起来；天空明净。……今天天气一定很出色。一群家畜从村子里向我们迎面而来。你的车子登上山顶。……风景多么好！河流蜿蜒十俄里光景，在雾色中隐隐地发蓝；河那边是大片的水汪汪的青草地；草地那边有几个平坦的丘陵；远处有几只田凫在沼地上空飞鸣；通过了散布在空气中的滋润的阳光，远处的景物显得很清楚。……不像夏天那样。呼吸多么自由，四肢动作多么爽快，全身被春天的清新气息笼罩着，感到多么壮健！……

夏天七月里的早晨！除了猎人之外，有谁曾经体会到黎明时候在灌木丛中散步的乐趣呢？你的脚印在白露沾湿的草上留下绿色的痕迹。你用手拨开濡湿的树枝，夜里蕴蓄着的一股暖气立刻向你袭来；空气中到处充满着苦艾的新鲜苦味、荞麦和三叶草的甘香；远处有一片茂密的橡树林，在阳光底下发出闪闪的红光；天气还凉爽，但是已经觉得炎热逼近了。过多的芬芳之气使得你头晕目眩。灌木丛没有尽头。……只是远处某些地方有一片黄澄澄的成熟了的黑麦，一条条狭长的粉红色的荞麦田。这时候一辆马车轧轧地响出；一个农人缓步走来，把他的马预先牵到阴凉的地方去。……你同他打个招呼，就走开了；你后面传来镰刀的响亮的铿锵声。太阳越升越高。草立刻干燥了。天气炎热起来。过了一个钟头，又一个钟头。……天边上黑暗起来；静止的空气中发散出火辣辣的热气。

“老兄，这里什么地方可以弄点水喝？”你问一个割草的人。

“那边山谷里有一口井。”

你穿过缠着蔓草的茂密的榛树丛，走到山谷底上。果然，断崖的下面隐藏着泉水；橡树的掌形枝叶贪婪地铺张在水面上；银色的大水泡摇摇摆摆地从长满细致柔滑的青苔的水底上升起来。你投身到地上，喝饱了水，但是懒得再动了。你现在正在阴凉的地方，呼吸着芬芳的湿气；你觉得很舒服，可是你对面的丛林晒得火辣辣的，在阳光底下仿佛颜色发黄了。然而这是什么呀？风突然吹来，又疾驰而去；四周的空气颤动了一下：这不是雷声吗？你从山谷里走出来。……天边的一片铅色是什么？是不是暑气浓密起来了？是不是乌云涌过来了？……但是这时候电光微微地一闪。……啊，原来是暴风雨要来了！四周还照着明亮的阳光，还可以打猎。但是乌云增长起来了：它前面的一边像衣袖一般伸展开来，像穹窿似的笼罩着。顷刻之间，草木全部黑暗了。……赶快跑！那边好像有一间干草棚。……赶快跑！……你跑到那里，走了进去。……雨多么大！闪电多么亮啊！有些地方，水通过了草屋顶滴在芳香的干草上。……但是，瞧，太阳又出来了。暴风雨过去了；你走出来。我的天啊，四周一切多么愉快地发出光辉，空气多么清新澄彻，草莓和蘑菇多么芬芳！……

但是现在黄昏来临了。晚霞像火焰一般燃烧，遮掩了半个天空。太阳就要落山了。附近的空气似乎特别清彻，像玻璃一样；远处笼罩着一片柔和的雾气，样子很温暖；鲜红的光辉随着露水落在不久以前还充满淡金色光线的林中旷地上；树木、丛林和高高的干草垛上都投射出长长的影子来。……太阳落山了；一颗星在落日的火海里发出颤抖的闪光来。……这火海渐渐泛白了；天空发青了；一个个的影子逐渐消失，空气中充满了烟雾。现在该回去了，回到你过夜的村中的农舍里去了。你背上枪，不顾疲倦，迅速地走着。……这期间黑夜来临了;二十步之外已经看不见了;狗在黑暗中微微地显出白色。在那边黑压压的丛林上,天际模糊地发亮。……这是什么?火灾吗?……不是,这是月亮升起来了。下面靠右边,村子里的灯火已经在闪耀了。……终于到达了你的屋子。你从窗子里可以看到铺着白桌布的食桌、焰焰的蜡烛、晚餐……

有时你吩咐套上竞走马车,到树林里去猎松鸡。车子在两旁长着又高又密的黑麦的狭路上经过,是很愉快的事。麦穗轻轻地打你的脸,矢车菊绊住你的脚,四周有鹌鹑叫着,马儿跑着懒洋洋的大步子。树林到了。阴暗而寂静。体态匀称的白杨树高高地在你上面簌簌作响;白桦树的下垂的长枝微微颤动;一棵强大的橡树像战士一般站在一棵优雅的菩提树旁边。你的车子在长满绿草的、阴影斑驳的小路上行驶着;黄色的大苍蝇一动不动地在金黄色的空气中逗留了一会,突然飞去;小蚊蚋成群地盘旋着,在阴暗的地方发亮,在太阳光里发黑;鸟儿安闲地歌唱着。知更鸟的金嗓子欢愉地发出天真烂漫的絮絮叨叨声,这声音同铃兰的香气很调和。再走远去,再走远去,去到树林的深处。……树林丛密起来。……心中感觉到说不出的沉寂;四周也都充满睡意,悄然无声。但是忽然一阵风吹来了,树梢哗哗地响起来,仿佛翻落的波浪。有些地方,从去年的褐色的落叶中间生出很高的草来;蘑菇各自戴着自己的帽子站着。雪兔突然跳出,狗高声吠叫着急起直追。……

同是这座树林,当晚秋山鹬飞来的时候,显得多么美好啊!山鹬不停在树林深处,必须到树林边上去找它们。没有风,也没有太阳,没有光亮,没有阴影,没有动作,没有声音;柔和的空气中弥漫着秋天的像葡萄酒似的香气;远处黄澄澄的田野上笼罩着一层淡薄的雾。光秃秃的褐色树枝中间,露出宁静而洁白的天空;菩提树上有几处挂着最后几张金色的叶子。两脚踏在潮湿的土地上觉得有弹性;高高的干燥的草一动也不动;长长的蛛丝在苍白的草上闪闪发光。呼吸舒畅,可是心里感到一种异样的惊悸。你沿着树林边缘走去,一路照看着你的狗,这期间可爱的形象、可爱的人——

死了的和活着的——都回忆起来了,久已睡着了的印象蓦地苏醒过来;想像力像鸟一般翱翔,一切都在眼前清晰地出现并活动起来了。心有时突然颤抖跳动,热情地向前突进,有时一去不回地沉没在回忆中了。全部生活就像一个手卷似的轻快迅速地展开来;人在这时候掌握了他的全部往事、全部感情、力量、全部灵魂。四周没有一样东西来妨碍他——既没有太阳,也没有风,又没有声音。……

在秋天,早晨严寒而白天明朗微寒的日子里,那时候白桦树仿佛神话里的树木一般全部作金黄色,优美地显出在淡蓝色的天空中;那时候低斜的太阳照在身上不再感到温暖,但是比夏天的太阳更加光辉灿烂;小小的白杨树林全部光明透彻,仿佛它认为光秃秃地站着是愉快而轻松的;霜花还在山谷底上发白,清风徐徐地吹动,追赶着卷曲的落叶;那时候河里欢腾地奔流着青色的波浪,一起一伏地载送着逍遥自在的鹅和鸭;远处有一座半掩着柳树的磨坊轧轧地响着,鸽子在它的上空迅速地盘着圈子,在明亮的空气中斑斑驳驳地闪耀着。……

夏天的烟雾弥漫的日子也很美好,虽然猎人不喜欢这种日子。在这些日子里不能打枪,因为鸟儿从你的脚边拍翅飞起,立刻消失在白茫茫的凝滞的烟雾中了。然而四周多么静寂,静寂得难于形容!一切都觉醒了,然而一切都默不作声。你经过一棵树旁边,它一动也不动,正在悠然自得。通过均匀地散布在空气中的薄雾,在你前面显出一片长长的黑影。你以为这是近处的树林;你走过去,这树林就变成了长在田界上的一排高高的苦艾。在你的上空,在你的四周,到处都是雾。……可是这时候风轻轻地吹出了,一块淡蓝色的天空通过了稀薄如烟的雾气而显现出来,金黄色的阳光突然侵入,照射成一条长长的光带,落到田野上,钻进树林里,——接着,一切又都被遮蔽起来。这斗争继续了很久;但是光明终于胜利,被太阳照暖了的最后一阵阵烟雾时而凝集起来,铺展得平平的,时而盘旋缭绕,消失在发着柔和的光辉的蔚蓝色的高空中,这一天就变成壮丽无比的晴明天气了。

现在你要出发到远离庄园的草原上去行猎了。你的车子在乡间土道上行驶了大约十俄里,终于来到了大道上。你经过无数的货车旁边,经过几家大门敞开的旅店旁边,望见里面有一口井,屋檐下还有茶炊吱吱地沸腾着;你的车子从一个村庄开到另一个村庄,穿过一望无际的原野,沿着绿色的大麻田,长久地行驶着。喜鹊从一棵柳树飞到另一棵柳树;农妇们手里拿着长长的草耙,正在田野里慢慢地走;一个行路人穿着一件破旧的土布外套,肩上背着一只行囊,拖着疲劳的步子行走着;地主家的笨重的轿形马车上套着六匹高大而疲乏的马,向你迎面而来。车窗里露出垫子的角;一个穿大衣的侍仆扶着绳子,横着身子,坐在马车后面的脚登上的一只蒲包上,泥污一直溅到眉毛上。现在你来到了一个小县城里,这里有木造的歪斜的小屋子、无穷尽的栅栏、不住人的石造商店、深谷上的古老的桥。……再走远去,再走远去!……来到了草原地带。你从山上眺望,风景多么好!一个个全部耕种过的圆圆低低的丘陵,像巨浪一般起伏着;长满灌木丛的溪谷蜿蜒在丘陵中间;一片片小小的丛林像椭圆形的岛屿一般散布着;狭窄的小径从一个村庄通到另一个村庄;各处有白色的礼拜堂;柳丛中间透出一条亮闪闪的小河,有四个地方筑着堤坝;远处原野中有一行野雁并列地站着;在一个小池塘上,有一所古老的地主邸宅,附有一些杂用房屋、一个果园和一个打谷场。然而你的车子继续向前行驶。丘陵越来越小了,树木几乎看不见了。终于,你来到了一片茫无际涯的草原上!……

在冬天的日子里,你在高高的雪堆上追逐兔子,呼吸严寒刺骨的空气,柔软的雪的耀目而细碎的闪光,使你的眼睛不由自主地要眯拢来,你欣赏着红橙橙的树林上面的青天,这一切多么可爱啊!……在早春的日子里,当四周一切都发出闪光而逐渐崩裂的时候,通过融解的雪的浓重的水气,已经闻得出温暖的土地的气息;在雪融化了的地方,在斜射的太阳光底下,云雀天真烂漫地歌唱着,急流发出愉快的喧哗声和咆哮声，从一个溪谷奔向另一个溪谷。……

但是现在应该结束了。我正好又讲到了春天：在春天容易别离，在春天，幸福的人也会被吸引到远方去。……再见了，我的读者，祝您永远如意称心。

【提示】

《树林与草原》是《猎人笔记》中一篇描写俄罗斯自然景色的抒情散文。作者以猎人的行踪和对大自然的爱与感受为线索，通过猎人的所见所闻所感，描绘优美的富于变化的俄罗斯的大自然，表达作者对生活和自由以及祖国故乡的深厚爱恋之情。

作者以一段写景的抒情诗开篇，以猎人亲身感受的俄罗斯的春夏秋冬为序，写春日黎明前到阳光迸出时的丰富变化，夏日早晨的凉爽与芬芳，暴风雨的忽来骤去，燃烧的晚霞，迷人的黄昏，秋日树林的芳香与色彩……行文如行云流水，潇洒自如，不受拘限，看似散漫无章法，实则随笔而有情意。伴随着猎人的足迹和感受，透过猎人的视线，俄罗斯乡村这幅自然图画便优美生动起来，绚丽灵秀起来，芳香四溢，令人陶醉痴迷，使读者如身临其境。

文章充分体现了屠格涅夫的写景才华。作者没有夸张渲染、浓墨重彩，而是以朴素的白描手法，刻画了大自然的千变万化、优美绚丽与神韵。并且在写景时自然而然地融入作者个人的情感，使情与景完美地交融在一起，增强了作品的抒情性。文章的语言朴素、简洁、生动、清新，极富表现力和抒情性。如“阳光像流水一般迸出”、“心像鸟儿一般振奋”、“树梢哗哗地响起来，仿佛翻落的波浪”等，把俄罗斯乡村自然的一切美好都鲜明地呈现在读者面前，读来令人陶醉。

【思考与练习】

1. 屠格涅夫是怎样描写俄罗斯的乡村自然景色的?
2. 屠格涅夫的语言特点是什么?
3. 为什么说屠格涅夫的现实主义是抒情的现实主义?

（郭秀媛）

杰·阿尔弗雷德·普鲁弗洛克的情歌①

爱略特著　雷武铃译

托马斯·斯特恩斯·爱略特(Thomas Stearns Eliot,1888～1965),出生于美国密苏里州圣路易斯城,一新英格兰名门望族。1906年入哈佛大学,1914年接受哈佛大学奖学金赴英国学习,遂在英国定居。两年后放弃哈佛的博士学位,成为劳埃德银行职员。1927年加入英国国籍。1948年获诺贝尔文学奖。

从影响地域的广度,时间的长度,涉及问题的深度看,爱略特是二十世纪影响最大的诗人。他还是新批评派的思想源头。他同时在两方面塑造了二十世纪文学:诗歌写作和文学观念。他的《荒原》是二十世纪的一座纪念碑。他的主要诗歌作品还有《普鲁弗洛克及其他观察》、《灰星期三》、《四个四重奏》,他的主要诗剧有《大教堂谋杀案》,主要批评著作有《圣林》。

如果我认为听我说话的人
将回到人间
这股火焰就不会再晃动,
但如果我听说的话是真的
没有人活着离开深渊

---

① 本篇选自诗人第一部诗集《普鲁弗洛克及其他观察》,诗集共收诗十二首。《杰·阿尔弗雷德·普鲁弗洛克的情歌》是诗人第一首最重要的诗。

*我就回答你，不怕出丑。*①

那么，让我们走吧，你和我，
当暮色躺在天空里伸展
像病人麻醉在手术台上；
让我们走吧，穿过那些空寂的街道，
那些廉价的一夜旅店里
彻夜不息的喃喃声，
那些满地锯末和牡蛎壳的饭店：
那些一条接一条的街道像一场乏味的争辩，
居心叵测地
想把你带入一个不知所措的问题……
噢，请别问，“那是什么？”
让我们走吧，我们去拜访。

屋子里的女人来去如梭，
嘴里说着米开朗基罗②。

黄色的雾在玻璃窗上蹭它的背，
黄色的烟在玻璃窗上擦它的嘴，
它的舌头舔着夜晚的角落，
留连在干涸的水坑里，
让烟囱落下的煤尘落在背上，
从阳台边溜过，又突然跃起，

---

① 原文为意大利语，引自但丁《神曲·地狱篇》第二十七章。地狱劫火中的吉多·达·蒙特福尔托以为听他讲话的但丁再也不会重返人世，便毫无顾忌地讲出了自己的罪恶。

② 米开朗基罗（1475～1564）：意大利雕塑家、画家、诗人。

看着这个温柔的十月之夜，
绕着房子蜷缩一圈，沉入睡眠。

确实会有时间
让黄色的雾沿街滑行，
在窗玻璃上蹭它的背；
会有时间，会有时间
准备一副面孔去见你要见的面孔；
会有时间去谋杀和创造，
那双在你的茶盘里拿起又放下一个问题的手
会有时间去从事所有的工作与时日；
会有时间给你，会有时间给我，
在吃烤面包喝茶之前
会有时间犹豫不定一百次
幻想一百次，更改幻想一百次。

屋子里的女人来去如梭，
嘴里说着米开朗基罗。

确实会有时间
去自问，“我敢吗？”“我敢吗？”
会有时间转身走下楼梯，
我的头顶有了一块秃斑——
（她们会说：“他的头秃得多厉害！”）
我的晨礼服，领子紧顶住下巴，
我的领带华贵而质朴，用一只廉价别针系住——
（她们会说：“可他的胳膊和腿多细！”）
我敢
把宇宙扰乱吗？
在一分钟内还会有时间

决定和修改决定,供下一分钟推翻。

因为我已熟知她们的一切,熟知她们的一切——
熟知夜晚,清晨,下午,
我已经用咖啡匙量出我的生活;
我熟知随着远处房间传出的音乐渐低
而消失的人声。
　　所以,我怎么还敢轻举妄动?

因为我已熟知这些眼睛,熟知她们的一切——
这些眼睛用一个公式化的短句把你盯死,
当我被公式化,趴在一根针下,
当我被钉在墙上,蠕动挣扎,
我怎么开始
吐出我的生活和习惯的全部烟蒂?
　　所以,我怎么还敢轻举妄动?

因为我已经熟知那些手臂,熟知她们的一切——
那些带着手镯的手臂,洁白赤裸
(但是在灯下,淡褐色的汗毛历历在目!)
是不是衣服里散发的香气
使我的说话总是离题?
手臂搁在桌上,或裹在一条披巾里。
　　我应该这时候行动?
　　我应该怎么开始?
　　……　……

我该说,在暮色中我走过狭窄的街道
看见穿衬衫的男人,孤独地
靠在窗前,烟斗里升起袅袅白烟?……

我本该是一对粗砺的爪子
匆匆掠过寂静的海底。
　　…… ……
而这下午，这夜晚，睡得多安宁！
被细长的手指抚平，
睡着了……累了……或装病，
在地板上摊开四肢，在你我旁边。
难道在用过茶水，糕点和冰激凌后
我有力量把时间推向决定的一刻？
虽然我哭过斋戒过，哭过祈祷过
虽然我看到过我的头（有些秃顶）放在盘子里端上，
但我并不是先知① ——这也无关紧要。
我看见过我的伟大时刻摇晃，
我看见过永恒的侍者拿着我的大衣，冷笑，
总之，我害怕。

而且，说到底，是不是值得去做？
在用过饮料，果酱，茶之后
在瓷器中间，在你我的一些谈话中间，
是不是值得
带着微笑把这件事情一口咬掉，
把这个宇宙挤入一只球
把球滚向一个不知所措的问题，
说："我是拉萨路，来自死者之中，
回来告诉你们一切，我将告诉你们一切。"② ——
如果那人，在脑后放上枕头，

① 见《新约·马太福音》，萨乐美要求国王希律杀掉约翰，把约翰的头放在盘子里给她。

② 见《新约·约翰福音》，耶稣让拉萨路死后复活，对世人说话。

　　说："那根本不是我的意思。
　　不是，根本不是。"

而且，说到底，是不是值得，
是不是值得
在夕阳，庭院，街道撒水后，
在小说，茶杯，长裙曳地后——
在这，还有更多？——
不可能说出我想说的意思！
但是就像一盏魔灯把神经图案投影到屏幕上，
是不是值得，
如果一个人，放下枕巾或扯下披巾，
转身面对窗子，说：
　　"完全不是这样，
那根本就不是我的意思。"
……　……
不！我根本就不是哈姆雷特王子①，也无意成为他：
我是个侍从廷臣，在皇家出巡的队伍里
充数，在一二场合应景，
给王子出出主意：毫无疑问，一件驯服的工具。
温良恭驯，乐于被使唤，
处世周全，谨小慎微，诚惶诚恐，
满口动听的高调，但有点愚钝，
有时，确实，近乎可笑——
有时，几乎是小丑。

我老了……我老了……

---

① 莎士比亚戏剧《哈姆雷特》主人公，是一味自我怀疑、犹豫不决、内心痛苦的人的典型。

我要把裤脚高高卷起①。

我要把头发向后分吗②？我敢吃桃子吗？
我将穿着白色法兰绒裤子，漫步海滨，
我听过美人鱼在唱，一对一唱。

我想她们不会为我而唱。

我看见过她们骑着波浪驰向大海，
梳理着被风吹回的波浪的头发
当风把海水吹得又黑又白。

我们在大海的房间里流连
在戴着红棕色海草花环的海女们身边，
直到人的声音唤醒我们，我们就淹死。

【提示】

首先，注意题目《杰·阿尔弗雷德·普鲁弗洛克的情歌》，以一个人名命名的情歌。无论是在古典诗歌、浪漫主义诗歌，还是民歌中，情歌都是与纯洁、优美、动人的抒情性合为一体的，是一种带幻觉的想像力的歌唱。情歌的抒情主人公及其歌唱的对象都是以人性中最美好的一面出现的。突出情人美的形象似乎是情歌最大的特色。情歌中的场景也同样闪着光辉。总之，在人们的观念中，情歌是浪漫的颂歌或哀歌，即使忧伤，也是甜美的。但在这首诗中一切都变了：变得与原来的一切恰好相反。抒情主人公是卑琐之人普鲁弗洛克。他的爱情对象暧昧不清，在粗俗甚至下流的生活场景里无法辨认。整首诗都是没完没了的犹豫，对爱情的表达甚至

---

① 当时的时髦装束。

② 当时的时髦发型。

没有开始，都是爱情前的掂量，光冒烟而不见火。这样，在诗的题目中包含的传统联想、期待，与诗的实际构成了一种紧张的对峙，并由此产生强烈的反讽力量。这不仅能以其滑稽否定过去，也有着揭示现状的悲伤力量。

其次，注意这首诗的构成。这对理解这首诗的具体内容至关重要。有些诗句或诗节有些费解，但全诗的发展线索极为清晰，整体性特别明确，这是有着哲学家头脑的诗人爱略特的诗最大的特点。这首诗完全是一个戏剧性人物的有着意识流倾向的内心独白。在描述场景之后，接着的两节“会有时间……会有时间……会有时间……”紧接着的三节是“因为我已熟知……所以，我怎么敢轻举妄动？因为我已熟知……我应该怎么……”并以“总之，我害怕”结束。紧接的两节是“是不是值得……是不是值得……”并以“不，我不是哈姆雷特……（我）几乎是小丑”结束。接下来是结论性的“我老了……”犹豫不定的口气贯彻全诗，主导一切。诗的全部意义也可由此得到理解。

再次，注意诗的语言。感受到诗的语言就是感受到诗本身。我们说爱略特这首诗是开创性的，就是说这首诗的语言是一种开创性的语言。如这样的句式：1.“在你的茶盘里拿起又放下一个问题”。2.“我已经用咖啡匙量出我的生活”。3.“吐出我的生活和习惯的全部烟蒂”。在这三个句子中，句子的前后词，茶盘/问题，咖啡匙/生活，生活习惯/烟蒂，把抽象的精神名词通过动词“拿起又放下”、“量出”、“吐出”与粗俗的物质名词组合在一起，把精神性活动粗鄙化。同样，这些比喻句：“当暮色躺在天空里伸展，像病人麻醉在手术台上”；“那些一条接一条的街道像一场乏味的争辩”；“黄色的雾在玻璃窗上蹭它的背”；“这些眼睛用一个公式化的短句把你盯死”；新的真实就是由这些新的比喻句揭露出来的。

再次，这首诗的伟大在于它揭示了新的真实。确立了一种新的美，现代之美。只有极少数伟大诗人才能做到这点。

【思考与练习】

1. 反复朗读，体会诗意。

2. 找出全诗的发展线索。

3. 现代诗歌与传统诗歌有何不同？为什么？

4. 你如何看待诗歌中的传统、时代、个人感受三者之间的关系？

（雷武铃）

屋里不会再来人了[1]

帕斯捷尔纳克著　吴笛译

鲍里斯·列昂尼德维奇·帕斯捷尔纳克(Борис Леонидович Пастернак,1890～1960),出生于莫斯科一个艺术家家庭,父亲是画家,母亲是钢琴家。1903年春结识作曲家斯克里亚宾。随后的六年一直走在成为音乐家的道路上。但最终放弃音乐,献身文学。1909年入莫斯科大学法律系,后受斯克里亚宾所劝转入历史哲学系。1912年赴德国马堡大学研究哲学。1913年参加未来派诗人运动,与马雅可夫斯基结为好友。十月革命后留在前苏联。三十年代放弃诗歌写作,转向翻译。1948年开始写小说《日瓦戈医生》,1957年小说在国外出版。1958年因"在现代抒情诗和俄罗斯伟大叙事诗传统方面取得重大成就"获得诺贝尔文学奖。

其主要作品有诗集《云雾中的双子星座》、《生活——我的姐妹》、《主题与变奏》、《当天放晴时》,小说《日瓦戈医生》,散文《人与事》。

屋里不会再来人了,
只有昏暗。一个冬日
消融进半开半掩的
窗帘缝隙。

只有潮湿的鹅毛白雪

① 译文选自《获诺贝尔文学奖作家短诗精品》,百花洲出版社1995年版。

疾速闪现，飞舞。
只有屋顶、白雪，除了
白雪和屋顶，——一片空无。

又是寒霜画满图样，
又是逝去年华的忧郁
和另一个冬天的情景
在我的心底搅来搅去，

又是那无可宽恕的罪过，
至今仍刺痛我的心。
木柴的奇特匮乏
折磨着十字形的窗棂。

可是，厚重的门帘
会突然掠过一阵颤栗。
你会用脚步丈量寂静，
如同前程，走进屋里。

你会在门口出现，
身穿素雅白衣，
仿佛为你织就衣料的
就是那漫天的飞絮。

【提示】

正如庞德称爱略特通过自己的努力使自己成了现代诗人，帕斯捷尔纳克同样以自己的方式成长为现代诗人。但他们各自的方式如此不同，在很多方面甚至正好相反：爱略特的诗有着由非个性化而来的全景诗的宏大视野，充满戏剧性、复杂性、尖锐的反讽语气，揭示了现代精神的混乱迷惘。帕斯捷尔纳克坚持个人声音，保持传统诗歌单纯的叙事、抒情，严格规整的诗行、诗节，传统的主题、意象、词汇；保持着永恒不变的平静、纯洁、深刻。

这是一首单纯的诗。意象简单朴素，语气始终未变，诗的发展极自然。全诗分为非常清晰的三段，分别由三个语气词引领：三个"只有…只有…只有…"引导的两节为第一段，三个"又是…又是…又是…"引导的两节为第二段，由"可是"引导之下的两节为第三段。每段两节，非常规整。三段的发展很充分：第一段是眼前所见；第二段扩展到与过去的关联；第三段转为目前心愿的幻觉。每段内部的发展也很充分，如第二段，后一句对前一句总有发展。这样每一个句子都能带来新的内容，每个句子都能得到充分的伸展，看似简单，却能检验出一个诗人真正的修养和技能。诗的节奏舒缓，意象简单，如第一段，"只有屋顶、白雪，除了/白雪和屋顶，——一片空无。"这首单纯的诗集中深刻，有广阔的空间任其回荡。

这首单纯的诗以这样的方式避免了平淡："又是那无可宽恕的罪过/至今仍刺痛我的心。/木柴的奇特匮乏/折磨着十字形的窗棂。""你会用脚步丈量寂静，/如同前程，走进屋里。""你会在门口出现，/身穿素雅白衣，/仿佛为你织就衣料的/就是那漫天的飞絮。"准确、新奇的比喻是帕斯捷尔纳克诗歌最重要的特点。他正是依靠这点在传统诗歌的内部给自己的诗歌赋予了现代性。语言的新奇是每个诗人都需要终身为之努力的。因为我们迟钝的感觉必须依靠这样的语言才能被唤醒。

【思考与练习】

1. 朗读并背诵这首诗。

2. 课外阅读帕斯捷尔纳克的《日瓦戈医生》、《人与事》及别的诗歌。

3. 你如何看待爱略特和帕斯捷尔纳克这两类诗人间的不同？

（雷武铃）

诗人之死①

阿赫玛托娃著　乌兰汗译

安娜·阿赫玛托娃(Анна Ахматова,1889～1966),出生于敖德萨一个贵族家庭。少年时代在皇村上学。1907年入基辅女子学院读法律,后去彼得堡改学文学。俄国革命后留在前苏联。1922年至1940年,作品不准公开发表。1946年遭到前苏共中央公开批判。斯大林去世后,其作为诗人的地位逐渐恢复。

她的诗和她的个人生活一样历经坎坷。现在,她被认为是二十世纪几位最伟大的俄罗斯诗人之一。她的形象吸引着很多人把她视为二十世纪俄罗斯诗歌的受难圣母。她的诗有着俄罗斯诗歌传统的对心灵的专注,有着阿克梅派倡导的具体、准确、清晰,有着她个人的细腻、真实、简洁而又注重细节的特点。她的主要诗歌作品有《黄昏》、《念珠》、《白色的鸟群》、《车前草》、《安魂曲》、《没有主人公的叙事诗》。

回声像鸟儿回答我
——鲍·帕

1

人间的绝唱昨天哑然,
树林的交谈者将我们遗弃。

① 此诗是为诗人鲍里斯·帕斯捷尔纳克之死而写的挽诗。译文选自《邻笛集》,人民文学出版社1987年版。编入本书时,选编者对译文有所修正。

他化作了给予生命的麦穗，
或变成了他讴歌过的细雨。
世上所有的花儿竞相开放，
前来迎接他的死期。
而一颗简称大地的行星
骤然变得无声无息。

2

缪斯像盲人俄狄浦斯的女儿①
把先知引向死亡，
一棵菩提树疯了，
在这服丧的五月鲜花怒放。
花儿开在这扇窗前——
当年他和我攀谈的地方，
他说，他眼前是一条鹏程万里的崎岖路，
它的存在全靠上苍。

1960 年 6 月 11 日

【提示】

这是一首挽歌，深含悲痛。但悲痛并未直接流露，而是隐藏其下，使每行诗句极为紧张。这首诗节奏庄严、崇高，以非常坚定的速度进行。诗句的语气响亮，不容置疑，带着由信仰而生的意志和信心。由于这最动人的节奏和速度，整首诗被一种崇高庄严的光芒照亮。由此可以感到，去世的是一位有着伟大意义的非同凡响

---

① 缪斯：古希腊神话中司文艺和科学的九位女神，是宙斯和记忆女神之女。俄狄浦斯：据古希腊传说，生为王子的俄狄浦斯一出世，神便预言他将杀父娶母。父母和他都极力逃避这一命运。当他最终发现自己仍然陷入这一命运时，他刺瞎了自己的双眼，四处流浪。他与他母亲生下的女儿引领着他。

的人;诗人的悲痛不是失去一般亲友的悲伤,而是一种庄严崇高的悲痛。

诗极为朴实简洁,因此异常真实,有着异常的震撼力。当说道:人间的绝唱,树林的交谈者,世上所有的花儿竞相开放,大地骤然变得无声无息,菩提树疯了……所用的口气是谈论平常事物的口气,并不是在修辞,在夸张,不是在写诗,而是在说确实存在和发生的事实,因此有着惊人的力量。这是繁复的失去克制的修辞所无法达到的。

在真实朴素中化出惊人的诗句。五月花开是朴素的事实,死在五月也是平常事实。但是:"世上所有的花儿竞相开放 /前来迎接他的死期。""一棵菩提树疯了 /在这服丧的五月鲜花怒放。"这就非同一般了。还有:"一颗简称大地的行星 /骤然变得无声无息。""他说,他眼前是一条鹏程万里的崎岖路 /它的存在全靠上苍。"这些古老、根源性的词,行星、大地、上苍,显露出其本来的意义,把目光引向高远。鹏程万里修饰崎岖,奇特而饱满。

【思考与练习】

1. 朗读并背诵全诗。

2. 任找一首别的悼亡诗与之比较,体会这首诗的崇高、庄严和力量。

3. 阅读阿赫玛托娃的其他诗。将它们与李清照的词相比较。

（雷武铃）

珠　　宝①

莫泊桑著　郝运译

基·德·莫泊桑(Guy De Maupassant,1850～1893),19世纪后期法国著名的批判现实主义作家。生于法国诺曼底省一个没落贵族家庭,从小就喜欢文学。1870年中学毕业后考入大学学法律,此时正值普法战争爆发,他应征入伍。1871年战争结束后到海军部、教育部供职,并在福楼拜、屠格涅夫的指导、帮助下开始文学创作。1880年发表成名作中篇小说《羊脂球》,从此成为职业作家。1893年因忧郁症在精神病院去世。他一生创作了六部长篇小说和三百多个中短篇小说。他在短篇小说方面的艺术成就,使他获得"短篇小说巨匠"的美称。

朗丹先生在副科长家里的一次晚会上,遇到了这个年轻姑娘,从此就堕入了情网。

她的父亲是外省的一个收税官,死了已经有好几年。后来她跟着母亲来到了巴黎。她的母亲指望把她嫁出去,常常到附近几家中产阶级人家去。她们穷虽穷,可是为人正派,稳重而且和蔼。这个年轻姑娘仿佛是规矩女人的完美无缺的典型,每一个明智的年轻人都梦想着把自己的一生托付给这种典型的女人。她的纯朴美里有一种天使般的贞洁的魅力;从不离开嘴唇的那一丝不易觉察的笑意,仿佛是她心灵的回光。

人人都称赞她;凡是认识她的人都再三夸奖说:"娶她的人肯定会幸福。再也找不到比她更好的了。"

---

① 本篇选自《莫泊桑中短篇小说选》。

朗丹先生那时在内政部里当主任科员，每年的薪水是三千五百法郎。他向她求婚，娶了她做妻子。

跟她在一起，他的幸福简直是难以用笔墨形容。她勤俭持家，精打细算，因而他们的日子好像过得很阔绰。她对丈夫无比的关心、体贴、温存。而且她本人的诱惑力又是那么大，虽然他们相遇已经有六年了，可是他比开头那些日子还要爱她。

他责备她的，只有两个嗜好：爱看戏，爱假珠宝。

她的朋友们(她认识几个小官吏的妻子)经常能够替她搞到包厢，请她去看当时风行的戏，甚至首次上演的新戏；她不管她丈夫愿意不愿意，总是拖着他一块去；不过一天工作下来，这种消遣反而增加他的疲劳。因此，他恳求她请一位她认识的太太陪她去看戏，只要能送她回来就成。她认为这个办法不太合适，所以说来说去怎么也不肯答应，直到最后才为了讨好他，勉强让了步；他对她说不出的感激。

然而，这种爱看戏的嗜好，很快地引起了她爱打扮的需要。不错，她的服装还是跟从前一样简单，既风雅而又朴素；而且她那温柔的美，她那令人倾倒的、谦逊的、含笑的美，仿佛从她朴素的打扮里得到一种新的风韵，但是她渐渐地养成了一种习惯，爱在耳朵上戴两粒冒充钻石的大莱茵石。她还戴假珍珠的项链、赛金的镯子和镶着五颜六色的、代替宝石的玻璃钻的梳子。

她的丈夫有点不满意这种对假货的爱好，常常说："亲爱的，对一个买不起真珠宝的人来说，美丽和妩媚就是她的装饰品，再说，这也是世上最稀罕的珠宝。"

但是她露出温柔的笑容，每一次都这么回答："有什么办法呢？我爱好这个。这是我的缺点。我也知道你说得对；可是本性难移呀。我当然更喜欢有真的珠宝！"

她一边用手指转动着珍珠项链，或者让宝石的切面放出夺目的光彩，一边不停地说："你倒是瞧瞧呀，做得多么好。简直跟真的一样。"

他微笑着说："你的趣味倒跟吉卜赛人一样。"

有时候，到了晚上，只有他们俩待在炉火旁边，她就把装着朗丹先生所谓“便宜货”的摩洛哥皮匣子捧到茶桌上，开始热情地细细观看那些假珠宝，好像其中有一种无穷的、秘密的乐趣似的。她还一定要把一串项链挂在她丈夫的脖子上，为的是挂上以后，好痛痛快快地笑一番，然后大声说：“瞧你有多滑稽！”接着就扑到他怀里，像发了疯似的吻他。

一个冬天的夜里，她从歌剧院回来，冻得全身直打哆嗦，第二天不停地咳嗽，一个星期以后就害肺炎死了。

朗丹差一点也跟她进了坟墓。他是那么失望，不到一个月的工夫头发都变白了。他从早哭到晚，难以忍受的痛苦撕碎了他的心灵；回忆，笑容，声音以及死者身上的种种魅力不断地出现在他的脑际。

时间并没有减轻他的悲伤。往往在上班的时候，同事们正在聊当天的新闻，会忽然看见他双颊一鼓、鼻子一皱，眼睛里含着两包泪水；他做出一副苦相，接着就呜呜地哭起来。

他让亡妻的卧室保持原状。他每天都要把自己关在里面想她；所有的家具，甚至连她的衣裳，都像她临死那天一样放在原来的地方。

但是生活对他来说越来越困难了。他的薪水在他妻子的手里，足够家里的一切开支，现在剩下他一个人，反而不够用了。他奇怪她哪儿来的那么大的本领，居然能够让他天天喝上等的酒，吃精美的食物，如今他靠他那微薄的收入再也没法弄到了。

他借了几笔债，像穷得走投无路的人一样，千方百计地想办法找钱。终于有一天早上，离着月底还有整整一个星期，手上却连一个子儿也没有了。于是他打主意变卖东西。他立刻想到了他妻子的那些“便宜货”，因为他心里对这些从前叫他生气的“冒牌货色”还怀着怨恨。甚至每天看见它们，都会损害到对他心爱的人的回忆。

他在她留下的那一堆假货中找来找去，找了很久，因为她一直到临死前几天还不断地买回来，差不多每天晚上都要带一样新东西回来。他决定卖掉她好像特别喜欢的那串大项链,因为虽是假货,可是做工考究,想来还可以值个七八法郎。

他把它放在衣袋里,顺着一条条大街,朝部里走去,打算找一家可靠的珠宝店。

他终于看到一家,走了进去,一想到露出一副穷相,变卖这样一件不值钱的东西,他又觉得有点儿不好意思。

"先生",他对商人说,"我想请您估估这件东西。"

那个人接过来翻来覆去地仔细看了一阵儿,又掂了掂分量,拿起一个放大镜,把他的伙计叫过来,小声嘀咕了几句,然后把项链放在柜台上,瞧瞧远看的效果如何。

这样小题大做反把朗丹先生弄得很不自在,他张嘴正要说:"噢!我也知道它值不了几个钱,"那个珠宝商却先开口了:"先生,值一万五千法郎;不过您得先把它的来源告诉我,我才能够收购。"

这个鳏夫两只眼睛睁得老大,愣在那儿,一下子糊涂了。临了,他结结巴巴地说:"您说什么?……您没有估错吧。"对方误会了他惊讶的原因,冷冷地说:"您可以到别处去问问,看别人是不是肯出更高的价钱。照我看,它顶多值一万五。如果您找不到更好的地方,就再来找我好了。"

朗丹先生完全变成了一个傻子;他需要一个人去好好考虑考虑,于是拿起项链走了出去。

但是一到街上,他反而想笑了。他想:"傻瓜呀!傻瓜!我要是当时就卖给他呢?居然有这么一个不辨真假的珠宝商人!"

他走进和平街口的一家首饰店。老板见了这件首饰,就立刻叫了起来:

"嗳呀!我可认识这串项链,它是从我们这儿卖出去的。"

朗丹先生感到很惊慌,问:

"值多少钱?"

"先生,我是两万五千法郎售出的。我准备出一万八千法郎收回来,不过按照法律规定,您得先把这件东西弄到手的经过告诉我。"

这一次，朗丹先生惊奇得两腿发软，坐了下来。他说："不过……不过，您再好好看看，先生，我一直以为它是……假的呢。"

首饰商人又问："您愿意告诉我，您姓什么吗，先生？"

"当然愿意。我姓朗丹，我是内务部的科员，住在殉道者街十六号。"

商人打开账簿，查了查，说："这串项链的确是在一八七六年七月二十日送到朗丹太太的住址，殉道者街十六号去的。"

两个人你望着我，我望着你，科员惊讶得简直要发疯了，首饰商疑心他是个贼。

首饰商接着又说："您愿意把这件东西在我这儿放二十四小时吗？我可以给您出一张收据。"

朗丹先生结结巴巴地说："当然可以。"他把纸条折起来，放在衣袋里，走了出去。

他穿过大街，继续朝前走，走着走着发现走错了路，又转过身来往回走，走到了杜依勒里宫，过了塞纳河，一看又走错了，于是又回到香榭丽舍大街，脑子里乱得没有一点儿主意。他想好好地考虑考虑，弄明白到底是怎么回事。他的妻子没有力量买一件这样贵重的东西，——当然没有。那么，这是别人送的一件礼物了！礼物！谁送的？为什么送呢？

他停下来，呆呆地立在大街中间。可怕的疑窦掠过他的脑海。莫非她？这么说，其余的珠宝也都是礼物了！他觉得地在摇晃，觉得面前的一棵树倒下来；他伸出双臂，倒在地上，失去了知觉。

等他醒过来，才发现自己在一家药房里，原来是过路人把他抬来的。他请人送他回家，随后就把自己关在屋里。

他伤心地哭到天黑，咬住一块手绢，免得哭出声来。最后他又疲乏，又伤心，支持不住，倒在床上昏昏沉沉睡着了。

一道阳光照醒了他，他慢腾腾地起来，准备到部里去。受到这样的打击以后，再要工作是很困难的。他考虑了一下，觉得可以请求科长原谅，于是写了一封信。接着，他想到了应该再到首饰店去一次，想到这儿，臊得满脸通红。他考虑来考虑去，无论怎么说，总不能把那串项链留在那家店里;于是他穿好衣服,走了出去。

天气晴朗,蔚蓝的天空覆盖着这笑脸迎人的城市。几个无所事事的人两手插在衣袋里在街上闲逛。

朗丹先生望着他们走过,对自己说:"有财产的人多么幸福啊!一个人有了钱,甚至连忧愁都可以摆脱,他爱上哪儿就上哪儿,他可以旅行,可以寻欢作乐!啊!要是我有钱就好了!"

他发觉肚子饿了,因为从前天晚上起,他就没有吃过东西。但是他的口袋空空的,于是他又想起了那串项链。一万八千法郎!一万八千法郎!这笔数目真不小呀!

他走到和平街,开始在首饰店对面的人行道上踱来踱去。一万八千法郎!一连有二十次,他都差点儿走进去,可是每次都被羞耻心拦住了。

然而,他肚子饿,饿得很厉害,而且又没有一个子儿。他突然下了决心,为了不让自己有考虑的时间,一口气奔过大街,冲进了首饰店。

商人见了他,连忙迎上前,面带笑容,彬彬有礼地搬来一把椅子。伙计们也过来了,他们眼睛里,嘴边也都带着笑意,不断地瞟着朗丹。

珠宝商开口说:"我已经打听过了,先生,如果您没有改变主意,我可以立刻照我出的价钱付款。"

科员结结巴巴地说:"当然没有改变。"

首饰商人从抽屉里取出十八张大钞票,点了一遍递给朗丹。朗丹在一张小收据上签了字,用一只颤巍巍的手把钱放在衣袋里。

他正打算出去,又转过身来,垂下眼睛,对一直在微笑的商人说:"我……我还有别的珠宝……都是从……同一个人那儿继承来的。您都愿意收买吗?"

商人鞠了个躬,说:"当然愿意,先生。"

有一个伙计跑出去了,为的是笑个痛快。另外一个伙计使劲地擤鼻子。

满脸通红的朗丹用若无其事的严肃口吻说:"我去给您拿来。"

他叫了一辆马车，回去拿首饰。

一个钟头以后，他回到首饰店，到这时候他还没有吃早饭。他们开始一件件地研究，一件件地估价。几乎全部都是这家店里卖出的。

朗丹现在也撕破脸皮争价钱了，他发脾气，要人把账簿给他看；随着金额的增加，他的嗓门也越提越高。

大粒的钻石耳坠两万法郎；镯子三万五千法郎；胸针、戒指和链坠儿一万六千法郎；一件用祖母绿和蓝宝石镶成的首饰一万四千法郎；一条当项链用的金链连同吊着的独粒钻石四万法郎；总数共达十九万六千法郎。

商人用开玩笑的口吻说：

“这些东西的主人把所有的积蓄都存在珠宝上了。”

朗丹一本正经地说：“这也是一种存钱的方法，并不特殊。”他又和买主约好第二天还要约请行家复查，然后走了出来。

到了街上，他看见旺多姆纪念柱①，恨不得跟爬夺彩竿似的爬上去②。他感到自己身轻如燕，只要一纵身，就可以和柱顶上高耸入云的皇帝雕像玩玩跳背游戏。

他到瓦赞饭店吃了中饭，喝的是二十法郎一瓶的酒。

吃完饭，他叫了一辆马车，到布洛涅树林去兜风。他带着几分轻蔑的神气望着来来往往的车马，恨不得向行人嚷叫：“我也有钱。我有二十万法郎！”

他想起了内务部，连忙叫马车送他去。他大模大样走进科长办公室，说：

“先生，我是来向您辞职的。我得到了一笔三十万法郎的遗产。”他又去和老同事们握手告别，把自己将来的生活打算告诉他们；然后到英国咖啡馆去吃晚饭。

---

① 旺多姆纪念柱立在巴黎旺多姆广场，高 44 米，柱顶有拿破仑的塑像。

② 夺彩竿是把奖品挂在竿顶，能爬上去取下者，可得此奖品。

他正好坐在一位看上去好像很有身份的绅士旁边,心里痒痒的,忍不住想炫耀一下,于是告诉这位先生,他刚刚得到了一笔四十万法郎的遗产。

有生以来,他第一次对看戏不感到厌烦,他还和一些妓女混了一夜。

半年以后,他又结婚了。他的第二个妻子虽然很规矩,可是脾气难侍候,给他带来了许多痛苦。

【提示】

莫泊桑的短篇小说创作题材广泛。作品描绘了十九世纪下半期法国社会生活的方方面面,构成了一幅反映时代特征的风俗画。他结合自己的人生经历重点描写了普法战争、巴黎小公务员的生活和诺曼底农村风光。这些作品风格朴实、选材平淡、立意新颖、结构严谨、生动逼真。他通过捕捉现实中平凡的小人物、小事件,把褒与贬、喜与忧巧妙地融合于人世间千姿百态的生活中,反映重大的社会主题。语言精练、准确、生动、自然流畅、言简意赅。他的独具匠心的创作风格对欧洲及世界文学的发展产生了深远的影响。

《珠宝》以内政部主任科员朗丹的妻子去世前后家境的变化为线索,从独特的角度表现了在当时社会金钱欲望的驱使下,这对原本正派、稳重、勤勉、恩爱的小资产阶级夫妇,一变而为荡妇、淫夫。揭示出资本主义社会的腐朽和道德沦丧。

小说以主人公朗丹细腻的情感流动与变化为主线展开情节,构思十分巧妙。中间过渡转换自然,不露痕迹。结尾突兀,却在情理之中,有曲终而意未尽之效果。塑造人物运用先扬后抑、先褒后贬的强烈对比的艺术手法,使人物前后判若两人,又符合人物思想、性格发展的内在逻辑。作者善于通过简洁朴实的语言,逼真细腻的行为、表情展示人物的内心活动。自然的白描手法与生活环境的衬托相得益彰。作品富有批判性、讽刺性和审美价值。

【思考与练习】

1. 莫泊桑短篇小说创作的主要艺术特点是什么？

2.《珠宝》中人物形象的塑造有什么特点？

3. 谈谈《珠宝》的思想意义。

（徐鸿荣）

警察与赞美诗[1]

欧·亨利著　王仲年译

欧·亨利(O Henry 1862～1910),原名威廉·雪德尼·波特(William sydney Porter)。欧·亨利出生于乡村医师家庭,家境贫寒,15 岁以后自谋职业,先后做过药店学徒、牧童、会计员、银行业出纳员等职。在银行工作时因涉嫌贪污被捕入狱。在狱中写成短篇小说《口哨狄克的圣诞礼物》,获得成功,为此触动了他的创作欲望。因在狱中表现好提前获释后定居纽约,从事专业创作活动。1910 年因肝硬化去世。

欧·亨利是美国著名的短篇小说作家。他创作了近三百个短篇小说,一部长篇小说,在世界文坛上享有盛名。他的短篇小说富有生活情趣,被誉为“美国生活的幽默百科全书”。美国于 1918 年设“欧·亨利纪念奖”,奖励每年度的最佳短篇小说。

苏贝躺在麦迪逊广场的长凳上,辗转反侧。当夜晚雁群引吭高鸣,当没有海豹皮大衣的女人对她们的丈夫亲热起来,或者当苏贝躺在广场的长凳上辗转反侧的时候,你就知道冬季已经逼近了。

一片枯叶飘落到苏贝的膝头。那是杰克·弗罗斯特的名片[2]。杰克对麦迪逊广场的老房客倒是体贴入微的,每年要来之前,总是预先通知。他在十字街头把他的名片交给“北风”——“幕天席地别墅”的门房——这样露天的居民就可以有所准备。

---

① 本篇选自《欧·亨利短篇小说选》。

② 杰克·弗罗斯特:原文是“Jack Frost”,在英文里是对“寒霜”的一种拟人称呼。

苏贝理会到，为了应付即将来临的严冬，由他来组织一个单人筹备委员会的时候已经到了。因此，他在长凳上转侧不安。

苏贝对于在冬季蛰居方面并没有什么奢望。他根本没有想到地中海的游弋，或南方催人欲眠的风光，更没有想到在维苏威海湾的游泳。他心向神往的只是到岛上去住上三个月。三个月不愁食宿，既能摆脱玻瑞阿斯和巡警的干扰①，又有意气相投的朋友共处，在苏贝的心目中，再没有比这更美满的事了。

多年来，好客的布莱克韦尔监狱成了他的冬季寓所。正如那些比他幸运得多的纽约人每年冬天买了车票到棕榈滩和里维埃拉去消寒一样，苏贝也为他一年一度去岛上的避难作了最低限度的准备。现在是时候了。昨晚，他在那古老的广场里，睡在喷泉池旁边的长凳上，用了三份星期日的厚报纸，衬在衣服里，遮着脚踝和膝盖，还是抵挡不住寒冷的侵袭。因此，布莱克韦尔岛在苏贝心中及时涌现出来。他瞧不起那些以慈悲为名替地方上寄食者准备的布施。在苏贝看来，法律比慈善更为仁慈。他可以去的场所多得是，有的是市政府办的，有的是慈善机关办的，在哪儿他都可以谋得食宿，满足简单的生活要求。可是对苏贝这种性格高傲的人来说，慈善的恩赐是行不通的。从慈善家手里得到一点好处，固然不要你破费，却要你承担精神上的屈辱。凡事有利必有弊，要睡慈善机关的床铺，就先得被迫洗个澡；要吃一块面包，你个人的私事也就得给打破砂锅问到底。因此，还是做做法律的客人来得痛快，法律虽然铁面无私，照章办事，究竟不去过分干涉一位大爷的私事。

既然打定了去岛上的主意，苏贝立刻准备实现他的愿望。轻而易举的办法倒有不少。最愉快的莫如在一家豪华的饭店里大模大样地吃上一顿；然后声明自己不名一文，就可以安安静静，不吵不闹地给交到警察手里。其余的事，自有一个知趣的地方法官来安排。

苏贝离开长凳，踱出广场，穿过了百老汇路和五马路交叉处的

---

① 玻瑞阿斯：希腊神话中的北风神。

一片平坦的柏油路面。他拐到百老汇路上,在一家灯火辉煌的饭馆前停下来,那里每晚汇集着上好的美酒,华丽的衣服和有地位的人物。

苏贝对自己上半身的打扮颇有信心。他刮过脸,上衣还算体面,感恩节时一位女教士送给他的那个有活扣的黑领结也挺干净。只要他能走到饭馆里桌子边上而不引起别人的疑心,一切就可以如愿以偿了。他暴露在桌面以上的部分不至于使侍者起疑。一只烤野鸭,苏贝想道,也就够意思了——再加一瓶夏勃立酒,坎曼贝乳酪——一小杯咖啡和一支雪茄。雪茄要一块钱一支的就行了。账单上的总数不要大得会引起饭馆掌柜的狠心报复;同时野鸭肉却能让他在去冬季避难所的路上感到饱食的快乐。

可是,苏贝刚踏进饭馆门口,侍者领班的眼光就落到了他的旧裤子和破皮鞋上。粗壮而利索的手把他推了一个转身,沉默而迅速地被撵到人行道上,从而改变了那只险遭暗算的野鸭的不体面的命运。

苏贝离开了百老汇路。到那想望之岛去,要采取满足口腹之欲的路线看来是行不通了。要进监狱,还得另想办法。

六马路的拐角上有一家铺子,玻璃橱窗里陈设的巧妙的商品和灿烂的灯光很引人注目。苏贝捡起一块大圆石,砸穿了那块玻璃。人们从拐角上跑来,为首的正是一个警察。苏贝站定不动,双手插在口袋里,看到警察的铜纽扣时不禁笑了。

"砸玻璃的人在哪儿?"警察气急败坏地问道。

"难道你看不出我可能跟这事有关吗?"苏贝说,口气虽然带些讥讽,态度却很和善,仿佛是一个交上好运的人似的。

警察心里根本没把苏贝当作嫌疑犯。砸橱窗的人总是拔腿就跑,不会傻站在那儿跟法律的走卒打交道的。警察看到半条街前面有一个人跑着去赶搭一辆街车。他抽出警棍,追了上去。苏贝大失所望,垂头丧气地走开了。两次都不顺利。

对街有一家不怎么堂皇的饭馆。它迎合胃口大而钱包小的吃客。它的盘碟和气氛都很粗厚;它的汤和餐巾却很稀薄。苏贝跨进这家饭馆，他那罪孽深重的鞋子和暴露了隐秘的裤子倒没有被人注意到。他挑了个位子坐下，吃了牛排、煎饼、炸面饼圈和馅饼。然后他向侍者透露真相，说他一个子儿都没有。

“现在快去找警察来，”苏贝说，“别让大爷久等。”

“对你这种人不用找警察。”侍者的声音像奶油蛋糕，眼睛像曼哈顿鸡尾酒里的红樱桃。他只嚷了一声：“嗨，阿康！”

两个侍者干净利落地把苏贝叉出门外，他左耳贴地摔在坚硬的人行道上。像打开一支木工曲尺似的，他一节一节地撑了起来，掸去衣服上的尘土。被捕似乎只是一个美妙的梦想。那个岛仿佛非常遥远。站在隔了两家店铺远的药房门口的警察，笑了一笑，走到街上去了。

苏贝走过了五个街口之后，才有勇气再去追求被逮捕。他天真地暗忖着，这次是十拿九稳，不会再有闪失的了。一个衣着朴实，风姿可人的少妇站在一家店铺的橱窗前，出神地瞅着刮胡子用的杯子和墨水缸。离橱窗两码远的地方，一个大个子警察神气十足地靠在消防水龙头上。

苏贝打算扮演一个下流惹厌、调情求爱的浪子。他的受害者外表娴静文雅，而忠于职守的警察又近在咫尺；他有理由相信，马上就能痛痛快快地给逮住，保证可以在岛上的小安乐窝里逍遥过冬。

苏贝把女教士送给他的活扣领结拉拉挺，又把皱缩在衣服里面的衬衫袖管拖出来，风流自赏地把帽子歪戴在额头，向那少妇身边挨过去。他对她挤眉弄眼，嘴里哼哼哈哈，嬉皮笑脸地摆出浪子那色胆包天，叫人恶心的架势。苏贝从眼角里看到警察正牢牢地盯着他。少妇让开了一步，仍旧全神贯注地瞅着那些刮胡子用的杯子。苏贝跟上去，大胆地走近她身边，掀起帽子说：

“啊喂，美人儿！要不要跟我一起去逛逛？”

警察仍旧盯着。受到纠缠的少妇只消举手一招，苏贝就可以毫无疑问地被送到他的安身之岛去了。他在想像中已经感到了警察局的舒适温暖。少妇扭过头来望着他，伸出手，抓住了苏贝的衣袖。

“当然啦，朋友，”她高兴地说，“只要你肯请我喝啤酒。不是警察望着的话，我早就招呼你了。”

少妇像长春藤攀在橡树般地偎依在苏贝身边。苏贝心情阴郁，走过警察身边。他似乎注定是自由的。

一拐弯，他甩掉了同伴，撒腿就跑。他一口气跑到一个地方，那儿晚上有最明亮的街道，最愉快的心情，最轻率的盟誓和最轻松的歌声。披皮裘的女人和穿厚大衣的男人兴高采烈地冒着寒气走动。苏贝突然感到一阵恐惧，是不是一种可怕的魔力使他永远不会遭到逮捕了呢？这个念头带来了一些惊惶。当他再见到另一个警察神气活现地在一家灯火辉煌的戏院门前巡逻时，他忽然想起了那个穷极无聊的办法——扰乱治安。

在人行道上，苏贝开始憋足劲尖声叫喊一些乱七八糟的醉话。他手舞足蹈，吆喝胡闹，想尽办法搅得天翻地覆。

警察挥旋着警棍，掉过身去，背对着苏贝，向一个市民解释说：

“那是耶鲁大学的学生，他在庆祝他们在赛球时给哈特福德学院吃了一个鸭蛋。虽然闹得凶，可是不碍事。我们接到指示，不必干涉。”

苏贝怏怏地停止了他那白费气力的嚷嚷。警察永远不来碰他了吗？在他的想像中，那个岛简直像是可望而不可即的世外桃源了。他扣好单薄的上衣来抵挡刺骨的寒风。

在一家雪茄烟铺里，他看到一个衣冠楚楚的人正在摇曳的火上点雪茄。那人进去时将一把绸伞倚在门口。苏贝跨进门，拿起伞，不慌不忙地扬长而去。点烟的人赶忙追出来。

“那是我的伞。”他厉声说。

“呵，是吗？”苏贝冷笑着说，在小偷的罪名上又加上侮辱。“那么，你干吗不叫警察呢？不错，是我拿的。你的伞！你干吗不叫警察？拐角上就有一个。”

伞主人放慢了脚步。苏贝也走慢了，预感到命运会再度跟他作对。拐角上的警察好奇地望着他们俩。

"当然,"伞主人说——"说起来——嗯,你知道这一类误会是怎么发生的——我——如果这把伞是你的,请你别见怪——我是今天早晨在一家饭馆里捡到的——如果你认出是你的,那么——请你——"

"当然是我的。"苏贝恶狠狠地说。

伞的前任主人退了下去。警察赶过去搀扶一个穿晚礼服的高身材的金发女郎,陪她穿过街道,以免一辆还在两个街口以外的车子碰上她。

苏贝往东走过一条因为修路而翻掘开来的街道。他忿忿地把伞扔进一个坑里。他咒骂那些头戴铜盔,手持警棍的人。他一心指望他们来逮捕他,他们却把他当作一贯正确的帝王。

最后,苏贝走到一条通向东区的路上,那里灯光黯淡,嘈杂声也低一些。他的方向是麦迪逊广场,因为他不知不觉地还是想回家,尽管这个家只是广场里的一条长凳。

但是当苏贝走到一个异常幽静的路角上时,就站了下来。这儿有一座不很整齐的,砌着三角墙的,古色古香的老教堂。一丝柔和的灯火从紫罗兰色的玻璃窗里透露出来。无疑,里面的风琴师为了给星期日唱赞美诗伴奏正在反复练习。悠扬的乐声飘进了苏贝的耳朵,使他倚着螺旋形的铁栏杆而心醉神怡。

天上的月亮皎洁肃穆;车辆和行人都很稀少;冻雀在屋檐下睡迷迷地啁啾——这种境界使人不禁想起了乡村教堂的墓地。风琴师弹奏的赞美诗音乐把苏贝胶在铁栏杆上了,因为当他的生活中还有母爱、玫瑰、雄心、朋友、纯洁的思想和体面的衣着这类事物的时候,赞美诗的曲调对他曾是很熟悉的。

苏贝这时敏感的心情和老教堂环境的影响,使他的灵魂突然起了奇妙的变化。他突然憎恶起他所坠入的深渊,堕落的生活,卑鄙的欲望,破灭了的希望,受到损害的才智和支持他生存的低下的动机。

一刹那间,他的内心对这种新的感受起了深切的反应。一股迅疾而强有力的冲动促使他要向坎坷的命运奋斗。他要把自己拔出泥淖;他要重新做人;他要征服那已经控制了他的邪恶。时候还不晚;他算来还年轻;他要唤起当年那热切的志向,不含糊地努力追求。庄严而亲切的风琴乐调使他内心有了转变。明天他要到热闹的市区里去找工作。有个皮货进口商曾经叫他去当赶车的。明天他要去找那个商人,申请那个职务。他要做一个顶天立地的男子汉。他要——

苏贝觉得有一只手按在他的胳臂上。他霍地扭过头,看到了一个警察的阔脸。

"你在这儿干什么?"警察责问道。

"没干什么。"苏贝回答说。

"那么跟我来。"警察说。

第二天早晨,警庭的法官宣判说:"在布莱克韦尔岛上监禁三个月。"

【提示】

欧·亨利的小说创作善于从日常生活中捕捉令人啼笑皆非、富有哲理意味的事情为题材,从崭新的角度去描写人物,反映广阔的社会生活。小说构思奇妙,情节发展波澜起伏,常在风趣、诙谐、幽默中糅进辛酸,形成了"含泪的微笑"的创作风格。结尾往往出人意料但又在情理之中,意蕴深邃,被称为"欧·亨利式的结尾"。

《警察与赞美诗》写一个无家可归的流浪汉苏贝,为度过即将来临的寒冬,先后四次故意以身试法,制造事端,千方百计地引诱警察逮捕他,但都未能如愿。最后正当他心醉神怡地听着教堂赞美诗的音乐,思想发生感悟,决心振奋精神,改邪归正,重新做人时,警察却把他抓进监狱。小说通过苏贝的奇思怪想和人生遭遇阐释了生活的哲理。故事情节似乎不可思议,荒诞离奇,违情悖理,但却揭示了美国社会与司法界的黑暗。小说构思奇特,情节发展跌宕起伏。作者运用富有戏剧性的场景描写造成悬念,埋下伏笔。切入点新,不落俗套,结尾令人叹为观止。作者运用轻松讥讽的笔调,近似漫画的淡淡的笔墨,生动的细节描写展示了人物的无奈心情。小说用了恰当的比喻，以景状物的手法。语言生动活泼，自然流畅。

【思考与练习】

1. 谈谈欧·亨利小说的创作风格。
2. 小说的主题思想是什么？
3. 欧·亨利塑造人物形象的艺术手法是什么？

（徐鸿荣）

交叉小径的花园①

博尔赫斯著　雷武铃译

豪尔赫·路易斯·博尔赫斯(Jorge Luis Borges,1899～1986),阿根廷诗人、小说家。出生于布宜诺斯艾利斯一个勇士辈出的军人家庭。祖母是英国人,从小读英文作品。一战期间在瑞士完成中学教育,掌握了德语和法语,还精通拉丁语。1921 年回国后投身诗歌写作。1937 年在图书馆任职,1946 年庇隆上台后被任命为国营市场的家禽及家兔稽查员,辞职。视力衰退,近乎失明。1955 年庇隆下台后被任命为国立图书馆馆长。1973 年庇隆再次上台前一个月辞职。

博尔赫斯精通多门语言,终身与书籍为伴,晚年失明,书籍和幻想是他的第一现实,而真实世界则退居其次。他的作品简练清晰而又复杂丰富,充满梦境和玄学意味,其独特风格深受作家诗人的敬重,被称为"作家们的作家"。主要作品有小说集《虚构集》、《阿莱夫》、《死亡和罗盘》、《布罗迪的报告》、《沙之书》,诗集《老虎的黄金》、《深沉的玫瑰》,诗文合集《造物主》。

在利德尔·哈特所著的《第一次世界大战史》的第二十二页你会看到:十三个师的英军(有一千四百门大炮支持)计划在 1916 年 7 月 24 日向塞尔—蒙托邦的阵线发起进攻②,却不得不推迟到了 29 日上午。利德尔·哈特上尉认为倾盆大雨是这次进攻延缓的原因:这只是一个小插曲,别无其他。但是下面这份口供,由青岛大

---

① 本篇选自短篇小说集《交叉小径的花园》。

② 塞尔—蒙托邦:法国地名。

学英语教授余臻博士口述、复核并签名，却为整个事件提供了另一种解释。文件前两页已经缺失。

……我挂上电话。我马上就辨认出了那个用德语回答的声音。是理查德·马登上尉的声音。马登在维克多·鲁纳伯格的公寓里，这意味着我们的苦心努力全完了，也意味着——这似乎已成了极为次要的事了，至少对我来说是如此——我们的生命也完了。这意味着鲁纳伯格已被捕或被杀了（这是恶毒而离奇的猜测。真相是：普鲁士间谍汉斯·拉贝纳，化名维克多·鲁纳伯格，拔出自动手枪抗拒前来逮捕他的理查德·马登上尉，后者为了自卫，开枪击伤鲁纳伯格，使其重伤而死。——原编者按）在这一天太阳下山之前，我也要面临同样的命运。马登是个冷酷无情的家伙，或者说，他必须是个冷酷无情的家伙。他是个爱尔兰人，为英国人卖命。有人指责他办事不力，有背叛嫌疑。他怎么会不抓住这天赐良机，发现、逮捕，或者杀死两个德意志帝国的间谍呢？我上楼到了我的房间，很可笑地把门锁上，仰面躺在窄窄的铁床上。透过窗户，我看着那熟悉的屋顶和六点钟迷蒙的太阳。我似乎难以置信：这一天，没有任何预兆，没有任何象征，竟会是我无法逃脱的死期。难道由于我的父亲死了，我曾经是海丰一座对称的花园里的一个孩子，我现在就要去死？然后，我又想，一个人身上发生的一切都是预先精确地定好的，就定在现在。一个世纪又一个世纪过去了，只是到了现在事情才发生。数不清的人在空中，在地面，在海上活着，但一切真正发生的事情只发生在我身上……马登那张几乎令人难以忍受的马脸在我头脑里一闪，驱散了我的胡思乱想。在憎恨和恐惧之中（现在我说恐惧，已经无所谓了，现在我在嘲笑马登，现在我的脖子在渴望绞绳）我想，这个喜欢叫嚷争吵、无疑快活的大兵，决不会怀疑我掌握着秘密：安克雷河畔英军新炮兵阵地的准确位置的地名①。一只鸟掠过灰色的天空，我在昏乱中把它看成

① 安克雷：法国地名，又叫阿尔贝。

了一架飞机,这架飞机又变成了很多架飞机(在法国的天空里)扔下炸弹,轰炸炮兵阵地。只要我的嘴,在被一颗子弹打烂之前,能喊出这个秘密的地名并被德国人听见……我这人的声音如此微弱,我怎么才能把它传到我的头儿的耳朵里呢?传到那个有病的讨厌的人的耳朵里。他在柏林沉闷的办公室里没完没了地查看报纸,徒然地等待着我们的情报。他不认识我和鲁纳伯格,除了知道我们在斯塔福德郡之外,对我们一无所知……我大声地说:我必须逃走。在毫无意义的寂静中我不声不响地坐起来,仿佛马登已经埋伏在那里等着我。某种念头——也许只是为了证实我确实一无所有——促使我查看自己的口袋。我找到了我知道会找到的东西:一块美国表,一条镍表链,一枚方形硬币,一个钥匙圈,上面吊着没用了的鲁纳伯格公寓的钥匙,一个笔记本,一封决定立即销毁却没有销毁的信,一个克朗,两个先令,几个便士,一只红蓝铅笔,一块手帕,一支只剩一颗子弹的左轮手枪。为了给自己鼓气,我滑稽地把枪放在手上掂了掂。我模模糊糊地想,一声枪响,很远的地方都能听见。不到十分钟,我就定好了我的计划。电话号码本上有那个惟一能把我的情报传出去的人的姓名。他就住在芬顿郊区,坐火车不到半小时。

我是个胆小鬼。现在我可以这么说了。现在我在进行一项谁也不能否认其危险性的计划。我知道执行这一计划非常可怕。我并不是为了德国才这么干的,不是。对那个强迫我沦为间谍的野蛮国家我毫不在乎。此外,我认识一个英国人——一个质朴的人——对于我,他一点也不逊于歌德。我跟他聊了不到一个小时,但在这段时间里他就是歌德……我这么干是因为我觉察到我的头儿有点怕我这个民族的人,怕我身上汇聚的无数祖先。我要向他证明,一个黄种人可以挽救他的军队。此外,我还得逃脱马登。他的手和他的声音随时都可能在我的门口叫我。我默默地穿好衣服,向镜子里的我道别,下了楼,查看了一下寂静的街道,走了出来。车站离我的住处并不远,但我觉得还是乘出租车去最好。我想这样可以减小被认出来的危险。事实上,在冷落的街上我总觉得自己被人监视，容易受到伤害。我记得我告诉司机把车停在离车站入口稍远的地方。我不太情愿地，几乎是痛苦地缓缓地下了车。我要去的是阿西格罗夫，但我买的是下一站的票。火车八点五十开，只剩几分钟了。我赶紧进去。下一趟车要九点半才开。站台上几乎没人了。我走过一节节车厢。我记得车厢里有几个农民，一个穿丧服的女人，一个年轻人在看塔西佗的《编年史》，一个快活的伤兵。车厢一晃，终于开车了。一个人拼命向站台尽头跑来。是理查德·马登上尉。我吓坏了，浑身颤抖，紧缩在座位的远角，远离那可怕的车窗。

我从这种崩溃的状态中恢复过来，渐渐地感觉到一种几乎是可耻的快乐。我对自己说：决战已经开始了，我已经赢得了第一个回合。也许是靠这四十分钟，也许是靠一点好运气，我挫败了敌方的攻击。我对自己说：这一最微小的胜利预示着最后完全的胜利。我又对自己说(并不是没有一点作用)我的怯懦的快乐，证明我是一个有能力把这场冒险搞成功的人。从这种软弱之中，我吸取了绝不会弃我而去的力量。我预见到：人们会日甚一日卷入凶暴的事业，很快这世界就会变得别无其他，只有士兵和强盗。我愿意给他们如此忠告：一个暴行制造者，应该想像自己已经完成了它，应该给自己一个像过去一样不可更改的未来。我一边这样想，一边以一个死去的人的目光回顾着这个消逝了的白天和正在进行的夜晚，也许这是最后一天了。火车轻快地在白杨树中穿行。火车停下了，几乎就停在田野中间。没有人报站名，"是阿西格罗夫吗？"我问站台上的几个孩子。"是阿西格罗夫。"他们回答。于是我下了火车。

站台上亮着一盏灯，但孩子们的脸仍然在阴影里。他们中的一个问我："你是到斯蒂芬·阿尔贝博士家去吗？"不等我回答，另一个说："他们家离这很远，你只要沿着这条路向左走，在每个路口向左拐，你就不会迷路。"我扔给他们一枚硬币(最后一枚了)，下了几级台阶，踏上了那条孤寂的路。这是一条土路，缓缓向下的斜坡。头顶上，树木的枝叶交错；低低的圆月似乎在陪伴我。

有一会儿,我觉得理查德·马登已经用某种方式看透了我这绝望的意图。但是,很快我就明白,这是不可能的。让我始终向左转的指教使我想起:这是用来找到某种迷宫的中心的很常见的方法。我对迷宫略知一二,因为我是当过云南总督的崔朋的曾孙。为了写一部小说和建造一座迷宫,他放弃了世俗权位。他小说中的人物比《红楼梦》中的还多;他的迷宫会使任何进去的人都迷失。他为这两项性质不同的工作付出了十三年时间。但是,一个来历不明的人刺杀了他——他的小说毫不连贯,他的迷宫没人能找到。在英国的树阴下,我沉思着那座失落的迷宫:我想像它没有遭到破坏,完美无缺地座落在一座山的神秘巅峰。我想像它被稻田埋没或者沉到了水底。我想像它是无限的,并非用八角亭和回转的小径构成,而是由河流、州县、国家……构成。我想像着一座迷宫中的迷宫,想像着一个曲折变化、不断增大的迷宫。它包含着过去、未来,甚至以某种方式包容星辰。被这些想像的幻景所吸引,我忘掉了自己正追求的目标。在一段无法确定的时间里,我觉得自己成了这个世界的抽象的观察者。朦胧而生动的田野,空中的明月,白天的残余,都在影响着我。甚至这条不可能有任何疲劳感的下坡路,也是如此。夜色亲切,无边无际。道路向下伸展,穿过现在迷惘的草地,分出岔路。一阵高亢的节奏分明的音乐飘来,随着风向的变化忽远忽近,因树叶和距离的阻隔而模糊不清。我想,一个人可能成为别人的敌人,在另一时间,可能成为另一些人的敌人,但不可能成为一个国家,即萤火虫、词语、花园、流水、夕阳的敌人。就这样,我来到了一座高大的生锈的铁门前。从铁栅中,我看见一片杨树林和一座凉亭。忽然,我明白了两件事:第一件微不足道,第二件几乎难以置信:这音乐来自凉亭,而且是中国音乐。正是因为这个原因,我完全接受了它,而对它毫不在意。我不记得那里是不是有门铃,还是我用手敲的门。那火花飞溅的音乐仍在继续。

然而从里面房屋的后面,一盏灯笼逐渐移近。灯笼在树木之间有时放光,有时消失。那是一盏形状像鼓、色彩像月亮的纸灯笼。一个高身材的人提着它。由于灯光晃眼,我看不清他的脸。

他开了门，用我的母语慢慢地说：

“我想是席朋大人光临舍下，来解除寂寞了。你无疑是想来游览花园吧？”

我想起席朋是我们一位领事的名字；我有些慌乱地说：“花园？”

“交叉小径的花园。”

什么东西触动了我的记忆；我以不可思议的肯定语气，说：

“那是我祖先崔朋的花园。”

“你的祖先？你的著名的祖先？请进来。”

潮湿的小径曲折蜿蜒，跟我小时候走过的那些一样。我们来到一间满是东方和西方书籍的书房。我认出了几卷用黄绢面装订的百科全书，那是明朝第三代皇帝命令编纂的，从未印刷过。留声机上的唱片在旋转，旁边是一只青铜凤凰。我还记得一只玫瑰色的大花瓶，和一只很多个世纪以前的古瓶，它的那种蓝色，是我们的工匠从波斯的陶工那里学来的……

斯蒂芬·阿尔贝微笑着看着我。我已经说过，他个子很高，脸上有很深的皱纹，灰色的眼睛，灰色的胡子。后来，他告诉我，在“渴望成为汉学家之前，”他曾经在天津当过传教士。

我们坐下：我坐在一张低低的长沙发椅上，他背对窗户和一只高高的圆形座钟。我算计我的追捕者理查德·马登，至少要一个小时之后才能到。我的无可改变的决心还能等待。

“崔朋的命运真是令人惊讶，”斯蒂芬·阿尔贝说，“他是他本省的总督，博学的天文学家，占星学家，孜孜不倦的经史注释家，著名诗人、棋手、书法家。——他却抛弃了这一切，只是为了去写小说，造迷宫。他弃绝了专权和公正的乐趣、众多妻妾的乐趣、宴饮的乐趣、甚至学问的乐趣——在明寂阁中把自己幽闭了十三年之久。他死后，他的继承人只发现一大堆杂乱无章的手稿。他的家人，你大概不会不知道，准备把它付之一炬；但是他的遗嘱执行人——一个道士或者和尚——坚持将它予以出版。”

“我们崔朋的后代，”我回答说，“至今仍在骂这个和尚。出版这些手稿毫无意义。这本书不过是一大堆矛盾百出、互不连贯的大杂烩。这本书我翻过一次:在第三章主人公死了,到第四章又活了过来。至于崔朋的另一项事业,他的那座迷宫……”

“这就是崔朋的那座迷宫,”他把一张高高的漆花写字台指给我看。

“一座象牙迷宫!”我喊起来,“一座微型迷宫……”

“一座象征的迷宫,”他纠正我说,“一座看不见的时间的迷宫。我,一个蛮夷之邦的英国人,有幸解开这个透明之谜。一百多年之后,那些细节已经无法复原,然而揣测当年是怎么回事并不难。肯定是这样:有一次崔朋说:我要隐居,去写一本小说。另一次,他说:我要隐居,去造一座迷宫。所有的人都以为这是两项工作,没有人想到写小说和造迷宫是同一件事。明寂阁矗立在一个可能很复杂的花园中央。这一点可能给人们暗示,有一座真正的迷宫。崔朋死后,没有人在他广阔的领地上找到什么迷宫。那部小说的复杂混乱给了我暗示:它本身就是迷宫。有两点使我获得了这个问题的正确答案。第一点:根据离奇的传说,崔朋计划建造的是一座严格无限的迷宫。另一点:我发现了他的一封信的片断。”

阿尔贝站了起来,好一会儿他背对着我。他打开了这张黑漆金花的写字台的一只抽屉。他转过身,拿出一张纸。这张纸原来是深红色的,现在已经变成了粉红色,质地很脆,有着折叠留下的方格痕迹。崔朋的书法果真名不虚传。我热切而费解地念着我的血亲祖先用细毛笔写下的这些字:“我把我的交叉小径的花园,留给各种不同的(并非全部的)未来。”我默默地把纸还给他。阿尔贝接着说:

“在发现这封信之前,我曾自问,一本小说怎样才能成为无限。我想不出别的,只能想像一本循环的书,兜圈子的书。一本最后一页与第一页完全一样的书,这样它就具有了无止境地继续下去的可能。我记得,在《一千零一夜》中间有一夜,舍赫拉查德王后(由于抄写者魔幻般的错乱)开始原原本本地从头开始讲一千零一夜的故事,这样她就有重新回到她讲过的一夜的危险,直到无限。我也想像一部柏拉图式的传世之作,一代一代父传子承,每一代都给它增加一章,或者孝顺地将上一辈所写的章节修改一遍。这些猜想令我高兴,但没有一种猜想,即使以最渺茫的方式,符合崔朋那些矛盾百出的篇章。我正处于这样的困境中时,我收到了寄自牛津的你刚才看的那张纸。很自然,我停留在这句话上:我把我的交叉小径的花园,留给各种不同的(并非全部的)未来。我几乎立即就明白了:'交叉小径的花园'就是那部混乱的小说。'各种不同的(并非全部的)未来'这句话,使我想到:这是时间的,而不是空间的交叉。重新把这部作品认真看了一遍后,证实了这一解释。在所有小说中,每当一个人面临好几种选择的时候,他总是选择一种,排除其他。但是在崔朋的小说中,他却——同时地——选择了全部。他以这种方式创造了各种未来,各种时间。这些时间又各自增殖,互相交叉。这样就可以解释小说的矛盾了。我们举个例子:范有一个秘密;一个陌生人推门进来;范决定杀死他。自然有好几种可能的结果:范杀死了来人,来人杀死了范,他们俩都可能逃生,他们俩都可能死去,诸如此类。在崔朋的作品里,所有可能的结果都发生了,每一种结果都是与其他结果的分叉点。有时候,这座迷宫的路径交会一起,比如:你来到了这所房子,但在某种可能的从前,你是我的敌人;在另一种可能的从前,你却是我的朋友。如果你不介意我无可救药的发音的话,我们一起来读几页。"

他的脸,在灯光的明亮光晕里,无疑是一张老人的脸。然而却有着某种坚决的甚至不朽的神情。他缓慢而准确地把同一叙述篇章中的两种不同的写法,都念了一遍。在第一种写法里,一支军队翻过荒凉的山岭,行军去打仗。可怕的怪石、阴影,使他们觉得生命的意义微茫。于是他们轻而易举地获得了胜利。在第二种写法里,同一支军队穿过一座宫殿,宫殿里正在举行盛大的宴会。他们觉得这场光辉的战斗,只不过是宴会的继续。于是他们赢得了胜利。我以适当的敬意聆听着这些古老的故事。也许不是由于欣赏小说本身,而是由于这小说是我的一位祖先所创作,在一场绝望的冒险中,在西方的一个岛上,由一个遥远帝国的臣民,把它重新还给了我。我记得末尾的几句话，在每种写法里都重复出现，仿佛是一条神秘的戒律，“英雄们心灵平静，刀剑凶猛，奋勇战斗，投身于杀戮和死亡。”

从这时起，我觉得在我周围和我阴暗的身体内部，有一种看不见的东西在膨胀。这不是两支分开、平行、最终合并的军队，而是他们以某种方式预示的一种更难以捉摸的，更隐秘的骚动。斯蒂芬·阿尔贝继续说：

“我不相信你著名的祖先，写这些变化无穷的小说只是为了消闲度日。我不认为他耗费十三年时光，只是为了进行无穷无尽的修辞试验。在你们国家，小说是一种次要的低级的文学形式，在崔朋那个时代是受轻视的。崔朋是一位天才的小说家，但他同时也是一位博学之士，他绝不会认为自己仅仅是一个小说家。他同时代人的言论——和他的整个一生——表明他对形而上学和玄学的兴趣。哲学思辨占据了他小说的大部分篇幅。我知道，所有的问题，没有一个像时间这个深渊似的问题那样，使他不安，使他耗费时日和精力。而时间是花园小说中惟一没有涉及的问题。他甚至不使用含有时间意义的字样。你怎样解释这种有意的回避？”

我提出了好几种解释——都不能圆满地说明这个问题。我们对这些解释进行了一些讨论。最后，斯蒂芬·阿尔贝对我说：

“在一个谜底是棋的谜语中，惟一禁止使用的是哪个词？”

我想了一会儿，回答说：

“棋这个字。”

“对，”阿尔贝说，“《交叉小径的花园》就是一个巨大的谜，或者说是一个寓言，它的主题是时间。这种深奥的游戏禁止提及它本身。始终不把这个词说出来，总是用不明确的比喻，明显的旁敲侧击来影射它，这也许是强调突出它的最有力的方式。这就是喜欢拐弯抹角的崔朋在他的没完没了的小说里，爱用的曲折蜿蜒的迂回方式。我校勘了几百份的手稿，改正了由于抄写人粗心大意而造成的谬误，我猜出了这一团混乱中的结构；我重建了，或者说我认为我重建了它原来的次序。我翻译了这部作品的全文。我非常清楚地知道,他没有一次使用过‘时间’这个词。这解释很明显:《交叉小径的花园》是崔朋设想的一幅宇宙的图景,它没有完成,然而并非虚假。与牛顿和叔本华相反,你的祖先不相信单一的绝对的时间。他相信无限连续的时间,相信正在生长的、分叉、交汇、平行的令人眩晕的时间之网。这张时间之网的网线互相接近,交叉、断裂,或者几个世纪互不相干,包含了时间的一切可能性。在这些时间的大多数里,我们并不存在;在有些时间里,你存在,我不存在;在另一些时间里,我存在,而你不存在;在还有一些时间里,你我都存在。在现在这个时间里,我好运临头,你来到了我的房子里;在另一个时间里,当你走过花园时,你发现我死了;在还有一个时间里,我说了这些同样的话,而我是一个错误,一个幽灵。”

“对于这一切,”我的声音有些颤抖,“我向你表示感谢和敬意;你重建了崔朋的花园。”

“并不是全部,”他微笑着喃喃地说,“时间永远分叉着,通向无数的未来。在其中的一个未来里,我是你的敌人。”

我又一次感觉到我前面说过的那种分裂的感觉。我觉得房子周围潮湿的花园里充满着无数的看不见的人。那些人都是我和阿尔贝,在其他的时间里潜行,忙碌,形体多样。我抬起眼睛,这脆弱的梦就消失了。在那黄黑色的花园只有一个人,而这个人像雕像一样结实……这个人正沿着小径走来。他是理查德·马登上尉。

“将来已经存在,”我回答,“不过我是你的朋友。我能再看看那封信吗?”

阿尔贝站起来,身材高大,他打开高高的柜子的抽屉。这时,他背对着我。我早已把左轮手枪准备好了。我非常仔细地开了枪。阿尔贝立即倒下,没有哼一声。我发誓他一下子就死了。——像是雷击。

其余的事如不真实的梦,无关紧要。马登闯进来,逮捕了我。我被判处绞刑。令人厌恶的是,我成功了。我把他们要袭击的城市的名字这一秘密,传到了柏林。昨天他们轰炸了它。我还在同一份报纸上看到供全英格兰猜的一个谜:学识渊博的汉学家斯蒂芬·阿尔贝被一个叫余臻的来路不明的人杀害。我的头儿猜出了这个谜。他知道我的意图是要(穿越战争的喧嚣)指明那座城市叫阿尔贝,他知道我别无他法,只能杀死一个叫阿尔贝的人。但他不知道(不会有任何人知道)我无尽的悔恨和厌倦。

【提示】

这是一篇典型的博尔赫斯的小说。小说包含三个层面的故事:最外一层是历史事件:真实人物利德尔·哈特写的一本真实的书《第一次世界大战史》中对一真实历史事件的记述出现了一个缺口。由此引出了第二层:间谍故事。间谍故事中的人物余臻和阿尔贝又引出了第三层故事:崔朋的迷宫和小说,交叉小径的花园。余臻和阿尔贝出没于两个故事当中。余臻是崔朋的曾孙,阿尔贝破译了崔朋的秘密。而他们的相遇是由于余臻在电话号码本上查到了阿尔贝这个名字。他需要这个名字为他的间谍使命服务。阿尔贝却把余臻引向了他的曾祖崔朋,并向他解释了其曾祖的秘密。这些故事互相交织,在崔朋的故事进行的当中,间谍故事仍在进行。故事结束在真实世界:余臻打死了阿尔贝,完成了间谍使命。余臻也被处死。

毫无疑问,小说的重点在崔朋的迷宫、小说和时间。这种玄想本身极其迷人,是这篇小说之所以如此不同凡响的根本所在。此前此后都不重要。但是这些看似不重要之处却包含着所有小说的秘密:使抽象之物在具体情景当中成为具体之物被直接感触到。关于小说、时间和迷宫的见解作为精妙的间谍小说的一部分而出现,使其具有了具体性。而间谍小说又从属于历史事件,又使其获得了真实性。

同样,小说的精彩也可分为三个部分:对时间、小说的令人惊异的见解,间谍故事的悬念,散布在全书的感受。后者使整篇小说的意义更为多样。比如,余臻在房间、出门时、坐在火车上、去阿尔贝家的路上的所感所想,使余臻不只是一个单纯工具,而是一个有反思能力,并与其行为分离的人。特别是最后一句使小说具有了命运悲剧的令人悲伤的力量。

【思考与练习】

1.关于人在自己一生中的选择,有三种看法:一、宿命论者的观点:我们无法选择,我们的选择是预先规定好的。二、萨特的观点:自由是人的本质,每个人都是自己选择要成为的人。可能性存在,只有一种选择。三、博尔赫斯在这篇小说中提出的观点:众多可能性并没有因我们的选择而消失,我们众多的影子在不同的时间中进行不同的选择所导致的不同的生活。你如何看待这一问题?

2.请找出这篇小说中间谍故事的发展线索。

3.小说最后余臻感到的悔恨和厌倦是针对什么?

4.这篇小说与你原来观念中的小说有何区别?你是否觉得小说对未知世界的探索有待于小说观念的开放?

(雷武铃)

猎人格拉库斯①

卡夫卡著　雷武铃译

弗兰茨·卡夫卡(Franz Kafka,1883～1924),奥地利作家。出生于布拉格一个犹太商人家庭。1906年毕业于布拉格德语大学,获法学博士学位。1908年进入半国立的布拉格工人事故保险公司工作。1922年因病退休。1924年6月死于维也纳附近的疗养院。

卡夫卡身后留下300余万字。其中书信占二分之一多,日记、笔记、随笔、箴言占六分之一。其余三分之一是通常说的文学作品。他生前出版的作品译成汉字也就10多万字。他完成定稿的作品不到20万字,其余都是草稿未定稿,死后由别人编辑整理出版。他两次留下遗嘱,要朋友把他的文字焚毁。他的每一篇文字都是精品,主要有:《变形记》、《审判》、《城堡》、《失踪者》、《流放地》。卡夫卡与普鲁斯特、乔伊斯并称二十世纪最伟大的三位小说家。他的小说远远越出了文学的疆域,对二十世纪的思想认识有着重大影响。他在二十世纪初写出的那些近乎神秘的预言,使人情不自禁地觉得:二十世纪人类陷入如此巨大的痛苦和灾难,只是为了成就他的伟大。

两个男孩坐在码头的堤上玩骰子。一个男人坐在纪念碑的台阶上,在那位挥剑英雄的影子下看报。一个姑娘在井边用桶打水。一个卖水果的小贩躺在他的货物旁,望着湖面。透过光光的窗户

① 本篇写于1917年初,写在《八本八开笔记本》的第一本上面。1931年公开发表。题目为马克斯·勃罗德所加。

和门缝，可以看见两个男人在酒店深处喝酒。酒店老板坐在前面的一张桌子旁打盹。一条小船静静地滑进小港，好像被看不见的手托在水面上。一个穿蓝色外套的男人爬上岸，把缆绳穿过铁环。船夫后面，两个穿着缀有银钮扣的黑色上衣的男子抬着一副担架。担架上盖着一条有流苏的大花绸巾，下面显然躺着一个人。

码头上没人理会新来的人。甚至在他们放下担架，等候仍在系缆绳的船夫时，也没人走近他们，询问他们，没人看他们一眼。

船夫为一个女人又耽搁了一会儿。现在，她怀抱着一个小孩，蓬头散发地出现在甲板上。然后，他走上来，指了指左边临水耸立的一幢黄色的三层楼。担架手抬起担架，走进低低的门柱优美的大门。一个小男孩打开窗子，恰好看见这群人走进楼里，便赶紧又把窗子关上。现在，用黑色橡木做的非常结实的门也关上了。一群一直绕着钟楼飞翔的鸽子落在了楼前，聚集在门口，仿佛里面储存着它们的食物。其中的一只鸽子飞到二楼，去啄窗玻璃。这是些毛色鲜亮，受到精心照看的，活泼可爱的鸟儿。船上的女人向它们大把地洒着谷粒，它们啄食着，然后向她飞去。

现在，一个头戴饰有黑纱的大礼帽的男子，沿着通向码头的众多狭窄陡峭的小径中的一条，走下来。他审视着四周，一切都让他感到不满。看到一个角落里的垃圾时，他的嘴都扭歪了。纪念碑的台阶上散落着果皮，经过时他用手杖扫掉。他敲了敲那幢房子的门，同时，摘下礼帽，用戴着黑手套的手拿着。门马上就打开了，五十多个小男孩在长长的门厅排成两行，躬身迎候着他。

船夫从楼梯上下来，欢迎这位穿黑衣服的先生，领着他上楼。他们走过绕着庭院而建的优美明丽的凉廊，孩子们在他们身后，保持一段敬畏的距离。他们走进一间宽敞阴凉的屋子。屋子朝向楼后面，从窗口望出去，不见别的楼房，只见一堵光秃秃的灰黑色悬崖。担架手正忙着在担架的上头安放并点亮几只长蜡烛。点燃的蜡烛并没发出什么光亮，只是惊动了此前一直安息着的阴影，使它们在墙上摇晃。盖在担架上的绸巾揭掉了。担架上躺着的是一个头发凌乱的人，看来像一个猎人。他一动不动地躺着，双目紧闭，似乎没有了呼吸。尽管如此,只有他周围的气氛才表明,他可能是个死人。

这位先生走近担架,一只手放在躺在担架上的人的额头上,然后跪下祈祷。船夫向担架手示意,要他们离开。他们出去,把聚集在外面的那群孩子也赶走了,把门关上。但这似乎仍未使这位先生感到满意。他朝船夫看了一眼。船夫领会其意,从一扇边门进了另一间屋子。躺在担架上的人一下子就睁开了眼,他的脸痛苦地转向这位先生,问:"你是谁?"这位先生丝毫也不感到惊异,站起身来,答道:"里瓦镇镇长。"

躺在担架上的人点了点头,手臂微微的指了指椅子;在镇长坐下之后,说:"其实我知道这些,镇长先生,但是在刚醒过来的那一刻,我总是什么也记不起来。一切都在我的眼前乱转。所以即使知道,我也最好问一下。也许你也已经知道我是猎人格拉库斯。"

"是的,"镇长说:"昨天夜里我就被告知了你的到来。我们早已睡了。快到半夜时,我的妻子喊道:'萨尔瓦多'——这是我的名字——'看窗台上的鸽子'。真的有一只鸽子,个大如鸡,它朝我飞来,在我耳边说:'明天,死去的猎人格拉库斯要来;以全镇的名义去接待他吧。'"

猎人点了点头,用舌头舔了舔嘴唇。"是的,那些鸽子先于我飞到了这里。但是,镇长先生,你觉得我该留在里瓦镇吗?"

"我还不好说,"镇长回答,"你已经死了吗?"

"是的,"猎人答道,"正如你所见到的。很多年以前,肯定是很久很久之前了,我从悬崖上掉下去,那是在黑森林——在德国——但是我在追猎一只羚羊。从那时起我就死了。"

"但你也还活着。"镇长说。

"在某种程度上说确实如此,"猎人说,"在某种深度上说我还活着。我的死亡之舟迷失了方向。也许是转错了舵,也许是船夫一时心不在焉,也许是被我家乡的美景分了心。我不知道到底是因为什么。我只知道我仍留在人世,我的冥船一直在人间的水域飘荡。我这只愿生活在山岭中的人,死后却四处云游。"

“你没进入另一个世界?”镇长皱着眉头问。

“我永远处在通向上天的大台阶上。”猎人回答,“在那广阔无边的台阶上飘荡,忽上忽下,忽左忽右,从不停歇。猎人变成蝴蝶了。可别笑。”

“我没笑。”镇长辩解道。

“这很好,”猎人说,“我总是在动。但是当我奋力一跃,看见天国之门在前方闪闪发光时,我马上就会从旧船中醒来,发现自己正漂泊在世间的某处荒凉水面上。我的那一次死根本就是错误,它正看着我狞笑。尤丽娅,船夫的妻子,敲门进来,把我们的船碰巧经过的岸边地方的早餐饮料端到我的担架旁。我躺在一块木板上,——看见我那副样子可不是一件愉快的事——身上穿着肮脏的尸衣,花白的须发纠结在一起,腿上盖着有流苏的女用大花绸巾。一只教堂用的蜡烛在我的头顶上方,照着我。正对我的墙上挂着一幅小画,画面上显然是一个丛林人,他尽量把身子隐藏在一面画得极好的盾牌后面,用他的长矛瞄准我。在船上人们会经常看到愚蠢的画。而这一幅是最蠢的。除此之外我的木舱里一无所有了。南国夜晚的暖风从侧壁的一个小窗吹进来。耳边响着水拍着旧船的声音。

“自从作为生活在黑森林的猎人格拉库斯我因追猎一只羚羊而从悬崖上摔下去摔死,我就一直躺在这里。一切都发生得井然有序。我追逐,我掉下,我在山谷里流血至死。这条船应该把我运送到另一个世界。我仍然记得我最初躺在这块木板上时心里有多高兴。昏暗的舱壁听到了我从未在山林中唱过的愉快的歌。

“我高高兴兴地活着,高高兴兴地死去。在登上这只小船之前,我兴高采烈地把我的旧装备,猎物袋,猎枪扔掉。我曾骄傲地一直带着猎枪。我穿上寿衣,就像新娘穿上婚纱。我躺下,等着。随后不幸就降临了。”

“可怕的命运,”镇长说,防卫似的抬起手,“你对此毫无过错吗?”

“是的,”猎人说,“我是个猎人,这有何过错?在黑森林里我听从猎人职责的召唤。当时那里还有狼。我埋伏,射击,击中目标,剥下猎物的皮。这有何过错?我的劳动受上帝保佑,我被称作'黑森林的伟大猎手'。难道这是过错?"

"我并非被招来裁判此事,但我还是觉得这其中并无过错。但是,这究竟是谁的责任?"

"船夫的,"猎人说,"谁也不会读到我在这写下的东西。谁也不会前来解救我。即使有使命规定所有的人都要帮助我,所有门窗也会依然紧闭,所有的人会躲进被窝,用被子蒙住脑袋。整个世界将成为黑夜的栖身地。这是有道理的,因为根本没人知道我,即使有人知道,也不知道在哪里能找到我;即使他知道在哪里能找到我,他也不知道如何与我打交道;因此也就不知道怎么帮助我。要帮助我的想法是一种疾病,必须躺在床上才能被治愈。

"我知道这点,所以我绝不呼救,甚至在有些时候——就像现在,我无法控制自己——产生强烈的求助愿望。但是我只需朝四周看一眼,确定我身在何处,这几百年以来,我一直身在何处——我可以这样断言——就足以打消这样的念头。"

"非同一般,非同一般,"镇长说,"现在你想留在里瓦和我们一起吗?"

"并无此意,"猎人微笑着说,为了表示歉意,他把一只手搁在镇长的膝上,"我只知道我在这里,除此之外,我一无所知,也一无所能。我的小船没有舵,它随风而行,而这风来自冥府的最低层。"

【提示】

这篇小说太荒唐了,难以理解,与我们对小说对整个世界的认识完全不符:一个在黑森林里过着无可指责的猎人生活的猎人格拉库斯,一天从悬崖上掉下去,摔死了。前来接他的死亡之舟在返回的路上出了问题,多少年来一直在人间的江河湖海上漂流。一天,他来到了里瓦小镇,和镇长进行了一次会谈。——这篇小说要表达什么?

让我们忘掉这令人恼火的问题,注意听格拉库斯讲述自己的尴尬处境:他已经死了,彻底脱离了人世生活,居身在死亡之舟。但是他又活着,因为他并没能进入死亡之国,还在世间飘荡。也就是说他置身在死亡和人世之间的一个世界,没有任何人能把自己的手伸进这个世界。“谁也不会读到我在这写下的东西。谁也不会前来解救我。即使有使命规定……因为根本没人知道我,即使有人知道,也不知道在哪里能找到我;即使他知道在哪里能找到我,他也不知道如何与我打交道;因此也就不知道怎么帮助我。要帮助我的想法是一种疾病,必须躺在床上才能被治愈。”而这一切并不是因为他做错了什么。因此,他根本就无从改正,只能继续处于这种状况。他对救助不抱任何希望,甚至绝不呼救。“我只知道我在这里,除此之处,我一无所知,也一无所能。我的小船没有舵,它随风而行,而这风来自冥府的最低层。”在所有的生者和死者当中,有谁能比猎人格拉库斯更孤独?他的状况所揭示出的不正是孤独一词的最根本涵义吗?每个人不是都多少领受过这一涵义?这篇小说又有何难解可言?

在这篇美妙的小说中,它坚实的事实性的句子是写作艺术的典范。比如开始:“两个男孩坐在码头上玩骰子。一个男人……一个姑娘……”每个句子都挤满事实。句子与句子的联系清晰紧密。因此,篇幅很短,内容却极为丰富。

【思考与练习】

1.猎人格拉库斯说话之前的那些章节对整个小说有什么影响?

2.在猎人格拉库斯及里瓦镇镇长的身份被明确说出之前,小说用了什么方式来指称他们?

3.猎人格拉库斯的状况如何?令人惊异吗?

4.当我们没有意识到的真实以出乎我们意外的方式被表达出来时,你感觉如何?你如何看待“只有借助新的表达方式,一种新的真实才能被发现”?

5.你如何看待真实、虚构、小说、寓言、梦、荒诞这些词?你认为我们对真实的理解和我们对表达真实的方式的追求之间有什么关系？能预先规定吗？

（雷武铃）

怎样鉴赏诗词曲赋

诗、词、曲、赋是中国古代文学中的几种重要文学样式，也是最富有民族特色的文学样式。其彼此间多有区别，在不同的历史时期各领风骚，这正说明诗、词、曲、赋都是“有意味的形式”。如果说，“美在形式”这一命题从艺术审美角度看可以成立的话，那么，文学鉴赏显然以正确把握文学的体式特点作为必要前提。

一、诗词曲赋的体式特点

（一）诗

中国是一个诗的国度，诗的发展史源远流长，几乎与中国古代文学史相始终。不夸张地说，中国古代文学史亦是一部诗史。

中国古代的诗，不仅作品数量巨大，而且形式多样。从诗句字数的多少看，有三言、四言、五言、六言、七言和杂言等体式。从是否合律看，有古体诗和格律诗之分。

古体诗可以指一切非合律的诗，三言、四言、五言、六言、七言和杂言的都有。其中包括《诗经》中的作品、楚辞中的作品，包括汉代《古诗十九首》、阮籍《咏怀诗》八十二首、李白《古风》、杜甫《三吏》和《三别》、白居易《长恨歌》、苏轼《拟陶诗》、吴伟业《圆圆曲》那样的作品，包括两汉以来的大量旧题乐府、新题乐府，等等。

古体诗，字音不讲究平仄，句子能长能短，篇幅可大可小，用韵条件宽松，是否换韵随意。

格律诗分绝句、律诗和排律，又各有五言和七言之分。绝句、律诗当中还有六言体式，虽然并不常见，但自成一格。排律中由于七言体创作的难度很大,所以五言排律更为多见。

既然是格律诗,那么当然要守格律。格律主要从字数、句数、用韵、字音、对粘、对仗等方面规范。

格律诗追求整齐一律之美。在字句方面,倘一首诗中,言有短长,句见参差,则不能称其为格律诗。格律诗要求每句字数相等,句子总数为偶数,成双成对。当然,"宝塔诗"之类特例除外。所以,五言绝句必须是整齐的四个五言句;七言绝句必须是整齐的四个七言句。律诗句式要求与此相仿:五言律诗为八句四十字;七言律诗为八句五十六字。排律则是律诗在篇幅上的扩展。

格律诗无论是绝句,还是律诗,一首诗中,要么都押平声韵,要么都押仄声韵,必须一韵到底,中间不可换韵。

格律诗区别于古体诗的一个本质特点是讲究平仄,离开了平仄要求,同时就泯灭了格律诗和古体诗之间的界限。

平、仄是基于对汉语四声即平、上、去、入的归类,而平、上、去、入的提出肇始于南朝齐代的永明(483～493)时期,讲四声和八病,文学当中遂有"永明体"出现。后来的格律诗在此基础上,经过改进、定型,从而走向成熟和完善。

所谓"平仄"之"平",即"平、上、去、入"中之"平";所谓"平仄"之"仄",乃概称"平、上、去、入"中之"上、去、入"三声。古代汉语"四声"与现代汉语"四声"即阴平、阳平、上声、去声之间,无法完全对应。现代汉语中"平"分"阴"、"阳","入声"不复存在。古代汉语中的"入声"皆已派入现代汉语的"四声"。例如"桌"、"盒"、"笔"、"肉"四个字,在古代汉语中,都属于"入声"字,但在现代汉语中,已经分别派入"阴平"、"阳平"、"上声"、"去声"之中。"入声"现象,在许多方言中依然存在,细加摸索、体会,有助于对"平"、"仄"的鉴别,有助于对诗、词、曲、赋的鉴赏。

平、仄要求,落实到格律诗的创作之中,是有规律可循的。概括起来是三句话,浓缩以后是三个字。即一句之中注意"间";一联之内注意"反";两联之际注意"粘"。以王维五言绝句诗《相思》为例:

红豆生南国，（仄仄平平仄）
春来发几枝。（平平仄仄平）
愿君多采撷，（平平平仄仄）
此物最相思。（仄仄仄平平）

汉字是方块字，这一形体特点为汉语文学“建筑美”的产生，提供了得天独厚的物质条件。汉字也是音节字，一字一个音节，又有一定的声调，这一音声特点为汉语文学“音乐美”的产生，提供了与生俱来的自然天赋。为了创造音乐美感，诗句音声讲究抑扬顿挫，而忌讳板滞单调。所以，中国格律诗每句自句首而后，每两字作为一个音步，句末单字自成音步。一句中相邻的“音步”必须前后平、仄相“间”，如王维《相思》诗句“红豆/生南/国”，其“平、仄”要求是“仄仄/平平/仄”。为了抑扬顿挫的效果，一联内上、下两句第一“音步”的平、仄则要求相“反”。如王维《相思》诗之首联：

红豆/生南/国（仄仄/平平/仄）
春来/发几/枝（平平/仄仄/平）

不过，毫无变化的抑扬顿挫同样会给人呆板单调的感觉，所以，为了形成回环往复、一唱三叹的旋律节奏，两联之际相邻两句（即前一联之对句、后一联之出句）第一“音步”的平、仄则要求相“粘”，即相同。如王维《相思》诗：

红豆/生南/国（仄仄/平平/仄）【出句】
春来/发几/枝（平平/仄仄/平）【对句】
愿君/多采/撷（平平/平仄/仄）【出句】
此物/最相/思（仄仄/仄平/平）【对句】

格律诗句子“平仄”安排中还有两“忌”。一是忌“三平调”，就是说，句子的末三字不可以皆作“平”声。二是忌“孤平”，这是说，在“平平仄仄平”这个句型中，如果第一字以“仄”替“平”，那么全句中除韵脚字为“平”声外，其余“音步”上仅仅剩下了一个“平”声字。果真不得已违例，那么得设法“拗救”。例如，干脆将第三字以“平”替“仄”，此为犯孤平时本句自救之法。因此，所谓“一三五不论，二四六分明”，往往要结合“两忌”作统筹安排。

有了上述之“一论”(一三五不论,二四六分明)、“两忌”(忌“孤平”,忌“三平调”)、“三字律”(“间”、“反”、“粘”)这几项基本原则,格律诗字、句、篇方面“平、仄”安排中种种复杂关系,基本上能够理顺了。于是,格律诗无论怎样体式多样,归结到最后,只有四种句式:1.仄仄平平仄;2.平平仄仄平;3.平平平仄仄;4.仄仄仄平平。前两种句式和后两种句式,在平、仄方面,各个两两相对。

假如按这四种句式的上述顺序衔接缀合,那么可以有一首“仄起仄收”式的五言绝句,即首句不入韵,且该句第一“音步”以“仄”声起。前述王维诗《相思》便属这一谱式。假如谱式换成“仄起平收”式,那么首句改成“仄仄仄平平”即可,其余三句句式及顺序与上一谱式完全相同。仿照此法,另外两种谱式,即“平起仄收”式、“平起平收”式,皆可顺理成章。实际上,分别以四种句式开头,然后按上述“基本原则”缀合其余句子,也就恰好组合成五言绝句的四种谱式。

在格律诗中,律诗是在绝句基础上的扩展(中间两联必须对仗),排律是在律诗基础上的扩展(除首联、尾联外,中间每联必须对仗)。因而,由五言绝句四种谱式可演变得五言律诗四种谱式,并进而得五言排律四种谱式。

五言如斯,七言亦类此。依然就那四种句式做文章,只不过将那四种句式分别在第一“音步”前再添加一个“音步”,注意相邻“音步”平、仄相“间”就行。所以,格律诗五、七言之绝句、律诗、排律三大类二十四种谱式,随便拈出任意一种谱式,甚至任意一种句式,都能举一反三。格律诗之格律貌似繁复,但渐悟而能顿悟,尽可得心应手地玩弄于股掌之间。

关于对仗问题,更是人人一点就通。《声律启蒙》上有供背诵的例句,说:“云对雨,雪对风,晚照对晴空。来鸿对去燕,宿鸟对鸣虫。三尺剑,六钧弓,岭北对江东。人间清暑殿,天上广寒宫。两岸晓烟杨柳绿,一园春雨杏花红。两鬓风霜,途次早行之客;一蓑烟雨,溪边晚钓之翁。”就这么简单。唐代上官仪曾总结出“六对”(关于词的)和“八对”(关于句子的)之说,仔细揣摩分析过后,完全可以消除对于对仗问题的畏难情绪。

(二)词

词作为一种音乐文学，在唐五代时期倾向于以音乐性、俗文化特征体现其本质，是人们“花间”、“樽前”佐欢取乐的一种重要的文化生活形态，这从唐五代词的题材内容及罕见“词题”等方面可得到说明。两宋以后，由于“文人染指”，更多的“词”作者将其视为一种新型的抒情诗样式，音乐文学逐渐过渡、蜕变为案头文学。苏轼曾经从多方面来解放“词”体，他的一些豪放词在“词牌”之下另有“词题”，似乎属于书面文学创作模式。后来李清照强调“词别为一家”，显示了还“词”以“艳科”本色的努力。所以，“词”的音乐文学特征在唐、宋的表现是不太平衡的，唐五代倾向于音乐性，宋以后倾向于文学性。

词是新型的抒情诗、格律诗，但其多方面的体式特征却主要是适应和体现固在的音乐性质的。词的体式特点有如下诸端。

一是词有词调，如《蝶恋花》、《虞美人》、《扬州慢》等等，表明该词所依据之曲调乐谱。所谓“调有定句，句有定字，字有定声”，每一首词的创作根据所选用的词调获得多方面的明确规范。清代人万树所编之《词律》，有词 660 调、1180 余体，而《康熙词谱》所录则有词 826 调、2306 体。所谓词之“体”，乃根据字句、平仄、押韵等因素以示区别，有一种差别则别为一“体”，如《河传》一调有 17 体，《酒泉子》一调有 20 体。这是同调异体、一调多体现象。又有同调异名、一调多名现象，如《折红英》即《钗头凤》，《念奴娇》又名《百字令》、《酹江月》、《大江东去》、《壶中天》、《湘月》。

二是词的体制长短不一。从是否分段看，有不分片的单调词，如《如梦令》；有分上、下阕的双调词，如《浣溪沙》；有分作三段的三叠词，如《夜半乐》；有长达四段的四叠词，如《胜州令》。从字数多寡看，又有小令、中调、长调之别。五十八字以下的为小令，如《减字木兰花》、《十六字令》；五十九字至九十字的为中调，如《渔家傲》、《破阵子》；九十一字以上的为长调，如《沁园春》、《念奴娇》。这两种分类的交叉情况比较复杂。单调词都属于小令词，一般字数不多，即使较长一些的如冯延巳的《抛球乐》也不过 40 字。但双调词也有字数在 58 字以下、甚至少于单调词的，如《相见欢》(36 字)、《长命女》(39 字)。这说明小令不一定都是单片的词。双调词又有字数多至一二百字的，如《哨遍》有 203 字。这说明长调不一定都是三叠、四叠的词。换言之，双调词中，小令、中调、长调都有，只是以中调居多。

三是句式参差，故“词”亦称作“杂言歌辞”，又名曰“长短句”。歌唱往往衍变诗语，声之高下复与言之短长有机配合，且用乐之律吕调和歌声，这才是优美动听的音乐文学。“歌永言，声依永，律和声，八音克谐。”(《尚书·尧典》)句多参差，乃为切合乐调之节拍，所以词句之短长取决于乐句之曲度。

“词”之句型是变化不一的，远非格律诗句法之变化有常。

有一字句者，如张孝祥《十六字令》中句：“归！猎猎西风卷绣旗。拦教住，重举送行杯。”其首句只一个字。又如陆游《钗头凤》之“错！错！错！”以及“莫！莫！莫！”

有二字句者，如李清照《如梦令》中句：“知否？知否？应是绿肥红瘦！”又如秦观《如梦令》中句：“依旧！依旧！人与绿杨俱瘦！”

有三字句者，如苏轼《江城子》中句：“小轩窗，正梳妆。相顾无言，惟有泪千行。”双调词《三字令》之句型则纯为三字句式。

有四字句者，如刘克庄《沁园春》中句：“书生老去，机会方来。”又如刘过《醉太平》中句：“思君忆君，魂牵梦萦。”

有五字句者，如柳永《八声甘州》中句：“叹年来踪迹，何事苦淹留？”又如晏几道《临江仙》中句：“当时明月在，曾照彩云归。”双调词《生查子》则皆为五字句。

有六字句者，如王建《调笑令》中句：“杨柳，杨柳，日暮白沙渡口。船头江水茫茫，商人少妇断肠。肠断，肠断，鹧鸪夜飞失伴。”又如贺铸《天香》中句：“流浪征骖北道，客樯南浦，幽恨无人晤语。”

有七字句者，如范仲淹《渔家傲》中句：“浊酒一杯家万里，燕然未勒归无计。羌管悠悠霜满地。人不寐，将军白发征夫泪。”亦有清一色七字句的双调词如《浣溪沙》、《玉楼春》。

有八字句者，如柳永《黄莺儿》中句："晓来枝上绵蛮，似把芳心深意低诉。"又如苏轼《满江红》中句："不独笑书生争底事，曹公黄祖俱飘忽。"当然，《满江红》定格此两句皆应是七字句，苏轼于前一句增一字，故成变格。

有九字句者，如苏轼《念奴娇》中句："大江东去，浪淘尽千古风流人物。故垒西边，人道是三国周郎赤壁。"又如李煜《虞美人》中句："问君能有几多愁？恰似一江春水向东流。"再如吕本中《南歌子》中句："只言江左好风光，不道中原归思转凄凉。"

有十字句者，如辛弃疾《摸鱼儿》中句："春且住！见说道、天涯芳草无归路。"又如晁补之《摸鱼儿》中句："堪爱处，最好是、一川夜月光流渚。"十字句易寻之于《摸鱼儿》，别调罕见。

有十一字句者，如贺铸《水调歌头》中句："旧时王谢，堂前双燕过谁家？"又如苏轼《水调歌头》中句："不知天上宫阙，今夕是何年？"十一字句乃词中最长之句型，但《水调歌头》之外，别无多见。

四是韵位随"调"而定，平仄得"体"而安。就是说，对所有词调词体之平仄韵位等的安排，并非如格律诗的几项"基本原则"就能统一规范的。每调每体，自成一格，科条律令，无法简单化，无法一刀切。况且，其各自特殊的声情之美，正与个别的言之短长、声之高下、韵之疏密等等，有着内在的有机联系。

本教材共选词 8 首，现将所用 8 种词调之字句平仄、韵位所在等情况，结合有关作品，标示如下，以供审美鉴赏时揣摩体味。

符号说明：

"－"表平，"|"表仄，"＋"表可平可仄。

1.《虞美人》(春花秋月何时了)【双调 56 字，上下阕各两仄韵、两平韵】

＋ － ＋ | － － |（仄韵） ＋ | － － |（叶仄） ＋ － ＋ | | － －
春花秋月何时了　往事知多少　小楼昨夜又东风

（换平韵） ＋ | ＋ － － | | － －（叶平） ＋ － ＋ | － － |
故国不堪回首月明中　雕阑玉砌依然在

（换仄韵） ＋ | － － |（叶仄） ＋ － ＋ | | － －（另换平韵）
只是朱颜改　问君能有几多愁

+｜+－－｜｜－－(叶平)
恰似一江春水向东流

2.《雨霖铃》(寒蝉凄切)【双调102字,上下阕各五仄韵,例用入声部韵】

－－－｜(韵)｜－－｜(句)｜｜－｜(韵)－－｜｜－｜
寒蝉凄切　对长亭晚　骤雨初歇　都门帐饮无绪
(句)－｜｜(句)－－－｜(韵)｜｜－－｜｜(句)｜－｜－｜
留恋处　兰舟催发　执手相看泪眼　竟无语凝噎
(韵)｜｜｜(逗)－｜－－(句)｜｜－－｜－｜(韵)
念去去　千里烟波　暮霭沉沉楚天阔
－－｜｜－－｜(韵)｜－－(逗)｜｜－－｜(韵)－－｜｜－｜
多情自古伤离别　更那堪　冷落清秋节　今宵酒醒何处
(句)－｜｜(逗)｜－－｜(韵)｜｜－－(句)－｜－－｜｜－｜
杨柳岸　晓风残月　此去经年　应是良辰好景虚设
(韵)｜｜｜(逗)－｜－－(句)｜｜－－｜(韵)
便纵有　千种风情　更与何人说

3.《浣溪沙》(一曲新词酒一杯)【双调42字,上阕三平韵,下阕两平韵】

+｜+－+｜－(韵)+－+｜｜－－(韵)+－+｜｜－
一曲新词酒一杯　去年天气旧亭台　夕阳西下几时
－(韵)　+｜+－－｜｜(句)+－+｜｜－－(韵)+－+
回　无可奈何花落去　似曾相识燕归来　小园香
｜｜－－(韵)
径独徘徊

4.《水调歌头》(明月几时有)【双调95字,上下阕各四平韵】

+｜｜－｜(句)+｜｜－－(韵)+－+｜－+(句)
明月几时有　把酒问青天　不知天上宫阙
+｜｜－－(韵)+｜－－+｜(句)+｜－－+｜(句)
今夕是何年　我欲乘风归去　又恐琼楼玉宇
+｜｜－－(韵)+｜｜－｜(句)+｜｜－－(韵)　+++
高处不胜寒　起舞弄清影　何似在人间　转朱阁
(句)++｜(句)｜－－(韵)+－+｜(句)－+－｜｜－－(韵)
低绮户　照无眠　不应有恨　何事长向别时圆

＋｜－－＋｜（句）＋｜－－＋｜（句）＋｜｜－－（韵）＋｜
人有悲欢离合　月有阴晴圆缺　此事古难全　但愿
＋－｜（句）＋｜｜－－（韵）
人长久　千里共婵娟

5.《鹊桥仙》（纤云弄巧）【双调56字，上下阕各两仄韵】

＋－＋｜（句）＋－＋｜（句）＋｜＋－＋｜（韵）
纤云弄巧　飞星传恨　银汉迢迢暗度
＋－＋｜｜－－（句）｜＋｜－－＋｜（韵）＋－＋｜（句）
金风玉露一相逢　便胜却人间无数　柔情似水
＋－＋｜（句）＋｜＋－＋｜（韵）＋－＋｜｜－－（句）｜＋｜
佳期如梦　忍顾鹊桥归路　两情若是久长时　又岂在
－－＋｜（韵）
朝朝暮暮

6.《青玉案》（凌波不过横塘路）【双调67字，上下阕各五仄韵】

＋－＋｜－－｜（韵）｜＋｜（逗）－－｜（韵）｜｜
凌波不过横塘路　但目送　芳尘去　锦瑟
－－－｜｜（韵）＋－－｜（句）＋－＋｜（韵）＋｜－－｜（韵）
华年谁与度　月桥花院　琐窗朱户　只有春知处
＋－＋｜－－｜（韵）＋｜－－｜－｜（韵）｜｜－－－｜｜
碧云冉冉蘅皋暮　彩笔新题断肠句　试问闲愁都几许
（韵）＋－－｜（句）＋－＋｜（韵）＋｜－－｜（韵）
一川烟草　满城风絮　梅子黄时雨

7.《声声慢》（寻寻觅觅）【双调97字，上下阕各五仄韵，例用入声部韵】

－－｜｜（韵）｜｜－－（句）－－｜｜｜｜（韵）
寻寻觅觅　冷冷清清　凄凄惨惨戚戚
｜｜－－－｜（句）｜－－｜（韵）－－｜｜｜｜（句）｜｜－（逗）
乍暖还寒时候　最难将息　三杯两盏淡酒　怎敌他
｜－－｜（韵）｜｜｜（句）｜－－（逗）｜｜｜－－｜（韵）
晚来风急　雁过也　正伤心　却是旧时相识
｜｜－－－｜（韵）－｜｜（逗）－－｜－－｜（韵）｜｜－－（句）
满地黄花堆积　憔悴损　如今有谁堪摘　守著窗儿

｜｜｜－｜｜（韵）－－｜－｜｜（句）｜－－（逗）｜｜｜｜（韵）
独自怎生得黑　　梧桐更兼细雨　　到黄昏　　点点滴滴
｜｜｜（句）｜｜｜－｜｜｜（韵）
这次第　　怎一个愁字了得

8.《菩萨蛮》(郁孤台下清江水)【双调44字,上下阕各两仄韵、两平韵】

＋－＋｜－－｜(仄韵)＋－＋｜－－｜(叶仄)＋｜｜－－
郁孤台下清江水　　中间多少行人泪　　西北望长安
(换平韵)＋－－｜－(叶平)　　＋－－｜｜(另换仄韵)
可怜无数山　　青山遮不住
＋｜－－｜(叶仄)＋｜｜－－(另换平韵)＋－－｜－(叶平)
毕竟东流去　　江晚正愁余　　山深闻鹧鸪

如前所述,词调词体,计有千数,而这里所录不过是百里挑一。欲熟谙词律词谱以有益于艺术鉴赏,共认的捷径依然是一条千年古道——熟读多练细揣摩。熟读能经久不忘;多练求烂熟于心;细揣摩或望臻于化境。

(三)曲

曲,乃词之变,是词在新时代音乐条件基础上的通俗化、大众化。继唐诗、宋词之后,元曲百年辉煌,卓然成为“一代之文学”,作者辈出,歌者如云,诚如当时人周德清所言:“自缙绅及闾阎歌咏者众”。所以明代文学家王世贞说:“曲者,词之变。自金元入主中国,所用胡乐,嘈杂凄紧,缓急之间,词不能按,乃更为新声以媚之。而诸君如贯酸斋、马东篱、王实甫、关汉卿、张可久、乔梦符、郑德辉、宫大用、白仁甫辈,咸富有才情,兼善声律,以故遂擅一代之长。所谓宋词、元曲,殆不虚也。”(《曲藻序》)曲与词一样,亦属于音乐文学的范畴。这里主要谈几个关于曲的概念,以及诗、词、曲间的联系和区别。

曲有南曲、北曲之分。南曲流行于江南浙东,北曲流行于北方中原。它们的区别主要在于:南曲用五声音阶,即宫、商、角、徵、羽,北曲则五声音阶之外多出两个半音即变宫、变徵,用七声音阶。南宋词曲用七宫十一调,明清以来,南曲只有五宫八调,元代北曲用六宫十一调;南曲"衬不过三",北曲则衬字较为自由;南曲似词,仍用入声字,北曲则入派平、上、去三声之中;南曲以管乐器如箫、笛等伴奏,北曲则以弦乐器如琵琶、三弦等伴奏;南曲的繁盛在北曲衰微后的元末和明朝,以南曲为主所创作的戏曲称之为南戏,以北曲为主所创作的戏曲称之为杂剧,明、清时代融合南曲、北曲所创作的戏曲称之为传奇。

曲有剧曲、散曲之分。剧曲是戏剧构成的主要部分,与宾、白等共同演述剧情。散曲虽然也可以与剧曲一样依宫调曲谱歌唱,但在文面上,没有科白,纯为唱词,是一种近似于"词"的新体裁的诗。剧曲必须是套曲,也只能是套曲。而散曲可以是套曲,也可以是小令。如果说散曲是能长能短的"诗",那么应该说剧曲就是"诗剧"。

曲中有套曲、小令和带过曲。套曲又称联套、套数,即,由数支曲子联成一套,构成组曲,但这数支曲子必须属于同一个宫调。套曲长者可连用二十多个曲牌,如刘时中的《端正好》,短者可只用两个曲牌,如杨西庵的《赏花时》。套曲所用曲牌可以多寡不一,但缀合次第须守章法。套曲必须有《尾》,只是用带过曲结束的套曲例外。《尾》又有《煞尾》、《煞》、《结音》、《收尾》等名称,以示套曲结束之义。另外,南曲中常见《前腔》之名称,北曲中常见《么篇》之名称,皆意谓重用前曲。"么"字乃"上"字的草书之讹,所以《么篇》意即"上篇"。小令也叫"叶儿",只用一个曲牌,只一支曲子,犹如单片的"词",一曲成篇。带过曲是用两支或三支同一宫调的曲牌缀合而成的曲子,篇制介于套曲和小令之间。套曲也好,小令也好,以及带过曲也好,都要求一韵到底,不可换韵。

如词有词牌一样,曲亦有曲牌,以示所属宫调。中国古代音律有"六律"(黄钟、太簇、姑洗、蕤宾、夷则、无射)和"六吕"(大吕、夹钟、中吕、林钟、南吕、应钟),合称十二律。以之与七音(宫、商、角、徵、羽、变宫、变徵)相配,可得八十四宫调(与宫音相配者谓之"宫",余者谓之"调",统称"宫调"),即八十四种乐曲之调式。其实,八十四种调式只是理论格位,在南曲、北曲创作实践中都没有真正用遍全部八十四种调式。从元明清南北曲创作实际看,常用的只有五宫四调,即:正宫、中吕宫、南吕宫、仙吕宫、黄钟宫等五宫,大石调、双调、商调、越调等四调,合称为“南北九宫”,简称为“九宫”。

词有词律,曲有曲律。从《北词广正谱》一书可以看到,每一曲牌,在句数、句式、平仄、韵式等方面,皆有明确格律要求。并且,由于字音之平仄当与唱腔之高低转折相谐和的缘故,所以,有些地方,平声字还须分阴、阳,仄声字还得辨上、去。这样看来,曲律有严于词律的地方。

不过,曲韵韵部才分十九部,比起诗、词韵部来,显得非常简约宽松。并且,平、上、去三声可以通押,还允许重韵。关于元曲韵部的划分情况,元人周德清的《中原音韵》,向来是写曲用韵的重要依据,可以参看,本文略而不列。

关于诗、词、曲的联系与区别,简说如下。

中国的乐府诗、词、曲,在各自发展的特定时期,都是声、辞结合的音乐文学样式,都被称之为“乐府”。只不过,由于人代泯灭,中古时期乐府诗声、辞结合的模式与特点,今人难知其详了。宋元以来,幸赖印刷技术的进步,关于音乐文学方面的史料文献时现吉光片羽,故于词、曲间的联系与区别犹可辨识一二。

词、曲都是合乐的长短句歌词,都有标识各自音乐调式等所属的词牌或者曲牌,都是依谱填辞、倚声而歌,这些,是它们的共同特点。主要的区别在于:一是词、曲每一谱式虽然字数一定,但作词对正格违例后新生的变格,世人接受认可,约定俗成,实际成为正格第一、第二;同一曲牌不同作品,其文本实际字数损益变化情形各异,但正格规定字句之外的文字只能名之为“衬字”,无“变格”之说。二是词韵分平仄,不能随意改弦更张,惟依谱合律,可以换韵;曲一般用韵较密,平、上、去声可以通押,但不可以换韵。三是词虽然曾有俚词、雅词之分,但追求高雅,始终是主流;曲则不避方言俚语大白话,语言浅显,风格泼辣,以俗为其本色。

纵观中国音乐文学的发展历程,可以这么认为:词是继乐府诗之后，抓住音乐与文学相结合的又一次历史机遇，通过巧立名目、苛立细则的手段，对传统诗歌体式与语言风格等方面作了一次实质性改革和解放，曲则是在同样的意义上作出的再一次改革与解放。正由于这样一而再、再而三的文学改革与解放的运动，中国诗歌体式更加形式多样，中国诗乐文化更加丰富多彩，展示了中国文学特有的风姿和魅力。

（四）赋

赋是介于诗和散文之间的一种文体。它的最大特点是敷陈事物，务求淋漓尽致，铺张扬厉为上，不嫌言过其实。

赋的发展经历了四个阶段。

一是古赋阶段。此指先秦两汉时期，产生时代既早，风格又较古朴，故称古赋。西汉初期，赋创作受楚辞影响比较明显，贾谊《鹏鸟赋》、《吊屈原赋》以及淮南小山《招隐士》等作品，句中都带有“兮”字。所以汉初的赋作基本上属于骚赋。汉景帝、汉武帝以后，国力强大，时代精神高昂向上，散体大赋铺张扬厉，适应了体物写志、张扬国威的时代主潮，展示了两汉“一代之文学”的闳衍巨丽风采。散体大赋由枚乘《七发》奠定基础，特点是设为主客问答，体制宏大，铺采摛文，劝百讽一，曲终奏雅。与枚乘同时而稍后的司马相如推波助澜，以《子虚赋》、《上林赋》等名篇尽展大赋风范。两汉之际，以扬雄、班固等为代表的赋作家踵武扬波，极炫博模拟之能事，亦有诸多赋作名世，如扬雄的《羽猎赋》、《长杨赋》以及班固的《两都赋》等便是。东汉中期以后，朝政黑暗，国家衰微，江河日下，士人郁愤伤叹，志失气敛，咏物抒情小赋应运而生。张衡的《归田赋》、赵壹的《刺世疾邪赋》等均为代表之作。无论骚赋、大赋以及小赋，以散行单句行文是其重要特征。

二是骈赋阶段。魏晋南北朝时期，赋创作受骈文风尚的深刻影响，讲究藻饰用典，讲究骈俪对偶，一时成为共同倾向。尤其六朝以降，“四声八病”理论指导文学实践，“大旨须使宫羽相变，低昂舛节：若前有浮声，则后须切响。一简之内，音韵尽殊；两句之中，轻重悉异。辞既美矣，理又善焉。”（《南齐书·陆厥传》）客观地讲，六朝骈赋确有不少美文,如鲍照的《芜城赋》,谢庄的《月赋》,江淹的《别赋》、《恨赋》,庾信的《哀江南赋》、《小园赋》等等。骈赋又名排赋、俳赋,从六朝到隋唐,佳作迭出,亦领风骚数百年。

三是律赋阶段。律赋是唐朝的特产。当然,唐代律赋脱胎于六朝骈赋,而余波竟远及清朝八股。唐代进士考试必考诗、赋、策三科。试赋除讲求对偶声律之外,还对篇幅及韵脚等有明确规定。其如中唐长庆前后,往往限以八韵,依次四平四仄,并且必须用命题成句中字为韵脚字,科律甚严。当时文士如李程、张仲素、令狐楚、元稹、蒋防、白居易等,皆律赋名家。赋作形制上趋于程式化、定型化,内容上或者写景摹物,或者歌功颂德,往往以典雅见长,如令狐楚的《珠还合浦赋》、白行简的《五色露赋》等。晚唐亦有律赋高手,如黄滔的《馆娃宫赋》、《明皇回驾经马嵬赋》,王棨的《江南春赋》,徐寅的《过骊山赋》,周铖的《海门山赋》等,堪称律赋中的精华。

四是文赋阶段。主要指晚唐至两宋时期。"唐人之赋,大抵律多而古少。"(祝尧《古赋辨体》)不过,中唐古文运动和宋初诗文革新运动这两场狂飙,令文苑赋坛之面貌焕然一新,骈文、律赋纷纷洗心革面,脱胎换骨,一致朝着散文化的方向发展,于是乎文赋逐渐取代了律赋的统治地位,领导赋坛新潮流。这方面较突出的作品如晚唐杜牧的《阿房宫赋》,北宋欧阳修的《秋声赋》、苏轼的《赤壁赋》,南宋杨万里的《浯溪赋》等,都是文赋的面目,用祝尧的话说,乃"一片之文,押几个韵尔"(《古赋辨体》)。文赋扬弃了律赋,行云流水,灵动活脱,气畅韵足。其如本书所选之《秋声》、《赤壁》二赋,诗情浓郁,意境优美,有似余味无穷的散文诗,百读不厌,堪称北宋文赋双璧。

橘逾淮则为枳矣。诗、词、曲、赋均不可译,译则面目全非,译则原装醇味尽失。惟有直观本体,直寻本质。吟之,味之,品之,诗、词、曲、赋,皆"国粹"矣!

二、诗词曲赋的鉴赏要点

词乃“诗之余”，曲为“词之变”，赋则“古诗之流”（班固《两都赋序》）也。由此看来，诗、词、曲、赋，虽然体制特点各有差异，然而意韵神髓是一脉相通的。“诗者，志之所之也。在心为志，发言为诗。情动于中而形于言，言之不足故嗟叹之，嗟叹之不足故永歌之，永歌之不足，不知手之舞之，足之蹈之也。”（《毛诗序》）显然，诗的功能在于抒情言志；并且，诗乐歌舞之产生无不是因了“‘情’动于中”；而词曲赋其实也正是在“发言为诗”的基础上“嗟叹之”、“永歌之”、“舞蹈之”的产物。班固说：“不歌而诵谓之赋。”（《汉书·艺文志》）“诵”，正是“嗟叹之”的表现。尽管诗词曲赋于言情言志各有些侧重，然而情、志终不能截然分割，或志中有情，或情中有志，或亦情亦志，或志本即情（参阅詹福瑞《中古文学理论范畴》，河北大学出版社 1997 年 5 月版），如此，都说明了一点：诗词曲赋从主导倾向上说，不同于说理为主的寓言文学，如《庄子》；不同于记事为主的史传文学，如《史记》；不同于虚构为主的小说文学，如《红楼梦》。诗词曲赋是以叙事为辅，以抒情为主的抒情文学。

既然诗词曲赋长于抒情，那么我们艺术鉴赏的目光就必须集中在剖视言情手段，审视心灵历程，透视情感格位，从而确认是否心心相应，是否文心相通。

（一）知人论世

知人论世是艺术鉴赏的重要前提之一。“颂其诗，读其书，不知其人，可乎？是以论其世也，是尚友也。”（《孟子·万章下》）“尚”同“上”。尚友，意谓与古人为友。对于这一主张，后代学者多有阐释与发挥。南宋朱熹解释说：“论其世，论其当世行事之迹也。言既观其言，而不可以不知其为人之实，是以又考其行也。”（《四书章句集注》）明代高棅则进一步发挥说：“诚使吟咏性情之士，观诗以求其人，因人以知其时，因时以辨其文章之高下，词气之盛衰。”（《〈唐诗品汇〉总序》）他认为，只有做到知人论世，才能真正准确地认知评断文学作品的风貌品位，才能真正把握文学风尚的兴衰流变。所以清代章学诚强调指出："不知古人之世，不可妄论古人文辞也。知其世矣，不知古人之身处，亦不可以遽论其文也。"(《文史通义·文德》)即此可以看出，前人对于艺术鉴赏的态度是谨慎认真的：倘未能知人论世，则不可妄论文学！

在艺术鉴赏实践中，知人论世之方法的运用，有其不可取代的意义。例如对汉代赋作家扬雄、元代曲作家马致远，以知人论世之法，可获得关于其人其文的更深刻的认识。

扬雄(公元前53～公元18)早年喜好辞赋，崇拜司马相如，他认为"能读千赋，则善为之矣"(桓谭《新论》引)。据《汉书·扬雄传》记载："先是时，蜀有司马相如，作赋甚弘丽温雅，(扬)雄心壮之，每作赋，常拟之以为式"；"(扬雄)以为辞莫丽于相如，作四赋，皆斟酌其本，相与放依而驰骋云。"《羽猎》、《长杨》、《甘泉》、《河东》四赋是扬雄的代表作，他"放依"相如，楷模而能创新，堪与比美。汉赋给人的直观印象是具有闳衍巨丽之美，所以有时作者虽然志在讽谕，而读者可能会买椟还珠。当年汉成帝大建宫室之时，扬雄献《甘泉赋》，"妙称神怪，若曰非人力所能为，鬼神力乃可成。皇帝不觉，为之不止"(王充《论衡·谴告》)。欲讽反谀，作者的创作意图与作品的客观效果竟然相反。扬雄于是不满于司马相如赋劝百讽一，"曲终而奏雅"(《汉书·司马相如传》引扬雄语)的微讽套式，得出结论曰："诗人之赋丽以则，辞人之赋丽以淫。"他承认自己"少而好赋"，但他批判了过去，认为作赋纯属"童子雕虫篆刻"，声称"壮夫不为也"(扬雄《法言·吾子》)。好模拟前人，是扬雄一生创作的最大特点，不仅作赋拟司马相如以为式，而且仿《周易》作《太玄》，仿《论语》作《法言》。后期的扬雄是以儒家圣人自居的。

显然，扬雄在辞赋创作上走了一条由"丽以淫"到"丽以则"的道路，前后态度判若两人。在西汉末，扬雄仕历成帝、哀帝、平帝、新莽数朝，而就在这期间，文学趋向自觉的几茎嫩芽不幸被汉哀帝猛踩了一脚。哀帝即位之初下诏曰："郑声淫而乱乐，圣王所放，其罢乐府。"(《汉书·哀帝纪》)汉成帝是喜好辞赋的，扬雄作为他的文学侍从,其主要职责就是献赋以供赏玩。而哀帝对文学的态度显然与成帝相反,并且,“辞人之赋丽以淫”与“郑声淫而乱乐”的意思在实质上是一致的。曾记得王莽篡政之后,扬雄有一篇歌功颂德的文章,题曰《剧秦美新》。扬雄对《周易》深有研究,政治道路上与时俯仰,而文学要服从于政治,所以在儒家文学教化思想重新抬头且号召天下的时候,扬雄自然要考虑见风使舵。

扬雄在当时亦属文坛巨擘,他的复古思想影响到后来的班固以至刘勰。东汉中后期,侈丽闳衍的散体大赋终于拱手让位于咏物、抒情小赋。高棅说,知人论世可辨“文章之高下,词气之盛衰”。这句话的真理性由扬雄之例得到了充分的证明。

马致远是“元曲四大家”之一,并且有“曲中状元”之称。且不用说杂剧《汉宫秋》名噪当时,即一曲《天净沙》亦成“秋思之祖”。“枯藤老树昏鸦,小桥流水人家,古道西风瘦马。夕阳西下,断肠人在天涯。”每每我们读这一支曲,每每我们惊叹作者组合画面的妙笔与匠心。唐代温庭筠《商山早行》有名句曰:“鸡声茅店月,人迹板桥霜。”尽管温氏诗句与马氏曲辞笔法相同,但我们还是认为他们皆各铸伟辞。

此一曲《天净沙》5 句 28 字,仅有“下”、“在”两个动词,其余均为偏正结构的名词性词组。十多幅画面中既有前三句鼎足对中一组组的推镜头,又有“夕阳西下”的远镜头,还有天涯断肠人的特写镜头。画面是动态的,层次是丰富的。作者的蒙太奇艺术实在令人叹服。

不过,此一曲的艺术魅力并不只是因为作者成功绝妙地重复了“秋思”这样一个十分古老的传统主题。这支生动的曲子实在易于激起我们要“知人论世”的好奇,很想知道马氏致远是否只是模拟,是否在无病呻吟。其实非也。马致远一直在他的散曲中叹怨:“自年幼,写诗曾献上龙楼”,“叹寒儒,漫读书,读书须索题桥柱”,“故人知未知,登楼意,恨无上天梯”。他甚至一再歌功颂德,曰“太平时龙虎风云会,圣明皇帝,大元洪福与天齐”。他企望君臣遇合,他梦想草野发迹。然而“两鬓皤,中年过,图甚区区苦张罗,人间宠辱都参破”。于是自嘲自劝:“半世逢场作戏,险些儿误了终焉计。白发劝东篱,西村最好幽栖。”马致远“世事饱谙多,二十年漂泊生涯”的结果是做了“酒中仙、尘外客、林间友”,沦落客死他乡。由此看来,《天净沙·秋思》非啻不是无病呻吟,直乃天涯游子之悲泣啼血焉。知人论世,方知此一曲韵短情长,凝结了作者的一生悲剧。

鲁迅说:“我总以为倘要论文,最好是顾及全局,并且顾及作者的全人,以及他所处的社会状态,这才较为确凿。要不然,是很容易近乎说梦的。”(《且介亭杂文二集·“题未定”草》)毋庸置疑,知人论世之法在艺术鉴赏中太重要了。

(二)活参妙悟

诗词曲赋是“诗家语”,不同于遣词造句无多拘束的散文,更不同于满纸大白话可以反复絮叨的日常应用文。诗词曲赋是写意的,吟咏情性,无意于写实,甚至不愿意写实。写得太实太琐碎了,便了无余味。作为韵文,允许非正常语序,允许语意跳跃,允许省略和留白;起承转合,接续无常,可以倒插、逆挽,可以反接、突接;立意分宾主,线索有明暗,或反衬,或陪衬,或衬垫,或衬跌;点染、精警时惜墨如金,博喻、层递时泼墨如云;夸张,难免会想落天外,用典,可能似雾里看花;味思曲喻,无理而妙,体会通感,反常合道;有时肌理分明,规圆矩方,有时性灵风会,不期其然而然;奇文共欣赏,不妨品其格调,欲辨已忘言,惟余一片神韵。诗词曲赋皆用形象思维,隔与不隔,完整与精粹,读者的评价尽可见仁见智。不过,如果穿凿,或是执著,或是片面,便是死抠;如果以艺术的细胞感受艺术,用文学的眼光鉴赏文学,便是活参。

征之既往,死抠的例子不在少数。唐代杜牧咏史诗精品甚多,但也被后人“抠”得厉害。杜牧《赤壁》云:“东风不与周郎便,铜雀春深锁二乔。”细查了文献的曾有异议:火烧赤壁的当儿,吹的是南风而非东风;铜雀台建于赤壁大战两年后的建安十五年,哪里是预备着平东吴锁二乔的?杜牧《寄扬州韩绰判官》云:“二十四桥明月夜,玉人何处教吹箫?”姜夔《扬州慢》亦云:“二十四桥仍在,波心荡,冷月无声。”诗、词中都写到“二十四桥”,于是有人反复调查后试图将二十四座桥坐实，又有多人不断走访后，或指出“二十四桥”只是一座题作“烟花夜月”的小桥，或指出“二十四桥”就是那第二十四座桥。见解不一而足。杜牧《江南春》云：“千里莺啼绿映红，水村山郭酒旗风。南朝四百八十寺，多少楼台烟雨中。”明代杨慎质疑道：“千里莺啼，谁人听得？千里绿映红，谁人见得？”他的修改方案是：“若作十里，则莺啼、绿红之景，村郭、楼台、僧寺、酒旗，皆在其中矣。”(《升庵诗话》)对此，清代何文焕讥评道：“即作十里，亦未必尽听得着、看得见。题云《江南春》，江南方广千里，千里之中莺啼而绿映焉，水村山郭无处无酒旗，四百八十寺，楼台多在烟雨中也。此诗之意既广，不得专指一处，故总而命曰《江南春》，诗家善立题者也。”(《历代诗话考索》)看来，何文焕颇能活参“诗家语”。

文学鉴赏，贵在活参妙悟。这方面，古人、今人都有教诲。宋代严羽说：“夫诗有别材，非关书也；诗有别趣，非关理也。而古人未尝不读书、不穷理。所谓不涉理路、不落言筌者，上也。诗者，吟咏情性也。”(《沧浪诗话》)清代王士禛说：“大抵古人诗画，只取兴会神到，若刻舟缘木求之，失其指(旨)矣。”(《池北偶谈》卷十八)当代大学者钱钟书先生说：“苟能活参，斯可作活句。譬如读‘春江水暖鸭先知’之句而曰‘鹅岂不先知’，便是死在句下。”(《谈艺录》)类似的经验之谈很多很宝贵。总而言之，一味死抠者，不可与言文学；惟有活参，方可妙悟鉴赏真谛。

(三)披景见情

诗词曲赋几乎篇篇写景。景者，象也。古来人以为言不尽意，故设象以尽意。宋人范晞文说：“景无情不发，情无景不生。”(《对床夜语》)明人胡应麟说：“作诗不过情、景二端。”(《诗薮·内编》)所以写景是中国文学尤其是诗词曲赋的一大传统和特色。

形象大于思想，故诗词曲赋的抒情多以含蓄见长，余味不尽。形象或者会掩盖思想，景中藏情，含而不露。因而，有些篇章欲言者何，往往朦胧甚至晦涩，令读者颇费猜详。显而易见，要领会作者立意所在，艺术鉴赏不能不需要披景入情的功夫。

清人李渔说：“词虽不出情景二字，然二字亦分主客：情为主，景是客。”(《窥词管见》)就是说,景与情的关系无论怎样复杂多样,其实质终归是景为宾、情为主的关系。或者景以见情,或者因情设景。但景总是为情服务的。所以阅读欣赏中可能会被景所迷恋,但不可为景所迷惑。

当然,以触景生情模式谋篇布局的作品,其情感流向大多是比较清晰明朗的。例如《西厢记·长亭送别》中《端正好》一曲:“碧云天,黄花地,西风紧,北雁南飞。晓来谁染霜林醉?总是离人泪。”说所见“总是离人泪”,此为移情于物,将主观情感外射于景物,使之物态化,意象化。曲辞以写景为主,意境是美的,如诗如画。但长天云暗,残菊满地,西风阵阵,秋雁南归,无不是衰愁风景。何况莺莺与张生乍结合即分散,岂不伤感?那霜秋枫叶红如此显目耀眼,真如离人泣血。所以崔莺莺才一上场就怨叹声声:“今日送张生上朝取应,早是离人伤感,况值那暮秋天气,好烦恼人也呵!”这正是触景生情,难以为怀。又例如李白《静夜思》:“床前明月光,疑是地上霜。举头望明月,低头思故乡。”见月怀人,因月寄思,长久积淀而成的这种民族心理质素和结构,几乎已将触景生情的抒怀方式定型化、程式化了。

只是触景生情模式不是惟一的,其他常见抒怀模式亦有设景寓情者,并且可以有局部设景和全篇设景之分。

局部设景者如柳永《雨霖铃》词中句:“念去去、千里烟波,暮霭沉沉楚天阔。……今宵酒醒何处?杨柳岸、晓风残月。”依前所写,都门帐饮无绪,酒入愁肠,尽成相思泪,早已是“执手相看泪眼,竟无语凝噎”,而此刻设想分别远离之后的天涯烟波、晓风残月,凄苦酸辛会涌塞心头的。所以这里的设景不再是对“寒蝉凄切,对长亭晚”之实景的平面展开,而是借虚设之景层递,突出“悲莫悲兮生别离”这一主题,强化“剪不断,理还乱”的眼前离愁。“黯然销魂者,惟别而已矣。”(江淹《别赋》)柳永的《雨霖铃》正由于因情设景,所以千百年来令无数读者亦为之黯然销魂。

整体设景者如宋代林逋的《山园小梅》:“众芳摇落独暄妍,占尽风情向小园。疏影横斜水清浅,暗香浮动月黄昏。霜禽欲下先偷眼，粉蝶如知合断魂。幸有微吟可相狎，不须檀板共金樽。”林逋(967～1028)少时多病，布衣终身，亦未婚娶，后半生隐居西湖孤山，“以梅为妻，以鹤为子”。《山园小梅》几乎全篇咏梅，写眼中之梅的天姿国色，写胸中之梅的超凡脱俗。苏轼读后有感曰：“先生可是绝伦人，神清骨冷无尘俗。”(《书林逋诗后》)清代纪晓岚等亦以为“澄澹高逸，如其为人”(《四库全书总目》)。由此可见，林逋乃情有独钟，故而因情设景，他所刻画的梅的形象，其实正是诗人自我人格与情操的生动写照。

整体设景之作多见于咏物之类的诗词曲赋，他如南宋陆游的词《卜算子·咏梅》、元末明初徐再思的曲《殿前欢·观音山眠松》以及东汉末祢衡的《鹦鹉赋》等皆是。这一类作品都是作者移情于物，使所描写的景物人格化，景与情，同质异构，景完全成为情的对应物。只不过鉴赏这一类作品，应注意与酬唱应和中的咏物游戏之作相区别。

王国维说：“昔人论词有景语、情语之别，不知一切景语皆情语也。词家多以景寓情。”(《人间词话》)是的，如果能知人论世，又擅于活参，那么，对于真正因情设景之作，当能披景见情，得象外之象、景外之景，悟韵外之致、味外之旨。

(四)辨识虚实

虚与实，是美学中的一对重要范畴，内涵十分丰富复杂。从思想渊源上看，与先秦哲学中的有与无范畴相关。故汉代《淮南子·原道训》说：“有生于无，实出于虚。”就古代文学鉴赏方面说，古人虚实观念有不同层面的意思。一是指现实主义与浪漫主义的创作倾向。明代袁宏道说：“青莲能虚，工部能实。”(《答梅客生开府》)他对李白、杜甫风格又略有褒贬之意。屠龙持议有别：“李杜品格，诚有辨矣。顾诗有虚有实，有虚虚，有实实，有虚而实，有实而虚，并行错出，何可端倪？乃右实而左虚，而谓李、杜优劣在虚实之辨，何与？”(《与友人论诗文》)屠龙能够辩证地看待虚实关系，这对我们的文学鉴赏是有所启发的。二是指写实与虚构。清代李渔对当时流行的传奇这一戏曲形式很有研究，关于虚实问题，他有解释说："传奇所用之事，或古或今，或虚或实，随人拈取。古者，书籍所载，古人现成之事也；今者，耳目传闻，当时仅见之事也。实者，就事敷陈，不假造作，有根有据之谓也；虚者，空中楼阁，随意构成，无影无形之谓也。"（《闲情偶寄·词曲部·审虚实》）三是指直接描写与间接描写的手法。明代谢榛曾这样比较贯休和李白诗之"趣味"："贯休曰：'庭花濛濛水泠泠，小儿啼索树上莺。'景实而无趣。太白曰：'燕山雪花大如席，片片吹落轩辕台。'景虚而有味。"文学创作中，对于难写之景往往考虑换取角度加以虚拟，避实就虚，含不尽之意，见于言外。李白诗多有奇特的想像和大胆的夸张，也往往因之收到"惊天地，泣鬼神"的艺术效果。

明代陆时雍说："凡诗太虚则无味，太实则无色，故实中之神，虚中之骨，作者所必务也。"（《古诗镜》卷九）此谓古人创作很注重虚实结合、虚实相生。即此略例说二端如下。

其一，以实写虚。宋代梅尧臣说："诗家虽率意而造语亦难，若意新语工，得前人所未道者，斯为善矣。"（欧阳修《六一诗话》引）梅氏此语实杜甫"语不惊人死不休"的意思。欲意新语工，实非易事，尤其是状难写之景，传难达之情。文学乃"苦闷的象征"，舒忧娱悲，排遣愁思无疑是个永恒的主题。愁者，秋心也。然而，"愁"毕竟属于心灵的产物，无形无迹，看不见，摸不着，把握不住。如何能把"愁"写得具体可感，确实是个难题。当然，浩如烟海的诗词曲赋中总是有成功而绝妙的例子。我们看到，抽象的"愁"具象化了：

愁有长度："白发三千丈，缘愁似个长。"（李白《秋浦歌》）

愁有重量："只恐双溪舴艋舟，载不动许多愁。"（李清照《武陵春》）

愁无起讫："问君能有几多愁？恰似一江春水向东流。"（李煜《虞美人》）

愁无边际："春去也，落红万点愁如海。"（秦观《千秋岁》）

愁弥天盖地："试问闲愁都几许？一川烟草，满城风絮，梅子黄时雨。"（贺铸《青玉案》）

愁非常顽固："攻许愁城终不破，荡许愁门终不开。何物煮愁能得熟？何物烧愁能得燃？”（庾信《愁赋》）“一种相思，两处闲愁。此情无计可消除，才下眉头，却上心头。”（李清照《一剪梅》）“剪不断，理还乱，是离愁。”（李煜《乌夜啼》）

这些例子都是以实写虚，化抽象为具体，传难达之情，含不尽之意，形象贴切，非常感人。

其二，以虚写实。出于政治背景与现实处境的考虑，或者由于表达题旨及艺术处理的需要，作者有时并不直录现实，而是运用曲笔，借助神奇的想像，或者神话，或者传说，或者梦境，或者幻境等等，从而达到以虚显实，由幻见真的目的。这方面的例子很多，屈原的《离骚》，阮籍的《咏怀》，李贺的《苏小小墓》，苏轼的《江城子》（十年生死两茫茫）等作品，都有这样的特色。又例如辛弃疾的《破阵子》："醉里挑灯看剑，梦回吹角连营。八百里分麾下炙，五十弦翻塞外声。沙场秋点兵。　　马作的卢飞快，弓如霹雳弦惊。了却君王天下事，赢得生前身后名。可怜白发生！"全词中间八句沙场点兵、弯弓驰骋的豪壮不过是梦中境界，而首句的挑灯看剑与末句的悲叹白发却是现状。作者正是通过虚写梦境，以虚衬实，以壮衬悲，从而与现实形成了鲜明的对比，表达了英雄无用武之地的痛苦与原因，流露了对偏安小朝廷一味妥协投降的愤懑情绪。

（五）古为今用

诗词曲赋不是茫茫夜空中遥远的星，而是海湾沙滩上五彩纷呈的贝壳，是美的闪光，是智慧的闪光。千百年来，佳作如林，风格纷呈。或幽渺，或明快；或幸福，或悲哀；或优美，或粗犷；或婉约，或豪放。诗词曲赋是凝练的艺术，为了精心结撰，古人特别讲究炼字、炼句、炼意，否则不会“诗中有画”，也不能“境界全出”。欣赏这样的作品，既可获得审美的愉悦，也能受到睿思的启迪。正因为如此，中国古典的魅力并不随时代的赓续而衰竭，在国内，在海外，赋诗填词似乎还是一种永恒的时髦。

诗词在繁富多样的文学门类中虽然属于“袖珍型”，但其艺术表现力却是特殊而绝妙的。叙事，写景，说理，抒情，无有不可。既可以记录一己之私情，也可以展示凌云之壮志。陆游有沈园爱情绝唱《钗头凤》,亦有"塞上长城自许"之《书愤》,李清照在《醉花阴》中叹惜"帘卷西风,人比黄花瘦",也曾于《夏日绝句》中高唱"生当做人杰,死亦为鬼雄"。清末女革命家秋瑾在日本时豪气干云:"拼将十万头颅血,须把乾坤力挽回。"共产党人夏明翰笑对刽子手:"杀了夏明翰,自有后来人。"1957 年 5 月,无产阶级革命的领袖毛泽东以一曲《蝶恋花》(我失骄杨君失柳)答李淑一同志,想像吴刚为烈士呈酒、嫦娥为忠魂起舞,创造出了一个"泪飞顿作倾盆雨"的境界,读来非常感人。1945 年 8 月 25 日,毛泽东从延安飞赴重庆,与国民党进行了 43 天的谈判。谈判期间,毛泽东赠柳亚子词《沁园春·雪》一首,并在《新华日报》上发表,词锋俊爽峭拔,令封建遗老遗少绝倒,而"今朝""风流人物"之英雄豪情更使蒋介石气短见绌,这首作品在当时所产生的政治影响是极其广泛的。由此可见,诗词这一古老的民族文学样式,作为传情达意的艺术载体,在新的时代同样光彩夺目,作用非凡。传统文化可以现代化,可以古为今用。

在当今高度物质文明的时代,我们要从"人类全部发展过程所创造的文化"(列宁语)中去提炼精华,并特别注意弘扬中华民族优秀传统文化。诗词曲赋是中国文学之"家典",亦如英国之"商籁"(the sonnet,发源于意大利)、日本之"俳句",是地地道道、实实在在的"国粹"。作为国民,尤其是接受高等教育的国民,对代表着民族风格的艺术加以挖掘、吸收和弘扬,这不仅有助于调整知识结构,提高文化层次,而且也有助于提高精神生活品位,提高思想境界。

(姜剑云)

备读书目

1.《诗经选》余冠英注译，人民文学出版社 1979 年版。

2.《楚辞选》马茂元选注，人民文学出版社 1980 年版。

3.《论语》杨伯峻注译，中华书局 1980 年版。

4.《孟子》杨伯峻注译，中华书局 1960 年版。

5.《庄子》陈鼓应注译，中华书局 1983 年版。

6.《乐府诗选》余冠英选注，人民文学出版社 1957 年版。

7.《史记选》王伯祥选注，人民文学出版社 1982 年版。

8.《陶渊明集》逯钦立校注，中华书局 1985 年版。

9.《李白诗选》复旦大学中文系古典文学教研室选注，人民文学出版社 1977 年版。

10.《杜甫诗选》萧涤非选注，人民文学出版社 1979 年版。

11.《唐诗选》中国社会科学院文学研究所编，人民文学出版社 1978 年版。

12.《唐宋八大家文选》邬宵鸣选译，陕西人民出版社 1986 年版。

13.《唐宋词选》中国社科院文研所编，人民文学出版社 1981 年版。

14.《宋诗选注》钱钟书选注，人民文学出版社 1982 年版。

15.《元人杂剧选》顾肇仓选注，人民文学出版社 1978 年版。

16.《三国演义》罗贯中著，人民文学出版社 1973 年版。

17.《水浒传》施耐庵、罗贯中著，人民文学出版社 1975 年版。

18.《西游记》吴承恩著，人民文学出版社 1980 年版。

19.《今古奇观》抱瓮老人辑，顾学颉校注，浙江古籍出版社 1992 年版。

20.《牡丹亭》汤显祖撰，徐朔方、杨笑梅校注，人民文学出版社

1982 年版。
21.《聊斋志异选》张友鹤选注,人民文学出版社 1956 年版。
22.《儒林外史》吴敬梓著,人民文学出版社 1977 年版。
23.《红楼梦》曹雪芹、高鹗著,人民文学出版社 1982 年版。
24.《长生殿》洪昇著,人民文学出版社 1983 年版。
25.《桃花扇》孔尚任著,王季思、苏寰中、杨德平合注,人民文学出版社 1954 年版。
26.《老残游记》刘鹗著,陈翔鹤校,戴鸿森注,人民文学出版社 1982 年版。
27.《鲁迅小说选》,重庆新生图书文具公司 1943 年版。
28.《野草》鲁迅著,人民文学出版社 1993 年版。
29.《女神》郭沫若著,人民文学出版社 1985 年版。
30.《郁达夫小说集》郁达夫著,浙江文艺出版社 1985 年版。
31.《新月诗选》陈梦家编,上海新月书店 1931 年版。
32.《子夜》茅盾著,人民文学出版社 1960 年版。
33.《家》巴金著,人民文学出版社 1978 年版。
34.《沈从文小说选集》沈从文著,凌宇编,人民文学出版社 1982 年版。
35.《骆驼祥子》老舍著,人民文学出版社 1985 年版。
36.《曹禺剧作选》曹禺著,上海文化生活出版社 1936 年版。
37.《艾青诗选》艾青著,人民文学出版社 1979 年版。
38.《围城》钱钟书著,人民文学出版社 1980 年版。
39.《赵树理小说选》赵树理著,山西人民出版社 1979 年版。
40.《现代派诗选》蓝棣之编,人民文学出版社 1986 年版。
41.《创业史》(第一部)柳青著,中国青年出版社 1960 年版。
42.《茶馆》老舍著,人民文学出版社 1994 年版。
43.《王蒙代表作》张学正编,河南人民出版社 1992 年版。
44.《白鹿原》陈忠实著,人民文学出版社 1993 年版。
45.《探索诗集》上海文艺出版社编辑部选编,上海文艺出版社 1996 年版。

46.《白先勇短篇小说选》,福建人民出版社 1982 年版。
47.《中国当代文学作品选》王庆生主编,华东师范大学出版社 1997 年版。
48.《希腊的神话和传说》(德)斯威布著,楚图南译,人民文学出版社 1958 年版。
49.《伊里昂记》(荷马史诗),傅东华译,人民文学出版社 1958 年。
50.《奥德修记》(荷马史诗),杨宪益译,上海译文出版社 1979 年版。
51.《俄狄浦斯王》索福克勒斯著,罗念生译,人民文学出版社 1961 年版。
52.《神曲》(意)但丁著,王维克译,人民文学出版社 1982 年版。
53.《哈姆莱特》(《莎士比亚悲剧四种》)卞之琳译,人民文学出版社 1988 年版。
54.《伪君子》(法)莫里哀著,李健吾译,上海译文出版社 1980 年版。
55.《浮士德》(德)歌德著,董向樵译,复旦大学出版社 1982 年版。
56.《悲惨世界》(法)雨果著,李丹、方丁译,人民文学出版社 1984 年版。
57.《红与黑》(法)司汤达著,赫运译,上海译文出版社 1990 年版。
58.《高老头》(法)巴尔扎克著,傅雷译,人民文学出版社 1954 年版。
59.《双城记》(英)狄更斯著,石永礼译,人民文学出版社 1993 年版。
60.《德伯家的苔丝》(英)哈代著,张若谷译,人民文学出版社 1980 年版。
61.《卡拉玛佐夫兄弟》(俄)陀思妥耶夫斯基著,耿济之译,人民文学出版社 1981 年版。
62.《安娜·卡列尼娜》(俄)托尔斯泰著,周扬、谢素译,人民文学出版社 1981 年版。
63.《契诃夫小说选》(俄)契诃夫著,汝龙译,人民文学出版社 1992

年版。
64.《母亲》(俄)高尔基著,瞿秋白等译,人民文学出版社 1985 年版。
65.《百年孤独》(哥伦比亚)加西亚·马尔克斯著,黄锦炎等译,浙江文艺出版社 1991 年版。
66.《喧哗与骚动》(美)福克纳著,李文俊译,上海译文出版社 1984 年版。
67.《沙恭达罗》(印)迦梨陀娑著,季羡林译,人民文学出版社 1984 年版。
68.《泰戈尔诗选》(印)泰戈尔著,冰心译,湖南人民出版社 1982 年版。
69.《雪国》(日)川端康成著,高慧勤译,漓江出版社 1985 年版。
70.《一千零一夜》(阿)纳训译,人民文学出版社 1982 年版。
71.《外国文学作品选》(两卷本)郑克鲁编,复旦大学出版社 1999 年版。